集人文社科之思 刊专业学术之声

集 刊 名：史学理论与史学史学刊
主办单位：北京师范大学史学理论与史学史研究中心

JOURNAL OF HISTORICAL THEORY AND HISTORIOGRAPHY

总第28卷

集刊序列号：PIJ-2004-004
中国集刊网：www.jikan.com.cn/史学理论与史学史学刊
集刊投约稿平台：www.iedol.cn

全国普通高等学校人文社会科学重点研究基地
北京师范大学史学理论与史学史研究中心　主办

中文社会科学引文索引（CSSCI）来源集刊
AMI（集刊）核心集刊
中国学术期刊网络出版总库（CNKI）收录
集刊全文数据库（www.jikan.com.cn）收录

史学理论与史学史学刊

JOURNAL OF HISTORICAL THEORY AND HISTORIOGRAPHY

2023年上卷(总第28卷)

杨共乐　主编

社会科学文献出版社
SOCIAL SCIENCES ACADEMIC PRESS (CHINA)

《史学理论与史学史学刊》编委会

卷首语

杨共乐

诸位读者，新的一期《史学理论与史学史学刊》（2023年上卷，总第28卷）又与您相见了。本期设置了中国古代史学研究、中国近现代史学研究、白寿彝研究、史学史文献整理及研究、外国史学研究、当代史学评论及学术会议综述等6个栏目，刊发论文、评论和会议综述共22篇。

“中国古代史学研究”栏目刊发论文4篇。其中，有两篇涉及近年来热度颇高的史书编纂与政治观念的联系问题。王亮军《论范晔〈后汉书〉中的“大一统”意识》阐述了《后汉书》对东汉历史记载和评论所蕴含的“大一统”意识。彭丽杰《一个元代宋遗民的“天下”与“中国”观——以马端临〈文献通考〉之〈舆地考〉〈四裔考〉为中心的考察》认为《文献通考》中的《舆地考》和《四裔考》记录了马端临对中原王朝与其他政权的思考和看法，体现了他对华夏疆域继承性的思考和宋代面临的正统性危机的纾解，但也暴露出他在“天下”观与“中国”观中的矛盾。透过这两篇文章，我们可以看到历史编纂学与中国古代政治理论的深刻联系。这是史学史研究的经典命题，也是具有广阔研究空间的研究领域。张杰《论〈史通〉开启的关于体裁、体例、文辞与史书编纂的讨论》历数刘知幾和其后历代史家关于史书体裁、体例、文辞等编纂学问题的讨论，认为他们多是沿着刘知幾的思路和问题进行阐发，这种纵向的、成体系的批评、反思、总结、继承和创新所形成的理论认识，构建起了具有中国特色历史编纂学的理论框架。邓真《私藏与撰述：明代史学家著史的特色》认为明代史学家将从藏书中得来的知识通过著述转化为史学成果，在史学上获得的学术成就又促使其再次进入聚书、读书、著书之中，实现了私藏与撰述的良性互动。

“中国近现代史学研究”栏目共刊登8篇论文。谢贵安、喻俊红《传统官史的近代异动：〈清宣宗实录〉对西方认知的转变》探讨了清人对西方国家形象和军事实力的书写转变，以及他们如何将“不贵异物”作为抵御西方物质文明的精神药方，但在抵御英军侵略时又被迫开始师夷长技的实践。赵锋《张尔田的史学思想及其在近代学术史“失语”现象之反思》重新梳理和解读了晚清民国学术史上的重要人物张尔田关于史学研究的论述，探讨了他在近代学术史中“失语”的原因和影响。韩晶晶《由忠臣到圣王：王国维著述中的周公形象》分析了王国维笔下周公形象的演变，反映了王国维对周公摄政称王问题的实证认知和义理思考。庾向芳、李小梅《郭沫若对〈近世社会主义〉的阅读与接受》考证了郭沫若对福井准造编著的《近世社会主义》阅读与接受过程，认为这本书是郭沫若最早了解和接受马克思主义与唯物史观的媒介，推动了他思想的转变。王红霞《“古史辨运动”的重心转向及其原因探析》探讨了“古史辨运动”的社会影响、运动目标和研究态度转向，认为在这一运动中人们初步尝试以怀疑精神看待历史进程，客观上扩大了现代史学的研究领域。苏晓涵《“收回文化租界”的尝试——抗战时期“部定大学用书”的中国历史教材》通过对抗战时期“部定大学用书”之中国历史教材的采编和审查过程的研究，认为学术观点争议、编印困难、经费短缺以及政学冲突等，导致这套教材并未实现预期的“文化租界”回收目标。颜克成和唐淑权《从〈边疆〉〈史学〉周刊看昆明〈益世报〉副刊的学术研究》认为《边疆》和《史学》周刊是顾颉刚等人在抗战时期“学术救国”中的重要体现，这些学者运用史学考据和田野调查相结合的研究方法，拓宽了研究范围，显著提升了研究成果的质量。王玉婷《新中国成立初期陈守实的“中国史学史”教研述论》概述了陈守实在复旦大学讲授中国史学史的背景、教学内容和特点，强调他的教学具有理论思考和现实关怀，认为陈守实在中国史学史研究中率先更新了通行陈述体系，对新中国的史学史教学和研究具有重要影响。这些论文共同揭示了中国近代史学研究在学术制度、知识观念和学术传承等方面的复杂性和转变。它们为我们理解中国近代史学的发展历程提供了重要的参考，也为我们认识中国在融入近代世界知识体系的过程中所面临的矛盾和转型提供了有益的思考。

白寿彝先生一生都对哲学保持着浓厚的兴趣。他在历史研究中注重运用哲学思维，并将其贯彻到历史教育的改革中。至今，北京师范大学历史学科的教学和研究都深受他的影响。黄卉和江佳凤两位作者通过大量数据化的民国报刊，发掘出《白寿彝文集》未收录的几篇哲学论文，并进行了研究。本刊特别开设专栏，介绍她们的研究成果。黄卉的《白寿彝先生的孔孟哲学管窥》认为，白寿彝先生早期的哲学思想主要表达在《孔子哲学》和《孟子哲学》两篇佚文中。黄卉总结了白先生的主要观点，即否定孔曾思孟的学脉传承系统，认为孟子直接继承了孔子的思想。白寿彝先生认为，孔子和孟子的重要贡献在于，孔子发明了“一以贯之”的哲学方法，使中国真正有了哲学；而孟子提出了性善论，实现了对孔子人性论的超越。江佳凤《白寿彝的〈大学〉诠释》指出，白寿彝在报刊上公开发表的第一篇文章应该是1926年在《学生杂志》上发表的《读书录：大学研究》，当时他只有17岁。在这篇文章中，白寿彝展现了极强的方法论自觉，着力展现了古本《大学》的清晰结构。白寿彝的新诠释兼采汉宋，融旧于新，具有鲜明的时代特点。这不仅是理解白寿彝思想的重要资源，也为推动中华优秀传统文化的创造性转化和创新性发展提供了借鉴。

“史学史文献整理及研究”是本期新辟的栏目。我们希望借此推动中国史学史领域新史料的发掘、整理与研究。《旅行长安日记》是2021年新发现的朱希祖手稿，经朱希祖曾孙朱乐川整理校注，刊发于本卷。内容为朱希祖及北京大学其他专家学者，应陕西督军刘镇华之邀赴关中讲学的过程和见闻。另外，该日记还记录了西北大学复校的过程，以及豫西及关中百姓的生活、旅馆的环境、文人的交游、陕西历任督军的交斗，具有珍贵的史料价值。周文玖《朱希祖等北大教授1923年到武汉讲学时间辨正》通过发掘新史料，对“朱希祖年谱”关于这一事件的时间记述做了修正，并考证了朱希祖、李大钊等人的讲学情况，辑录出《李大钊全集》未收的文献。

“外国史学研究”栏目刊文3篇。黄冬敏《伏尔泰人文主义思想的研究与反思——以欧美学界为中心》介绍了欧美学界对伏尔泰人文主义思想的研究情况，指出目前对于伏尔泰人文主义思想的研究还缺乏系统的论述，同时提出了可以拓展的研究领域和视角。丁何昕子《保守主义的精神与实践——冷战史后修正主义研究取径分析》通过对后修正主义研究取径的分析，发现它在研究方法、研究视角与价值取向上均与传统派趋同，认为将二者联系起来的关键因素在于保守主义的精神与实践。秦晓《论卡尔〈历史是什么〉的史学思想》考察了《历史是什么》的成书背景，并指出卡尔强调历史学家的角色以及历史事实选择对于构建历史的重要性。卡尔反对实证主义和相对主义的观点，强调历史是一种连续的对话过程。

“当代史学评论及学术会议综述”栏目发表1篇评论和2篇会议综述。杨共乐《探索中留下的印迹 贯通下结出的硕果》列数新中国成立以来在大历史观下探索出的史学成果，指出“贯通之学”在历史研究中的作用，并对张顺洪、郭子林和甄小东合撰的《世界简史》进行评述，认为此书打破了西方中心主义的叙事模式，将中华文明置于世界文明的发展进程中，充分阐述中华文明在推动世界文明发展中的作用。2022年12月举办的“2022年史学理论与史学史学术研讨会”，是北京师范大学史学理论与史学史研究中心每年例行举办的大型学术交流活动。与会学者无论是关注的问题，还是提出问题的视角，都反映了当前史学理论与史学史学科的新成果。受本集刊编辑部委托，许洪冲、樊柏宏对与会学者的观点做了翔实的介绍，为学界提供更加全面的会议信息。同时，我们还刊发了廖紫蕙所撰的关于北京市历史学会举办的“铸牢中华民族共同体意识”学术前沿会议的综述。在本次会议中，与会学者普遍对中华民族共同体的发展历程、铸牢中华民族共同体意识以及坚持正确中华民族历史观的重要性进行了深入探讨。

经过多年的辛勤努力，史学理论与史学史这一学科的框架与肌理逐步得到充实，研究队伍也形成了规模。本集刊有幸参与这一进程，并贡献了微薄的力量。史学理论与史学史研究既重视对文献的扎实钻研，又重视理论的总结与新理论的提出，跨度极大，难度不小，这仰赖学界同仁的具体实践，以求聚沙成塔，使得中外史学史的发展面貌更加明晰，丰富和发展中国历史学的理论体系。

目录

·中国古代史学研究·

·中国近现代史学研究·

·白寿彝研究·

·史学史文献整理及研究·

·外国史学研究·

·当代史学评论及学术会议综述·

CONTENTS

中国古代史学研究

论范晔《后汉书》中的“大一统”意识*

王亮军

（北京师范大学历史学院，北京　100875）

摘　要：范晔对东汉历史的记载和评论蕴含着深刻的“大一统”意识，具体表现为论政权、思想、民族及疆域的统一，而最终指向维护汉（东汉）的统绪。范晔的政权统一意识以“天命论”为基础，同时强调以“帝德”为核心的人为在政权建立中的作用；思想统一意识以“归本儒学”为宗旨，关注儒学与士风、政治之间的联动关系对社会治理所产生的影响；民族及疆域统一意识则重视民族融合局面与政治统治间的关系，强调用“柔服之道”处理民族及边防问题。范晔对东汉历史的记载所蕴含的“大一统”意识既在于正东汉一代之得失，也有对刘宋政权之得失的考虑，具有强烈的现实主义关怀，其“大一统”意识的主要方面对今天的社会发展仍有借鉴价值。

关键词：范晔　《后汉书》　“大一统”　“天命”

范晔（398—445），南朝宋顺阳（今河南淅川）人，刘宋之际著名史学家。其所生活的时代适值中国历史上又一个激烈的嬗变期：南北对峙、“天下离析”，政权“莫能相一”；民族分裂，南谓北为索虏，北谓南为岛夷。在这种社会背景之下，范晔撰写《后汉书》明确提出“因事就卷内发论，以正一代得失”① 之旨，其思想中蕴含着可贵的“大一统”意识。当

* 本文系 2021 年国家社科基金铸牢中华民族共同体意识研究专项项目（21VMZ013）阶段性成果。

① 范晔撰，李贤等注《后汉书》，中华书局，2016，“附录一”，第 2 页。

前，学界对范晔的历史、史学、民族、伦理、文学等思想多有论述，[①] 而对范晔思想中的“大一统”意识却谈及甚少，[②] 本文欲就此发论，以揭示范晔《后汉书》“大一统”意识的几个主要方面及其价值。

一 “天人相佐”的政权统一意识

作为历史撰述，如何在历史记载中处理前后政权之间的关系以及并立政权之间的关系，这是史家所必须考虑的重要问题，而他们对政权统一及政权合法性的认识，当然也表现在其历史记载中。范晔撰写《后汉书》，面对不同政权的更替与并立，首先需要思考和解决的便是涉及政权统一及政权合法性的问题。

王莽篡汉，西汉大一统格局被中断，后刘玄建号“更始”，曾在一段时期内成为天下共号，刘秀亦曾亲事之，刘秀建元称帝，而同时期还存在刘盆子、公孙述、隗嚣等割据政权；在东汉末，黄巾平定之后亦成割据之局，直至汉献帝逊位为山阳公，东汉失祚而代之以曹魏——这是东汉政权由兴起到败亡的历史情势。对此，范晔的政权统一意识从批判王莽篡汉、宣扬刘秀“继祖而兴”[③] 开始，而以批判曹魏“终移汉祚”结束，强调的是东汉政权一统的唯一合法地位。这可以从范晔对西汉末、东汉初之不同政权的态度切入，考察他关于东汉政权统一的认识。

关于西汉末、东汉初的政权变革，刘知幾曾在《史通·曲笔》中指责“作者（范晔）曲笔阿时，独成光武之美”，[④] 范晔在《后汉书》中是否“曲笔阿时”，尚有讨论的余地，[⑤] 但他的记载“独成光武之美”，却是事

① 相关研究，论文如瞿林东《说范晔〈后汉书〉帝纪后论》（《学习与探索》2000 年第 6 期）、《关于范晔史学思想的两个问题》（《东岳论丛》2001 年第 4 期），庞天佑《论范晔的历史认识论》（《中州学刊》2003 年第 4 期）、李珍《范晔的民族思想略论》（《山西师大学报》2006 年第 2 期）、刘涛《从〈后汉书〉的文学成就看范晔的思想及撰文取向》（《中国文学研究》2009 年第 4 期）等；著作如瞿林东、李珍《范晔评传》（南京大学出版社，2006）、程方勇《范晔及其史传文学》（中国社会科学出版社，2020）等。

② 专门论述范晔“大一统”思想的文章有崔明德、佟宝锁《论范晔的“大一统”思想》（《北方民族大学学报》2022 年第 3 期）一文，该文从范晔“大一统”思想的“内容”“来源”“价值与局限”三个方面进行了论述，可资参考。

③ 常璩撰，刘琳校注《华阳国志校注》，巴蜀书社，1984，第 475 页。

④ 刘知幾撰，浦起龙释《史通》卷 7《曲笔》，上海古籍出版社，2016，第 183 页。

⑤ 范晔生当刘宋之际，距东汉已两百多年，其间又隔三国、两晋，因此以“曲笔阿时”论范晔对光武、刘玄等的记载，恐不合事理。

实。从史家历史撰述之主观与客观交合的角度讲，范晔对刘玄、刘秀形象的好恶，实际表露的是他对不同政权的态度。在《光武帝纪》中，范晔极力渲染光武能走向帝位、实现政权统一的三个要素，即血统、天命和德业，而对刘玄、刘盆子、公孙述和隗嚣等政权，则从血统、天命和德业这三个方面予以否定。

对刘秀之称帝，范晔在“光武帝纪论”中记载了一系列来自天命的启示，如从光武出生之“赤光照室”、卜者王长占语曰“此吉兆不可言”、“是岁县界有嘉禾生，一茎九穗”，到方士夏贺良之上言、望气者苏伯阿之叹，再到“道士西门君惠、李守等云刘秀当为天子”，范晔不厌其烦地记载，目的便是要向人们说明：“王者受命，信有符乎？不然，何以能乘时龙而御天哉！”[①] 从严格意义上讲，范晔并不是一位有神论者，[②] 他自称“死者神灭”“天下绝无佛鬼”，[③] 但他对刘秀得帝位之天命演示的记载，却实实在在地将其置于“天命论”的框架，这一切均是为了说明刘秀得帝位是有来自天命的保证。[④] 此外，范晔又称刘秀为“高祖九世之孙也，出自景帝生长沙定王发”，[⑤] 可以说范晔对光武的记载无疑给其帝位加上了血统与天命的双重保障。

不过，血统和天命也只是刘秀称帝的两个先决必要条件，而刘秀最终能够翦灭群雄，实现政权的统一，范晔的记载同时突出的还有刘秀以“帝德”为基础的实际功业。在《光武帝纪》中，范晔在对光武称帝之后的历史记载中，减少了来自天命的渲染，而突出了“人为”“人谋”在实现削平割据政权上起到的作用，他对光武在实现政权统一过程中之行事的记载——如光武之行伍征伐、赏罚用人、临政治民等——集中呈现了光武德行之至善、功业之至隆的形象。如范晔用大量文字记载了刘秀带领群臣平定天下的事迹，其中既有光武亲临战阵、谋兵用将的政治举措，又有纳谏劝降、普施教化的政治言辞，此为重“人为”之一端。又，范晔在《光武帝纪》赞语中对刘秀做总结时写道：

---

① 范晔撰，李贤等注《后汉书》卷1《光武帝纪》，第86页。

② 白寿彝：《中国史学史论集》，中华书局，1999，第145~149页。

③ 沈约撰：《宋书》卷69《范晔传》，中华书局，1974，第1828~1829页。

④ 范晔对刘秀称帝之天命的渲染还不止于此，在《光武帝纪》中他收入了多条关于刘秀当称帝的谶语，如“赤伏符”之“刘秀发兵捕不道，四夷云集龙斗野，四七之际火为主。”又如“讖记曰：‘刘秀发兵捕不道，卯金修德为天子。’”此外，还记载李通等以图讖说光武云“刘氏复起李氏为辅”。

⑤ 范晔撰，李贤等注《后汉书》卷1《光武帝纪》，第1页。

> 光武诞命，灵贶自甄。沈几先物，深略纬文。寻、邑百万，貔虎为群。长毂雷野，高锋彗云。英威既振，新都自焚。虔刘庸、代，纷纭梁、赵，三河未澄，四关重扰。神旌乃顾，递行天讨。金汤失险，车书共道。灵庆既启，人谋咸赞。明明庙谟，赳赳雄断。于赫有命，系隆我汉。①

从范晔的这个总结来看，刘秀之所以能“系隆我汉”，天命只是其中的一个方面，在天命的基础上“递行天讨”，则是另外一个重要的方面，而在这则是“人为”在起作用。范晔所谓“寻、邑百万……车书共道”诸语，即光武在称帝后“递行天讨”之功业的体现。当然，范晔之重光武政权统一之“人为”的作用，亦可征诸其所载刘秀之诏语，如他记载刘秀即位之诏，称“秀发奋兴兵，破王寻、王邑于昆阳，诛王郎、铜马于河北，平定天下，海内蒙恩”，② 又如建武三年攻灭赤眉后，光武所下之诏，其中也称“盆子窃尊号，乱惑天下，朕奋兵讨击，应时崩解”③ 等。

相比之下，范晔认为王莽、刘玄、刘盆子、公孙述、隗嚣等人，要么行“逆天”之举而无天命的庇佑，要么行“逆人”之举而无实际的德业，因此他们不仅即位不正，实现政权之统一则更勿论矣。

对王莽，范晔称其“炎正中微，大盗移国”，④ 是将其视为窃国者来看待的，同时又在《隗嚣传》中引隗嚣所举证之王莽“诡乱天术，援引史传”等“逆天之大罪”，“分裂郡国，断截地络”等“逆地之大罪”以及“尊任残贼，信用奸佞，诛戮忠正”等“逆人之大罪”。⑤ 刘玄、刘盆子虽同出高祖，有同姓之宜即血统上的天然优势，但范晔在“传中叙刘玄、刘盆子事，处处与《光武纪》遥作反应”，⑥ 突出其“庸庸”（《刘玄传》）之像。如记载两人即位之形态，刘玄“南面立，朝群臣。素懦弱，羞愧流汗，举手不能言”，刘盆子“被发徒跣，敝衣赭汗，见众拜，恐畏欲啼”；⑦ 再如记载两人之行事，刘玄“日夜与妇人饮宴后庭，群臣欲言事，辄醉不

---

① 范晔撰，李贤等注《后汉书》卷 1《光武帝纪》，第 87 页。
② 范晔撰，李贤等注《后汉书》卷 1《光武帝纪》，第 22 页。
③ 范晔撰，李贤等注《后汉书》卷 1《光武帝纪》，第 33 页。
④ 范晔撰，李贤等注《后汉书》卷 1《光武帝纪》，第 87 页。
⑤ 范晔撰，李贤等注《后汉书》卷 13《隗嚣传》，第 516~517 页。
⑥ 李景星著，韩兆琦、俞樟华点校《四史评议》，岳麓书社，1986，第 275 页。
⑦ 范晔撰，李贤等注《后汉书》卷 11《刘玄刘盆子列传》，第 469、480 页。

能见”，刘盆子“诸将日会论功，争言欢呼，拔剑击柱，不能相一。三辅郡县营长遣使贡献，兵士辄剽夺之。又数虏暴吏民，百姓保壁，由是皆复固守”。[①] 范晔的这种记载说明，二人虽同据天位，但并无帝德，更难有实际的功业，以此与《光武帝纪》遥相对应，范晔的意思是显而易见的。不仅如此，范晔在评论刘玄时指出：“非唯汉人余思，固亦几运之会也。夫为权首，鲜或不及。陈、项且犹未兴，况庸庸者乎!”[②] 又在赞语中称：“圣公靡闻，假我风云。始顺归历，终然崩分。赤眉阻乱，盆子探符。虽盗皇器，乃食均输。”[③] 这是说，更始称帝并没有得到天命的启示，只是一时之际会；而盆子“探符”，同样也没有来自天命的征兆，只是“赤眉阻乱”的结果。所以，在范晔看来，两人不仅没有“天命”，人为亦不存在，这就从根本上否决了诸人在西汉初、东汉末的政治活动。

与更始不同，公孙述称帝渲染了诸多来自天命的启示，[④] 但范晔写道：“公孙亦窃帝蜀汉，推其无他功能……道未足而意有余，不能因隙立功，以会时变，方乃坐饰边幅，以高深自安。”[⑤] 即范晔认为公孙述之割据不合时宜，他只是借助了地理位置上的便利。相比之下，范晔对隗嚣的评价则带有几分同情，他认为隗嚣“道有足怀者”，“四方之杰，士至投死绝亢而不悔者矣”（“隗王得士”），不过即便“隗嚣援旗纠族，假制明神，迹夫创图首事，有以识其风矣”，但“嚣命会符运，敌非天力”。[⑥] 这就是说，在范晔看来虽然公孙述、隗嚣二人借助了来自“天”的力量，并以此为即位之资，但这是逆天的举措，因为当时“汉命已还”，所以两人的割据政权也只能是“天数有违，江山难恃”了，最后还是要靠刘秀建立的东汉政权来实现天下的大统一。

关于东汉末年的政局变革，范晔首先称赞皇甫嵩等人在削讨黄巾而维护东汉政权之统一以及荀彧克保汉鼎而延续东汉政权上的功业。如对荀彧，范晔论称：“自迁帝西京，山东腾沸，天下之命倒悬矣。荀君乃越河、冀，间关以从曹氏。察其定举措，立言策，崇明王略，以急国艰，岂云因

① 范晔撰，李贤等注《后汉书》卷11《刘玄刘盆子列传》，第471、481页。
② 范晔撰，李贤等注《后汉书》卷11《刘玄传》，第476页。
③ 范晔撰，李贤等注《后汉书》卷11《刘玄刘盆子列传》，第487页。
④ 如“述梦有人语之曰‘八厶子系，十二为期。’……会有龙出其府殿中，夜有光耀，述以为符瑞，因刻其掌，文曰‘公孙帝’。”范晔撰，李贤等注：《后汉书》卷13《公孙述传》，第535页。
⑤ 范晔撰，李贤等注《后汉书》卷13《公孙述传》，第544页。
⑥ 范晔撰，李贤等注《后汉书》卷13《隗嚣传》，第532页。

乱假义，以就违正之谋乎？诚仁为己任，期纾民于仓卒也。及阻董昭之议，以致非命，岂数也夫！”从范晔对荀彧的评价中不难看出，范晔并不反对和否认荀彧的归正之路，以及荀彧在东汉末年之乱局中对延续汉鼎的贡献，只是时势仓促、天命如此，非荀彧一人可以改变。所以，范晔又说：“方时运之屯邅，非雄才无以济其溺，功高势强，则皇器自移矣。此又时之不可并也。盖取其归正而已，亦杀身以成仁之义也。”[①] 至于荀彧的归正之道，范晔认为“世言荀君者，通塞或过矣”。[②] 范晔显然把东汉皇器转移部分地归咎于时势和天命的改变，因此他在《献帝纪》中论曰：“天厌汉德久矣。”[③] 但即便如此，他仍然注意人力在汉祚转移中的作用，进而对袁术妄称天命以及曹魏通过一系列“手段”实现政权的转移颇有微词，表现出对汉统的维护。

在论及袁术时，范晔称：“天命符验，可得而见，未可得而言也。然大致受大福者，归于信顺乎！夫事不以顺，虽强力广谋，不能得也。谋不可得之事，日失忠信，变诈妄生矣。况复苟肆行之，其以欺天乎！虽假符僭称，归将安所容哉！”[④] 从而批评袁术妄称天命的欺天之举。对于曹操一步步侵夺汉室，范晔在《献帝纪》中记载：建安元年“镇东将军曹操自领司隶校尉，录尚书事”，“曹操自为司空，行车骑将军事，百官总己以听”；建安九年“曹操大破袁尚，平冀州，自领冀州牧”；建安十三年“曹操自为丞相”；建安十八年“曹操自立为魏公，加九锡”；建安二十一年“曹操自进号魏王”；建安二十五年“魏王曹操薨。子丕袭位”，“冬十月乙卯，皇帝逊位，魏王丕称天子”。[⑤] 范晔多次以“自”“自为”这一充满主观判断意味的文字来审视曹操父子终移汉祚这一历史演变过程，其中所具之微

① 范晔撰，李贤等注《后汉书》卷70《荀彧传》，第2291~2292页。

② 陈寿在《三国志》卷10《荀彧传》中评论荀彧曰：“荀彧清秀通雅，有王佐之风。然机鉴先识，未能充其志也。”对此裴松之注曰：“世之论者，多讥彧协规魏氏，以倾汉祚。君臣易位，实彧之由。虽晚节立异，无救运移。功既违义，识亦疚焉。陈氏此评，盖亦同乎世识。”（陈寿撰，裴松之注《三国志》卷10《荀彧传》，中华书局，1964，第332页）。

③ 范晔撰，李贤等注《后汉书》卷9《献帝纪》，第391页。

④ 范晔撰，李贤等注《后汉书》卷75《袁术传》，第2444页。

⑤ 范晔撰，李贤等注《后汉书》卷9《献帝纪》，第380~390页。与范晔的记载相比，陈寿在《三国志》中对以上内容则记载为“天子拜太祖建德将军，夏六月，迁镇东将军，封费亭侯”；“天子假太祖节钺，录尚书事”；“天子以公领冀州牧”；“汉罢三公官，置丞相……以公为丞相”；“天子使郗虑策命公为魏公，加九锡”；“天子进公爵为魏王”（陈寿撰，裴松之注《三国志》卷1《武帝纪》，第13~49页）。两种记载相乎参照，一时惩劝可见。

言——所谓“盖一时劝惩寓乎国法，千载是非在乎史臣，须秉直笔，乃彰公道”，[①] 范晔的记载庶几近之。

从以上论述来看，范晔的政权统一意识以“天命论”为基础，在他看来天命的眷顾和天命的转移构成了东汉定鼎和失祚的前提，但他同样重视“人为”“人谋”在政权统一中的作用：在其记载刘秀之所以能实现政权的大一统时，天命兴之在前，“人谋”用之在后——刘秀因天命的启示而称帝，称帝之后，刘秀的行伍之功、统治之策等，在其实现政权统一中起到了更加重要的作用；同样，东汉后期之衰落，在范晔看来是天命转移在前，袁术、曹操等蚕食（“人谋”用之）在后。从范晔对刘秀等东汉帝王“人为”的论述来看，他把“人为”的根本归之于“帝德”之善，强调帝王在因应天命的同时，还应当以德行之，从而创建和恪守功业，因此这是政权大一统的另一重保证。在这个认识的基础上，东汉前期之刘玄、公孙述及东汉后期之袁术、曹操等自然就成了范晔批评的对象，这不仅在于他们既无天命之可受，也在于他们的“人为”是对汉之统一政权的一种破坏。

二 “归本儒学”的思想统一意识

论述思想的统一，这是范晔“大一统”意识的一个重要方面。对此，他极为重视东汉儒学之发展在刘秀实现政权统一过程中，以及在东汉治乱兴衰中所发挥的作用。范晔在《后汉书》中论“儒者之风”“儒学之效”，以及在相关列传中叙事实、说道理，其评价标准归根结底在于“正一代得失而归本儒学”。[②] 这正如汪荣祖所说：“蔚宗则以儒教（儒家）为精神血脉，融合与著论之间，以史事彰儒义，以儒义贯史事。其论东汉一代得失，几与儒学之盛衰、儒士之荣辱，息息相关矣。”[③]

从刘秀建元称帝，到削平公孙述而实现政权的统一，其间经过了十二年，对于这段时期儒学与东汉政权之间的联动关系，范晔在《儒林列传》序中写道：“及光武中兴，爱好经术，未及下车而先访儒雅，采求阙文，补缀漏逸”，又“立五经博士”“修起太学”，这些举措造就了人才兴盛的

① 李景星著，韩兆琦、俞樟华点校《四史评议》，第 272 页。

② 梁宗华：《正一代得失而归本儒学：范晔史论的基本倾向》，《理论学刊》2001 年第 1 期，第 100 页。

③ 汪荣祖：《史传通说：中西史学之比较》，中华书局，2003，第 108 页。

局面，范晔就此说道："先是四方学士多怀挟图书，遁逃林薮。自是莫不抱负坟策，云会京师，范升、陈元、郑兴、杜林、卫宏、刘昆、桓荣之徒，继踵而集。"[①] 光武对待儒学的积极态度实际推动了东汉一代经学的兴盛，范晔称："自光武中年以后，干戈稍戢，专事经学，自是其风世笃焉。其服儒衣，称先王，游庠序，聚横塾者，盖布之于邦域矣。"[②] 这是十分盛大的局面。清人赵翼根据《后汉书》的记载，总结东汉初之盛大气象时，以"东汉功臣多近儒"来概括这一现象，而他则将这一现象产生的原因归之于"（光武）帝本好学问""所谓有是君即有是臣也"。[③] 进一步而言，范晔的记载说明如果光武实现政权的统一是依靠功臣，仰仗人才，那么人才之盛实有儒学之效。

儒学发展在思想上对士人形成的影响在范晔看来对东汉社会之兴衰起了极大的作用，他进一步揭示，正是从光武时期起所奠定的儒学兴盛的局面，培养了东汉士人君臣忠义的信念，由此造就士人"所谈者仁义，所传者圣法"，进而形成"人识君臣父子之纲，家知违邪归正之路"的良好士风。正是这种"仁人君子之心力"使得东汉的统治能多历年所，使东汉自和帝以后虽逐渐衰敝却不至于败亡。对此，范晔在《儒林列传》中论曰：

> 自桓、灵之间，君道秕僻，朝纲日陵，国隙屡启，自中智以下，靡不审其崩离；而权强之臣，息其窥盗之谋，豪俊之夫，屈于鄙生之议者，人诵先王言也，下畏逆顺势也。……暨乎剥桡自极，人神数尽，然后群英乘其运，世德终其祚。迹衰敝之所由致，而能多历年所者，斯岂非学之效乎？故先师垂典文，褒励学者之功，笃矣切矣。[④]

东汉士人"其学为儒家之学，其行自必合儒家道德标准"，[⑤] 范晔在"委曲细事"[⑥] 的列传中多处论及儒学塑造的士人在东汉的兴衰中是如何发挥作用的。在《陈蕃传》中，范晔论道："汉世乱而不亡，百余年间，数

① 范晔撰，李贤等注《后汉书》卷 79《儒林列传》，第 2545 页。
② 范晔撰，李贤等注《后汉书》卷 79《儒林列传》，第 2588 页。
③ 赵翼撰，曹光甫点校《廿二史札记》，上海古籍出版社，2011，第 78~79 页。
④ 范晔撰，李贤等注《后汉书》卷 79 下《儒林列传》，第 2589~2590 页。
⑤ 陈寅恪：《金明馆丛稿初编》，上海古籍出版社，1980，第 42 页。
⑥ 刘知幾撰，浦起龙释《史通》卷 2《二体》，第 25 页。

公之力也”[1]；在《左周黄列传》中，他又论道，汉世“所以倾而未颠，决而未溃，岂非仁人君子心力之为乎？”[2] 而在《李固传》中，他说：“至矣哉，社稷之心乎！”[3] 在《孔融传》中则论称：“若夫文举之高志直情，其足以动义概而忤雄心。故使移鼎之迹，事隔于人存；代终之规，启机于身后也。”[4] 由此可见，范晔对诸“仁人君子”之心力在东汉危局中所起的作用有着清楚的认识。说到底，这是东汉儒家学说统一东汉士人思想，且东汉士人能在社会实践中践行这一儒家思想的必然结果。当然，儒学定于一尊也有其消极的影响，范晔注意到就经学本身的发展来说，“有分争王庭，树朋私里，繁其章条，穿求崖穴，以合一家之说”以及“观成名高第，终能远至者，盖亦寡焉”的弊端，但这是学术发展自身的问题。从政治实际及社会效果看，范晔的记载说明，东汉儒学兴盛而一统士人思想的局面，对东汉社会发展的总体影响是利大于弊的。

不仅如此，范晔论东汉之兴衰，是将儒学之兴废作为其内在原因来认识的。在《儒林列传》序中，范晔称：

> 及光武中兴，爱好经术，未及下车，而先访儒雅，采求阙文，补缀漏逸。……立五经博士，各以家法教授……建武五年，乃修起太学……中元元年，初建三雍。明帝即位，亲行其礼。……帝正坐自讲，诸儒执经问难于前，冠带缙绅之人，圜桥门而观听者，盖亿万计。……济济乎，洋洋乎，盛于永平矣！建初中，大会诸儒于白虎观，考详同异，连月乃罢。肃宗亲临称制，如石渠故事，顾命史臣，著为通义。……
>
> 孝和亦数幸东观，览阅书林。及邓后称制，学者颇懈。……
>
> 自安帝览政，薄于艺文，博士倚席不讲，朋徒相视怠散、学舍颓敝，鞠为园蔬，牧儿荛竖，至于薪刈其下。顺帝感翟酺之言，乃更修黉宇……本初元年，梁太后诏曰：“大将军下至六百石，悉遣子就学，每岁辄于乡射月一飨会之，以此为常。”自是游学增盛，至三万余生。然章句渐疏，而多以浮华相尚，儒者之风盖衰矣。党人既诛，其高名善士多坐流废，后遂至忿争，更相言告，亦有私行金货，定兰台漆书

① 范晔撰，李贤等注《后汉书》卷66《陈蕃传》，第2171页。
② 范晔撰，李贤等注《后汉书》卷61《左周黄列传》，第2043页。
③ 范晔撰，李贤等注《后汉书》卷63《李固传》，第2094~2095页。
④ 范晔撰，李贤等注《后汉书》卷70《孔融传》，第2280页。

经字，以合其私文。[①]

这里有以下三点需要注意。第一，范晔交代了东汉儒学发展演变的基本趋势。范晔以和帝为界而将东汉儒学之发展分为两个阶段：和帝之前为东汉儒学的发展、兴盛期；和帝之后，东汉儒学的发展则成衰退之局，其间顺帝、梁后虽有所作为，然“游学增盛”“章句渐疏”，终“以浮华相尚，儒者之风盖衰矣”。可见，范晔之论东汉儒学之盛衰是与论东汉之兴亡相始终的。

第二，该序隐含范晔如何看待“权归女主”“儒者之风盖衰”与东汉倾危的关系。范晔认为和帝尚能“数幸东观，览阅书林”，而“邓后称制，学者颇懈”，这就是说，“邓后称制”实际上开启了“儒者之风盖衰”的局面。范晔对“邓后称制”与“学者颇懈”及“儒者之风盖衰”之间关系的论述，与他在《皇后纪》中对“邓后临朝”与东汉政权演变之间关系的论述，有异曲同工之妙。范晔在《皇后纪》之“史论”中论和熹邓后时，称：“邓后称制终身，号令自出，术谢前政之良，身阙明辟之义，至使嗣主侧目，敛衽于虚器，直生怀懑，悬书于象魏。借之仪者，殆其惑哉！”[②] 与《儒林列传》序中的记载相联系，可以看到范晔重视“儒者之风盖衰”对东汉历史进程的影响，即重视其对东汉之倾危所产生之影响。

第三，该序隐含范晔如何看待“儒者之风盖衰”与“党锢之祸”的关系。在《儒林列传》序中，范晔于“儒者之风盖衰”后续之以“党人既诛，其高名善士多坐流废”语，而在《党锢列传》中则称“逮桓、灵之间……婞直之风，于斯行矣”，“儒者之风”衰则“婞直之风”行，这是范晔的认识逻辑。“范晔以桓灵间为界将东汉风俗分为前后两期：前期承接新莽东汉之际的忠义守节之风，重‘去就之节’；后期因‘主荒政缪，国命委于阉寺’，转向‘婞直之风’。”[③] 而“党人”身上所体现的“婞直之风”实际是“儒者之风”的变态，这是范晔从东汉“风俗”之变（“儒者之风”）的角度对东汉衰亡的论述。总的来说，东汉儒学之盛衰与东汉社会之兴亡相始终。与“权归女主”“委事父兄”“阉竖擅恣”等因素直接导致东汉走向危亡相比，范晔所揭示的“儒者之风盖衰”与“权归女

---

① 范晔撰，李贤等注《后汉书》卷79上《儒林列传》，第2545~2547页。

② 范晔撰，李贤等注《后汉书》卷10上《皇后纪》，第430页。

③ 牟发松、李磊：《东汉后期士风之转变及其原因探析》，《武汉大学学报》2003年第3期，第267页。

主”“党锢之祸”之间的关系在东汉危亡中所扮演的角色则层次更深、更具理论上的价值，如果说“权归女主”“委事父兄”“阉竖擅恣”等是造成东汉危亡的事实因素，那范晔所揭示的“儒者之风盖衰”与“权归女主”“党锢之祸”之间的关系则是超越事实层面的因素。正因如此，范晔在论及东汉一代女主专权、宦官干政时，是以儒家之思想为准绳来做判断的，如他在《皇后纪》中论及女主专权时写道：“自古虽主幼时艰，王家多衅，必委成冢宰，简求忠贤，未有专任妇人，断割重器。”① 这不仅是以史为鉴，而且是取儒家所强调的男尊女卑、男女有别以及“夫妇之际，人道之大伦也”② 为言，而他在《皇后纪》序、《宦者列传》序起首即引儒家经典（《周礼》《易》）中的相关记载作为论说展开之理据，同样说明了这一点。

从根本上看，范晔撰写东汉历史，正东汉一代之得失而归本儒学，这不仅在于他以儒家价值为根本准则来评价东汉的人物和事迹，更重要的是他将儒学的兴衰与东汉之治乱相联系，呈现东汉儒学、士风、政治发展之间的联动关系，即思想、人才、社会治理之间的联动关系，注意到了思想领域的统一对于社会治理以及在社会发展中所能起到的重要作用。

三 “柔以致远”的民族与疆域统一意识

范晔在《后汉书》中所表达的“大一统”意识，还体现在他对民族及疆域问题的相关见解上。他赞美通过“柔服之道”和“致远之谋”所创造的民族融合的局面在国家统一、社会治理上所起到的作用，认可在开拓疆域上做出重要贡献的历史人物。这说明，范晔的民族及疆域统一意识深受儒家“王道”思想的影响。③ 在《后汉书》中，范晔继承了司马迁、班固

---

① 范晔撰，李贤等注《后汉书》卷10上《皇后纪》，第400页。

② 班固撰，颜师古注《汉书》卷97上《外戚列传上》，中华书局，1964，第3933页。

③ 程方勇认为范晔在边防问题上表现出的是“霸道思想”（参见程方勇《范晔及其史传文学》，博士学位论文，中国社会科学院，第71~75页），这个结论有待商榷。范晔在对待民族、疆域等问题时，态度很灵活，对于不同的民族，他主张采用“怀柔”的政策，同时注意武备的价值，取舍的关键在于“量时度力”。永和四年（139），梁商提出对待少数民族的策略，称：“戎狄荒服，蛮夷要服，言其荒忽无常。而统领之道，亦无常法，临事制宜，略依其俗。……其务安羌胡，防其大故，忍其小过。”这是范晔所认可的，因此，他在评论光武对不同民族所采用的策略时，既肯定光武积极的对羌举措，也对光武在西域、匈奴问题上所采取的内敛的策略表示理解。详见下文。

等人开创的民族传撰写传统，[①] 对东汉周边的民族做了详细的记载，并"使这一传统在新的历史条件下具有了新的表现形式"[②] 与鲜明的时代特征。

首先是对各民族起源之同源共祖的历史记载，这是范晔对司马迁《史记》笔法的继承。范晔的一些史传直接接续了司马迁、班固的记载，如在《西域传》中，范晔写道："班固记诸国风土人俗，皆已详备前书。今撰建武以后其事异于先者，以为《西域传》，皆安帝末班勇所记云。"[③] 这一则是说该传有接续和继承前人的方面，二则是说该传同时有异于前人的方面。同样，《南匈奴列传》的记载亦是范晔在《史记》《汉书》关于匈奴历史记载的基础上展开的，章怀注称："前书（笔者按，《史记》《汉书》）直言《匈奴传》，不言南北，今称南者，明其为北生义也。以南单于向化尤深，故举其顺者以冠之。"[④] 章怀的解释说明，范晔对匈奴的记载是在接续和继承前人的基础上，而具有新意的。不过，范晔还注意根据东汉时期周边各民族之新发展及各族与中原王朝之关系的新发展而增损相关内容。如《西羌传》，司马迁、班固不载，而范晔却详细记载了东汉时期对当时政局影响颇大的羌族的历史，对其族源，范晔明确写道："西羌之本，出自三苗，姜姓之别也。""及舜流四凶，徙之三危，河关之西南羌地是也。"[⑤] 在《东夷列传》中，范晔详细勾勒了从帝尧时起，东夷与中原王朝关系的发展，突出了民族之间的相互联系。《南蛮西南夷列传》的记载同样如此。

从事实的角度考虑，范晔的这些记载并不一定是历史之真实，但这种记载背后的自觉意识却说明，他看到了各民族之间自古以来就有的密切联系，而东汉时期这种联系又有了进一步的发展。因此，不管是从民族起源来讲还是从民族之间密切的联系来讲，范晔强调的是民族的统一与政治统一、社会安定之间的必然联系。正是基于这种认识，范晔在《后汉书》中对东汉的治理与衰落进行反思时，便考察了民族关系的变动对东汉统治的

① 白寿彝先生在《中国通史》"导论"中指出，"司马迁在《史记》中对中国边疆民族史有杰出的撰述，把环绕中原的各民族，尽可能地展开一幅极为广阔而又井然有序的画卷。……分别按地区写出北方、南方、东南、东北、西南、西北的民族历史"（白寿彝：《中国通史》，上海人民出版社，1989，"导论"第12页）。

② 瞿林东、李珍：《范晔评传》，南京大学出版社，2006，第263页。

③ 范晔撰，李贤等注《后汉书》卷88《西域传》，第2912~2913页。

④ 范晔撰，李贤等注《后汉书》卷89《南匈奴列传》，第2939页。

⑤ 范晔撰，李贤等注《后汉书》卷87《西羌传》，第2896页。

影响。他在《西羌传》中写道:"惜哉寇敌略定矣,而汉祚亦衰。呜呼!"[①] 这是把东汉衰落的原因部分地归结于民族冲突。换个角度说,这句话的反面是范晔作为史家对积极合理的民族政策以及友好健康的民族关系在维护政权统一、社会治理上的作用的深刻期许。对此,可以范晔对东汉前期民族、边防问题的评论为例,展开论述。

其次范晔对东汉初年在民族、边防策略选择的评论上表现出很大的灵活性,这种灵活性是基于"建武、永平之政"能在民族、边防策略上运用正确的方式而产生理想的效果。

如对待羌患,范晔分析称:"羌虽外患,实深内疾,若攻之不根,是养疾疴于心腹也。"正因为他把羌患视为"内疾",所以在《后汉书》的评论中,范晔认同光武、明帝所采取的积极的对羌政策,不过他还提出不应"贪其暂安之势,信其驯服之情,计日用之权宜,忘经世之远略"。[②] 他所提到的"经世之远略",首先是要正确地认识到"王政修则宾服,德教失则寇乱"[③] 这一根本的准则,所以他重视"王政"和"德教"在处理民族关系上的作用。基于这样的认识,范晔详细记载了光武、明帝等在对羌政策上采用的"怀柔"策略及其所产生的积极效果。如在《西羌传》中,他记载了明帝以"怀柔"之策处置边郡诛杀羌人的诏书,[④] 就是明显的例子。在范晔看来,光武、明帝时期所采取的积极的民族政策实际以"柔道"为内核。

又如考察匈奴、西域问题,他从不同政策制定的现实基础和实行的实际效果出发,对光武在对待匈奴和西域问题上所采取的"怀柔"策略表示理解。范晔称光武"闭玉门以谢西域之质,卑词币以礼匈奴之使,其意防盖已弘深",此"意防"即"颠沛平城之围,忍伤黩王之阵"。[⑤] 范晔的这句话是说,光武对待西域的策略是对历史经验的直接总结,而对这个政策制定的现实原因,他写道:"初,帝在兵间久,厌武事,且知天下疲耗,思乐息肩。自陇、蜀平后,非儆急,未尝复言军旅。……(光武)明慎政

① 范晔撰,李贤等注《后汉书》卷 87《西羌传》,第 2901 页。

② 范晔撰,李贤等注《后汉书》卷 87《西羌传》,第 2901 页。

③ 范晔撰,李贤等注《后汉书》卷 87《西羌传》,第 2870 页。

④ 诏曰:"昔桓公伐戎而无仁惠,故《春秋》贬曰'齐人'。今国家无德,恩不及远,赢弱何辜,而当并命!夫长平之暴,非帝者之功,咎由太守长吏妄加残戮。比铜钳尚生者,所在致医药养视,令招其种人,若欲归故地者,厚遣送之。其小种若束手自诣,欲效功者,皆除其罪。若有逆谋为吏所捕,而狱状未断,悉以赐有功者。"(第 2880 页)

⑤ 范晔撰,李贤等注《后汉书》卷 18《吴盖陈臧列传》,第 697 页。

体，总揽权纲，量时度力，举无过事。”[①] 以“量时度力”一语来概括光武之政，实际上也是在说光武在对匈奴、西域选策用略时，是以“量时度力”来考虑的。应该说，范晔看到了光武中兴的政治局面与正确处理民族、边防问题之间的关系。

在光武之后，明、章、和等在匈奴和西域问题上采取了与光武不同的政策，特别是明帝。范晔记载：“时天下乂安，帝欲遵武帝故事，击匈奴，通西域。”[②] 明帝时期是“边疆有为思想的复苏”时期，[③] 范晔记道：

> （永平）十六年，明帝乃命将帅，北征匈奴，取伊吾卢地，置宜禾都尉以屯田，遂通西域……明年，始置都护、戊己校尉。……章帝不欲疲敝中国以事夷狄，乃迎还戊己校尉，不复遣都护。……和帝永元元年，大将军窦宪大破匈奴。二年，宪因遣副校尉阎盘将二千余骑掩击伊吾，破之。三年，班超遂定西域，因以超为都护，居龟兹。复置戊己校尉。[④]

可见，范晔虽以“辟土世广”（《和帝纪》）为东汉前期兴盛的表现，并对立功绝域的班超等人给予了较高的评价，称之为“一时之志士”，[⑤] 但他也理性地指出，以武力处理匈奴等问题并不是“经纶之方”，[⑥] 而应该“上申光武权宜之略，下防戎羯乱华之变”，这才是“平易正直”之道。[⑦]

范晔对东汉前期的民族、边防政策及其实践效果的评论说明，他所选取的论述角度和立论点，随着时代的推移和民族本身的不同而有所区别，具有很大的灵活性，可以认为这是他注意到了民族问题演变的“时”与“势”。不过，范晔的评论还是有其根本的准则。从根本上说，他更关注积极合理的民族政策以及友好健康的民族关系在维护政权统一、社会治理上的作用，所以在对待民族及边疆问题上，他更强调“柔服”和“王化”之道。从《后汉书》的整个记载来看，范晔确实是把东汉前期通过“王化”

---

① 范晔撰，李贤等注《后汉书》卷1下《光武帝纪》，第85页。

② 范晔撰，李贤等注《后汉书》卷23《窦固列传》，第809～810页。

③ 卜宪群、袁宝龙：《秦汉边疆治理思想的演进历程、实践经验与教训》，《河北学刊》2022年第1期，第67页。

④ 范晔撰，李贤等注《后汉书》卷88《西域传》，第2909～2910页。

⑤ 范晔撰，李贤等注《后汉书》卷47下《班梁列传》，第1594页。

⑥ 瞿林东、李珍：《范晔评传》，第283页。

⑦ 范晔撰，李贤等注《后汉书》卷89《南匈奴列传》，第2967页。

之道而实现民族关系之和睦和疆域之拓展，作为东汉大一统政治的一部分来认识的，并认为这与民族及民族关系本身密切相关，在《南匈奴列传》中，范晔对东汉把南匈奴纳入汉朝统治给予了很高的评价，他写道：“其后匈奴争立，日逐来奔，愿修呼韩之好，以御北狄之冲，奉藩称臣，永为外扞。天子总揽群策，和而纳焉。乃诏有司开北鄙，择肥美之地，量水草以处之。驰中郎之使，尽法度以临之。制衣裳，备文物，加玺绂之绶，正单于之名。”[①] 范晔的这个评论说明，首先是统治者实行了正确的民族策略，然后是疆域拓展和天下归一的实际效果，即政策与政策施行之效果的统一是他对民族及边疆问题做出历史评论的实际出发点。

总的来说，东汉初期大一统局面的出现，与光武等通过“柔服之道”所创造的民族融合的局面关系紧密，这是范晔在评论东汉民族、边疆问题时所表达的一个认识。

四　范晔“大一统”意识的现实性

以上所论范晔《后汉书》“大一统”意识的几个方面，深具现实意义。一方面，范晔对东汉历史的记载和考察有出自刘宋时代之现实的原因，另一方面范晔对东汉历史的记载和评论对今天的社会发展仍具借鉴价值。

首先，范晔是从他自己的时代出发来认识和思考东汉历史的，因此他对东汉历史的记载和评论难免将自己对时政的认识融入其中，范晔所谓“因事就卷内发论，以正一代得失”，不仅是正东汉历史之得失，更重要的是正自己时代之得失。就范晔以“天命”为基础而又重视“人为”的政权统一意识来说，为刘宋政权寻找“天命”的根据是其中重要的方面。具体来说，刘裕被认为是“汉高帝弟楚元王交之后”，[②] 沈约在《宋书·武帝纪》中有论曰：

> 汉氏载祀四百，比祚隆周，虽复四海横溃，而民系刘氏，惵惵黔首，未有迁奉之心。魏武直以兵威服众，故能坐移天历，鼎运虽改，而民未忘汉。及魏室衰孤，怨非结下。……高祖地非桓、文，众无一旅，曾不浃旬，夷凶剪暴，祀晋配天，不失旧物，诛内清外，功格区

① 范晔撰，李贤等注《后汉书》卷89《南匈奴列传》，第2966~2967页。

② 沈约：《宋书》卷1《武帝纪》，第1页。

宇。至于钟石变声，柴天改物，民已去晋，异于延康之初，功实静乱，又殊咸熙之末。所以恭皇高逊，殆均释负。若夫乐推所归，讴歌所集，魏、晋采其名，高祖收其实矣。[①]

对于沈约的评论，有两点需要注意：其一，魏武虽以兵威“坐移天历”，但“汉氏载祀四百”积累的民心尚在，这是说刘裕作为汉室子孙“祀晋配天”，有“血统”和“天命”上的合理性；其二，高祖“曾不浃旬，夷凶剪暴”，“诛内清外，功格区宇”，这是说刘裕即位亦有“功业”上的基础。两者说明，齐梁之际人们对于刘宋的建立尚在寻找历史的根据，范晔与沈约一样，作为南朝刘宋的史家，论及东汉大一统政权的建立，既谈“天命”又重“人为”，其旨趣不仅是关于东汉历史本身的“得失”，更有关于刘宋政权合理性之历史因素的考虑，即以史为据而为刘宋政权的建立找到历史的根据，这是他的历史撰写的重要目的。

不仅如此，就范晔所论民族及疆域统一来说，“魏晋南北朝时期，由于政权林立、民族融合与矛盾同时存在与发展，‘大一统’成为各政权共同的政治理想。与前代不同的是，这一时期历史发展的一个突出特点，就是少数民族的地位与角色越来越重要……在这种情况下，‘大一统’观念就不可避免地与民族问题交织在一起”。[②] 范晔分析东汉大一统局面的出现，指出其与通过“柔服之道”所创造的民族融合局面之间的紧密关系。在“政权林立、民族融合与矛盾同时存在与发展”的刘宋时期，范晔对东汉民族关系的关注与反思对于刘宋时局相关政策的制定也不无借鉴意义。

其次，范晔对东汉历史的记载和评论所表现的“大一统”意识，在今天这个时代同样具备现实意义。范晔的记载说明，从历史中汲取经验教训，做到“稽古”与“随时”的统一，这是历史研究的一个重要方面。我们从范晔对东汉历史的评论中看到，范晔思想中蕴含着以史为鉴的意识、朴素的中华民族共同体意识，以及重视人在社会发展中的作用和意识形态的统一对社会治理的作用的意识，而这些对维护“大一统”政局具有相当重要的价值。范晔的这些认识提醒我们，检讨他对东汉历史的记载，除了要看到他对历史兴衰本身的解读外，更重要的是从古人的“风流”中找到可为今用的价值。总之，对于当今社会的发展来说，以史为鉴岂可少欤！

---

① 沈约：《宋书》卷1《武帝纪》，第60~61页。

② 瞿林东、李珍：《范晔评传》，第268~269页。

论《史通》开启的关于体裁、体例、文辞与史书编纂的讨论

张　杰

（北京师范大学历史学院，北京　100875）

摘　要：《史通》开启了中国史学史上对体裁、体例、文辞等历史编纂学问题的系统讨论，后世古代史家及近代史家大多沿着刘知幾的思路和问题意识对史书体裁、体例、文辞等编纂学问题做了进一步深入阐发，成为中国史学持续发展的必备条件。正是对这些问题的批评、反思、总结、继承和创新所形成的理论认识，构建起了具有中国特色历史编纂学的理论框架。

关键词：《史通》　刘知幾　体裁　体例　文辞

刘知幾的《史通》是对唐以前中国史学的一次理论总结，他系统地论述了中国古代历史编纂的基本问题和原则，启发了后世乃至近代史家关于历史编纂学的思考，推动了中国古代历史编纂学传统的形成。本文拟以《史通》对体裁、体例、叙事等历史编纂学基本问题的认识为导引，探寻历代史家如何在刘知幾的基础上不断地进行总结和思考，逐步构建起具有中国传统史学特色的历史编纂学理论。

一　不同体裁的相互补充

刘知幾之前，从未有一位史家将业已存在的纪传体史书和编年体史书进行优劣分析，更没有史家对通史和断代史进行深入分析。《史通》的《六家》篇列举史体大端，《二体》篇定史之正用，这是刘知幾对唐以前史

学发展情形的准确观察。

在《六家》篇中，刘知幾首次作了纪传体通史和断代史的区分。他认为，以《史记》为代表的纪传体通史的缺陷主要表现在"疆宇辽阔，年月遐长，而分以纪传，散以书表，每论国家一政，而胡、越相悬，叙君臣一时，而参、商是隔"，且"多聚旧记，时采杂言，故使览之者事罕异闻，而语饶重出"，[①] 其长处在于"纪以包举大端，传以委曲细事，表以谱列年爵，志以总括遗漏，逮于天文、地理、国典、朝章，显隐必该，洪纤靡失"。[②]

相比之下，《汉书》则"究西都之首末，穷刘氏之废兴，包举一代，撰成一书。言皆精炼，事甚该密，故学者寻讨，易为其功。自尔迄今，无改斯道"。[③] 在刘知幾看来，纪传体通史体裁的缺陷，却成为《汉书》扬长避短的契机，也是编年体体裁没有被时代淘汰的原因。自《汉书》开始的纪传体断代史成为历代正史的官方史体，编年体也并行其列，二者互补长短。

刘知幾史体论的重大意义，是区分出纪传体的通史和断代史两大系列，同时又对比纪传体和编年体的优劣长短，为后世史书体裁的讨论和创新打下了良好的基础，形成了以纪传体史书为核心的历史编纂学的讨论空间。刘知幾之后，学者对这个问题展开了更充分的阐发。

唐末皇甫湜在《编年纪传论》中指出："合圣人之经者，以心不以迹；得良史之体者，在适不在同……不虚美，不隐恶，则为纪为传，为编年，是皆良史矣……今之作者，苟能遵纪传之体制，同《春秋》之是非，文敌迁、固，直如南、董，亦无上矣。"[④] 皇甫湜吸收《史通》的观点，并提出"良史之体"的标准，进一步深化了刘知幾的认识。元代苏天爵认为："史有二体……考一时之得失，则编年为优；论一人之始终，则纪传为备。要之，二者皆不可缺。近代作为实录，大抵类乎编年；又于诸臣薨卒之下，复为传以系之，所以备二者之体也。"[⑤] 他明确了纪传体、编年体各自的特点，并指出"实录"兼二者之长。明代学者吴士奇主张"大略于编年之

① 刘知幾著，浦起龙释《史通通释·六家》，上海古籍出版社，2009，第18页。
② 刘知幾著，浦起龙释《史通通释·二体》，第25页。
③ 刘知幾著，浦起龙释《史通通释·六家》，第20~21页。
④ 皇甫湜：《皇甫持正文集》卷二《编年纪传论》，文渊阁四库全书，第1078册，第72~73页。
⑤ 苏天爵：《滋溪文稿》卷二六《修功臣列传》，中华书局，1997，第444页。

中，仿纪传之体，使一人一事，自为本末，庶观者一览而得，而不必于旁搜”，[①] 则与皇甫湜的见解一脉相承。由此可见，到了元、明时期，刘知幾的“二体并行”论已被普遍接受，史家也有了纪传、编年二体合一的深入思考，但具体到史书编纂实践层面则尚不成熟。

清代浦起龙指出，《史记》《汉书》“体制不同，迁才高识超，不拘拘于绳墨，固言必矩度，有阡陌可寻，其格力不同”，“后人无迁之才，则宁学固不学迁，以迁书变化无方，而固书有规矩可遵也”。[②] 这是从模仿的难易程度分析通史与断代史的发展，对刘知幾主张的断代为史“易为其功”是一种互证和补充。王鸣盛论述了《史记》《汉书》分别采取通史和断代史体裁的现实性和必要性，[③] 还评价了纪事本末体的优点，从编纂学的角度充分肯定纪事本末体的价值，[④] 丰富了刘知幾史书体裁论的内容和范围。章学诚在总结前人观点的基础上提出了自己对史书体裁的认识，他认为“纪传之书，类例易求而大势难贯”，“编年之史，能径而不能曲”，为了克服二者缺陷，他提出编纂“别录”的体裁构想，即“纪传苦于篇分，别录联而合之，分者不终散矣；编年苦于年合，别录分而著之，合者不终混矣”。[⑤] 他还提出“仍纪传之体而参本末之法，增图谱之例而删书志之名”的新史体设想。[⑥]

综上所述，经过长期、反复的讨论和撰述实践，纪传体史书的性质、特点在理论和方法上都得到较为充分的展现，因此之故，纪传体史书体裁不仅长期为官修正史所使用，而且针对其优劣短长的不同特点不断加以调整和变通而延伸出其他相关史书体裁，使用于中国古代史书的撰述实践中。直到近代以来，受到西方史学和日本史学的影响，史书章节体的写法逐渐兴起，怎样改造传统史书体裁以适应近代史学的历史书写，成为历史

---

① 吴勉：《史裁叙》，吴士奇：《史裁》，《四库全书存目丛书》，史部第 144 册，第 4 页。

② 浦起龙：《班马优劣》，《酿蜜集》，《清代诗文集汇编》，上海古籍出版社，2010，第 246 册，第 26~27 页。

③ 王鸣盛：《十七史商榷》卷九三，“断代为史，错综是非”条，商务印书馆，1959，第 1059 页。

④ 施建雄、张艳玲：《历史撰述的批判与总结——王鸣盛论史书体裁和体例的利弊得失》，《史学史研究》2005 年第 1 期。

⑤ 章学诚著，仓修良编注《文史通义新编新注·外篇一·史篇别录例议》，商务印书馆，2017，第 426、430、428 页。

⑥ 章学诚著，仓修良编注《文史通义新编新注·外篇三·与邵二云论修〈宋史〉书》，第 672 页。

编纂学新的思考方向，纪传体史书的历史编纂也开始在近代史学的维度中被近代学者重新加以思考。

章太炎采纳章学诚的体裁改造设想，吸收纪事本末体的优点，提出了包含表、典、记、考纪和别录五部分的新体裁构想。梁启超引用刘知幾的观点，论述“二体”各自优缺点后总结道：“盖纪传以人为主，编年体以年为主，而纪事本末体以事为主。夫欲求史迹之原因结果以为鉴往知来之用，非以事为主不可。故纪事本末体，于吾侪之理想的新史最为相近，抑亦旧史界进化之极轨也。”[①] 与梁启超持相同观点的还有李泰棻、邓之诚、王桐龄等人。邓之诚还在纪事本末体基础上吸收了纪传体、章节体的长处，撰写了《中华二千年史》。[②]

吕思勉认为，纪传体长于“该备”，短于“不能通贯”，“故编年、纪事本末及‘二通’一类之政书，不得不与之并行”；[③] 编年体长于通贯且“理尽一言，语无重出”，短在“委曲琐细，不能备详；朝章国典，无所依附”，记载没有纪传体完全，所以后世正史不得不舍此取彼；[④] 纪事本末体因“史事愈后愈繁猥，愈繁猥，则求其头绪愈难，故删繁就简，分别部居之作，应时而出也”，但“以此体作观览之书则可，以修一代之史则不可，以零星之事，无可隶属，刊落必多……吾见为无关系而删之，在后人或将求之而不得也”。[⑤] 吕思勉的史书体裁论引用了刘知幾的诸多观点，对纪事本末体的看法也与前人有所不同。吕思勉用发展的眼光分析了古代史书体裁之间的联系，并着重吸纳各种体裁的优点，尤其重视“最能贯通历代”的典志体，在通史和断代史的撰述上大胆实践，取得了很好的效果。黄永年因此评价吕氏史著，“以纪传体史为主，兼取《通鉴》，考核异同，寻求真相，对许多重大历史事件提出精辟的看法，绝不囿于陈说，这非司马光等旧史家之所能及。”[⑥] 罗尔纲撰写《太平天国史》，对纪传体体裁进行了改进，“用‘叙论’概括全书，用‘纪年’记国家大事，用‘表’标明复杂繁赜的史事，用‘志’记典章制度，用‘传’记人物”。这五部分互相

---

① 梁启超：《中国历史研究法 中国历史研究法补编》，中华书局，2014，第 20 页。

② 邓之诚：《中华二千年史》，中华书局，1983，第 4 页。

③ 吕思勉：《史学与史籍七种 · 史籍与史学》，上海古籍出版社，2020，第 56 页。

④ 吕思勉：《史学与史籍七种 · 史通评》，上海古籍出版社，2020，第 144 页。

⑤ 吕思勉：《史学与史籍七种 · 史籍与史学》，上海古籍出版社，2020，第 43 页。

⑥ 黄永年：《回忆我的老师吕诚之先生》，《吕思勉文史四讲》，中华书局，2008，第 5 页。

补充，是为“多种体裁结合而成的综合体裁”。[①] 20 世纪末白寿彝总主编的多卷本《中国通史》完成出版，该书采用“序说”“综述”“典制”“传记”的“新综合体”，是在继承传统史书体裁和近代章节体基础上的创新性史书体裁。[②]

历代学者围绕纪传体史书体裁的讨论过程，其实也就是中国古代史书的历史编纂从初具规模到不断完善的过程，在这一过程中，刘知幾不仅将史书体裁上升为专门的史学理论或史学方法问题，而且《史通》的观点对后世史家的体裁思考和创新也有深刻的影响。

二 体例的规范与灵活运用

史书体裁是史书编纂的基本框架，史书体例则是构成这一框架的内在形式，是一个在史书体裁内部更为复杂和丰富的范畴。司马迁在《史记·太史公自序》中阐述了自己著十二本纪，作十表、八书、三十世家、七十列传的构思，这可以说是中国古代最早的关于史书体例的表述。但直到《史通》的出现，才有了对史书体例的系统讨论。

关于本纪，班彪认为，“司马迁序帝王则曰本纪”，[③] 刘勰也认为，“本纪以述皇王”。[④] 刘知幾以《史记》中项羽入本纪的做法为例，强调本纪应“求名责实”。他在《本纪》篇写道：“项羽僭盗而死，未得成君……安得诲其名字，呼之曰王者乎？……抑同群盗，况其名曰西楚……即当时诸侯”，“求名责实，再三乖谬”。[⑤]

关于世家，刘知幾谈到了以下几处。“陈胜起自群盗，称王六月而死，子孙不嗣，社稷靡闻，无世可传，无家可宅，而以世家为称，岂当然乎？”司马迁“自我作故，而名实无准”。汉代诸侯“或传国唯止一身，或袭爵才经数世，虽名班胙土，而礼异人君，必编世家，实同列传”。[⑥] 刘知幾依据名实相符的原则，反对司马迁将陈胜以及汉代诸侯编入世家的做法，赞同班固将萧何、曹参、荆王、楚王等“一概称传，无复世家”的处理。

---

① 罗尔纲：《我对综合体史书体裁的探索》，《历史研究》1987 年第 1 期。

② 白寿彝总主编《中国通史》第 1 卷“导论”，上海人民出版社，1989，第 310~325 页。

③ 范晔撰，李贤等注《后汉书》，中华书局，1965，第 1325 页。

④ 刘勰著，范文澜注《文心雕龙注·史传》，人民文学出版社，1962，第 284 页。

⑤ 刘知幾著，浦起龙释《史通通释·本纪》，第 34 页。

⑥ 刘知幾著，浦起龙释《史通通释·世家》，第 38 页。

“列传”作为纪传体史书的主体部分，是刘知幾极为重视的问题。刘知幾主张入本纪、列传者应对其身份作严格区分，不仅《史记》项羽入本纪不合体例要求，而且如《后汉书》列后妃六宫入纪、《三国志》列孙权和刘备二帝入传的处理均“未达纪传之情”。[①] 另外，刘知幾基本认同众多“合传”、“附传”和“类传”的形式，比如陈馀张耳传，《汉书·王阳传》首举商山四皓等做法。

关于史表，刘知幾认为，“夫以表为文，用述时事，施彼谱牒，容或可取，载诸史传，未见其宜……文尚简要，语恶烦芜，何必款曲重沓，方称周备”。[②] 既然《史记》的本纪、世家、列传已将墓葬制度、年月职官等记载清晰，“而重列之以表，成其烦费，岂非缪乎?”[③] 后世很多学者因此认为刘知幾否定史表，实际上他并未一概抹杀史表原始察终、驭繁就简的功能，而是强调史表宜“简要”为本，如他所言：“观太史公之创表也……虽燕、越万里，而于径寸之内犬牙可接；虽昭穆九代，而于方尺之中雁行有叙。使读者阅文便睹，举目可详，此其所以为快也。”[④] 上述主张的基本标准前后相同，所以并不矛盾。

此外，刘知幾不惜笔墨，多次批评《汉书》中《古今人表》的处理不符体例，名实相左，烦费多余。如“异哉，班氏之《人表》也！区别九品，网罗千载……自可方以类聚，使善恶相从，先后为次，何藉而为表乎？且其书上自庖牺，下穷嬴氏，不言汉事，而编入《汉书》，鸠居鹊巢，茑施松上，附生疣赘，不知剪裁，何断而为限乎?”[⑤] “若《汉书》之立表志，其殆侵官离局者乎?”[⑥] “胶柱调瑟，不亦谬欤!”[⑦] 又说“班氏之《古今人表》者……比于他表，殆非其类欤!”[⑧] 《史通》中多次对《古今人表》提出批评，其中所涉及的问题，也成为后世史家讨论史表的主要问题。

论及书志，刘知幾的评价标准有二：是否符合史例，是否记载荒诞之事。由于他认为“古之天犹今之天也，今之天即古之天也，必欲刊之国

① 刘知幾著，浦起龙释《史通通释·列传》，第 42 页。
② 刘知幾著，浦起龙释《史通通释·表历》，第 48 页。
③ 刘知幾著，浦起龙释《史通通释·表历》，第 48 页。
④ 刘知幾著，浦起龙释《史通通释·杂说上》，第 437 页。
⑤ 刘知幾著，浦起龙释《史通通释·表历》，第 49 页。
⑥ 刘知幾著，浦起龙释《史通通释·断限》，第 88 页。
⑦ 刘知幾著，浦起龙释《史通通释·断限》，第 89 页。
⑧ 刘知幾著，浦起龙释《史通通释·杂说上》，第 437 页。

史，施于何代不可也”，[1] 故不赞成《史记·天官书》的做法。刘知幾指出，“班固因循，复以天文作志，志无汉事而隶入《汉书》，寻篇考限，睹其乖越者矣”。[2] “班《汉》定其流别，编为《艺文志》。论其妄载，事等上篇。”[3] 这些记载与《古今人表》相同，均超越了汉代的断限。他认为班固载入《五行志》的“莒为大国，菽为强草”等荒诞之事则是不可取的。

上述诸多问题，在后世史家的体例讨论中亦成为热点。

项羽入本纪为后世学者所关注，但他们大多反对刘知幾的看法。如清代学者林駉认为“项羽政由己出，且封汉王，则项羽可纪也”；[4] 近代学者刘咸炘主张“纪之体特用王伯以纪年，非专纪王伯之行事”；[5] 吕思勉同意章学诚的本纪记大事、帝王另外作传的观点，同时他也认为，“项籍虽仅号霸王，然秦已灭，汉未王，义帝又废，斯时号令天下之权，固在于籍”。[6]

陈胜入世家，也是无法避开的问题。近代学者王若虚认为：“迁史之例，为世家最无谓……且既以诸侯为世家，则孔子、陈涉、将相、宗室、外戚等复何预也？”[7] 晚明学者李维桢则主张，“史有变例，何可以一定拘乎？炎刘创业，由陈胜首事，岂不得比于萧察乎……胜非汉之臣妾，编之世家，正为当尔”。[8] 到了近代，学者的看法逐渐趋于一致。吕思勉认为《陈涉世家》和《孔子世家》两篇“在后人观之，几于史公自乱其例，然在史公，则正以为义例宜然也”。[9] 翦伯赞和白寿彝均指出司马迁“把陈涉作为开辟历史新时代的人物来看待”，[10] 且“看到了革命和文化的历史意义过于王侯卿相”。[11] 由此可见，在这个问题上，持不同的历史观便会得出不同的认识，对陈涉这样的历史人物及其行事的历史定位，通常是影响他们

---

① 刘知幾著，浦起龙释《史通通释·书志》，第 53 页。

② 刘知幾著，浦起龙释《史通通释·书志》，第 53 页。

③ 刘知幾著，浦起龙释《史通通释·书志》，第 56 页。

④ 林駉：《古今源流至论》后集卷九《史学》，文渊阁四库全书，第 942 册，第 4 页。

⑤ 刘咸炘：《史通驳议》，黄曙辉编校《刘咸炘学术论集·史学编（下）》，广西师范大学出版社，2007，第 473 页。

⑥ 吕思勉：《史通评》，商务印书馆，1934，第 14 页。

⑦ 王若虚著，胡传志、李定乾校注《滹南遗老集校注》卷十五《史记辨惑（七）字语冗复辨》，辽海出版社，2006，第 180 页。

⑧ 李维桢评，郭孔延评释《史通》，四库全书存目丛书，史部第 279 册，第 30 页。

⑨ 吕思勉：《史通评》，第 16 页。

⑩ 白寿彝：《中国史学史教本》（上册），北京师范大学铅印本，1964，第 29 页。

⑪ 翦伯赞：《翦伯赞全集》（第三卷），河北教育出版社，2008，第 361 页。

在历史编纂中的决定性因素。

针对刘知幾所论历史人物入列传的标准问题，清代学者赵翼的看法是："古人著书，凡发明义理、记载故事，皆谓之传……是汉时所谓传，凡古书及说经皆名之，非专以叙一人之事也。其专以之叙事而人各一传，则自史迁始。"[①] 他从源头阐明了"传"的内涵，这是相较刘知幾更为深刻之处。章学诚则认为："迁书纪、表、书、传，本左氏而略示区分，不甚拘拘于题目也……迁书体圆而用神，犹有《尚书》之遗者乎！"[②] 章氏并不赞同刘知幾指出的史传破例的问题。近代学者朱希祖也认为，"子玄以为传以记人，志以记事，自是唐代俗见，昧于传记之原。不悟子长列传，原有以人为纲以事为统两类"。[③] 刘咸炘在前人的基础上总结了列传的功用，即"传人、传事，皆可列传……传本以事为主，特依人而述，非以人为主"。[④] 因此"必书其所因所胜，传之为体本非臣工行状，即非臣子，亦何不可书"。[⑤] 张舜徽也指明，"标目之例，或以姓名；或以术业；或以行事；或以地域；则凡叙述所及，本不限于一端。知幾所云唯人而已，特取其多者论之，未足以尽史公列传之例也"。[⑥] 这既是对刘知幾划定范围的突破，也是对列传体例更为理性的解释。

很多学者都肯定了史表的积极作用。如南宋史家郑樵称"《史记》一书，功在十表，犹衣裳之有冠冕，水木之有本原"。[⑦] 章学诚说："人表入于史篇，则人分类例，而列传不必曲折求备。"[⑧] 纪昀作《史通削繁》更是将《表历》全篇删除。

对《古今人表》的看法经历了从刘知幾的全面否定到后世学者客观评价的转变。刘知幾之后，南宋目录学家晁公武认为，"刘知幾又诋其《古今人物表》无益于汉史。此论诚然，但非固之罪也。至谓受金鬻笔，固虽谄附匪人，亦何至是欤?"[⑨] 到了明清时期，尽管时有"班氏《人表》，吾

① 赵翼：《陔余丛考》，中华书局，1963，第 85 页。

② 章学诚著，叶瑛校注《文史通义校注·书教下》，中华书局，1985，第 50 页。

③ 朱希祖：《中国史学通论》，《朱希祖文集》，中华书局，2012，第 52 页。

④ 刘咸炘：《史通驳议》，第 385 页。

⑤ 刘咸炘：《史通驳议》，第 473 页。

⑥ 张舜徽：《史通平议》卷二《编次》，《史学三书平议》，中华书局，1983，第 49 页。

⑦ 郑樵撰，王树民点校《通志二十略·通志总序》，中华书局，1995，第 2 页。

⑧ 章学诚著，仓修良编注《文史通义新编新注·外编二·〈史姓韵编〉序》，第 511 页。

⑨ 晁公武撰，孙猛校证《郡斋读书志校证》卷五《前汉书》，上海古籍出版社，2011，第 177 页。

无取焉”,[①]“《汉书》八表惟《古今人表》廓落无当耳，余表不可废也”[②]等议论，但是章学诚指出，“班氏《古今人表》，史家诟詈，凡如众射之的；仆细审之，岂惟不可轻訾，乃大有关系之作，史家必当奉为不祧之宗”。[③] 章学诚的观点受到近代学者的重视，并逐渐成为定论，如张舜徽称《古今人表》是“补《史记》之所未备”。[④] 近代史家都从补充史料方面肯定了《古今人表》的可取之处。

关于书志的问题，后世史家也是在刘知幾的基础上加以阐发的。南宋章如愚说：“是则藏书之册，一代盛典，古传于今，今验于古，率是道也。况欲详古今之事，则必备古今之书……庶使学者参而考之，了然在目，非小补矣。知幾之论，固足以见作史之法，而亦未可尽信也。”[⑤] 明代学者胡应麟指出，“刘《史通》论史诸体甚核，独论表、志甚疏”。[⑥] 近代学者刘咸炘认为：“史家作志，原以存一代之政典风尚学术，非但制度也。”[⑦] 张舜徽说：“知幾所蔽，尤在《艺文》。不悟人才升降，取镜学术；学术考校，全资《艺文》。”[⑧] 因书志记载的内容比较广泛，而且时限较长，许多书志不以断代为限，刘知幾批评其不符合史例，但在诸多后世史家看来，作为纪传体史书的书志部分，本就是以记载典章制度为主，而典章制度通常是经过历代沿革变迁而来，若严守史书断限，恐无法将典章制度论述清楚，因此，有选择地突破时间断限不仅是可以的，而且是十分必要的。

对史书体例的研究，从零散思考到系统化讨论，刘知幾是先行者，也是当时讨论这些问题的集大成者。上文列举的具体、系统的体例问题，以及与之相关的具体主张，共同构成刘知幾“史法”的一部分，成为后世史家讨论体例问题的重要参照系。

---

① 李维桢评、郭孔延评释《史通》，第35页。
② 黄叔琳：《史通训故补》，续修四库全书，第447册，第453页。
③ 章学诚著，仓修良编注《文史通义新编新注·外编三·又与史余村》，第690页。
④ 张舜徽：《史学三书平议》，第34页。
⑤ 章如愚：《群书考索续集》卷十七《文章门·总集、文集》，“人主文集”条，明武宗正德年间建阳知县区玉刊本，第13页。
⑥ 胡应麟：《少室山房笔丛》卷三《经籍会通三》，中华书局，1958，第50页。
⑦ 刘咸炘：《史通驳议》，第478页。
⑧ 张舜徽：《史学三书平议》，第38页。

三　历史撰述的文辞问题

史著是通过语言文字表述出来的，在古代文史不分的时代，过分文学化的表述对于历史记载产生了极大的负面影响。魏晋以后史书大量出现，关于历史撰述的文辞问题便越来越突出了。但是直到唐代以前，有关史书文辞的专门讨论较少，像班固称赞司马迁“汉之得人，于兹为盛……文章则司马迁、相如……是以兴造功业，制度遗文，后世莫及”，[①] 这类评论显然并未触及问题的实质，刘勰所说的“纪传为式，编年缀事，文非泛论，按实而书”，[②] 也只是具有文学性质的点评，直到刘知幾的《史通》才出现了对史书文辞表述的较为完整和详细的讨论。

刘知幾认为，《史记》的《苏秦张仪列传》《蔡泽列传》；《汉书》的帝纪、《陈胜》、《项羽》各篇，“文约而事丰，此述作之尤美者也”。[③] 对于史书文辞，他主张“夫能略小存大，举重明轻，一言而巨细咸该，片语而洪纤靡漏”[④] 的用晦之道，并指出“高祖亡萧何，如失左右手；汉军败绩，睢水为之不流；董生乘马，三年不知牝牡；翟公之门，可张罗雀”[⑤] 等均是马、班用晦恰当之处。刘知幾还强调书写语言宜因俗随时，“从实而书”，[⑥] 主张贯穿全书的标准就是据实直书，他因“班固受金而始书”而痛斥其是“记言之奸贼，载笔之凶人”。[⑦]

刘知幾说：“夫史之称美者，以叙事为先。”[⑧] 这里的“叙事”之“美”，大体包括简要、用晦、实录、直书，这是中国史学史上首次针对史书文辞提出的较为全面的基本准则，将史书文辞问题提升为一个清晰的、专门的、服务于史学表述的历史学专业问题。作为其“史法”的重要组成部分，这些原则被后世史家或引用或发扬，对于中国古代史书的撰写产生了重要影响。

金代学者王若虚评价《史记》《汉书》两书的繁简，认为“刘子玄既

---

① 班固：《汉书》卷五十八《公孙弘卜式儿宽传·赞》，中华书局，1962，第2634页。
② 刘勰著，范文澜注《文心雕龙注·史传》，第286页。
③ 刘知幾著，浦起龙释《史通通释·叙事》，第156页。
④ 刘知幾著，浦起龙释《史通通释·叙事》，第161页。
⑤ 刘知幾著，浦起龙释《史通通释·叙事》，第162页。
⑥ 刘知幾著，浦起龙释《史通通释·言语》，第139页。
⑦ 刘知幾著，浦起龙释《史通通释·曲笔》，第183页。
⑧ 刘知幾著，浦起龙释《史通通释·叙事》，第152页。

辨其大节矣。抑予尝考之，迁记事疏略而剩语甚多，固记事详备而删削精当。然则迁似简而实繁，固似繁而实简也”。[①] 明代学者李维桢同样认为，“片言居要，为一篇之警策，故知简者乃作史之秘诀”。[②] 北宋史家吴缜则指出，“必也编次事实，详略、取舍、褒贬、文采，莫不适当，稽诸前人而不谬，传之后世而无疑，粲然如日星之明、符节之合，使后学观之而莫敢轻议，然后可以号信史”。[③] 吴缜的这种观点不仅涉及刘知幾提到的详略、取舍、褒贬、文采，还在此基础上提出“信史”的概念，是对刘知幾史书文辞论的提炼和升华。郑樵在《通志总序》中说：“史册以详文该事，善恶已彰，无待美刺……且纪、传之中，既载善恶，足为鉴戒。何必于纪、传之后，更加褒贬？此乃诸生决科之文，安可施于著述！”[④] 张舜徽评价郑樵的论述是在《史通·论赞》的基础上“大畅其说，自此治史者，重在史实之求真，不尚虚文之敷论，皆知幾斯议为之先导也”。[⑤] 钱大昕则直接引用刘知幾的“史者，纪实之书也”[⑥] 之说，阐述“史家以不虚美，不隐恶为良，美恶不掩，各从其实”。[⑦] 章学诚在提出自己对纪传体的改革时，也提出一个史笔文辞标准，即“文省而事益加明，例简而义益加精，岂非文质之适宜，古今之中道欤？”[⑧] 这同样可以看作对刘知幾文尚简要主张的拓展。

可见，经过刘知幾对史书文辞要求的论述，在很大程度上起到了克服和纠正古代学术文史不分弊端的作用。由《史通》关于史书文字表述的阐发开始，历代学者对这个问题的讨论不断深入，而“纪实”“简要”已成为史书编纂中关于文辞的最重要的两条标准。

近代学者论史书文辞，在继承传统史学观点的同时，进行了具有近代特色的思考和总结。郑天挺在总结纪传类史书的写作问题时说：“因为他们尚简，所以有许多事迹他们不明显地直说，而用旁的方法委婉地点出来，烘托出来……他们主张‘略小存大，举重明轻’，希望‘省字约文，

① 王若虚：《滹南遗老集校注》卷十五《史记辨惑（七）字语冗复辨》，第 180 页。
② 李维桢评，郭孔延评释《史通》，第 95 页。
③ 吴缜：《新唐书纠谬序》，《新唐书纠谬》，四部丛刊三编，上海书店，1985，第 1 页。
④ 郑樵撰，王树民点校《通志二十略·通志总序》，第 2 页。
⑤ 张舜徽：《史通平议》卷二《书志》，第 42 页。
⑥ 钱大昕：《春秋论》二，《潜研堂文集》卷二，上海古籍出版社，2009，第 21 页。
⑦ 钱大昕：《史记志疑序》，《潜研堂文集》卷二四，第 396～397 页。
⑧ 章学诚著，叶瑛校注《文史通义校注·书教下》，第 52～53 页。

事溢于句外'，反对'弥漫重沓'。"[①] 这里阐述了简要与用晦的内在联系，可视为对刘知幾观点的重要补充。郑天挺还提出历史叙事"忌诡异""忌虚美""忌曲隐"，[②] 这和刘知幾的观点是相同的。

白寿彝指出，"把我国的历史文学的优良传统总结起来，我想最值得注意的是这样的六个字：准确、凝练、生动。准确，是恰如其分地反映历史的真实……凝练，是能用简练的方式表述比较丰富的内容。刘知幾说叙事要用晦，大概就是这个意思。凝练须有准确做基础。做不到准确，就不会做到凝练的……生动就更不容易了，需要对表述的对象有更深刻的理解，也需要作者更有才华"。[③]白寿彝是在继承传统史学遗产的基础上，更为准确、生动地阐发了史书撰述的文字表述要求。

"史迹变动交互，必有变动交互之史体，乃能文如其事。"[④] 不同的史书内容要有相适应的史书体裁承载，历史证明并不存在完美无缺的史书体裁，有的只是在旧有体裁基础上的，适应新内容的取长补短和创新；同时，历代史家对体例的思考，也是不断在前人基础上增补，寻找体例规范与体例灵活二者的平衡，追求形式与内容的统一；史书文辞的标准更是在学者的不断实践和反思中逐步明确。作为史书编纂的基本内容，上述三者有着互为发展、和谐统一的内在联系。《史通》作为中国古代史学中最早对史学做出系统反思的著作，开启了对史书体裁、体例、文辞与史书编纂等一系列问题的系统探讨，后人对史书编纂的种种思考，都成为促进中国古代和近代史学发展的重要推动力，极大地丰富了中国史学的理论宝库。正是对这些问题的批评、反思、总结、继承和创新所形成的理论认识，构建起了具有中国特色历史编纂学的理论框架。

---

① 郑天挺：《中国的传记文》，《探微集》，中华书局，1980，第 269 页。

② 郑天挺：《中国的传记文》，《探微集》，第 269 页。

③ 白寿彝：《中国史学史》（第一册），上海人民出版社，1986，第 28 页。

④ 刘咸炘：《史体论》，《刘咸炘学术论集·史学编（下）·史学述林》，第 365 页。

一个元代宋遗民的“天下”与“中国”观*

——以马端临《文献通考》之《舆地考》《四裔考》为中心的考察

彭丽杰

（首都师范大学历史学院，北京　100089）

摘　要：10~13世纪是中国历史再度由分裂到统一的重要历史阶段。这一时期北方少数民族建立政权，传统中原王朝一统的一元文化秩序被破坏，辽、西夏、金、蒙古等多个政权与宋并立，对两宋时期士人的华夷观和天下观造成了强烈冲击。马端临生活在宋元鼎革之际，毕生致力于《文献通考》的编撰。《文献通考》中记录中原王朝沿革地理的《舆地考》体现了马端临的“天下”观，其“九州+古南越”的内容结构，反映了他对华夏疆域继承性和延续性的思考。《四裔考》对契丹、西夏、女真的记录方式，则体现了马端临对当时天下形势和各政权性质的看法。马端临以盛唐疆域书写宋代舆地，纾解了宋代因山河破碎而面临的正统性危机，但同时，他不以占领了中原的金朝为夷狄，又体现出作为生活在元代的宋遗民，在家国情怀和现实政治等多重因素的影响下，其“天下”观与“中国”观中尚未能自洽的矛盾。

关键词：马端临　《文献通考》　《舆地考》　《四裔考》　“天下”观

* 本文系“首都师范大学2021年研究生高水平学术创新项目”（2021LS04）阶段性成果。

引 言

马端临，字贵与，号竹洲，饶州乐平人，生于宋理宗宝祐二年（1254），他的父亲马廷鸾在度宗咸淳年间官至右丞相兼枢密使。马端临自幼受到朱子之学的教育和熏陶。咸淳九年（1273），马端临二十岁，考中漕试第一，但此时马廷鸾初辞相位，加之与权臣贾似道不合，故马端临并未出仕。宋亡后，马端临成为遗民，以父疾为由，拒绝出仕，隐居教授，并于元世祖至元二十二年（1285）开始编撰《文献通考》，历二十余年，至元成宗大德十一年（1307）撰成。晚年马端临曾出任慈湖书院、柯山书院山长，后升台州路（约当今浙江省临海、台州等地）儒学教授，卒于元泰定元年（1324）。[①]《文献通考》是继《通典》之后又一部典制体通史，共分二十四门，分类较《通典》更加细化，内容也有所增加。

前人对《文献通考》的研究主要集中于其宋代部分的史料价值，对马端临历史思想的研究主要关注其史论的“科学性”、“人民性”或其历史思想的“进步性”。[②]《文献通考·舆地考》是以记载上古三代到南宋嘉宁时期疆域变迁和行政区划沿革为主的地理通史，固然具有历史地理方面的史料价值，更体现了马端临的地理空间观念，尤其反映了他对于“天下”的认识。《四裔考》记载中原周边政权，反映了马端临对华夷秩序的观点。10~13 世纪，从唐朝名义上的灭亡至元统一，历经了五代的割据、宋辽金的长期对峙，是中国从分裂到统一的又一个完整历史周期，在这一时期中原王朝周边少数民族发展壮大，造成了少数民族建立的政权和中原王朝的汉族政权长期并立对峙局面，使中国传统的天下观、华夷观受到了强烈的冲击。这一时期的少数民族政权有着强烈的扩张意识，对宋朝构成严重的威胁，也使得汉族的民族意识有所强化。有国外汉学家甚至认为宋朝人已经有意识地要建立一个汉族政权，有了自觉的民族意识，并在这一国族观

① 马端临的生平不见于《宋史》，近人根据其父马廷鸾的《碧梧玩芳集》和清人黄宗羲《宋元学案》中的马端临小传及其他资料，简要梳理出了马端临的生平，可以参考舒大刚《马廷鸾马端临父子合谱》，载吴洪泽、尹波主编《宋人年谱丛刊》第十二册，四川大学出版社，2003；陈光崇《马端临家世考略》，《史学史资料》1980 年第 3 期；张孟伦《马端临和〈文献通考〉》，《杭州师院学报》（社会科学版）1984 年第 3 期。

② 如侯外庐主编《中国思想通史》第四卷下册，人民出版社，2004，第 832~874 页；瞿林东《中国史学史纲》，北京出版社，1999，第 565~568 页。

念的基础上划定疆域或提出领土主张，南宋日益激烈的华夷之辨也是这种民族意识的一个表现。[①] 马端临是典型的南宋士大夫、朱子后学，作为一个经历了元朝建立、南宋灭亡、元朝大一统局面逐渐巩固的宋遗民，他如何书写宋代的地理空间，如何看待元朝的大一统，这些问题都应引起我们的关注。对这些问题的解答也会使我们对宋遗民的天下观、华夷观有进一步的认识。

一 以唐代疆域为“天下”：《舆地考》的编纂体例及思想内涵

（一）“九州统州郡”：《舆地考》的体例来源

《舆地考》的基本结构是以《禹贡》“九州”加“古南越”为纲领，在每一州下梳理历代疆域沿革，这种书写体例其实沿袭自唐代杜佑的《通典·州郡》，而《州郡》的体例也是其来有自，主要是对正史地理志编写体例的继承与发展，对其影响最大的应该是《隋书·地理志》。

盛唐百年间撰成的八部正史中包含两部地理志，一是贞观十七年（643）唐太宗诏褚遂良监修的《五代史志》，至显庆元年（656）成书，综叙梁、陈、齐、周、隋五朝典章制度，附于《隋书》，又称“《隋书》十志”，是一部典制通史，故《隋书·地理志》其实是五朝地理通志；另一部即《晋书·地理志》，是断代地理志。诏修《晋书》始于唐太宗贞观二十年（646），成书于贞观二十二年（648），用时不到三年。《五代史志》诏修于贞观十七年，成书于高宗显庆元年。二书修撰时间有重合，撰修官员也有重复，令狐德棻、李延寿、李淳风、敬播等都是两预其事，因而两志的编撰思想有很大的相似之处，但因撰写内容的差异，又有诸多不同。

《晋书·地理志》在每叙述一个州郡时，先说明其属于“《禹贡》某州”，将晋朝各州历史追溯到《禹贡》九州，如“司州”目下首句即“案《禹贡》豫州之地”，[②] 可谓“州郡溯九州”。《隋书·地理志》则以《禹

① 〔瑞士〕谭凯：《肇造区夏：宋代中国与东亚国际秩序的建立》，殷守甫译，社会科学文献出版社，2020。

② （唐）房玄龄等：《晋书》卷十四《地理上》，中华书局，2019，第415页。

贡》九州为纲，以隋朝各郡为目，在九州的框架下，梳理各郡的地理沿革，可谓“九州统州郡”。只是这种结构关系并不体现在目录中，而是在记叙相关各郡地理状况之后，以其属于《禹贡》九州之某州为总结和叙述人文地理状况的单位。例如“徐州”条在分别记叙彭城郡、鲁郡、琅琊郡、东海郡、下邳郡各自的建置、人口、下辖县的名称和建置情况后称：

> 《禹贡》：“海岱及淮惟徐州。”彭城、鲁郡、琅琊、东海、下邳，得其地焉。在于天文，自奎五度至胃六度，为降娄，于辰在戌。其在列国，则楚、宋及鲁之交。考其旧俗，人颇劲悍轻剽，其士子则挟任节气，好尚宾游，此盖楚之风焉。大抵徐、兖同俗，故其余诸郡，皆得齐、鲁之所尚。莫不贱商贾，务稼穑，尊儒慕学，得洙泗之俗焉。①

顾颉刚就已经注意到《隋书·地理志》的这一写法，指出这种分部方式与实际情况并不相符，② 其实这是采取了以《禹贡》九州为疆域划分依据的地理志书写方式。郑樵对《禹贡》依山川河流划分九州做了极高的评价：

> 州县之设，有时而更。山川之形，千古不易。所以《禹贡》分州，必以山川定经界。使兖州可移，而济河之兖不能移。使梁州可迁，而华阳黑水之梁州不能迁。是故《禹贡》为万世不易之书。后之史家主于州县，州县移易，其书遂废。③

正是在隋唐这样一个经过三百年分裂重新一统的时代，才有这样的历史视野，也正是在唐初史馆修史的高潮中，出现了这样以九州为纲的地理志书写体例，不但地理通史以九州为纲，就连《晋书·地理志》这样的断代地理志也贯穿了将本朝行政区划追溯至九州的书写原则。这一体例的形成反映了《禹贡》“九州”从上古划分疆域的开端，到成为贯穿地理书写的普遍原则的过程，其深层动力是华夏疆域连贯性与继承性的建构与深化，以九州为地理书写的纲领，使得千百年来地理建置和疆域变革都有了一个稳定的参照。当唐代的史臣审视唐代重建的大一统辽阔版图时，其视

---

① （唐）魏征等：《隋书》卷三十一《地理下》，中华书局，2012，第872~873页。

② 顾颉刚：《中国疆域沿革史》，《顾颉刚全集》卷六，中华书局，2011，第109页。

③ （宋）郑樵著，王树民点校《通志二十略》（上），中华书局，2012，第509页。

野中的唐朝疆域不仅是平面的道府州县，而且是从三代到汉唐的一以贯之的禹迹九州，是自古以来由历代王朝继承的华夏疆域。

盛唐两部地理志在记叙地理沿革时都采取了溯源至《禹贡》九州的方式，并对后世史书影响深远，开创了两种地理志的书写模式，即“州郡溯九州”和“九州统州郡”，后世断代地理书往往采取“州郡溯九州”的模式，[①] 而通史地理书往往采取“九州统州郡”的模式。[②]《通典·州郡》的编纂体例因袭《隋书·地理志》的“九州统州郡”的模式，但将南越地区划入九州之外，开创了以“九州+古南越”为纲目的地理志撰写，这一变化意味着杜佑书写的华夏疆域是以汉代疆域为基础的。这一疆域以九州为核心，却并不局限于九州，汉代以来的中国已经在九州的基础上有所扩大，形成了“九州+古南越”的版图。《通典·州郡》将盛唐疆域纳入“九州+古南越”的版图，本质上还是对先秦以来“九州”思想的继承，只是对南越地区进行了新的认识和定位，扩大了“中国”疆域认同的范围。《通典·州郡》以唐朝并不真实存在的“九州”，记叙了唐代的实际疆域，通过回溯九州，构建了一脉相承的历史“中国”，从这一脉络我们可以看到杜佑是如何在“中国”疆域的传统与现代、理论与现实的伸缩变换中找到将唐代“中国”嵌入历史“中国”的书写之道的。

（二）承继盛唐：《舆地考》中的宋代疆域

《文献通考·舆地考》继承了《通典·州郡》以“九州+古南越”为纲叙述地理沿革的书写方式。在“九州+古南越”的范畴里叙述历代王朝疆域变化和行政区划建置，使得历代王朝疆域和行政区划的变化中有一种内在的不变性，由此构成了历代疆域和行政区划沿革变化中稳定的历史连续性，马端临对这一撰写模式的继承，表明他将“九州+古南越”的范畴看作一个整体，并将其作为合法“中国”王朝身份的一种象征。他书写的宋代“中国”疆域以汉代形成的“九州+古南越”为框架，内部则是以唐开元、天宝时期正式设立州郡地区为标准而建构的理想版图。

《舆地考》虽是地理通史，其内容却是以宋代疆域为主。《舆地考》内各卷的内容结构为：在“九州+古南越”的十条纲领之下，第一部分简述

① 如《元和郡县志》《太平寰宇记》《新唐书·地理志》《方舆胜览》《舆地记胜》《大明大一统志》《大清一统志》等。

② 如《通典·州郡》《文献通考·舆地考》《续文献通考》等。

这一地区三代以来建置、叛附情况以及风俗人情，第二部分是该地区历代沿革图，图已佚失，第三部分分朝代梳理秦、汉、晋、隋、唐、宋各朝在这一地区下设州郡数量及名称，第四部分以宋代所设府州军监为目，具体记叙各地自秦至南宋的建置历史、风俗物产及下辖各县。在第四部分，往往出现与第三部分所记宋朝辖下府州军监数量和名称不符的情况。以古南越地区为例，第三部分记这一地区宋朝划为三十七州，第四部分却记录了七十一州。多出来的三十四州以两种形式出现。一种是增置于卷中宋代各州之间，这样的州有十六个，包括春州、南仪州、宝州、崖州等，这些地区往往是唐代设置，到宋代已经废置并改隶他州，改隶后的情况也已记录在所隶各州，如“春州”条记“唐武德四年，平萧铣，置春州，或为南陵郡，属岭南道，领县三。宋开宝五年，州废，其地入恩州……熙宁六年复废，以铜陵并入阳春为县，属南恩州”①，“南恩州”条又记“熙宁六年，废春州，以阳春县来隶，属广南东路”。② 如此一来，“春州”条就有重施叠置之嫌。另一种是附缀于卷末，第三部分所列宋代各州以万安州结尾，但第四部分在万安州之后又附缀了安南都护府、爱州、福禄州、长州等十八个州，而这些地区已经不在宋的疆域之内，“安南都护府”条记有：“唐为交州，后改曰安南都护府，属岭南道……宋初为丁琏所据，其后黎氏、李氏、陈氏世据安南之地”。③ 爱州、福禄州、长州等各州也都是唐代设置，而“宋无此州”。这种增置的情况也出现在古雍州、古梁州、古冀州等，五代时期已被契丹占领的燕云十六州也被附缀于古冀州卷末。

这种将唐代州郡增置于宋代疆域的记录中的书写体例，表明马端临在《舆地考》中的记载是以宋代实际疆域为主，同时将盛唐疆域中到宋代已经不在其疆域范围内的地区也一并录入，无论是被契丹占据的燕云十六州，还是被吐蕃占领的河西地区，抑或是独立建立政权的西夏、安南等地，安西都护府、安北都护府、安南都护府更明显是唐代设置的机构，马端临心中的华夏疆域观念并不局限于他笔下所记载的朝代，而仍然是以历史上的盛唐疆域为范畴的，在他看来，这些都是宋朝应有的版图，继承了这一盛唐疆域的宋朝，也就继承了唐的正统地位，其他政权都只能列入

① （元）马端临：《文献通考》卷三百二十三《舆地考》九“古南越”，上海师范大学古籍研究所、华东师范大学古籍研究所点校，中华书局，2011，第 8867 页。

② 同注①。

③ （元）马端临：《文献通考》卷三百二十三《舆地考》九“古南越”，第 8879 页。

《四裔考》或《封建考》。[①] 清代史官在《续文献通考》中也做了类似的解读：“盖以虽非宋有，而宋与唐正朔相嬗，姑存唐职方之旧文耳。”[②] 以盛唐版图书写宋代疆域，为宋代承唐正统提供了重要支持。

（三）“天下”理想：盛唐疆域

在《舆地考》中，马端临继承了从《汉书·地理志》就开始构建的具有稳定性和继承性的华夏疆域沿革地理体系，这一体系以《禹贡》九州为核心，并逐渐囊括汉唐时期扩大的疆域，具有极大的包容性和稳定性，这一华夏疆域的范畴就是马端临心中的“天下”。“天下”是中国古代经、史、子学都经常用到的词，既是抽象的哲理问题，又是恢宏的文学意象，还是史书中具体的王朝疆域。在《舆地考》中，马端临继承了传统正史中对“天下”的使用习惯，将其作为王朝疆域的代称，又发展了“天下”的含义，把它固定为汉唐以来形成的华夏疆域的广大版图和正统王朝的统治疆域，试图以这种方式纾解宋朝山河破碎引发的正统性危机。

“天下”一词在现存文本中出现的时间并不算早，根据有关学者的统计，《尚书》《春秋》中，都没有“天下”一词，这一表述应该是在孔子去世后才出现的。[③] 到战国末期已经形成了关于天下的两种理解。一种是《周礼·职方氏》所说：“职方氏，掌天下之图，以掌天下之地，辨其邦国、都鄙、四夷、八蛮、七闽、九貉、五戎、六狄之人民，与其财用、九谷、六畜之数要，周知其利害。”[④] 这里的天下是包含了周边蛮夷地区的广义天下，即“天下=九州+四夷”。另一种是“天下=九州”，即《吕氏春秋·季冬纪》记载的“凡在天下九州之民者，无不咸献其力，以供皇天上帝社稷寝庙山林名川之祀”，[⑤] 体现的是大一统的天下观，反映了合诸国为一国的中央集权的历史趋势。

---

① 《文献通考》中，《四裔考》虽有西夏一目，但内容从缺，西夏历史的具体内容记录在《封建考》中，是强调其作为唐朝藩镇的地位；辽、金以“契丹”“女真”之名录入《四裔考》，“契丹”目下收录了辽朝的全部历史，“女真”则只记录到金太宗。

② 《钦定续文献通考》卷二百二十九《舆地考一》，《文津阁四库全书》第209册，商务印书馆，2005，第641页。

③ 〔日〕安部健夫：《中国人的天下观念——政治思想史试论》，宋文杰译，《西北民族论丛》第十五辑，2017。

④ （清）李光坡：《周礼述注》卷十九《夏官司马第四》“职方氏”，商务印书馆，2019，第336页。

⑤ 许维遹撰，梁运华整理《吕氏春秋集释》卷十二《季冬纪》，中华书局，2013，第261页。

随着秦始皇统一六国，诸国合为一国的历史功业完成，历代正史以书写王朝历史为主，九州之外的世界都被压缩到了中原王朝的边缘作为附庸而存在，所以在正史撰述中往往采取的天下观即“天下＝中国”，在这种天下观中，天下是和天子对应的，天子承受天命管理天下，这里的天下不只是一个地理范畴，更是一个政治概念，天下的大小和范畴是由天子的实际统治决定的，所以才会“以天下之大，四海之内，所共尊者一人耳”。[①]每个朝代都可以说“威震天下”“分天下为……”“天下大乱”“大赦天下”，这个“天下”的范围随着朝代的更迭而变化，秦的天下不同于三代的天下，汉的天下又不同于秦的天下。“天下”不是一个统治者孜孜以求去以实际统治覆盖的固定的地域范畴，而是被统治者实际统治的地区，因而每个统治者都可以称自己统治了“天下”，“天下”的范围就是其编户所在、政令所及的范畴，表现为正史地理志囊括的地域。蛮夷地区虽然也存在于史家的认知当中并成为列传的末卷，但在行文中，这些地区已经被排除在“天下”之外了。

从汉代到唐代，史家在书写中往往表现出对扩张疆域的消极态度，如班固认为对待匈奴应该“外而不内，疏而不戚，政教不及其人，正朔不加其国，来则惩而御之，去则备而守之”。[②]杜佑也指出：“天生烝人，树君司牧，是以一人治天下，非以天下奉一人，患在德不广，不患地不广。”[③]这些主张一方面固然受到军事扩张导致劳民伤财是暴政的表现的传统德政思想的影响，另一方面也表明史家并没有产生因为实际统治的疆域未覆盖已知世界的更大范围而忧虑的感情。

宋代实际统治的疆域已经较汉唐大为缩小，相对于秦朝大一统以来疆域不断扩张的历史，宋朝的偏居一隅、九州尚不能保全的政治状况，势必使马端临产生巨大的心理落差。马端临在《文献通考·舆地考》中既继承了以往正史中的天下观，又有所发展，将其固定为以“九州＋古南越”构成的地理范围。总叙中有“黄帝方制天下，立为万国”，[④]又有“秦制，天下为四十郡。其地则西临洮而北沙漠，东萦南带，皆临大海”。[⑤]“太宗太平兴国二年八月，尽罢天下节镇所领支郡……至道三年，分天下为十五

① （清）陈立撰，吴则虞点校《白虎通疏证》卷二“号”，中华书局，1994，第47页。

② （汉）班固：《汉书》卷九十四下《匈奴列传》，中华书局，2002，第3834页。

③ （唐）杜佑：《通典》卷一百七十一《州郡》“序”，中华书局，2016，第4435～4436页。

④ 《文献通考》卷三百一十五《舆地考一》“总叙”，第8521页。

⑤ 《文献通考》卷三百一十五《舆地考一》，第8522页。

路，其后又增三路。”① 在这些表述中，“天下”指的是历代王朝疆域，是最高统治者实际支配的地区。在马端临看来，宋朝实际统治的地区是“天下”，而“九州+古南越”组成的汉唐以来形成和发展的华夏疆域也是“天下”，如果按照传统的天下观来看，那些曾经是“天下”的地区，很多已经不再是“天下”的部分，这就意味着宋朝丧失了继承汉唐以来正统天下的凭证。宋朝成为这一华夏疆域的正统继承者，实现对这一疆域的实际统治，应该是其重要的政治抱负和军事任务，因此，《舆地考·总叙》在大部分抄录《通典·州郡·序》的内容的同时，略去了“天生烝人，树君司牧，是以一人治天下，非以天下奉一人，患在德不广，不患地不广”这句，可以说，在马端临看来，宋朝的“地不广”已经是大患了。

二 《四裔考》中的华夷秩序

马端临将唐代疆域作为“天下”，书写了《舆地考》，但唐末五代以来，唐代疆域已经千疮百孔、四分五裂，宋朝虽然实现了部分统一，北方的燕云十六州却一直未能收复。且宋朝长期面临着辽、金、西夏、蒙古等少数民族政权的威胁，随着政治形势的严峻，割让领土、划分疆界成为宋室图存自保的重要手段，若以地域范畴为标准，则夷狄已入中华，这种情况下如何区分华夏和夷狄？如何将儒家学说里的华夷之辨运用于实际的史书编纂中？当理论上的细致论辩需要落实在具体的边界划定时，如何看待现实中的不如人意？这些都是马端临在编撰《四裔考》时面临的问题。

从《四裔考》可以发现，马端临不仅以盛唐疆域书写宋代舆地，将燕云十六州等宋代已经失落的疆域写进宋代舆地中，也以盛唐立场定义周边政权。他把曾与宋朝约为兄弟之邦的辽、约为叔侄之国的金以及为宋朝西方边患八十年的西夏，都列入《四裔考》，西夏历史更是被以唐朝藩镇的身份记录在《封建考》中。视西夏为藩镇，视契丹和女真为不尊奉天子的夷狄，这种定位明显是基于唐朝的立场。《文献通考》以《四裔考》为末卷，全文引用了《通典·边防》的序言，正文内容也如《通典·边防》一样，将域外政权按照“东夷-南蛮-西戎-北狄”的顺序严整地分类排列，构建了与元朝政府将辽宋金三史各自成书、各与正统截然不同的，以宋朝为中心，以域外诸国为夷狄的华夷秩序。

① 《文献通考》卷三百一十五《舆地考一》，第8535页。

（一）契丹："夷狄"还是"中国"？

契丹作为一个族群，其起源的历史并不清晰，随着其部族势力的增长和兼并周边邻族，到隋唐时期，契丹已经具有较强的军事力量，与中原王朝处于叛服不常的关系中。10世纪初，阿保机宣布即皇帝位，建立与后梁平等的政权，国号"契丹"。936年，契丹太宗皇帝封石敬瑭为后晋皇帝，并于次年割占了原属于中原的燕云十六州。到960年赵匡胤建立宋朝时，契丹政权已经存在了半个世纪左右。宋太祖和太宗通过一系列征战，消灭唐末以来建立的地方政权，力图实现统一大业，但在收复燕云十六州的事业上还是以失败告终。契丹政权成为北宋长期面对的北方的重要威胁。景德元年（1004），辽圣宗、萧太后率军大举南下，一直打到黄河北岸的澶州附近，消息传来，朝野震动，宋真宗急于求和，与辽签订了屈辱的"澶渊之盟"。

澶渊之盟之后，契丹和宋之间成为兄弟之邦。据《续资治通鉴长编》记载，景德元年十二月癸未，曹利用被派遣与契丹商讨关南故地的归属问题，辽圣宗派王继忠见曹利用，说道："南北通和，实为美事。国主年少，愿兄事南朝。"① 在《宋大诏令集》卷230《英宗皇帝与大辽皇帝遗书》抬头称"正月日。兄大宋皇帝致书于弟大辽圣文神武全攻大略聪仁睿孝天祐皇帝"，② 也体现了宋朝皇帝对兄弟之邦关系的认同。此外，宋朝也尊重辽的避讳制度，天圣四年，宋仁宗任命韩亿为契丹妻生辰使，因为韩亿之名与辽太祖的汉名耶律亿相同，仁宗便诏令韩亿改名为"意"，③ 庆历三年，宋朝派遣丁亿为贺辽生辰副使，也是因为要避辽太祖讳，而临时改名为"丁意"。④ 这种避讳行为说明宋至少在形式上尊重两国间的外交关系。

在《四裔考·契丹》中，马端临也提到辽圣宗去世后，宋朝"遣使告哀，帝及太后各北向举哭，诏为罢朝七日，京师及边州禁乐七日，遣使祭奠吊慰"。⑤ 同卷还引用了辽兴宗给宋仁宗的书信，信开头写有"大契丹皇

① （宋）李焘：《续资治通鉴长编》卷五十八"真宗景德元年十二月癸未"，中华书局，2018，第1291页。

② 司义祖整理《宋大诏令集》，中华书局，1962，第893页。

③ 《续资治通鉴长编》卷一百四，仁宗天圣四年秋七月乙丑，第2413页。

④ 《续资治通鉴长编》卷一四二，仁宗庆历三年八月己酉条，第3418页。

⑤ 《文献通考》卷三百四十六《四裔考二十三》"契丹下"，第9602页。

帝致书大宋皇帝”,[①] 隋炀帝大业三年倭国曾派僧人来中国学习佛法，带来的国书中因写有“日出处天子致书日没处天子无恙云云”,[②] 而招致隋炀帝不悦，认为“夷书有无礼者”，而面对辽国书信中的两个皇帝的说法，宋朝君臣却并没有感到被冒犯，仁宗还以书信回复。从这些内容都可以看出，无论内心里有多少屈辱和不甘，在当时辽朝的军事威胁之下，辽宋之间基本形成兄弟之邦的关系，马端临对此也了然于胸。然而在马端临的《四裔考·契丹》中，完整记录了从契丹部族发源到辽朝灭亡的全部过程，这意味着马端临将契丹建立的政权始终看作夷狄，像传统的四夷一样，与宋朝的关系是四夷对华夏、野蛮对文明、落后对先进的关系。

契丹政权的国号几经变动，据刘浦江考证，辽太祖建国时创立的国号是“大契丹”，辽太宗大同元年（947），改国号为“大辽”，辽圣宗统和元年（983），去辽号，仍称“大契丹”，道宗咸雍二年（1066），复称“大辽”。所以辽的正式国号应是“大辽”或“大契丹”。在道宗咸雍二年改国号之前，契丹国号的使用还存在随意性，但咸雍二年改国号后，“大辽”作为在汉地使用的国号就被严格遵守了。[③] 刘浦江的文章厘清了辽朝国号的变更情况，但对宋元时期的中原地区士人来说，却未必真的对辽反复更改的国号的使用标准有明确的辨析和严格的遵从。史怀梅认为：“在10世纪的文献里，大部分时间‘契丹’一词，都被用于指称一个民族而非一个政权，这就意味着契丹人从未建立过国家，从而就否定了他们确实拥有的政治地位。”[④] 这句话存在部分误解，在10世纪的前半段，“契丹”既是指一个民族，也是政权的名称，然而1066年之后，辽道宗将大辽作为汉地使用的国号，则“契丹”在汉地就只具有民族的含义，仍使用这一称谓，就有否认辽的政治地位的意味了。可以说，辽道宗选择了一个更有汉地色彩的国号，但中原士人仍坚持以契丹称之。

《四裔考》“契丹”条北宋以前部分的史料，主要来自《通典》和《新五代史》，北宋以后部分的史料则来自国史，在称谓上，马端临几乎不直接使用“辽”作为契丹所建立政权的称谓，而只用“契丹”。此外，澶渊之盟后，北宋在很多官方文书中不再使用“虏”“戎”这样的字眼指称

① 《文献通考》卷三百四十六《四裔考二十三》“契丹下”，第9602页。

② 《文献通考》卷三百二十四《四裔考一》“倭”，第8924页。

③ 刘浦江：《辽朝国号考释》，《历史研究》2001年第6期。

④ 〔英〕史怀梅：《忠贞不贰?：辽代的越境之举》，曹流译，江苏人民出版社，2017，第10页。

契丹政权，大部分情况是用契丹、北人、北朝等，[①] 但马端临在《四裔考》“契丹”条中，仍经常使用“虏主”“虏营”“戎母”等称谓。依照马端临选取材料“先取当时臣僚之奏疏，次及近代诸儒之评论”的原则，这种情况既是直接沿袭国史中的表述，也必然包含了对官方文献的有意修改，其实都表现了马端临对契丹所建立的辽政权的态度，即将其视为夷狄政权。

元朝分修三史，《辽史》的表最为世人称道，其设《属国表》尤其说明元代史臣对辽的态度。《辽史·属国表》收入的均为传统正史中列入“四夷”的周边政权，所谓属国，即附属于本国的国家或部落，辽的属国可统计者有59个，在《属国表》小序中，元代史官称辽为“天命所归”，认为辽的强盛比周朝有过之而无不及，其对于周边国家的地位，也相当于受八百余国朝贡的周朝：

> 周有天下，不期而会者八百余国。辽居松漠，最为强盛，天命有归，建国改元，号令法度皆遵汉制，命将出师，臣服诸国，人民皆入版籍，贡赋悉输内帑，东西朔南，何啻万里，视古起百里国而致太平之业者，亦几矣。故有辽之盛不可不著。作属国表。[②]

属国主要履行朝贡和派兵两项义务，虽然“朝贡无常”，“助军众寡，各从其便，无常额”，[③] 但从地位上来讲，仍是从属朝贡之国。金建国之前，作为少数民族部落女直（女真）时，也是辽的属国，所以《属国表》也记录了女直向辽朝贡的历史，以及金国建立后与辽的争战过程。可以说《辽史·属国表》构建了一个以辽为中心的受周边国家朝贡的国际关系体系。辽是“天命所归”，外能臣服诸国，内能有效管理人民的“中央之国”。

元修三史号称“各与正统”，但三史撰述却是以辽为核心的。高丽、交趾不仅是辽的属国，也向宋朝称臣纳贡。《宋史·外国传》中的《高丽传》就记载了高丽自建隆三年就不定期来朝贡，新国主即位要接受宋朝授予的官爵和册封，与女真发生争端或受到契丹侵略时，也会求助于宋朝的史实。因此，高丽对于宋朝绝不是平等的“外国”关系。但《辽史》中将高丽列为“属国”，《宋史》中却列为“外国”，体现了元代史臣试图构建

---

① 陶晋生：《宋辽关系史研究》，联经出版事业公司，1984，第98页。

② （元）脱脱等：《辽史》卷七十《属国表》，中华书局，1973，第1125页。

③ 《辽史》卷三十六《兵卫志下》“属国军”，第429页。

的宋辽并峙时期的国际关系是以辽为中心的。此外，《金史》第一卷记载金太祖建国前的历史，纪年采取了辽朝年号，也是突出其作为辽属国的地位。金熙宗天会十四年（1136）、十五年（1137），对建国前完颜部的所有统治者都尊以谥号和庙号，第二卷已经开始出现用庙号纪年的情况，如“穆宗末年，令诸部不得擅置信牌驰驿讯事”，“康宗七年，岁不登，民多流莩，强者转而为盗”。[①] 而第一卷中出现的纪年还是以辽代年号为主。可见元朝史臣在处理金朝建立前的历史时，完全将其作为辽的属国看待，无意采用金熙宗追尊的帝王世系。[②]

《四裔考》中收入契丹政权的全部历史，将其建立的辽政权的兴亡过程也囊括在内，在称谓上无视辽国号的更改和宋迫于情势对辽书面上的认可，而坚持不称“辽”，始终冠以“契丹”“虏”等，完全将辽作为一个夷狄政权，与宋朝是四夷与中国、野蛮与文明、落后与先进的关系。元修《辽史》却通过《属国表》的撰写，和强调金朝建立前的辽属国地位，构建了一个以辽为核心的国际政治格局。两种编纂方式背后是对宋辽并立时期国际政治的不同认识。

（二）绍兴和议：金朝进于中国？

女真的族源比较复杂，从《金史》的记载来看，女真领袖完颜部的历史可以回溯到五代时期，金朝的建立者完颜阿骨打，已经是第 11 任首领。阿骨打建立金朝，其后金朝势力迅速发展，1123 年，金与宋缔结“海上之盟”，根据盟约，金成为宋过去交纳给辽的岁币的合法接收者，在这份盟约中，金的君主完颜阿骨打被称为“大金大圣皇帝”，意味着金已经成为与宋平等的国家，而此时距离金正式建国称帝仅过去不到十年。此后不到两年，金就消灭了曾经的宗主国辽，此后宋金通过和议维持了长时间的共存，直到蒙古南下攻战，愈益腐败衰落的金宋两朝最终灭亡。

马端临在《四裔考》“女真”条详细记叙绍兴十年（1140）之前的历史，对此后的历史却只有一句“自晟至守绪凡八世而亡，其事迹具见国史，以其既窃有中原，故事迹不入四裔之录云”。[③] 从马端临的记叙中，可以发现两条信息：一是马端临将绍兴十年女真重新占领河南、陕西作为时

---

① （元）脱脱等：《金史》卷二《太祖本纪》，中华书局，1975，第 21~22 页。

② 《金史》卷四《熙宗本纪》载，天会十四年“八月丙辰，追尊九代祖以下曰皇帝、皇后，定始祖、景祖、世祖、太祖、太宗庙皆不祧”（第 71 页）。

③ 《文献通考》卷三百二十七《四裔考四》“女真”，第 9010 页。

间断限，认为此后的金就不再是“夷狄”；二是马端临认为窃有中原，不可以夷狄视之的金朝是从金太宗开始的，故金朝是历八世而亡，将金太祖完颜阿骨打的统治时期仍视为夷狄的女真阶段。

将女真和金分别记录的情况，也同样出现在南宋所编的《宋会要》中。南宋学者在编修《宋会要》时，并不是简单地将女真与金朝事项直接拼合为一，而是专设“女真”与“金”两门存之。[①]《宋会要》在“蕃夷类”别设两门分别记述“女真”与“金”，说明南宋史臣认识到女真国与金朝在宋代的对外关系中有着不同的政治性质，不可等量齐观。

马端临在《四裔考》“女真”条将时间断限设在绍兴十年，[②] 与传统观念中金朝建立的时间显然不同。绍兴十年（1140），宋金关系上最大的变化就是金朝重新占据了河南、陕西，这是中原的核心地带，这一军事行动的直接后果是促成了随之而来的绍兴和议。绍兴十一年（1141），宋高宗解除了抗金大将岳飞、韩世忠、张俊的兵权，扫清了和谈的主要障碍，很快便与金签订和约。和约的内容是屈辱的，其中约定以淮水中流为界，将泗、商、唐、邓等州皆割与金朝，宋岁贡银、绢二十五万两、匹，记载了和约主要内容的这封宋高宗写给宗弼的信，抬头即书“臣构”，信中还提到宋朝将“世世子孙，谨守臣节，每年皇帝生辰并正旦，遣使称贺不绝”，[③] 此后宋高宗写给宗弼的信中也经常自称为“下国”，称金为“上国”。和约达成后，还有一个重要的事件，即金朝派来使节册封宋高宗为皇帝，此事不载于《宋史》，而是记载在《金史·宗弼传》中：

> 以衮冕圭宝珮璲玉册册康王为宋帝。其册文曰：皇帝若曰：咨尔宋康王赵构不吊，天降丧于尔邦，亟渎齐盟，自贻颠覆，俾尔越在江表，用勤我师旅，盖十有八年，于兹朕用震悼斯，民其何罪？今天其悔祸，诞诱尔衷，封奏狎至，愿身列于藩辅，今遣光禄大夫左宣徽使刘筈等持节册命尔为帝，国号宋，世服臣职，永为屏翰，呜呼钦哉，其恭听朕命。[④]

① 孙昊：《〈宋会要·蕃夷类·辽门〉研究》，《文史》2018 年第 2 辑。

② 《四裔考·女真》中写：“十月，背盟入寇，复取陕西、河南。”（第 9010 页）与《建炎以来系年要录》等书记载不同，疑为笔误，应为“十年”。

③ 《金史》卷七十七《宗弼传》，第 1755 页。

④ 《金史》卷七十七《宗弼传》，第 1756 页。

册文中，将宋高宗称为“康王赵构”，且“愿身列于藩辅”，而金派使节册命其为帝，定国号为宋，并强调要“世服臣职，永为屏翰”。从这一形式上的册命可以看出，绍兴和议基本确定了金宋之间的君臣关系，而以淮水中流为金宋边界，则正式将整个中原划归了金朝，无论从名义上还是从实际统治地区来看，绍兴和议后，金朝都成了中原的实际统治者，南宋则是偏居一隅的臣属国。

虽然此后宋金关系有所变动，金不再令宋称臣，两国恢复了名义上的平等地位，但显然在马端临看来，绍兴和议后的金朝已经无论在疆域上还是在名义上都不再是蛮夷之国，而是中原王朝了，绍兴十年之后的金朝历史就是马端临不忍书、不能写的了。而在金和南宋两个中原王朝中，马端临仍以南宋为继承三代以来华夏疆域的正统，在《舆地考》中，将被辽、金占领的九州区域写入宋代疆域，或许体现了一个南宋遗民最后的坚持。金的历史则被“其事迹具见国史”一语带过。

（三）西夏：“藩镇”还是“外国”？

西夏是两宋时期的另一个重要势力。西夏政权在很大程度上是由党项拓跋部及其联盟创建的。在唐和五代时期，党项首领通过承认中原地区建立的王朝政权，换取这些政权对自己地位的认可，接受封号和庇护，同时也在不断扩大自己的统治范围。宋朝建立后，加封当时的拓跋部首领李彝兴为太尉，乾德五年（967），李彝兴去世，宋朝授予其夏王称号。到李元昊统治时期（1032~1048），通过一系列的内部改革和对外战争，党项拓跋部已经成为西北地区不可小觑的一支力量。李元昊于 1038 年正式宣布即位，称大夏皇帝。宋朝没有承认这一政权，但迫于西夏的军事威胁，于庆历四年（1044）与西夏订立和约，约定李元昊取消帝号，宋朝册封其为夏国主，并每年给以岁赐。

元初发生的关于三史撰修体例的讨论，对于西夏不入正史，各方有着一致意见。李华瑞撰文分析过元朝不修西夏史的原因，认为原因有二：一是西夏作为辽、宋、金的藩属国地位，不合封建史家的正统观念，二是蒙古统治者仇视倔强不顺的西夏，亡其国并亡其史。[①] 李华瑞的文章重点分析了第二个原因。虽然现在有学者将西夏作为与辽金并立

① 李华瑞：《元朝人不修西夏史刍议》，《河北大学学报》1996 年第 3 期。

的历史政权，[①] 但在宋元之际，西夏不够正史资格这一点应该是没有太大争议的。争议主要存在于如何安排西夏在史书中的位置，元修三史将西夏列为三部正史中的"外国"，清人赵逢源则认为欧阳修《新五代史》将西夏与刘守光、李茂贞等藩镇割据势力一同写入列传，而不将其作为夷狄之国，是春秋笔法，有故意贬低之嫌。元人修《宋史》，将西夏与高丽、日本等同，作为外国，是史识上的退步。[②] 赵逢源的评价其实有失公允，党项政权相对唐及五代各朝的地位和相对宋朝的地位并不相同，不能一概而论，但也体现了对西夏在史书中地位的歧见：是将其作为内部的藩镇，还是作为外部的四夷/外国。

马端临在《文献通考》中，可以说是兼而用之，但更强调其藩镇地位。在《四裔考》中设"西夏"这一条目，[③] 内容只有一句"本末已见封建考"，在《封建考》的"唐天宝以后藩镇"的"灵夏据五州"条，记录了从唐熹宗到南宋嘉定时期夏国的历史。从时间上看，自五代以后灵夏地区已不可再以藩镇视之，唐末以来党项部族力量不断发展壮大，到元昊时期还僭号改元，失败后受册封为夏国主，俨然一附庸之国。从空间上看，到政和年间，西夏已经占领了河西地区，东起麟州、银州一线，西边直到玉门关，所谓"绥宥为首，灵州为腹，西凉为尾"，[④] 已不是灵、夏、宥、盐、静五州能够概括的。而马端临将西夏建国的历史全都记载在其作为藩镇的条目之下，明显有淡化其政权地位的意图。中国古代史书撰写非常重视时间断限，所谓"属辞比事"，"比事"就是对事件按时间梳理安置，因而历代王朝从哪一年开始书写，就构成了正统论的一个重要方面。虽然同一事件在史书中重复出现可以采用互见的方法以避免书写上的烦冗，但从《封建考》到《四裔考》意味着对政权性质定位的不同。交阯的前身交州

---

① 如〔德〕傅海波、〔英〕崔瑞德编《剑桥中国辽西夏金元史：907－1368年》，将西夏也看作那个历史时期复杂的政治体系中的平等一环，认为西夏也有获得正统王朝地位的资格，理由是："两个政权（西夏和辽）都是长期存在的稳固的政权，坚定地根植于部分由汉人栖息达千年之久的地区内，都面对着一个敌对的汉人政权宋王朝而长存；后者在人口数量上以20比1超过它们，其经济资源更是占有压倒的优势。这两个国家都通过战争而使宋停战，迫使宋承认了它们的存在以及作为独立政权的平等地位，并以和平为条件获取了大量财物。"〔德〕傅海波、〔英〕崔瑞德编《剑桥中国辽西夏金元史：907－1368年》，中国社会科学出版社，2018，第1页。

② 参见李华瑞《元朝人不修西夏史刍议》，《河北大学学报》1996年第3期。

③ 《文献通考》卷三百三十五《四裔考十二》，第9268页。

④ 吴广成：《西夏书事》卷7，《元代史料丛刊初编 元代史书》第二卷25册，黄山书社，2012，第276页。

也是汉代以来中原政权设置的郡县，在宋初才正式独立，但《四裔考》中的“交阯”条却详细记录了其自汉初以来的历史，《舆地考》中的记录则较为简略，[①] 表明更强调其夷狄之国地位。

《宋史》和《金史》的《外国传》首书“夏国”，《辽史》卷末《二国外纪》也将西夏列入其中，说明在元代史臣看来，西夏虽不足以独立成史，但其历史地位仅次于宋、辽、金三朝，是这一时期重要的一“国”。《金史·交聘表》记载宋、夏、高丽与金的交聘往来。“交”可理解为交互、相互，“聘”古指诸侯之间相互访问，是一种相对平等、有来有往的外交关系。元朝史官将宋、夏、高丽与金的交互往来关系列为“交聘”，意味着认为这三个政权与金之间都是平等的外交关系。相比之下，《文献通考·舆地考》则坚持视西夏地区为州郡，这种视角其实停在了唐朝，以唐王朝立场看待西夏。

三 何谓夷狄：马端临的华夷秩序观

至少在战国时期，古人已经形成了“华夷”的观念，已经构想出了一个以华夏为中心，四夷为边缘的华夷秩序。但华夷之间并不是截然两分、二元对立，其间的界限并不清晰，而是有冲突的可能也有交融的空间，正如钱穆指出的：“在古代观念上，四夷与诸夏实在有一个分别的标准，这个标准，不是‘血统’而是‘文化’。所谓‘诸侯用夷礼则夷之，夷狄进于中国则中国之’，此即是以文化为华夷之别之明证，这里所谓文化，具体言之，则只是一种‘生活习惯与政治方式’。”[②] 既然华夷之间的区别是文化的而非地域的，就存在“用夏化夷”或“以夷变夏”的可能性，因而形成了关于夷夏关系的两种观点。一种可称为“夷夏之变”，即认为夷夏有互相转化的可能，所谓“礼失求诸野”，“诸侯用夷礼则夷之，夷狄进于中国则中国之”，这种观点具有包容性和开放性，一般出现在国势强盛的大一统时期，如汉、唐。另一种是“夷夏之辨”，即强调夷夏大防，这种观点具有封闭性和排斥性，一般出现在国势衰弱又面临外族威胁的时期，如南朝、南宋。[③]

---

① 《文献通考》卷三百二十三《舆地考九》“古南越”，第 8879 页。

② 钱穆：《中国文化史导论》，九州出版社，2016，第 39 页。

③ 江湄：《从出使辽金行记看宋人“华夷之辨”》，《文汇报》2017 年 4 月 14 日，第七版；李治安：《华夷秩序、大一统与文化多元》，《史学集刊》2014 年第 1 期。

南宋正是严夷夏之防、辨王朝正闰更加激烈和绝对的时期，辽金政权无论在政治、军事还是在文化上，都对南宋的“中国”地位构成了巨大的威胁，金朝儒士更是重新阐释“正统”之含义，赋予金朝以“中国”正统地位，南宋理学家则严辨华夷，从道统、治统两方面论证南宋的正统性不可动摇。① 马端临成长在南宋的学术环境中，对朱熹的以道统辨正统之说了然于胸，所以《文献通考》各门类均以两宋承接汉唐，构建的是“夏商周-春秋战国-秦-汉-三国-两晋南北朝-隋-唐-五代-宋”一脉相承的历史统绪。这一统绪也表明，马端临的正统观已经不如南宋朱子学派那般激烈和坚定了，他对三国和南北朝的“各与正统”，体现了史家用会通因仍之道消弭正统之争，以不分正闰究典章经制相因之迹的客观态度。然而当马端临撰写 10~13 世纪这段多民族、多文化、多政权并立纷争的历史时，故国情怀、现实政治、撰述理想三者之间的张力使他的论述难以避免矛盾和偏见。

结合《舆地考》和《四裔考》可以看出，马端临笔下的“中国”具有时间的凝固性和空间的层次性。从时间上看，“中国”的范畴凝固在了唐开元、天宝时期，马端临以唐代“中国”的立场看待 10~13 世纪的政治形势，五代是唐分裂发展而来，故贯穿正统王朝相续的历史脉络，契丹是唐叛服不常的邻邦，女真虽曾遣使入唐，但直到 10 世纪初，仍是松散的部落联盟，西夏统治者是由唐夏州节度使发展而来，因此，以契丹、女真为四夷，以西夏为藩镇，正是从唐代中国的立场做出的定位。从空间上看，“中国”又有着层次性，“中国”这一表述在西周铭文中已经出现，其含义随着中原王朝统治范围的扩大而不断扩展，即王畿→中央邦国→中原地区→华夏诸国→华夏王朝，但这些含义并不是替代关系，即便到了宋代，很多语境里仍用“中国”表达“中原地区”的含义。从“中国”的含义变化就可以看出，“中国”并不是固若金汤的铁板一块，其疆域可能扩大也可能缩小，其内涵可能是单数的王朝也可能是复数的诸国。在《文献通考》中，马端临承认了三国、南北朝、五代这些分裂时期的诸国皆为“中国”，是从《禹贡》“九州”的角度将它们视为传统观念中的“中国”的分裂时期。但他并未简单将 10~13 世纪视为一个“中国”分裂的时期，而是仅将占据中原后的金朝视为与宋同为“中国”。契丹起源于“九州”之外，西夏肇兴于唐末藩镇，即使后来跻身“九州”之内，也始终为与中国

① 江湄：《正统论：中国文明的一个关键概念》，《开放时代》2021 年第 1 期。

相对的“四夷”。女真建立的金朝只有到绍兴和议后占领了中原地区，才不再被列入“四夷”，这意味着，马端临将中原地区视为“中国”最低限度的疆域，占领中原地区，就获得了“中国”的资格。正因如此，马端临的“中国”其实是多元的，既有文化含义，又有地理界定，南宋作为北宋的遗绪，自然而然继承了北宋的“中国”正统地位，而金朝一旦占领了中原地区，也就获得了“中国”的资格，这符合马端临的华夷秩序，但伤害了他的故国情怀，所以绍兴和议后的金朝历史，既不入“四夷”，也不见书于《文献通考》。

可以说，《舆地考》和《四裔考》的撰写方式，并不完全符合10~13世纪“天下”的实际状况和多个“中国”并立的历史局面，这使马端临在历史记载中遇到种种难题，而无法记述占领中原后的金朝历史和势必要承认完成大一统的元朝的正统性即在其中。这也正说明了作为身处元朝大一统稳定之世的宋遗民，马端临的“天下”观、“中国”观也不得不适时调整或重组，但其对以禹迹九州为纲的书写方式的遵循，对“天下-中国”含义的继承，都为我们理解经历长期分裂后的中国大一统如何可能，以及中国为何能够在内部存在多重文化、多种民族的情况下维持凝聚力和统一性，提供了一种思考的途径。

私藏与撰述：明代史学家著史的特色

邓　真
（北京师范大学历史学院，北京　100875）

摘　要： 有明一代私家藏书兴盛，当时的史学家无不四处搜访典籍，以求遍览群书，从中获得更多有用的资料。在四处搜访、收藏书籍的过程中，明代史学家的藏书数量不断增多，从而坐卧书斋，就能经、史、子、集环绕相向。许多明代史家具有史学家与藏书家双重身份：为史学研究搜集典籍，成为藏书家，其藏书助力史学研究以及著述编撰，随后又在新发现的基础上继续搜罗所需典籍。通过“聚、读、辞”的方式，明代史学家实现了私藏与撰述的良性互动。

关键词： 明代史家　私人藏书　撰述方式

“对于历史，除了作者亲见亲闻及实物材料以外，我们总要根据文献才能进行工作。对于有文字记载以来的历史研究和史学编著，如果离开了历史文献，很难想象工作会怎样进行。”① 明朝是中国古代私家藏书进入鼎盛发展的时期，同时，出于统治者对史学领域管理政策的放宽、明朝无国史且实录失实等原因，私家著史就成了学术研究的着力点。史学研究需要文献史料作为支撑，明代史学家与以往学者相比是幸运的，他们身处知识被大量印刷出版的时代。明代私家藏书也因此带有更加明显的“学术性”特征，当时的许多史学大家为了治学，或聚集书籍，或遍访他人藏书楼借阅、抄录史料。在明代私人藏书兴盛的背景下，史学家对典籍的收藏、利用以及藏书对史学家撰述的影响，值得深入探讨。

① 白寿彝：《史学概论》，中国友谊出版公司，2012，第72页。

一　明代史家的藏书之风

明代私人藏书活动是因宋元以来印刷技术进步、出版业发展、社会文教下移、读书人群壮大而产生的重要社会现象。据范凤书先生所著《中国私家藏书史》统计，明代私人藏书家人数远超前代，能核查到的多达897人。[①] 印刷术的发展进步是明代私人藏书兴盛的主要原因。与唐以前手抄节录、竹简卷轴相比，印刷技术的进步降低了书籍的出版成本，书籍不再是写在竹简、羊皮、布帛上的奢侈品。尤其是江浙地区，作为当时的经济、科技与人文中心，造纸、制墨、刻书技术发达，出版业繁荣，书坊众多："主要城市的刻书与藏书机构星罗棋布，图书刻印出版业有一套非常成熟的运作流程。"[②] 并且明代对私人藏书家的身份背景毫无要求，藩王宗室、权贵官僚、布衣百姓、商人白丁等都可以进行藏书活动。其中上层社会的藏书活动引导着社会风气，"今宦途率以书为贽，惟上之人好焉"，[③] 藏书成了一种雅好，被融入个人的日常社会交往中。在浓厚的社会藏书氛围中，无论是真好书者还是跟风者都极大地推动了当时私人藏书的发展。

明代私人藏书发展兴盛，并趋于学术化，对史学产生了重要影响。明代的史学家大多是私人藏书家，藏书在私家著史中为史学家提供了强大的知识储备，凭借丰富的藏书，史学家能在信息来源匮乏的年代随时查阅文献，补充史料，完成史学著作。这一时期涌现的著名史学家，如王世贞、焦竑、胡应麟、钱谦益、黄宗羲等，利用私人藏书进行史学研究，他们在史学领域取得的成就与私人藏书密切相关。

王世贞藏书规模堪称庞大："王元美先生藏书最富，二典之外，尚有三万余，其他及墓铭朝报，积之如山。"[④] 其弇山园中有四书室用于藏书、治学。"凉风堂"为王世贞夏日休息、阅书之所，"其他则朝夕坐尔雅，随意抽一编读之，或展卷册，取适笔墨"，[⑤] "尔雅楼"中不仅藏有大量书籍，

---

① 范凤书：《中国私家藏书史》，大象出版社，2001，第689页。

② 参见章宏伟《明中后期江南出版业的勃兴》，《首都师范大学学报》（社会科学版）2020年第4期。

③ （明）胡应麟：《少室山房笔丛》甲部《经籍会通》，上海人民出版社，2015，第41页。

④ （明）谢肇淛：《五杂组》卷13《事部一》，上海书店出版社，2009，第266页。

⑤ （明）王世贞：《弇州稿续》卷59《弇山园记七》，收于《景印文渊阁四库全书》集部第1282册，台湾商务印书馆，2008，第777页。

更有古帖、古器。“王世贞一生以修国史自任，他平生之志在于作一部纪传体‘国史’。”① 他几十年如一日地收集各种文献史料，以期能“一从事于龙门、兰台遗响”，② 完成生平志愿。王世贞藏书十分注重版本，追求珍、善、孤，尤其喜好宋刻本，其“尔雅楼”中多为宋刻，“少宛”亦是如此，其中以有南宋名家赵孟頫画像的两《汉书》为冠。“小酉”楼五楹，藏书多达三万卷，可惜晚年被子孙瓜分殆尽，“小酉”遂空有其名。

焦竑“博极群书，自经史至稗官、杂说，无不淹贯。善为古文，典正驯雅，卓然名家”，③ 他学问斐然，淹贯古今。他年少好学，心慕书籍，却家境清贫，无力购书。为了能够遍览群籍，焦竑常向人借书，手自抄录，待少有资产后，便开始四处购书，充盈书架。焦竑藏书，每本书籍必一一阅读、点校后才放入书架，编撰有《焦氏藏书目》，今已佚。其学识渊博，即使在人才济济的金陵，也能于文坛之上傲立群雄。在黄宗羲看来，即使是“后七子”领袖王世贞，与焦竑相较也要略逊一筹：“先生积书数万卷，览之略遍。金陵人士辐辏之地，先生主持坛坫，如水赴壑，其以理学倡率，王弇州所不如也。”④

胡应麟三十六岁时藏书已达四万余卷，经、史、子、集无不涉略，筑有藏书楼“二酉山房”。他本是一介布衣，没有太多闲钱，为了购得心仪的书籍，“时时乞月俸，不给则脱妇簪珥而酬之，又不给则解衣以继之”，⑤ 常因新得一本古籍高兴得手舞足蹈，挑灯夜读。因为经济拮据，胡应麟藏书并不注重版本，也不为收藏宋梓费心劳力，耗费金钱：“余则以书之为用，枕籍揽观，今得宋梓而束之高阁，经岁而手弗敢触……亡论余弗好，即好之胡及暇也。”⑥ 胡应麟亦重视对书籍的校勘、考订。他购买的《太平广记》虽校雠精良，但内容缺失很多，于是约友人祝鸣皋考证补订，使之复归完书：“《太平广记》近乃有刻本，出晋陵谈氏雠校，颇精。今六代唐人小说杂记，存者悉赖此书，第中间数卷全缺，仅目存，首帙。吾暇当与

① 孙卫国：《王世贞史学研究》，人民文学出版社，2006，第95页。

② （明）王世贞：《弇山堂别集·小序》，中华书局，1985，第4页。

③ 《明史》卷288《文苑四》，中华书局，1974，第7393页。

④ （清）黄宗羲：《明儒学案》卷35《泰州学案四》，中华书局，1986，第829页。

⑤ （明）胡应麟：《少室山房笔丛》甲部《经籍会通》，上海书店出版社，2015，第26页。

⑥ （明）胡应麟：《少室山房集》卷90《二酉山房记》，收于《四库明人文集丛刊》，上海古籍出版社，1993，第657页。

足下参互订补，俾此书复称完璧，亦异代子云也。”[①]

钱谦益藏书“尽得刘子威、钱功父、杨五川、赵汝师四家书。更不惜重赀购古本，书贾闻风奔赴”，[②] 又在红豆山庄修建“绛云楼”用以安置书籍，楼中所藏典籍众多，钱曾“述古堂”的藏书也仅是“绛云楼”的十分之三而已。“绛云楼”藏书摆放有序，分门别类，共有七十三大柜，十万卷以上，其中不乏宋元珍本、孤本，钱谦益感慨自己“晚而贫，书则可云富矣”。为了收集史料完成著述，钱谦益还四处奔波借书，他在《有学集》中记道：“戊子之秋，余颂系金陵，方有采诗之役，从人借书……于是从仲子借书，得尽阅本朝诗文未见者。”[③] 四处奔波借书的钱谦益自己却有“藏书癖”，他的藏书绝不外借。曾有人向钱谦益借《九国志》与《十国纪年》，钱谦益本已答应借出，临了却反悔，借口自己并没有这两本书，结果绛云楼一炬，两书原本荡然无存，只留下抄本。

钱谦益对每本藏书的新刻、旧刻以及不同版本之间的异同非常熟悉，在与友人闲谈时能信手拈来，这源于钱谦益重视对藏书的阅读与校勘。钱谦益读《春秋繁露》，“苦金陵本讹舛，得锡山安氏活字本，校雠增改数百字，深以为快”，[④] 后又见《春秋繁露》的宋刻本，才知锡山本原是据宋刻本而来。钱谦益从天水长公处得《营造法式》残卷，为了能够看到一部完好的《营造法式》，“遍访藏书家，罕有蓄者。后于留院得残本三册，又于内阁借得刻本，而阁中却阙六七数卷。先后搜访，竭二十余年之力，始为完书。图样界画，最为难事，用五十千购长安良工，始能厝手。……赵灵均又为予访求梁溪故家镂本，首尾完好，始无遗憾”。[⑤]

黄宗羲好书，也致力于藏书，其“身心性命一托于残编断简之中，故颠发种种，寒以当裘，饥以当食，忘忧而忘寐者，惟赖是书耳”。[⑥] 黄宗羲

---

① （明）胡应麟：《少室山房集》卷116《燕中与祝生杂柬八通》，收于《四库明人文集丛刊》，上海古籍出版社，1993，第853页。

② （清）钱谦益：《绛云楼书目》，商务印书馆，1935，第1页。

③ （清）钱谦益著，（清）钱曾笺注，钱仲聊标校《牧斋有学集》卷26《黄氏千顷斋藏书记》，收于《中国古典文学丛书》，上海古籍出版社，2020，第994页。

④ （清）钱谦益著，（清）钱曾笺注，钱仲聊标校《牧斋有学集》卷46《跋〈春秋繁露〉》，收于《中国古典文学丛书》，上海古籍出版社，2020，第1516页。

⑤ （清）钱谦益著，（清）钱曾笺注，钱仲聊标校《牧斋有学集》卷46《跋〈营造法式〉》，收于《中国古典文学丛书》，上海古籍出版社，2020，第1526页。

⑥ （清）黄百家：《学箕初稿》卷1《续钞堂藏书目序》，收于《四部丛刊初编》集部1617《南雷文集》附《学箕初稿》，上海商务印书馆，1919，第1页。

藏书楼名为“续钞堂”，他的藏书除四处搜购外，更多的是遍访各家藏书楼手抄所得，其子黄百家在《学箕初稿》中写道：“家大人方将旁搜遍采，不尽得不止。则是目所未见，世所绝传之书，数百年来沉没于故家大族而将绝者，于今悉得集于续钞，使之复得见于世。”[①] 黄宗羲常慨叹“读书难，藏书尤难”，他与友人相约前往山中化鹿寺翻阅祁氏藏书，“载十捆而出，经学近百种，稗官百十册，而宋元文集已无存者”，[②] 半路上友人将《礼记集说》与《东都事略》窃去，藏书于归家途中丢失，气得黄宗羲称这位友人为“书贾”。遗憾的是，“续钞堂”的藏书于丧乱中几经辗转，最后存之者不过十之四五，且“残腐败缺，错杂零星”。藏书之路艰难，历朝书厄不可胜计，书之聚而又散，不能长守。

明代更多的史学家也许不是闻名于世的私人藏书大家，流传下来的资料对他们的藏书活动也记录甚少，但他们的史学活动仍与藏书密切相关。宋濂幼年家贫，嗜书好学，常借抄于藏书之家，后有“青萝山房”藏书万余卷；邱濬自少至老，手不释卷，家中积书万卷；[③] 陆深亦“手不释卷，家藏万余卷，皆手自雠勘”；[④] 谈迁家贫无藏书，于是不惜脚力，遍访藏书之家而成《国榷》；明末清初“三大儒”之一的顾炎武，祖上以儒学传家，其亦克绍箕裘，先辈藏书聚而又散、散而又聚，到顾炎武时尚存五六千卷，他在颠沛流离中常借抄于藏书之家，其藏书又有增加。类似谈迁、顾炎武的学者还有很多。

史家大多是藏书家，这是明朝史学的一个重要特色。

二　对藏书与著述关系的认识

明代私人藏书家虽多，目的却各不相同。胡应麟仿画家分类，将私人藏书家分为两类：一类为装饰书架的好事家，另一类为闭关读书的鉴赏家。与胡应麟的简洁分类不同，清代洪亮吉将藏书家分为考订家、校雠

① （清）黄百家：《学箕初稿》卷1《续钞堂藏书目序》，收于《四部丛刊初编》集部1617《南雷文集》，附《学箕初稿》，上海商务印书馆，1919，第2页。

② （清）黄宗羲：《南雷文定》卷2《天一阁读书记》，商务印书馆，1936，第20页。

③ （明）黄瑜撰，魏连科点校《双槐岁钞》卷第10《丘文庄公言行》，收于《元明史料笔记丛刊》，中华书局，1999，第221页。

④ （清）钱谦益：《列朝诗集小传》丙集《陆参政容 附见 子伸》，上海古籍出版社，1959，第280页。

家、收藏家、赏鉴家以及掠贩家，这五大分类几乎包括了所有类型的藏书家，但唯独没有提到以阅读、著述为目的的藏书家。程焕文先生在《关于私人藏书家的分类》[①] 中对此做了补充，他将私人藏书家分为学问之藏书家、收藏之藏书家与掠贩之藏书家三类，其中学问之藏书家“因学术研究之需要，从事图书的积累，藏在于用是其共同特点”。[②] 范凤书先生则将“学问之藏书家”称为“学者型藏书家”，这类藏书家是“藏书家群之主体，他们占藏书家群的绝大多数。他们为工作、治学，为加强自身修养而收藏，这些收藏又有助益于他们的著述、编纂、校勘、刊刻以及各自的业务工作”,[③] 该类型的藏书家由藏书、阅读与学术研究等要素共同构成，他们借助于私人藏书完成学术工作。

明代史学家毫无疑问是“学者型藏书家”，他们根据学术研究需要，四处搜访书籍，久而久之，收藏的书籍便多了起来，从案头到书架再到修建专门的藏书楼来摆放书籍，渐渐也成了藏书家。对“学者型藏书家”来说，书籍的聚集与收藏是基础，重要的是知识的获得与再生，明代史学家早已意识到了“聚、读、辞”之间的关系，并提出了自己的观点。

王世贞认为藏必读，读必辞，否则就是白费功夫，他曾在写给胡应麟的《二酉山房记》中提到：“虽然，世有勤于聚而倦于读者，即所聚穷天下书犹亡聚也；有侈于读而俭于辞者，即所读穷天下书犹亡读也。”[④] 明朝私人藏书之风兴盛，跟风藏书者甚众，其中多为好事者流，他们为收藏书籍竭尽心力，藏书楼中摆放着奇珍异本，甚至同一书之不同版本皆搜罗完备，其藏书楼可谓一座小型图书馆。虽然藏书者苦心聚书，但聚集书籍而不读，反束之高阁任其蒙尘，只是空有一些书而已，如此藏书，就算将天下之书网罗殆尽，在王世贞眼里也与无书没什么区别。聚而痴读，虽博览群书而无所得，或束手束脚不能发为文章，没有将所读之书进一步运用转化出新成果，这在王世贞看来也只是白读了些书而已。

比王世贞稍晚的胡应麟认为，藏书的目的就是读书，在他看来：“夫书聚而弗读，犹亡聚也。”[⑤] 为了使辛苦收藏的书籍能发挥作用，胡应麟大部分时间都独坐书斋中静心读书，并在收藏书籍时做到“即披即阅”，从

① 参见程焕文《关于私人藏书家的分类》，《宁夏图书馆通讯》1985 年第 4 期。

② 参见程焕文《关于私人藏书家的分类》，《宁夏图书馆通讯》1985 年第 4 期。

③ 范凤书：《中国私家藏书史》，大象出版社，2001，第 682 页。

④ （明）胡应麟：《少室山房笔丛》甲部《经籍会通》，上海书店出版社，2015，第 27 页。

⑤ （明）胡应麟：《少室山房笔丛》甲部《经籍会通》，上海书店出版社，2015，第 52 页。

而能够“大而皇王帝霸之事功，显而贤哲圣神之谟训，曲而稗官野史之记录，葩而墨卿文士之撰述，奥而竺乾柱下之宗旨，亡弗涉其波流、咀其隽永”。[①] 并且，胡应麟搜猎藏书注重的是藏书的使用价值，他认为藏书的作用是“枕籍揽观”，而不是束之高阁，精心保护，因此相较于需要重金求购的宋元珍本，胡应麟更倾向于以更少的钱买更多实用的书籍。

藏书不仅在于读，更在于辞，“至家无尺楮，藉他人书史成名者甚众，挟累世之藏而弗能读，散为乌有者又比比皆然，可叹也!”[②] 胡应麟能成为明代博学多识的大学问家，正是因为他对万卷藏书做到了“即披即阅”，然后能“根抵群籍，发为文章”，其《诗薮》虽羽翼《卮言》，却匠心独运，自成一家；《少室山房笔丛》重在辨伪考订、梳理补正；《少室山房集》杂收胡应麟一生诗作文章。因此王世贞慨叹，世人收藏书籍如同胡应麟一般能够勤于阅读才可以说是“聚书”，阅读书籍如同胡应麟一般能够勤于著述才可以说是“读书”。读《丹铅录》，胡应麟感慨“国朝不可无”，读《正杨》又慨叹“用修不可无”，因为杨用修与陈晦伯两书仍未涤清错误，又“取厥义例，增而广之，得失是非方册具列，不敢俾用修之误复误后人”[③] 而作《丹铅新录》；读《后汉书》，胡应麟将古来史书分为三等；读《汲冢三书》，胡应麟以一时代有一时代的文、义、体，其中韵味难以模仿，而将其作为判断古书真伪依据之一……“二酉山房”作为一座具有指向性藏书的小型图书馆，藏经、史、子、集四万多卷，胡应麟日夜坐卧其中，展卷披读，时有发明，其识也博洽淹贯，其学也著作等身。

谢肇淛在《五杂组》中批评好书之人有三病：“其一，浮慕时名，徒为架上观美，牙签锦轴，装潢炫曜，骊牝之外一切不知，谓之无书可也；其一，广收远括，毕尽心力，但图多蓄，不事讨论，徒涴灰尘，半束高阁，谓之书肆可也；其一，博学多识，矻矻穷年，而慧根短浅，难以自运，记诵如流，寸觚莫展，视之肉食面墙诚有间矣，其于没世无闻，均也。”[④] 由王世贞、胡应麟、谢肇淛可见明代学者在聚集藏书上的基本观点，即藏书既不是用来装饰书架，炫耀坐拥书城的奢侈品，也不是深锁柜

① （明）胡应麟：《少室山房集》卷90《二酉山房记》，收于《四库明人文集丛刊》，上海古籍出版社，1993，第658页。

② （明）胡应麟：《少室山房笔丛》甲部《经籍会通》，上海书店出版社，2015，第46页。

③ （明）胡应麟：《少室山房集》卷112《与王司寇论丹铅诸录》，收于《四库明人文集丛刊》，上海古籍出版社，1993，第815页。

④ （明）谢肇淛：《五杂组》卷13《事部一》，上海书店出版社，2009，第271页。

中、闲置积灰的收藏品，私人藏书应是用而聚，聚而读，读而辞。史学家在撰写著作时，收集史料是一项长期、基础且重要的工作，就像搭建高楼需要先筑地基，没有地基，楼越高越容易倒塌，史学著述没有史料做基础，写得越多则越空洞。对藏书进行阅读学习后，能真正发为文章才算是实现了藏书的价值，正如谢肇淛所说，年少读书虽脑力发达记忆力好，但笔力尚浅，著述艰难；中年读书任意笔墨，却容易遗忘，“惟有著书一事，不惟经自己手笔可以不忘，亦且因之搜阅简编，遍及幽僻，向所忽略今尽留心，败笥蠹简皆为我用。始知藏书之有益”。[①]

“牧翁钱氏曰：‘聚书不同，有读书者之聚书，有聚书者之聚书’。”[②]钱谦益与好友李如一聚书正是为了读书，是“读书者之聚书”。“古之史家，必先网罗放失旧闻，摭经采传。”[③]在信息匮乏的时代，学者获得史料的方法单一，大规模聚集书籍并进行阅读是获得知识与收集资料的主要手段。对于钱谦益与李如一来说，聚书、读书的最终目的仍然在于学术研究，在需要查阅资料进行写作时，能从书架上随时抽取书籍，从中寻找所需资料完成著述才是不断聚集藏书的意义。绛云楼藏书万卷，古籍史料丰富，钱谦益以绛云楼藏书为基础，广集资料，纵览相关书籍后才敢下笔，如此纵使不如先贤史笔，也不至疏漏鄙薄。

李如一藏书：“搜缉圣贤遗文，其于六经、四部，聚之勤，读之力，而守之固，斯可谓强学力行。”[④]何为聚之勤、读之力、守之固？钱谦益指出：“搜阁本，访逸典，藏弆刓编蠹翰，老而食贫，指其藏书曰：‘富猗、郑矣。’故曰聚之勤。其读书也，阙必补，讹必正，同异必雠堪，病不辍业，衰不息劳。仿宋晁氏、元氏书目，自为诠次，发凡起例并如也，故曰读之力。论学以六经为渊海，以笺疏为梯航，谓朱子于《戴记》未有成书，网罗钩贯，撰《礼经缉正》,易箦时犹自幸彻简。故曰守之固。”[⑤]书籍聚散无时，钱谦益诸多著作的产生都有赖于绛云楼万卷藏书，未曾想一朝火起，经年心血付之一炬，李如一万卷藏书也于明清交际毁于战火，不存

---

① （明）谢肇淛：《五杂组》卷13《事部一》，上海书店出版社，2009，第271页。

② （清）钱曾：《读书敏求记》，吴兴赵氏松雪斋刊，雍正四年。

③ （清）钱谦益著，（清）钱曾笺注，钱仲聊标校《牧斋初学集》卷28《开国功臣事略序》，收于《中国古典文学丛书》，上海古籍出版社，1985，第844页。

④ （清）钱谦益著，（清）钱曾笺注，钱仲聊标校《牧斋有学集》卷32《李贯之先生墓志铭》，收于《中国古典文学丛书》，上海古籍出版社，1996，第1156页。

⑤ （清）钱谦益著，（清）钱曾笺注，钱仲聊标校《牧斋有学集》卷32《李贯之先生墓志铭》，收于《中国古典文学丛书》，上海古籍出版社，1996，第1156页。

于世，那为何钱谦益会盛赞李如一对藏书“守之固”？李如一的“聚、读、守”，并不是将书籍聚集起来，尘封在藏书楼中秘不示人，以期能长久保存。李如一的“守”是通过“辞”，也就是通过撰述《礼经缉正》等来实现的。藏书虽然终究会随着时间的流逝，在天灾人祸中散佚，但当其成为学者写作的养料，成为著述的一部分时，就能以另一种形式流传下来，这就是李如一的“守之固”。

三　纂辑成史：明代史学家的撰述方式

史学发展离不开史料，历史著述离不开文献。藏书的兴盛，使大量私家学者可以获得系统的文献，摆脱史料不足的羁绊，从而极大地促进了私家史学的发展，并培养了众多的民间史学家，使史学按照自身的规律发展。私人藏书带来的私家史学崛起，使史书书写在很大程度上摆脱了官方的束缚以及官方对史料的垄断，促进了官方史学和私家史学撰述活动的进一步分离，推动了私家史学的发展。明代私家史学的一个重要特点就是“纂辑成史”，从文本角度来看，明代史学著述很大程度上就是史料的重新剪裁和编纂。

书籍是史料的载体，拥有丰富的藏书也就意味着掌握了丰富的史料。明代史学家在阅读藏书时，往往会有目的性地将一些史料进行梳理、摘录以备使用，这些收集整理好的史料只需进行系统编排，就能纂辑成一本史学著作。有明一代，以原始史料纂辑而成的史书比比皆是，官方辑录的各类“史鉴书”与《永乐大典》为私家树立了榜样，史部类目“史钞”的发展也达到了鼎盛。应廷育的《金华先民传》“自正史外并参以诸家文集及家状碑记。于每《传》之下，各注明用某书……所据旧籍共四十余种，而其大概则本诸《敬乡录》《贤达传》《金华府志》三书云”。[①] 李时珍编撰药学“百科全书”《本草纲目》时“渔猎群书，搜罗百氏。……稍有得处，辄着数言……上自坟典，下及传奇，凡有相关，靡不备采”。[②] 徐光启的农业生产生活著作《农政全书》辑录两百多种书籍，对相关史料进行系统摘录，并在每段开篇书“某人曰”或“某书云”，以向读者说明辑录史

① 《四库全书总目提要》卷61《史部十七 传记类存目三》，河北人民出版社，2000，第1681页。

② （明）李时珍：《本草纲目·原序》，收于《景印文渊阁四库全书》子部第772册，台湾商务印书馆，2008，第6页。

料的来源，同时书中又有徐光启的真知灼见与研究成果。

王世贞藏书万卷，在史学方面着力于国朝史研究，其自“弱冠登朝，即好访问朝家故典与阀阅琬琰之详”，[①] 搜集诏令文书、府库文献、条例等，“晚而从故相徐公所得尽窥金匮石室之藏”。[②] 在扎实的史料基础上，王世贞几经修订成《弇山堂别集》，其中《史乘考误》十一卷，兼采国史、野史、家史，无缺漏，无添足，力求是非论断得当：“一共征论92种书籍，几乎涵盖了嘉、万以前所有重要的史书，亦有个别文集。”[③] 王世贞的其他著作如《嘉靖以来内阁首辅传》《觚不觚录》《凤洲笔记》等皆为纂辑所藏当代史料而成，《明野史汇》的成书也得益于他“时时从人间抄得之”。

翰林院修撰焦竑私人藏书万卷，又因主修《国史经籍志》而遍览中宫秘籍，收集了一般私人史学家无法接触到的国朝原始史料。于是“取累朝训录，方国纪志与家乘野史，门分类别，采而缉之”，[④] 纂辑成当代人物传记《国朝献徵录》，其内容辑自明朝开国以来之训录、海内碑铭、纪、志、状、表、传、齐谐小说、家乘野史等。黄汝亨遗憾于雷礼所撰《国朝列卿纪》未萃群流，王世贞《琬琰录》且多挂漏，而盛赞焦竑《国朝献徵录》广搜博采。

钱谦益《列朝诗集》效仿元好问《中州集》，广采众家，收录明朝约两千名诗人的诗文，并为每位诗人编写小传，后小传被单独辑成《列朝诗集小传》。钱谦益为将明代诗人网罗殆尽，“发其家藏故明一代人文之集”[⑤] 以做参考，又辗转于丁菡生、黄虞稷后人等处借得藏书，随后“搜讨朝家之史乘，州次部居，发凡起例”。[⑥] 己丑（1649）钱谦益回归故里，为完成著述笔耕不辍，废寝忘食，“尽发本朝藏书，裒辑史乘，得数百帙，选次古文，得六十余帙”。[⑦]

《武备志》作者茅元仪自少时聚集古今兵书，深谙其中真理，稍长后周游四方，讨习兵法：“究极兵家之学，其书多秘诸枕中，君自少得而私

① （明）王世贞撰，魏连科点校《弇山堂别集·小序》，中华书局，1985，第4页。

② （明）王世贞撰，魏连科点校《弇山堂别集·小序》，中华书局，1985，第4页。

③ 孙卫国：《王世贞史学研究》，人民文学出版社，2006，第125页。

④ （明）焦竑：《国朝献徵录·序》，收于《中国史学丛书》，台湾学生书局，1988，第2页。

⑤ （清）钱谦益：《列朝诗集小传》，上海古籍出版社，1983，第1页。

⑥ （清）钱谦益：《列朝诗集·序》，中华书局，2007，第1页。

⑦ （清）钱谦益著，（清）钱曾笺注，钱仲聊标校《牧斋有学集》卷17《赖古堂〈文选〉序》，上海古籍出版社，1996，第768页。

习之。比长而志在四方，蒿目时事，所至访其奇材剑客，与之讨论而肄习。”[①] 在熟读兵书以及与他人探讨中，茅元仪积累、沉淀了大量的军事知识。有感于明朝兵患迭起，战事衰颓，茅元仪“柝目一百八十有六，其为言二百万，其所采之书二千余种，而秘图写本不与焉；破先人之藏书垂万卷，而四方之搜讨传借不与焉”，[②] 执笔辑录长达二百四十卷的《武备志》，此书“古今所载兵家者言亡不有，以提其要而钩其玄，陈其道而列其器，苞而举之，亡遗蕴矣”。[③]

张国维慨叹知古史易而知今史难，古史有大量史书可供阅读参考，今史却因没有可以参考的文献而难以知晓，于是致力于实用之学的陈子龙、徐孚远、宋徵璧等人基于对国朝史事的关心，倾庋倒箧，集众人搜采之力，纵览群书，采择史料，仅约一年时间便纂辑成《明经世文编》。《明经世文编》能在一年内成书，在于非赖一人之力，其中参与辑录者多达二十四人，参与阅览讨论者多达一百四十二人。该书辑录众多章奏文书，发邺架之藏，集四方之藏书，方岳贡在他作的“序”中说该书“网罗往哲，搜抉巨文，取其关于军国，济于时用者。上自洪武迄于今皇帝改元，辑为经世一编”。[④] 徐孚远的“序”中说是书“收缉明兴以来名贤文集与其奏疏凡数百家，其为书凡千余种，取其文之关乎国事者，凡得如干卷”。[⑤]

“《明儒学案》一书，则梨洲先生所手辑也，凡明世理学诸儒，咸在焉。”[⑥] 黄宗羲所著《明儒学案》首开“学案体”，论述明朝理学思想源流与发展，撰述方式依然是纂辑成书，是书共辑录二百余位学者，搜猎颇广。又为诸位先生撰写小传，搜讨诸先生生平文集，“选录各家著述精语时，取材范围极广，是从各学者的全部著作中纂要钩元，摘录出来的”。[⑦] 虽然《明儒学案》已经采摭辑录了许多学者的资料文集，但黄宗羲仍觉不够，要继续搜访辑录，他在该书“发凡”中说：“然一人之闻见有限，尚容陆续访求。即羲所见而复失去者，如朱布衣《语录》、韩苑洛、南瑞泉、穆玄菴、范栗斋诸公文集，皆不曾采入。”[⑧] 黄宗羲的“藏书目的在于系统

---

① （明）茅元仪：《武备志》，华世出版社，1984，第 13 页。
② （明）茅元仪：《武备志》，华世出版社，1984，第 62 页。
③ （明）茅元仪：《武备志》，华世出版社，1984，第 16 页。
④ （明）陈子龙等：《明经世文编》，北京出版社，1997，第 6 页。
⑤ （明）陈子龙等：《明经世文编》，北京出版社，1997，第 37 页。
⑥ （清）贾润：《序》，载（清）黄宗羲《明儒学案》，中华书局，1986，第 12 页。
⑦ 高国抗：《中国古代史学史概要》，广东高等教育出版社，1985，第 359 页。
⑧ （清）黄宗羲：《明儒学案·发凡》，中华书局，1986，第 18 页。

收集明代资料，提倡藏书在于致用，”[①] 其《明文海》四百八十二卷，亦辑录明人文集两千余家，分二十八类，存明人著作以供后世参考。顾炎武的《天下郡国利病书》与《肇域志》也利用了多种藏书。《天下郡国利病书》的“序”中有“崇祯己卯，秋闱被摈，退而读书。感四国之多虞，耻经生之寡术，于是历览二十一史以及天下郡县志书、一代名公文集及章奏、文册之类，有得即录，共成四十余帙，一为舆地之记，一为利病之书。”[②]《肇域志》的“自序”中又有“此书自崇祯己卯起，先取《一统志》，后取各省府州县志，后取《二十一史》，参互书之，凡阅志书一千余部”。[③]可见两书之成，皆有赖于对书籍的参考辑录。

“博洽必藉记诵，记诵必藉诗书，率有富于青缃而贫于问学，勤于访辑而怠于钻研者。”[④] 明代史学家穷搜委巷聚集藏书后，还需博览群籍，深入典籍，通过阅读获取所需要知识与史料。在旁搜博采的过程中，史学家系统梳理藏书中有价值的史料，从而走向“纂辑成史”；也有史学家由博而精，发现古籍所载龃龉之处以及真伪难辨等问题，为了厘清真相转而从事史事与古籍的真伪考据。穿插于“纂辑成史”这一发展趋势中的考据学，是明代史学家有所发明的成果。

学而博且精难矣，张素感叹“郑玄博而不精，贾逵精而不博”，[⑤] 但古今书籍“其间注释之所未及，改窜之所讹谬，又一一能正之，非博而精者不能”。[⑥]而杨慎能以博洽精深著称于世，于经史子集无所不读，辨析百家，考证诸书异同，条分缕析，付诸笔端，于是有《丹铅》诸录问世。杨慎虽称博学，但不免千虑一失，《丹铅》诸录亦有不少讹误之处，引起后来者著书辩驳。王世贞评价杨慎：“工于证经而疏于解经，详于稗史而忽于正史，详于诗事而略于诗旨，求之宇宙之外而失之耳目之内。”[⑦] 陈耀文著《正杨》纠正杨慎讹误一百五十条，后起之秀胡应麟又撰《丹铅新录》考

① 李玉安、陈传艺：《中国藏书家词典》，湖北教育出版社，1989，第163页。

② （清）顾炎武：《顾炎武全集12》，上海古籍出版社，2011，第1页。

③ （清）顾炎武：《顾炎武全集6》，上海古籍出版社，2011，第22页。

④ （明）胡应麟：《少室山房笔丛》甲部《经籍会通》，上海书店出版社，2015，第46页。

⑤ （明）杨慎：《丹铅余录·提要》，收于《景印文渊阁四库全书》子部第855册，台湾商务印书馆，2008，第3页。

⑥ （明）杨慎：《丹铅余录·原序》，收于《景印文渊阁四库全书》子部第855册，台湾商务印书馆，2008，第2页。

⑦ （明）杨慎：《丹铅余录·原序》，收于《景印文渊阁四库全书》子部第855册，台湾商务印书馆，2008，第2页。

辨杨慎、陈耀文，被称为“正《正杨》”。继杨慎撰《丹铅》开有明一代博考辩证之风，陈士元著《论语类考》考证论语名物典故，王世贞撰《史乘考误》考辨国史、野史、家史，胡应麟撰《四部正讹》考证古籍真伪，正当明末史学家准备更进一步，在史学考证这片领域开疆拓土之时，改朝换代的硝烟已缓缓升起。

四　余论

雕版印刷出现前，史料文献的流传依靠刀刻手抄，成书艰难繁杂，书简布帛不便携带，购得一书不易。唐以后，印刷技术成熟，学者获取书籍相对便捷，胡应麟慨叹：“至唐末宋初，抄录一变而为印摹，卷轴一变而为书册，易成难毁，节费便藏……士生三代后，此类未为不厚幸也。”① 面对大量藏书，明代史学家广采众家，将其中繁杂的史料采摭汇编，纂辑成史书，出现了《弇山堂别集》《武备志》《明儒学案》《肇域志》等学术著作，流传千古，至今仍被学界称赞体大思精，嘉惠后学。然而，“学问之道，以各人自用得著者为真。凡倚门傍户，依样葫芦者，非流俗之事，则经生之业也，”② 身处图书“爆发式”印刷出版的明代，一些人将前人学术成就随意摘抄成书，署上自己姓名，这种“偷懒”“抄袭”的学术行为遭到了明末清初之际学者的轻视与讥讽。

清朝四库馆臣指斥明代“嘉隆之季，学者唯以模仿剽窃为事，而空疏弇陋者皆所不免”。③ 清代学者黄汝成也道：“自明体达用之学不修，俊生钜材，日事纂述，而鸿通瑰异之资，遂率堕败于词章训诂、襞绩破碎之中。”④ 顾炎武在《日知录》中多指斥明代学者改窜抄袭，学术不端，学风不正，在“改书”一节中，顾炎武说道：“万历间人，多好改窜古书。人心之邪，风气之变，自此而始。”⑤ 明人不尊重前人学术成果，因一己之私、穿凿附会而随意篡改古籍，甚至刻印出版，贻误后人，这种行为不仅

---

① （明）胡应麟：《少室山房笔丛》甲部《经籍会通》，上海人民出版社，2015，第45页。

② （清）黄宗羲：《明儒学案·发凡》，中华书局，1986，第18页。

③ （明）胡应麟：《少室山房集·提要》，收于《四库明人文集丛刊》，上海古籍出版社，1993，第1页。

④ 《黄汝成日知录集释叙》，（清）顾炎武著，陈垣校注《日知录校注》，安徽大学出版社，2007，第3页。

⑤ （清）顾炎武著，陈垣校注《日知录校注》，安徽大学出版社，2007，第1040页。

为后人讥嘲挖讽，当时有识之士也深感不满，“郎瑛《七修类稿》云：世重宋版诗文，以其字不差谬。今刻不特谬，而且遗落多矣”。[①]

顾炎武在斥责明人著书抄袭方面不遗余力，毫不留情地批评明代学者著书完全就是对前人学术成果的偷盗：“若有明一代之人，其所著书，无非窃盗而已。……吾读有明弘治以后经解之书，皆隐没古人名字，将为己说者也。”[②] 更指责道：“尝谓今人纂辑之书，正如今人之铸钱。古人采铜于山，今人则买旧钱，名之曰废铜，以充铸而已。所铸之钱既已粗恶，而又将古人传世之宝舂锉碎散，不存于后，岂不两失之乎?”[③] 古人著史“采铜于山”，挖掘原有史料，今人著史则剽窃古人著述，对古书掐头去尾、节录摘抄，这样的做法就像今人铸钱只图便宜，将古人的旧铜钱熔化后再冶炼成“新铜钱”。如此著书不仅毫无新意、毫无质量可言，还打破了古人原有的逻辑，本应流传千古的经典著作割裂不存，抄袭剽窃之书空疏鄙薄却留存于世。顾炎武作为明朝遗民，对明代学风的批评近乎刻薄，但他的“目的倒不是否定明朝，恰恰是为明朝的覆灭而感到痛心。……力图总结明代覆亡的原因，找出明代文人、文学、文化与明朝覆亡之间的内在联系”。[④]

相比以往各个朝代，明代是私人藏书与私家著史大发展的时代，在印刷术的进步与出版业的发达下，经典文献与当代著述大量涌现，实现私家著史自由的明代史学家面对丰富的史料，欣喜中又有些手忙脚乱。面对大量可供参考的文献典籍，明代史学家首先展开对史料的梳理整辑，在此基础之上，清代史学家则不必将精力放在史料整理上，他们延续明末考证之风，研究方向更为细化。相比明代史学的粗放、粗疏，清代史学明显精致、精细了许多。

刘乃和先生在《历史文献研究论丛》中说道：“搞文史工作的人都知道历史研究有这样一个程序：读书（即研究历史文献）—发现问题—再有针对性地读书（即研究分析有关问题的历史文献）—最终形成对某一历史问题的认识。”[⑤] 私人藏书与私家著史能在明代相互碰撞产生火花，其中发

---

① （清）叶德辉：《书林清话 书林余话》，岳麓书社，1997，第150页。

② （清）顾炎武著，陈垣校注《日知录校注》，安徽大学出版社，2007，第1037页。

③ （清）顾炎武著，陈垣校注《日知录校注》，安徽大学出版社，2007，第23页。

④ 参见廖可斌《关于明代文学与清代文学的关系——以诗学为中心的考察》，《文学评论》2016年第5期。

⑤ 刘乃和：《历史文献研究论丛》，广西师范大学出版社，1998，第37页。

挥关键作用的不是私人藏书，而是能将藏书运用于史学研究的学者。当私人聚集大量藏书只是以充盈书架为目的时，私人藏书不过是供人观赏和炫耀的装饰品与奢侈品而已。研究史学没有大量的史事材料作支撑，得出的结论就只是一副空壳，将私人藏书家与史学家两种身份兼容的学者，才是让私人藏书和史学著述相辅相成、相互促进的关键。明代史学家对藏书进行阅读，将从藏书中得来的知识通过著述转化为史学成果，在史学上获得的学术成就，又促使其再次进入聚书、读书、著书之中。

中国近现代史学研究

传统官史的近代异动：《清宣宗实录》对西方认知的转变*

谢贵安　喻俊虹

（武汉大学历史学院，湖北武汉 430072）

摘　要：《清宣宗实录》对西方的认知具有从传统漠视夷人到近代重视洋人之间的“过渡性”特点。此前所修的清代实录，对西方的记载用的都是“天朝上国”观念支配下的轻视外夷的传统笔法；《清宣宗实录》修成伊始，文宗即谕令实录馆纂修《筹办夷务始末》，主动记载与西洋有关的各项交涉和活动；该实录修成五年后，清廷便正式开展了轰轰烈烈的“洋务运动”。可见，《清宣宗实录》对西洋文明的认识和书写，处于二者的过渡阶段，形成了认知和书写西洋文明的特色：对西方国家形象的书写，经历了从“顺夷”到“逆夷”的转变；对西方军事实力的书写，经历了从“炮位鸟枪”到“坚船利炮”的转变。为了抵制以“西洋奇器”为代表的西方物质文明的侵蚀，《清宣宗实录》斥之为“奇技淫巧”，倡导“不贵异物”，但在抵御英军侵略时又被迫开始了师夷长技的实践，反映了“近代早期”清人应对西洋文明冲击的矛盾状态。然而，宣录的西方认知和书写，已反映清廷天朝观念开始崩落，官史面对近代的转向已依稀可见。

关键词：《清宣宗实录》　道光朝　西方认知

---

* 本文系教育部人文社会科学重点研究基地重大项目“明清史学与近代学术转型研究”（16JJD770037）、2021 年度湖北省高等学校哲学社会科学研究项目青年项目“西学东渐背景下《清宣宗实录》的历史书写”（21Q100）、2022 年度湖北省高等学校哲学社会科学研究重大项目“《清实录》湖北史料整理与研究”（22ZD001）阶段性成果。

一 《清宣宗实录》修纂时关涉西方的特殊背景

《清实录》是以记载清朝皇帝为主要内容的官修史书，负载着浓厚的传统史学色彩。然而，从道光二十年（1840）的鸦片战争开始，清朝被动迈入了近代历史。修纂于咸丰年间的《清宣宗实录》（或简称宣录），不得不面向日益逼近的西方文明，加以有选择地记载，使得作为传统史学代表的《清实录》也开始了面向近代的异动或转向。

《清宣宗实录》修纂于宣宗死后的道光三十年（1850）二月二十日，首任监修总裁便是在鸦片战争中主和的穆彰阿。职是之故，穆彰阿对道光朝发生的鸦片战争及西洋文明，有鲜明的感知和认识，在主修的实录中，会有适当的反映。宣录成书于咸丰六年（1856）十月一日，在宣录修纂过程中的1853年，湘军在镇压太平天国运动中崛起，在作战中开始应用洋枪洋炮。宣录成书时，离1861年恭亲王奕䜣奏上《通筹夷务全局酌拟章程六条》，从中央层面发起洋务运动，以及曾国藩在安庆设立内军械所，从地方发动洋务运动尚有五年。可见，宣录修纂时的特殊处境——鸦片战争后西洋逼境，"洋务运动"未兴——导致它对西方国家形象的书写，经历了从"顺夷"到"逆夷"的变化，对西方国家军事实力的认识，经历了从"炮位鸟枪"到"坚船利炮"的转变，但清廷和当时的知识人没有做好迎接西洋文明的心理准备，只是提倡"不贵异物"，让人们提高对西洋物质文明的精神抵御。但是，无论其记载内容还是修纂背景，宣录都已被迫面向西洋文明。西洋文明的强势存在，肯定会影响宣录史臣的修纂立场，影响他们对道光朝史事的选择趋向。因此，宣录无论是在内容上，还是在书写方式上，都具有应对西洋文明的明显意图，从而留下对西洋文明处理和记录的特殊痕迹。

道光朝是清朝重要的历史转折期。在国内方面，大清国运"式微"，乱象四起，国内阶级矛盾凸显。龚自珍承认道光"承乾隆六十载太平之盛，人心惯于泰侈，风俗习于游荡，京师其尤甚者。自京师始，概乎四方，大抵富户变贫户，贫户变饿者，四民之首，奔走下贱，各省大局，岌岌乎皆不可以支月日，奚暇问年岁？"[①] 他认为清朝已如"痹痨之疾，始于

---

① （清）龚自珍：《西域置行省议》，《龚自珍全集》，上海古籍出版社，1975，第106页。

痈疽;将萎之华,惨于槁木”,“起视其世,乱亦不远矣”。[①] 在国际方面,列强环伺中国,并最终由英国挑起鸦片战争,造成了“数千年未有之变局”。以道光历史为内容的《清宣宗实录》,正好反映了这种历史变局,自然也打上了近代的烙印。

记载道光皇帝及其朝政的《清宣宗实录》,是清代官方意识形态在史学文本上的集中反映。由于官方史学传统的滞后与僵化,《清宣宗实录》仍保持着与前朝一致的修史模式和价值判断,即一如既往地站在“华夷之辨”的角度去俯视“化外蛮夷”,将西洋先进的物质文明评述为“奇技淫巧”予以漠视。然而,笔者在对《清宣宗实录》进行解读时,从史官撰写的字里行间,仍然发现其有别于前朝实录的细微变化。这些书写变化虽然细小,但仍能够反映时代的变迁。《清宣宗实录》的纂修官虽然秉承传统、黾勉规避,但仍然有意或无意地将西方对清廷的巨大冲击,以及清廷对西方的心态变化载于书中,使我们得以从传统深厚的官史中发现近代的足迹。关于《清宣宗实录》的研究,目前学界有一些论著,[②] 但尚无专注于该录西方书写的成果。本文通过探究《清宣宗实录》记载西方史事的文本叙述上的特点,窥探官史《清实录》对西方世界认知的变化和近代转型的印痕。

二　从“顺夷”到“逆夷”:《清宣宗实录》对西方国家形象的认知变化

受到“华夷之辨”的深刻影响,清代官方史书笔下的西洋诸国,是从属于中国的夷狄,其国家所处的地理位置,也是偏远的化外之地。因此,道光之前的历朝实录,对西洋各国的记载甚少。即便对接触最多,国力最强的英国,之前的记载也仅限于马嘎尔尼、阿美士德使华时的交往以及其他零星的通商活动。而道光朝也是在鸦片战争后,才开始对西方各国予以重视,《清宣宗实录》对西方各国及其文明状态,也有了相应的记载,并反映出官史对西方形象认识的变化。

---

① (清)龚自珍:《乙丙之际箸议第九》,《龚自珍全集》,上海古籍出版社,1975,第7页。

② 谢贵安:《清实录研究》,上海古籍出版社,2013,第206~211页;谢贵安:《从〈翁心存日记〉看清代实录馆的修纂与运作》,《史学史研究》2012年第4期;谢贵安:《〈翁心存日记〉所见〈清宣宗实录〉版本考》,《文献》2013年第6期;舒习龙:《清宣宗实录编纂考略》,《档案学研究》2013年第1期。

第一，对英国的认识，从一无所知到一知半解。

《清宣宗实录》有关英国的记载最早出现在卷二六：

> 㖼咭唎系海外夷人，向在广东贸易。温都斯坦一带地方，并非伊国泊船口岸。今爱孜图拉执有夷字，据称系㖼咭唎头目果乃尔辗转所遣，要到西北一带买马贸易，并欲到布噶尔地方，先来给叶尔羌阿奇木伯克·迈哈默特鄂散递字，求向叶尔羌、喀什噶尔一路行走。武隆阿等令迈哈默特鄂散以己意作字驳斥，所办甚是。至所称㖼咭唎据有温都斯坦已五六十年，其旁克什密尔音底亦皆听从等语，外夷部落荒远难稽，疆围以外原可置之不问，惟叶尔羌、英吉沙尔、喀什噶尔一带卡伦，均与外夷接壤，地方紧要，总当留心稽察。①

"温都斯坦"又名"痕都斯坦"，在《钦定皇舆西域图志》中有所载录，"痕都斯坦，在拔达克山（巴达克山）西南，爱乌罕东"，② 其疆域包括今日之印度北部，阿富汗东部及巴基斯坦。道光初年，武隆阿进呈清廷的这份奏报，已向最高统治者传递了英国在南亚次大陆进行扩张的重要信息，它预示着西南陆路边疆地缘政治关系的新变化。但清政府显然对这一地处偏僻，难以管控的外夷部落不甚上心，对英国在海外扩张及据有殖民地的消息并未予以足够的关注与重视。只因此地与新疆几个沿边重镇接壤，而在谕旨中提到需对其稍加留意。这反映出清廷对域外世界的漠不关心，还没意识到这一恶化的周边形势是隐患，会对清廷造成威胁。

清政府这种对外部世界不甚了解的状态，一直持续到鸦片战争爆发。战争的节节失利，使清廷不得不主动去了解英国的情况。而审讯俘虏，便是清政府探悉敌情的重要手段。《清宣宗实录》记载了朝廷的这种转变。道光二十二年（1842）三月，奕经奏称广东送来两名熟悉外语的翻译人员，现正协助司官对俘获的夷人进行审讯。道光帝特别交代奕经，严密审讯俘虏，诘问清楚英国底细：

> 详细询以㖼咭唎国距内地水程，据称有七万余里，其至内地所经

① 《清宣宗实录》卷二六，道光元年十一月辛酉，中华书局，1986，第463页。

② （清）傅恒等：《钦定皇舆西域图志》卷四六《藩属》三，《景印文渊阁四库全书》第500册，台湾商务印书馆，1986，第876页。

过者几国？克食米尔距该国若干路程，是否有水路可通，该国向与㖿咭唎有无往来，此次何以相从至浙？其余来浙之嗑咖唎、大小吕宋、双英国①夷众系带兵头目私相号召，抑由该国王招之使来？是否被其裹胁，抑或许以重利？该女主年甫二十二岁，何以推为一国之主？有无匹配？其夫何名，何处人，在该国现居何职？又所称钦差、提督各名号，是否系女主所授？抑系该头目人等私立名色？至逆夷在浙鸱张，所有一切调度伪兵及占据郡县、搜括民财，系何人主持其事？义律现已回国，果否确实？……该国制造鸦片烟卖与中国，其意但欲图财，抑或另有诡谋？②

从宣录上述记载中可以明晰三点。其一，即便与英国开战已将及两年，清廷对英国的了解依旧十分有限，对英国的地理位置、来华航海线路、政治制度等具体情况毫无闻见。其二，清廷对英国与其他国家的交往情况、英国在南亚次大陆的殖民情况及世界地理概况一无所知。面对与英国一同鼓浪而来的孟加拉、奥地利、西班牙等国，道光帝感到大为困惑，不明白不同国家、不同肤色的人为何跟随英国来华参与战争。对英国来华沿途所经过的地区也茫然无知，对世界地理的大致情况缺乏认知。其三，战争后期，清政府越来越重视对夷情的打探，对于英国同各国的关系、英国在国际上的地位、驻华英军的人事调度情况以及英国倾销鸦片之真实意图都急于了解，不再持不屑关注的漠视态度。

经过奕经对俘虏的审讯，清廷对英国的地理状况、殖民情况、政治制度等有了浅显的了解。但早在嘉庆朝，便已有对西洋诸国情况进行介绍的民间著述。成书于嘉庆十一年（1806）的《海岛逸志》，除了记载南洋之山川、地理、民族、物产、交通、风俗等情状，还对荷兰的政教、礼俗、贸易、医学及英国的地理状况等进行简单的介绍。成书于嘉庆二十五年（1820）的《海录》，对西洋各国之风土民情、气候特征及商业贸易、航海、军事等的发展状况更是有详尽的载述，如英国在法国的西南对海，"由散爹哩向北少西行"，途径西班牙、葡萄牙、法国等境，约计两个月可以抵达，其"人民稀少而多豪富"，但多急功近利，以海外贸易为生，凡

① 双英国又称双鹰国，即奥地利。《清史稿》志一百三十五载："奥斯马加即奥地利亚，久互市广东，粤人以其旗识之，称双鹰国。"

② 《清宣宗实录》卷三六九，道光二十二年三月庚午，中华书局，1986，第646~647页。

年满十五岁，皆须“供役于王，六十以上始止”，又养外国人为杂役差使，因此其国虽小，但兵力雄厚，“海外诸国多惧之”。① 1839 年，林则徐于广东查禁鸦片时，将《海录》一书推荐给了道光帝，称该书“所载外国事颇为精审”。② 而道光帝于鸦片战争爆发两年后，依旧对英国的情况存在诸多疑问，需要通过审讯俘虏获得具体情报，可见并未对该书留有印象。这也使得宣录对西方的认知与书写相对滞后与片面。

第二，对英国的民族形象的认识发生从“外夷”到“逆夷”的转变。

宣录对英国的形象，开始只是认为“𠸄咭唎系海外夷人”，将之视为外夷。但英国作为西方国力最强者，不断骚扰中国沿海地区，给清政府造成了极大的困扰，因此《清宣宗实录》在描写英人特征时，常用“诡”“狡”等词，体现其诡诈狡狯、反复无常的特征。此外，还常用“桀骜”一词来刻画英人化外愚蠢、桀骜难驯的形象。据统计，宣录在形容英人时，“桀骜”一词出现了 36 次，且鸦片战争爆发后，该词使用更加频繁。鸦片战争爆发后，随着英国在军事上的步步紧逼，清政府束手无策，愈形窘迫，《清宣宗实录》对英人“桀骜”的刻画跃然纸上。面对英国提出的五口通商等要求，清廷极为愤慨，怒斥英人“要求过甚，情形桀骜”，不可理喻，多次强调“夷情益形桀骜，且所愿甚奢，其势不得不大加征剿”。③

第三，对其他西方国家形象的认知发生从恭顺奉法到贪诈犯顺的转变。

宣录对于其他西方国家形象的认知，发生了从恭顺奉法到贪诈犯顺的转变。在《清宣宗实录》的记载中，道光二十年之前，除英吉利及在中国北部边界活跃的俄罗斯④外，所出现的具体西洋国名唯有“佛兰西”，而且只出现了两次，其余皆以“西洋”“各国”等泛称。道光八年（1828）六月二十四日，十四名法兰西商人在广东老万山洋面被所雇募的“绿头船舵工水手，谋财杀毙多命”。⑤ 事关重大，“殊有关于国体”，才被官方载于宣录。在与桀骜的英国比较后，宣录认为西方其他各国实为恭顺奉法：

---

① （清）谢清高：《海录》，岳麓书社，2016，第 50 页。

② （清）林则徐：《林则徐·奏稿》中册，中华书局，1956，第 680 页。

③ 《清宣宗实录》卷三四二，道光二十年十二月庚午，中华书局，1986，第 214 页。

④ 据《清宣宗实录》卷四五八，道光二十八年八月辛酉条记载，俄罗斯“向在北路陆地通商，不比西洋各国航海贸易”，因而在此不做赘述。

⑤ 《清宣宗实录》卷一四三，道光八年九月癸亥，中华书局，1986，第 198 页。

(道光十四年十月)各国夷人恭顺奉法,惟𠸄咭唎夷情狡悍。[①]

(道光十九年十二月)谕军机大臣等:"该夷(指英国)反覆无常,早已洞见,现当严禁鸦片,岂容该奸夷阳奉阴违,希图影射。着林则徐仍遵前旨,凡系𠸄咭唎夷船,一概驱逐出境,不准逗留。惟各国恭顺,照常通商,难保该夷不潜行偷漏,混入他国,私带烟土,妄冀销售……"[②]

在"反覆无常""阳奉阴违""狡悍"的英人衬托下,其他各国在宣录记载的清朝统治者眼中,皆显得恭顺奉法,是能遵奉清朝法度,在天朝制度下与清政府进行有序贸易往来的"顺夷"。

但这种观念,在鸦片战争后发生了极大转变。一方面,英吉利用坚船利炮轰开中国大门,随着清军在军事上的节节失利,清政府逐步意识到自身的不敌与不足,对外来的一切威胁产生了担忧。另一方面,见英吉利通过入侵获得经济贸易上的红利,西方各国纷纷蠢动,挑起事端,清政府在武力威胁下,被迫同西方各国签下了一系列不平等条约,使清政府进一步认识到"夷情之诡谲""夷性之贪诈"。此时的西方各国,在宣录的书写中,显然已不再是恭顺守法之"顺夷"了。

宣录在道光二十二年(1842)三月三日记载,奕山等上奏言"佛兰西国王因闻𠸄逆犯顺,遣令兵头来粤解散",道光帝对此事持怀疑态度,认为"夷情诡谲,所称善为解散,恐难凭信",但同时,宣宗还是令奕山等晓谕该夷,"惟该国向通贸易,素称恭顺,现既来粤递禀",如果法国能继续为天朝效力,大清自必会令之照常贸易。[③] 可以看出,宣宗此时对法国持一种极为矛盾的态度:一方面,承袭以往之印象,认为该国素来恭顺,试图通过怀柔之法来归附其心;另一方面,面对西方强大的武力冲击,道光帝对西方外夷皆起了防范之心,认为它们和英国一样,皆"诡谲""贪诈",需严密防范。

道光二十九年(1849)五月初九日,《清宣宗实录》记载,道光帝在廷寄军机大臣的谕旨中称:"澳门税口,前因大西洋夷酋无知扰乱,业经该督等商令基溥、柏贵传到众商,谕知利害,该商等情愿另立码头,议定

① 《清宣宗实录》卷二五九,道光十四年十月丙辰,中华书局,1986,第950页。

② 《清宣宗实录》卷三二九,道光十九年十二月甲子,中华书局,1986,第1154~1155页。

③ 《清宣宗实录》卷三六九,道光二十二年三月壬子,中华书局,1986,第634页。

规条，互相稽查，众口同声，断不敢稍亏税课……而夷性贪诈，难保不狼狈为奸，时生枝节……该督等仍当选派妥员，随时前往访察，一有蠢动，务即相机开导，加意防维。”① 大西洋国即葡萄牙，在清廷眼中，葡萄牙安分营生，素称恭顺，因此对其待遇也最优。但因英人“连年骄纵”，葡萄牙“亦思乘势效尤”，要求裁撤澳门关口，“并欲在省城添设领事官，一如𠸄夷所为”，被两广总督徐广缙拒绝后，竟率兵数十人钉闭关门。② 在这之后，被葡萄牙女王任命为“澳门总督”的哑吗嘞（亚马留）还赶赴香港借兵船助守炮台。这一系列行为，无疑使清政府对葡萄牙的印象产生变化。鸦片战争后，各国纷纷效仿英国，对清政府进行军事威胁，以期与英国同等获利。这一过程，无疑重塑了清政府对各国的认识，并产生“夷性贪诈，难保不狼狈为奸，时生枝节”的担忧。

《清宣宗实录》对英国国情的记载逐渐增多，体现了自信的古老帝国开始对海外强敌予以重视的客观事实。虽然夷夏的传统观念令中国对化外之国比较漠视，但面对强大英国的巨大冲击，却不得不正视其存在。《清宣宗实录》对西方国家从“顺夷”到“逆夷”的描绘，体现了宣宗朝对西方国家认知的转变，表明清政府逐渐认识西方列强的贪婪本质。与此同时，清政府逐步清楚西方物质文明的发达与国力的强大。

三　从“炮位鸟枪”到“坚船利炮”：宣录对西方军事实力认知的转变

西方列强之入侵中国，有赖于其“坚船利炮”。在认识到西方列强“贪诈”“逆夷”本质的同时，《清宣宗实录》也认识到西方列强军事实力的强悍，并加以有意识的书写。

宣录对西方列强军事实力的认识和记载，经历了一个从“炮位鸟枪”到“坚船利炮”的过程。这个过程又分为三个阶段。

第一个阶段，对西方的军事实力较为漠视，以“鸟枪”“炮位”加以描写，虽然也承认西洋炮火的特长，但强调“除炮火以外，一无长技”。

《清宣宗实录》在记载“番妇入城”事件时，对西洋军事装备轻描淡写。道光十年（1830），英人盼师携“番妇”进城居住，还乘坐绿呢小轿

① 《清宣宗实录》卷四六八，道光二十九年五月乙巳，中华书局，1986，第891页。

② 《筹办夷务始末》道光朝，卷八十，中华书局，1964，第3199页。

入商馆，违背了清政府“不准番妇入城”及“禁止洋商坐轿”的旧例。盼师听信讹言，疑心清廷会派兵对其进行围逐，而“通信黄埔湾泊各夷船”，“令水手百余人，乘夜将炮位数座及鸟枪等件收藏舱内，偷运省城夷馆”。经清朝官员庆保等“密饬文武员弁留心防范弹压”后，“该夷商……业将鸟枪搬去，水手散回，其炮位尚藏放夷馆门内”，但请求“稍宽时日”。[①]此事在《清宣宗实录》的卷一八二、一八五、一八六、一九一中皆有记载。道光十年十二月丁未条，载录了两广总督李鸿宾对此事后续情况进行说明的覆奏：“暎咭唎大班盼师颇知悔惧，已运铜炮回船，番妇亦回澳门。”[②] 表明当时清廷对英国的军事力量并不惧怕。道光十一年（1831）三月戊辰，宣宗重提道光十年盼师带番妇住馆、偷运枪炮至省城之事，传谕李鸿宾“于抚驭绥来之中不失天朝体制”。[③]

《清宣宗实录》关于英国大班盼师一事的系列记载，反映出清政府对夷商携带进城的鸟枪、炮位并未过多关注，而是更在意盼师行为本身的违例性质。此时，清政府面对来自西方的挑战，采取的是驭夷的策略，即通过软硬兼施的方法来羁縻夷人，以达到彰显天朝上国风范的目的。《清宣宗实录》的此种记载亦是在突出清政府刚柔并用、怀柔夷人的交往手段与态度，这在道光十四年（1834）所发生的律劳卑事件中亦有体现。

在《清宣宗实录》卷二五五的记载中，道光十四年六月，英国商务监督律劳卑以平行款式致书两广总督卢坤。此事令两广总督极为恼怒，向道光帝请求将英国之贸易暂行停止，量加惩抑。[④] 道光帝的处理方式依旧是恩威并施的传统策略，认为英国人素来凶狠狡诈、野蛮无知，若该英人头目早知改悔，以恭顺的态度按照惯例请求通商贸易，就准奏请开舱，否则“不能不示以兵威”。在清政府的眼中，英国“除炮火以外，一无长技”，只要封锁其贸易，就会知敬惧。[⑤]

但八月初五日，律劳卑率两艘军舰突进海口，驶入内河，径行越过虎门、横档、大虎等处炮台，初九日，在距离广州六十里的黄埔河面停泊。道光帝震怒，同时认识到清军武备废弛，“看来各炮台俱系虚设，两只夷

① 《清宣宗实录》卷一七八，道光十年十月戊申，中华书局，1986，第789~790页。
② 《清宣宗实录》卷一八二，道光十年十二月丁未，中华书局，1986，第875页。
③ 《清宣宗实录》卷一八六，道光十一年三月戊辰，中华书局，1986，第944页。
④ 《清宣宗实录》卷二五五，道光十四年八月庚申，中华书局，1986，第897页。
⑤ 《清宣宗实录》卷二五五，道光十四年八月庚申，中华书局，1986，第897页。

船，不能击退，可笑可恨，武备废弛，一至如是，无怪外夷轻视也”。① 但因律劳卑所能调遣的军舰有限，再加上卢坤集结六十八艘战船进行封锁，最终此事以律劳卑失去本国商人支持，被迫低头认错，退出虎门而告结。此次军事上的胜利被广东官员夸大，他们称英国军舰在天朝强大武力震慑下而腹背受敌，进退维谷，最终不得不乞恩悔过：“该夷兵船人等见水面木排横亘，枪炮如林，大小师船排列数里，陆路亦处处驻兵扎营，声势联络，军威严整。该夷目等伏处舟中，内外消息不通，进出无路，惶恐悔罪，恳求给牌下澳。”②

《清宣宗实录》对应对外夷冲突事件的选择性记载，体现了官方史书粉饰太平以烘托天朝上国威严的叙述传统。同时，这也显示出清廷并未意识到英国所具有的真实军事威慑能力以及这种能力可能造成的严重后果。两艘英国军舰闯入虎门炮台，在清政府眼中，只不过是自己武备废弛，殊非英国军事力量强大。地方官员的粉饰与夸大以及统治者的盲目自大，使得清廷一直处于蒙蔽状态之中，直至鸦片战争爆发，才直观感受到英国军事力量的威胁。

第二个阶段，在鸦片战争中，感受到西方坚船利炮的严重威胁，但由于情感因素，拒绝承认英国军事技术水平的高超和军事力量的强大。

宣录记载，道光二十年（1840）六月，英船频于定海滋事，并于二十六日攻破定海县城。此时的清政府才见识了英国军事科技方面的具体优势，对其坚船利炮有了实质性的认识。《清宣宗实录》多处记载了英国坚船利炮的优势，并且意识到我方海战的不利。如卷三三六记载的“噗夷沿海滋扰，所恃船身坚大、枪炮便利，我兵水战，骤难制胜”。③ 又如卷三三七载“该夷船身坚大，枪炮便利，若在海洋接战，骤难制胜”“此次噗夷沿海游奕，倚恃船坚炮利，厦门虽获有胜仗，仍须持重谨慎，着邓廷桢统率将弁，认真巡防，遇有夷船驶至，不值在海洋接仗”。④ 即便英船潜入奉天洋面，在八岔沟外洋游奕，道光帝依旧言“该夷之所长在船炮”“断不准在海洋与之接仗”。⑤

尽管对英军的船炮及水面作战优势有了一定程度的感性认识与基本了解，但《清宣宗实录》的记载反映清廷对英国军事技术的认识存在种种误

① 《清宣宗实录》卷二五六，道光十四年九月乙丑，中华书局，1986，第901~902页。
② 《清宣宗实录》卷二五六，道光十四年九月癸酉，中华书局，1986，第907页。
③ 《清宣宗实录》卷三三六，道光二十年七月癸巳，中华书局，1986，第101页。
④ 《清宣宗实录》卷三三七，道光二十年七月丙辰，中华书局，1986，第126页。
⑤ 《清宣宗实录》卷三三八，道光二十年八月辛酉，中华书局，1986，第132页。

区。首先，对英国船炮的认识模糊，过于低估。清朝的许多官员认为外夷船只吃水深，不惧怕风浪但怕触礁搁浅。而我国沿海各城城外皆有数十里长的浅滩，炮船难以靠近。如果敌人改换小船进攻，最多只能装载二三十人，且不敢远离主战船作战，敌人一登岸，我军便可一股歼拿。同时认为英军数千斤大炮只适合在外洋施放，“不能施于近岸之内洋。内洋施放，亦止一二千斤及数百斤之炮，较官炮略远一二里，然亦止及数里以内，实无远及十余里之事，滩距岸远，船不能近，炮即不能及”。[①] 其次，对于英军陆路作战能力，过于低估。清廷认识到英国海军力量强大，却未改变英人不善陆战的传统观念，《清宣宗实录》多次提到清军在陆战中将会取得优势，如“我兵水战骤难制胜，不若诱之登陆，可期聚而歼旃”,[②] “至舍舟登陆，则一无所能，正不妨偃旗息鼓，诱之登岸，督率弁兵，奋击痛剿，使聚而歼旃，乃为上策”,[③] “该夷所恃全在船坚炮利，一经登陆，其技立穷，该大臣总当镇静持重，不可在海洋与之接仗，如敢登岸，即行痛剿”,[④] 无不展现清廷对英军陆战能力的轻视与误判。这也为清军同英军陆路作战的败退埋下伏笔。

第三个阶段，对西方的军事力量有了更为深刻具体的认识，理性在与情感的纠结中占了上风，开始出现“师夷长技”的倾向。

随着战争的推进，在节节败退中，清政府对英国的军事科技力量及作战能力有了更为直观的了解。在一次次实战中，清廷意识到英国战船上的火炮“不必登岸，已能及我”;[⑤] 对于清军的陆路作战能力也不再盲目自信，“逆𠹭如果登岸，断非徒手，其所持各种火器，纷纷轰击，我之马队，手无利器，何以抵御”;[⑥] 看待与英作战的前景也不再乐观，“查勘各情形，地势则无要可扼，军械则无利可恃，兵力不固，民情不坚，若与交锋，实无把握，不如暂示羁縻于目前，仍备剿捕于后日”。[⑦]

在认识到西方武器装备的先进性后，清政府开始重视对军队的整顿及对武器装备的查漏补缺。在《清宣宗实录》中，涉及铸造及修筑炮、炮

① 《清宣宗实录》卷三四七，道光二十一年二月甲申，中华书局，1986，第 290 页。
② 《清宣宗实录》卷三三六，道光二十年七月癸巳，中华书局，1986，第 101 页。
③ 《清宣宗实录》卷三三八，道光二十年八月辛酉，中华书局，1986，第 129 页。
④ 《清宣宗实录》卷三三八，道光二十年八月丁卯，中华书局，1986，第 132 页。
⑤ 《清宣宗实录》卷三四九，道光二十一年三月癸卯，中华书局，1986，第 309 页。
⑥ 《清宣宗实录》卷三六八，道光二十二年二月辛丑，中华书局，1986，第 622 页。
⑦ 《清宣宗实录》卷三四五，道光二十一年正月辛亥，中华书局，1986，第 258 页。

位、炮台的记载有400余处。如卷三五四记载，靖逆将军奕山奏报从水中起获可用炮位五十尊，其中有西洋炮九尊，道光帝立即下令于各炮台将所获之炮配搭安置，其余不敷炮位，即令人迅速铸造。又如卷三七五记载，应多设炮位以御敌："因思逆夷所恃，惟有船坚炮利，设我沿海各省，亦有大小战船，可以多安炮位，一闻夷警，各处应援。"①

除了武器装备上的查漏补缺，清政府还开始重视对西方船炮等军事装备技术的引进与置备。道光二十一年（1841）十月甲辰，道光帝听闻英国"所用火炮内暗藏火箭，大者每枝价银十二两，小者每枝价银六两"，下旨令在浙江主持战事的前线官员"设法取得数枝"，遇便送京研究。② 道光二十二年（1842）九月庚午，奕山认识到清廷所造的兵船只能在内河巡逻缉捕，在对外接仗上则不堪一击，难以御敌，在籍郎中潘仕成出资仿西洋战舰而造的兵船却极为坚实，因此上奏请求仿英国中等兵船之式样制造战船，"并将年分例修师船暂停"，以节省经费来改造军用战舰。③ 道光二十二年（1842）十月甲午，道光帝听闻洋商伍敦元购入美国兵船一只，潘绍光购入吕宋夷船一只，又绅士潘仕成仿西洋船只式样，造成战船一只，这些从西洋引进、购入、仿造的战船，经试验过后，皆驾驶灵便，足资御敌，因而下令晓谕各绅商多方购造，以为御敌之用。这些均反映出清政府在西方坚船利炮的威逼下，不得不对西方军事技术有所关注并加以研究。清廷这一倾向，对魏源在1842年撰成的《海国图志》中提出"师夷长技以制夷"④ 产生了影响。

道光一朝，与西方各国的冲突日渐增多，在一次次军事接仗与沿海摩擦中，清廷日益认识到西方坚船利炮的巨大威力。尽管清政府始终不愿正视中西军事力量的差距，但《清宣宗实录》的诸多记载，已反映出统治阶层对西方军事实力日渐深刻的认识，以及官史面对西方文明的观念转变。

四 "不贵异物"的提倡：宣录对西方物质文明抵御的精神药方

《清宣宗实录》对西洋物质文明的认识，不仅限于横行于中国沿海的

① 《清宣宗实录》卷七五，道光二十二年六月丁酉，中华书局，1986，第769页。
② 《清宣宗实录》卷三六〇，道光二十一年十月甲辰，中华书局，1986，第504页。
③ 《清宣宗实录》卷三八一，道光二十二年九月庚午，中华书局，1986，第873页。
④ 魏源：《海国图志·原叙》，岳麓书社，1998，第1页。

“坚船利炮”，而且包括进入中国市场的“西洋奇器”，对此宣录忠实地记载了清廷的应对之策，将西器视为奇技淫巧，并通过提倡“不贵异物”进行精神抵制。

《清宣宗实录》所记录的道光朝，自鸣钟表、玻璃器皿、西洋纺织品等西方商品已在中国广泛传播。清政府却仍以高高在上的姿态，将这些西洋物品视作“奇技淫巧”，予以漠视与贬低，甚至产生警觉与担忧，试图通过节俭风尚的宣传来抑制大众对新奇西方物品的追求。

一方面，《清宣宗实录》秉承根深蒂固的“天朝无所不有”观念，有意忽略、刻意贬低西方物质文明，对西洋生活用品和精美奇器只有零星记载。

以西洋钟表为例，清初，自鸣钟表的贸易活动在广州便已常规性展开，《清宫粤港澳商贸档案全集》向我们展示了广东沿海地区自鸣钟表贸易的盛况。《清宫内务府奏销档》不但详细记载了沿海官员进献给皇帝的精美钟表，还记录了清宫造办处对西洋钟表的大规模仿制。通过这些珍贵的第一手史料，我们能了解到，直至道光朝，西洋钟表及内务府制造的仿品已经广泛地陈列在紫禁城、圆明园、颐和园等皇家宫廷和园林中。但在整部《清实录》中，“自鸣钟表”只出现了六次。鸦片战争后，道光朝将广州一口通商变为五口通商，但自鸣钟并未因贸易的开放而得到更多关注，“自鸣钟”一词在《清宣宗实录》中仅出现四次。又检索“钟表”一词，《清实录》中亦只出现二十例，《清宣宗实录》仅载录一次，据《清宣宗实录》卷三三二记载：“现在暎咭唎国贸易业经降旨停止，所有粤海关每年例进贡物三次，呢羽、钟表等件如有不能齐全之处，着该监督即行据实具奏，不必多方购求。将此传谕知之。”[①] 此条材料以“天朝上国”之姿，将钟表作为英国朝贡的“贡品”予以记载。再检索“洋表”一词，《清实录》中共出现七次，《清宣宗实录》仅出现两次。一次是在朝贡贸易体系下记录属国廓尔喀进贡“洋镜、洋表……等件共七箱”。[②] 另一次则是为了谴责内监的偷盗行为，指出“圆明园出入贤良门外，向有太监携卖洋表等物与大小各官”，“私带货物售给内外各官，殊与体制不合”，要求予以严查。从《清宣宗实录》对钟表的记载来看，无论是记载视角还是记载频次，都与《清实录》的记叙传统一脉相承，却与道光时期，特别是鸦片

① 《清宣宗实录》卷三三二，道光二十年三月丁酉，中华书局，1986，第33页。

② 《清宣宗实录》卷三〇〇，道光十七年八月甲戌，中华书局，1986，第674页。

战争以后中西交往频仍、中外贸易激增的时代特征不相符合。

此外，清宫档案材料中大量出现的西洋工艺品、玻璃制品及西洋纺织品，在《清宣宗实录》中都罕有提及，即使偶有所及，也多从“属国贡物”的朝贡贸易视角，或是赏赐臣子的“嘉奖之物”角度来体现“天朝上国”的“无上君威”。如《清宣宗实录》卷四九记载，宣宗谕军机大臣等：

> 上年据文干等奏“廓尔喀王为其祖母恳求施恩”，当经降旨，朕自必酌加恩赉，俟该国噶箕等来京后回国，交令带回。今该国贡使噶箕等于本月初六日自京起程回国，朕赏该国王祖母……洋金缎二匹……玻璃器二件……即交该贡使噶箕等赍回本国，交该国王祗领。文干等仍于该贡使抵藏时，传谕该廓尔喀王知悉可也。将此谕令知之。①

提到道光应“廓尔喀王”的请求，赐给国王祖母洋金缎、玻璃器等物。“廓尔喀”位于尼泊尔中部地区，于1788年和1791年两次入侵西藏。乾隆时期，名臣福康安兵临廓尔喀首都阳布城（加德满都）下，廓尔喀国王乞和，表示愿意归顺清朝，与清朝从此建立了稳定的朝贡关系。正是因为这样的“从属关系”，《清宣宗实录》才记载了道光帝对廓尔喀王的赏赐之物。同样，《清宣宗实录》亦对廓尔喀所进献贡物中的西洋物品予以载录。如上节已述，道光十七年（1837）廓尔喀除进献“洋表”之外，还进献了洋镜等玻璃制品。宣录特意指出，“洋镜”乃廓尔喀国王之妻所赠，并将道光皇帝的谕旨大段载录：

> 尔国王之妻向无呈进贡物之例，业经代为奏明。大皇帝以尔国王恭顺可嘉，格外体恤，年例贡物，照旧赏收，是尔国王向化悃诚，已蒙洞鉴。所有另行呈进及尔国王之妻呈进各件，仍交尔等带回，嗣后尔国王务当仰体大皇帝爱惜尔国民力之意，毋再额外贡献，以符定制。②

对廓尔喀国王“恭顺”行为表示赞赏，但其妻进贡不符定例，故将贡

① 《清宣宗实录》卷四九，道光三年二月辛丑，中华书局，1986，第865页。

② 《清宣宗实录》卷三〇〇，道光十七年八月甲戌，中华书局，1986，第674~675页。

品退回。而在一年之后的道光十八年（1838），宣宗又主动提及此事：

> 惟上年八月二十九日曾有谕旨，令该大臣等将该国王例外呈进之铜炮、洋镜等件妥为存贮，俟该噶箕等回国时，仍令将原物带回，并告以天朝制度，嗣后毋再额外贡献，以符定制等情。该大臣等早经接奉此旨，自应遵照办理，何以此次折内并无一字提及。究竟此项额外贡物，曾否遵照前旨交该贡使等带回，着即明白回奏。将此谕令知之。①

据此可知，《清宣宗实录》对西洋精美物件的记载，并不是为了展现宣宗对先进物质文明的关注与欣赏，更多的是从朝贡角度展现大国威严。除了“赏赐”外夷，《清宣宗实录》亦记载了皇帝赏赐大臣西器。据载，道光二年（1822）四月，宣宗对屡获军功的大臣长龄予以嘉赏，其奖励的物品中便有“洋瓷翎管十个”。② 此外，《清宣宗实录》在记载司法案件时，也会提到西洋物品，如卷三五九记载审讯洋犯时，便提到“千里镜”，但仅限于此。

以上种种，我们能够明显感到《清宣宗实录》在书写西方精美生活物品和工艺品时，习惯性地俯视，不愿正视工业革命带来的精巧物什，反而予以贬低。

另一方面，《清宣宗实录》面对来势汹汹的西方商品冲击，又通过对清政府危机意识的记载及对“朴实”“勤俭”“不贵异物”的提倡，来抑制大众对西方奇器的欲求。

道光以来，西方商品贸易所造成的冲击更加激烈：

> 向来粤洋与内地通市，只准以货易货，例禁綦严。其土产在则例者如钟表，藉验时刻；呢羽可修衣裘，虽非必需，尚堪济用。讵近日所通货物违例特多，作为奇淫，导民奢丽，日甚一日，罔所底止。臣闻夷商每岁必务新奇可喜之物，藉相炫惑，如多宝筒、自鸣雀、风枪，不可枚举。在彼专恃人工，不甚费值，一入内地，纨绔子弟争相

① 《清宣宗实录》卷三一三，道光十八年八月乙亥，中华书局，1986，第871~872页。

② 《清宣宗实录》卷三四，道光二年四月辛酉，中华书局，1986，第606页。

购致，其利何啻数十百倍。①

西方商品越来越多地流入内地，传统崇俭之风受到冲击，富家子弟争相购买“新奇可喜”的西方商品，以为争奇炫惑。在琳琅满目的西方商品冲击下，统治阶层早已意识到天朝并非无所不有，难以欺瞒群众。为此，《清宣宗实录》通过宣扬古朴崇俭之风尚，来抵御西方商品之诱惑：

> 我大清龙兴东土，首重朴实，列圣丕承，凡心法治法，无非以勤俭训后。诚以世变风移，敝化放心，有不期然而然之势。苟非操之固、审之精，朴素自甘，慎终如始，难与言俭也。至于饮食勿尚珍异，冠裳勿求华美，耳目勿为物欲所诱，居处勿为淫巧所惑，此犹俭德之小者，不作无益害有益，不贵异物贱用物，一丝一粟，皆出于民脂民膏，思及此，又岂容逞欲妄为哉！②

这种塑造崇俭实用之风的精神抵御法，恰恰反映了面对汹涌而来的奇技炫目的西方物品，传统天朝观所受到的剧烈冲击。

至五口通商后，西方商品贸易日益成为沿海通商地区百姓赖以为生的手段之一，《清宣宗实录》对此有明确的记载：“夷人通商虽有五口，广东实为第一马头，断不能舍此地百姓，别图交易，而广东生意之所以甲于天下者，亦赖洋货流通，是民与夷实相辅而行。”③ 这里已经不再是《清高宗实录》所记载的“天朝物产丰盈，无所不有，原不借外夷货物以通有无”，④ 表明此时清廷已对西洋物质文明有了更深刻的认识。

五 结语

《清宣宗实录》体现了清朝官方意识形态，大体上反映了清廷对近代早期西方形象的认识过程；同时，作为一部史书，其史臣通过史料的选择和文字的表述，可以表达自己对道光朝历史的独到观察和认识。因此，对《清宣宗实录》关于西方形象的认识和书写，就具有史学研究的意义。《清

① 北平故宫博物院编《清代外交史料》，道光朝，第三辑，1932，第 5 页。
② 《清宣宗实录》卷一八〇，道光十一年五月己卯，中华书局，1986，第 997 页。
③ 《清宣宗实录》卷四六七，道光二十九年闰四月壬辰，中华书局，1986，第 886 页。
④ 《清高宗实录》卷一四三十五，乾隆五十八年八月己卯，中华书局，1985，第 185 页。

宣宗实录》对西方的认知具有从漠视到重视的“过渡性”特点。宣录修成时，文宗即谕令实录馆：“上谕、廷寄，以及中外臣工之折奏，下至华夷往来之照会、书札，凡有涉于夷务而未尽载入实录者，编年纪月，按日详载，期于无冗无遗。”① 明确指示将夷务另纂成《筹办夷务始末》一书，主动、专门地记载与西洋有关的各项交涉和活动。宣录修成五年后，清廷便正式开展了轰轰烈烈的“洋务运动”。可见，《清宣宗实录》对西洋文明的认识和书写，前面是“天朝上国”观念支配下的轻视外夷的传统笔法，后面则是因大规模学习西方物质文明所引起的对“洋务运动”的大书特书，而宣录显然处于这种急剧过渡的中间地带，于是形成了认知和书写西洋文明的特色：对西方国家形象的书写，经历了从“顺夷”到“逆夷”的转变，对西方军事实力的书写，经历了从“炮位鸟枪”到“坚船利炮”的转变；为了抵制西方物质文明的侵蚀，宣录视之为“奇技淫巧”，倡导“不贵异物”，但在抵御英军侵略时又被迫开始了师夷长技的实践，反映了近代早期清廷应对西洋文明冲击的矛盾状态。尽管清廷始终不愿正视中西双方的巨大差距，但《清宣宗实录》中所展现的对西方的认识，已反映出天朝观念的式微，传统史学面对近代的转向已隐约可见。

① 《进书表》，载道光朝《筹办夷务始末》，中华书局，1964，第1页。

张尔田的史学思想及其在近代学术史“失语”现象之反思

赵　锋

（北京师范大学历史学院，北京　100032；
国家博物馆藏品征集与鉴定部，北京　100006）

摘　要： 张尔田是晚清民国学术史上一位重要的学者，于佛、诗、词、经、史、子等诸多领域都取得了较为卓著的成就，尤其在史学研究方面，继浙东史学的治学传统，走“会通”“融贯”的研究路线，对中国传统史学做了系统的梳理和阐发。清末民初之际，张尔田在当时有影响力的学术刊物上发表了一系列文章，阐述了他在史学理论方面的思想和观点，并基于他对传统文化的理解和热爱，对当时流行的“新史学”的诸多理论和方法提出了严厉的批评，这也成为他被逐渐“边缘化”而淡出学术史的重要原因之一。重新梳理和解读张尔田关于史学研究的有关论述，反思其在近代学术史上“失语”的原因，将有助于我们透过西方学术语境的遮蔽，从传统史学发展的内在理路去理解传统史学的问题，恢复以张尔田为代表的老辈学人在近代“学术地图”上应有的一席之地。

关键词： 张尔田　史学思想　新史学　“失语”现象

张尔田（1874~1945），字孟劬，号遁庵、遁庵居士，又号许村樵人，杭县（今浙江杭州）人，近代历史学家、词人。张尔田一生著述颇丰，于清史、蒙元史和史学理论等方面，皆有贡献，尤其是其1911年出版的史学理论著作《史微》，求证于群经诸子，继承并发扬章学诚的“六经皆史”

理论，提出“六艺皆史”“六艺由史而经”的观点，以弥合经学今、古文的争端，同时对先秦两汉学术流衍、孔子思想等多个方面做出新的解释，是一部重要的古代学术思想的通论性著作，时人以之与刘知幾《史通》、章学诚《文史通义》相媲美，谓“能得微言大义之传，近世所罕观也”。[①] 此外，针对当时学界科学方法、疑古思潮等“新史学”理论和方法盛行的现象，张尔田本着对中国传统文化的执着追求及保存文化的信念，坚持沿着传统史学的治学路径，在当时的学术刊物上发表了大量的文章，提出自己的思想和观点。但因种种原因，他的观点并未引起学界的重视，反而随着“新史学”风潮的涤荡逐渐被边缘化，淡出学术视野。本文意在系统梳理张尔田《史微》之外[②]的史学思想，并考察其在近代学术史上失语之原因，进而反思传统史学治学理路及近代学术史书写等问题。

一　张尔田的历史编纂学思想

史学的功能与方法、史书编纂的体裁与体例等问题一直是史学研究领域的重要课题。张尔田本着传统史学的治学理路，基于其扎实的史学功底和史书编纂的丰富实践[③]，以大量翔实的例证对以上问题提出了自己独特的观点。

首先，关于史学的功能与方法，张尔田提出“史当求真”的观点，并指出了史家作史的原则和方法。

史学的功能与目的，历来是学界讨论的一个热点话题，但总的来说，“求真”还是“致用”为一个争论的焦点，张尔田显然是赞成前者的，他批评“史以褒贬”和“彰善瘅恶”的目的论：“不知修史最忌褒贬，褒贬既是主观……凡真正具体之史，皆不以褒贬为重。”[④] 在这一点上，张尔田

① 陈焕章：《陈柱尊与燕京大学张孟劬教授论学书》，《学术世界》1935 年第 1 卷第 1 期。

② 近年来，陆续有学者开始关注张尔田的生平及学术，对其《史微》的学术思想有所述及，参见张笑川《经史与政教——从〈史微〉看张尔田对中国古代学术思想的解读》，《史林》2006 年第 6 期；赵锋《论〈史微〉的学术思想兼及学术史张尔田现象的反思》，《廊坊师范学院学报》（社会科学版）2016 年第 9 期，但对张尔田其他方面的史学思想鲜有系统的梳理和论述。

③ 张尔田曾于 1914 年在清史馆参与《清史稿》的编修，撰写了其中的《乐志》八卷、《刑法志》两卷、《地理志》江苏篇一卷、《图海、李之芳列传》一卷，以及《后妃传》等内容，有着丰富的史书编纂的经验。

④ 张尔田：《与大公报文学副刊编者书——其六：论作史之方法与艺术》，《学衡》第 71 期。

认为史学与经学是有区别的。“或曰：前人之论史也，‘诛奸谀于既死，发潜德之幽光’，然则独非史家目的欤？曰：此盖以《春秋》之法为史法，而不知史固有其法也。《春秋》之法，贬天子，退诸侯，讨大夫，以达王事，此孔子之教经也，非多论于历史也。历史若以褒贬为目的，则不过一家之言耳，必不能通百家之用矣。”① 那么，史学的目的应该是什么呢？他说：“历史之学，最重要者在求真相……据事直书，见仁见智，一任读者，方为良史。”又说：“史非刺探隐微之书，亦非心理批评之业。事之苟属正确而不虚伪者，但使如其量而载之，即已尽其天职。”②

由此可见，在张尔田的史学思想中，“求真”“据事直书”“如实而载”才是史家的“天职”和史学应有的目的，唯有如此，才能实现“为人类一期绵延之迹，一方面记录正确表现而不虚伪之事实，一方面又为研究学术者供给其材料”③ 的功能。正是在这样一个以“求真”“实录”为宗旨的思想指导下，张尔田对史家作史的原则和方法提出了独特的见解。

从主观方面而言，张尔田认为，史家首先要端正作史的态度：“求真相之道，第一须将吾人主观中感情意见，设法提出。纵使提之不净，亦当范围至一极小部分。”④ 但是要做到这一点，是非常不容易的，因为史家在作史时，事情已经过去了，史家并不能亲眼见到，这就需要史家对史料“具有一种综合事实之经验判断，综合事实愈广，抽象愈密，判断乃愈近真”。而“经验判断”是每个人都有的，不同的人面对同样的材料往往会得出不同的判断，那么如何尽量地去除“主观的感情意见”，做出正确的判断呢？他说：“非见事多、读书富、析理细，不能养成。”⑤ 就是史家需要不断地丰富自己的知识、阅历，才能在纷繁复杂的史料面前，判断出哪些是真实的，哪些又是后人伪造的，从而尽量做到“求真”。

如果史家所面对的材料，是真确可信、一成不变的，那史家只需达到上面的要求，如实而载就可以了。但史料往往是变动不居的，充满了隐约晦涩的成分在内。“所谓不虚伪者，亦仅就事实必有凭据，而此凭据，并非牵合及伪造者而言。宇宙奥藏，日在进化之中，安知所表现者不过一二，而不能表现者不有千万乎？又安知所表现者因环境种种之变化，与不

① 张尔田：《论中国文化及其宗教道德》，《汉学》第一辑，第 17 页。

② 张尔田：《与大公报文学副刊编者书——其二：论史例》，《学衡》第 66 期。

③ 张尔田：《与大公报文学副刊编者书——其二：论史例》，《学衡》第 66 期。

④ 张尔田：《与大公报文学副刊编者书——其六：论作史之方法与艺术》，《学衡》第 71 期。

⑤ 张尔田：《与大公报文学副刊编者书——其六：论作史之方法与艺术》，《学衡》第 71 期。

表现者不更有貌同心异、互相乖违乎?”[①] 因此，张尔田又对史家如何做到材料的抉择去取，提出了以下三种方法。

第一，“见指知归，见微知著”之法。

当遇到“其事之隐微，与其人之密忽，见之者既未宣之于言传，传之者亦恐或有失实”的情况时，史家应当秉持“必谨书之，使人见指即可以知归、见微或可以知著”的方法据实直书。以班固记霍光之事为例：“如霍光之废昌邑王也，当时实因昌邑有图光之心，故先发以制之。其诛昌邑群臣也。班固于光传特著之曰：诸人大呼于市曰：‘当断不断，反受其乱。’盖昌邑王之图光，其事未成，作史者固不能祥知。而当断不断二语，则当时之所共闻也。故孟坚于此特载之传中，即以此推霍光废君之故，亦可知矣。”[②]

第二，“委婉其文，以见其义”之法。

这是史家对“传闻”“异词”的一种处理方法。张尔田以陈寿《三国志》记载魏郭太后为明帝逼杀之事为例：“当时本有两说，据《汉晋春秋》，谓文帝宠郭后而赐甄后死，即命郭母养其子明帝。明帝即位，数向郭后问母死状，遂逼杀之，使如甄后故事以殓。据《魏略》，则谓甄后临殁，以明帝托李夫人。及郭太后崩，李夫人始说甄被谮死不得大殓之状。帝哀感流涕，令殡郭太后，一如甄法。由前之说，则郭被明帝逼死也，由后之说，则郭死后，明帝始知旧事，而以恶殡也。此两说当时盖莫衷一是，陈寿《三国志》，于甄后传，既大书被谗赐死事矣。而于郭后传，但云太后崩于许昌。盖甄之赐死系实事，故传书之。郭之逼杀系传说，故传不书，而以崩于许昌四字，略见其不在宫闱。则传说之不为无因，可知矣。”[③]

第三，“信以传信，疑以传疑”之法。

史家对所依据的史料再三审定后，仍有疑而未决者，张尔田坚持史家应采取“信以传信、疑以传疑”的“两载之法”，即如果自己不能保证史料确信无疑，则应留待后来人去审定裁决。如《春秋》记载齐高偃帅师纳北燕伯于阳之事：“公羊传云：‘伯于阳者，何公子阳生也。’子曰：‘我乃知之矣。’在侧者曰‘子苟知之，何以不革?’曰：‘如尔所不知何’。”[④]

---

① 张尔田：《与大公报文学副刊编者书——其二：论史例》，《学衡》第 66 期。

② 张尔田：《史传文研究法》，《学衡》第 39 期。

③ 张尔田：《史传文研究法》，《学衡》第 39 期。

④ 张尔田：《与大公报文学副刊编者书——其二：论史例》，《学衡》第 66 期。

这里所述便是这个道理。

总之，史以记述为主的“直书”精神是张尔田一贯坚持的史学宗旨，而他所阐述的几种对材料抉择去取的方法，与这一宗旨并不矛盾，他说：“不抹杀表面事实，而眼光时时映射其里面。见仁见智，任人自领，此非曲笔，盖事实微妙，本如是也。若说成死句，即不免掺入主观。”[①] 也就是说“因彼显此、见微知著”及“信以传信、疑以传疑”的方法其实正是为了去除主观的因素，从而更好地达到“直书”的目的，而非“曲笔”。

其次，关于传统史书体裁体例问题，张尔田提出“六家三体”说及“尊纪传”的一体论观点。

史书的体裁和体例是历史编纂学中一个非常重要的问题，唐代的刘知幾及清代的章学诚对此都有过详细的论述。张尔田在总结前人的理论成果以及修纂清史的实践基础上，对体裁体例问题亦有着独到的认识，并且在《史传文研究法》[②] 一文中，集中表达了这方面的思想，使后人对于传统“史体论”的理解，多有启发。

张尔田对传统史书做了“成体之文”与“不成体之文”之分。中国载籍博大，而史部更为繁多，秘阁所储、民间所行、官私著述皆有史的成分在内，但不是所有这些都可以称为史，故张尔田认为史有“成体之文”与“不成体之文”之分。“不成体之文”主要包括“史稿”“史纂”“史考”三种。其中，“史稿”是指“随时撰辑，以备后史采择，而略具史裁者”，如“起居注”“实录”等都是这一类。而“后人纠集材料，往往分类勒成专书，以备后史之要删，其书维何”就是所谓“史纂”，比如“通典”“通考”“会要”“会典”“通礼”“仪著”“则例”“格令”“方州志乘”“一统舆图”“宫殿簿”“风土记”“家传”“年谱”“四部书目”等都属于这一类。所谓“史考”，是指专门考证史实的书籍。如谯周的《古史考》、刘实的《驳义》、姚察的《汉书定疑》、司马光的《资治通鉴考异》等都属于这一类。

相较而言，张尔田认为只有“成体之文”才是真正的“史学”，而“不成体之文”的“史稿”“史纂”“史考”虽形式上类若史学，但从严格的意义上来说，则不是史学。为什么呢？他说：“史之为文，贵真贵确。‘史稿’虽系国史，然实为当时一种记录，或因时忌而讳其所讳，或徇党

① 张尔田：《与邓文如先生书》，《史学年报》第2卷第4期，1937年。

② 张尔田：《史传文研究法》，《学衡》第39期。

局而书非所书。仅足以备要删，而实不得资为定论。‘史纂’则分类采择，繁简区分，体既不纯，例尤匪一……‘史考’一门比诸审查，有事前审查者，此为修史者所必经，若通鉴考异等。有事后审查者，此为研史者所有事，如汉书辨惑等。虽史学必资乎审查，而岂得以审查即为史学。”[①] 但是，他也没有因此否定“不成体之文”的作用，而是辩证地看待二者的关系：“虽不得谓之史，而实为史之所取资，则其重要且与史等。盖苟无‘不成体之文’，则虽欲为‘成体之文’，而亦无所凭借矣。”

通过比较各种体裁的优劣得失，张尔田明确表达了“尊纪传”的一体论思想。刘知幾在《史通》中以《六家》《二体》开篇，将古代史籍总结划分为《尚书》《春秋》《左传》《国语》《史记》《汉书》六家及“编年”“纪传”二体。南宋袁枢的《通鉴纪事本末》之后，史书体裁又有了“纪事本末体”，这是刘知幾所没有看到的，因此张尔田在“史体论”中明确提出了史书有“六家三体”的概念，这无疑是对刘知幾史体思想的重要发展与补充。而在这“三体”之中，张尔田提出了“编年也，纪事也，纪传一体皆足以赅之”的一体论思想，理由有两点。

第一，张尔田认为纪传体本身即包含了“编年”与“纪事”的成分在内。“观夫本纪之为体也，系日月而为次，列时岁以相续，一朝大政，纂要钩元，拟诸邱明，岂非同轨。”这就是说，纪传体中“本纪”的部分，即相当于编年体。“刘知幾有言，纪者编年也，传者列事也。编年者，历帝王之岁月……列事者，录人臣之行状。”“至于天文以下诸志，或以大致沿革为始终，或以庶绩废兴为经纬，言行并载，本末兼赅。袁枢纪事，又何足矜？……若谓诸志但详典章掌故，而于行事首尾或嫌太略，则司马迁本有秦楚之际月表，专详刘项大事；而汉兴以来将相名臣年表，亦列大事记一栏，神而明之，非无前准。”[②] 这就是说，纪传体中的“列传”及“志”的部分，相当于纪事本末体。此外，他认为纪传体除了包含“编年”“纪事”的要素外，尚有“编年”“纪事”所不具备的优点和长处。“若乃事当冲要，必盱衡而备言；迹在沈冥，不枉道而详说。论其细，则纤芥无遗；语其粗，则邱山是弃，斯又编年纪事二体之所未周，而必假纪传始能曲备者矣。”[③]

---

① 张尔田：《史传文研究法》，《学衡》第39期。
② 张尔田：《史传文研究法》，《学衡》第39期。
③ 张尔田：《史传文研究法》，《学衡》第39期。

第二，张尔田认为纪传体可以通过“增损变通”来适应不同时代的编纂要求。

在张尔田看来，纪传体中“本纪”“世家”“表”“书志”“列传”等体裁史目在历代都有增损出入，“皆本其时代所要需，变通以为运用之方”。这在历代正史的史目选择运用中，有很好的体现，如班固的《汉书》改《史记》的“书”为“志”，合并“列传”“世家”为“传”，以及后来史书之用“表”与否、增减传目，等等。张尔田进而认为，旧例如是，新史的编纂亦可用此法。他以《清史稿》的编修为例，“德宗以前，事变无多，一依旧矩”而载，至于德宗以后，因新政而产生的新情况、新内容，完全可以通过“增损变通”史目的方法而加以记载，将可以归入旧目的内容归入旧目，如“法律”归入“刑志”，“陆军、海军”归入“兵志”，“使命往还”归入“交聘表”，“教育、警察、审判、官制”分别归入“选举”“职官”志中；对于不能归入旧目的则增创新目，如增加“交通”“邦交”“宗教”等志，将“宰辅表”改为“军机大臣表”，“镇藩”改为“督抚年表”，“儒林”“文苑”传之外别立“畴人诸传”。其他如“哲学、文学、教育诸科，凡为后来所有，而为前代所无者，但当于列传中多立篇目，废臣工之标题，以叙社会人物，吾未见古人成规，不能适应于后世也”。他认为按照这样的方法“皆因历史旧体，改弦而更张之，已足应变无方矣。固不必缅规越律，纷纷然破坏史体，而后谓能毕乃事也”。① 而“唯新是求，以旧为诟”者，以为纪传体专为天子、王侯、臣工做谱牒，国家体制变了，史书的体例也应该改变，对此张尔田认为是“不通史学”的表现。

以上，张尔田关于史学“求真”的功能论，以及为实现这一功能，针对繁杂多变的史料而采取的“见指知归，见微知著”“委婉其文，以见其义”“信以传信，疑以传疑”的方法论，对于后世史书的编纂理论及编纂实践无疑具有重要的指导意义。他的史有“成文之体”与“不成文之体”、史有“六家三体”等史体思想，可以说是对刘知幾、章学诚等传统历史编纂学理论的继承和发扬，而他所推崇的“一体论”思想，认为通过增损变通纪传体的方式便可以实现不同时代、不同内容的编纂要求，意义非凡。白寿彝先生在论述“新综合体裁的探索”时总结道：“《史记》在编撰方法上囊括全局的优点，对于史学的演进影响极大，不仅后世修史竞相仿

① 张尔田：《史传文研究法》，《学衡》第39期。

效，绵延不绝，而且吸引着一些有识史家在它的基础上进行创新的尝试。17世纪以后，出现了一种探索新综合体裁的趋势。先有清初马骕《绎史》，创造了新的综合体制。至乾嘉时期，著名的史学评论家章学诚深入地辨析体例，提出了‘仍纪传之体而参本末之法’的主张，并在修撰方志上作出尝试。”① 如此，张尔田的这一思想不能说就是对“新综合体裁的探索”，但无疑可资借鉴。

二 张尔田对“新史学”的批评

张尔田所处的时代，正值新旧急剧变动之时，社会各方面新旧观念冲突十分尖锐。在学术界，新派学人掀起了一阵强劲的“新史学”思潮，并逐渐成了引导学术发展方向的主流派，在这样一种提倡新的史学理论、治史方法的潮流之下，众多如张尔田的老派学人失去了原有的学术地位和话语权，并逐渐被排挤到了学术地图的边缘。但是，张尔田并不是沉默地接受这一现实，而是在自己的学术阵地上继续发出自己的学术声音。因此，他本着对中国传统文化的执着追求及保存的信念，对于一切唯新、唯西是求的过激行为，提出了严厉的批评。

首先，张尔田对考据学提出了批评。

考据与义理之争，由来已久，并常常随着时代的变化而此消彼长、此起彼伏，本属于中国传统学术的一个研究领域，但因民初新学、西学的输入而被赋予了新的时代意义。

张尔田“幼时最喜用心者，乃系干燥无味之考据”，② 且中年在与好友孙德谦相交之时，曾“相约治许氏说文，江都文选之学……笃志朴学，不尚举业”，③ 因此，张尔田是有着很好的考据学功底的，而且在考证学方面亦有传世之作。但是在受到章学诚的影响之后，张尔田的学术旨趣便发生了转变，与孙德谦两人“尽弃从前训诂章句之学，潜研乙部”，并且逐渐形成了注重微言大义、讲求经世致用的学风。因此他对于考据学的看法是：“吾则以为考据者所以为学之具，而未可即以此为学也。”④ “说经不能废考据，而考据必以微言大义为之归”，“舍义理而空谈考据，是治稼者空

① 白寿彝主编《中国通史》第一卷“导论”，上海人民出版社，1989，第804页。
② 张尔田：《与大公报文学副刊编者书——其五：论研究古人心理》，《学衡》第71期。
③ 张尔田：《与陈柱尊教授悼孙益庵教授书》，《学术世界》第1卷第8期，1936年。
④ 张尔田：《张孟劬与叶长青社长书》，《国学专刊》第1卷第4期，1927年10月。

守五谷之种，而不收获以供祭祀、燕宾客也。是司阍者玩弄锁钥而不升堂入室也。岂不缪欤？"[1] 即考据只是为学的一个工具和途径而已，考据当以阐发微言大义为旨归。

故他对于清代考据学末流渐为学术时趋的情况提出异议："乃晚近之谈考据者，不求微言大义之所归，而鲲鲲然惟考据之是务，一宫室衣物器械也，则胪其异同；一土地人名星历也，则推其沿革。甚者取六艺之书，字字句句而解诂之，无论考据之未当夜，即使考据而当，吾不知于六艺微言大义何补也。""原夫考据之起也，盖以去圣久远，学者无所更索，不得不假此以邮之耳。宗邦文化，开明于周公，而大备于孔子，姬公孔父之书，乃其根柢。考据之所蕲，蕲以明此而已。三百年儒者，则古昔称先王，率崇尚考据家言，然而恒干未亡，故为可贵，末流驰逐，便辞巧说，至今日又几几有违离道本之惧矣。若不揣其本而齐其末，则今之所谓考据者，正可谓之骨董学，不得以冒吾国学……考据学之创始，厥维顾亭林，而亭林所志，乃在法古涤污，变夷用夏。下逮戴东原，尤今人所称能以科学方法治考据者，而其言曰：六书九数如轿夫然，所以升轿中人也。以六书九数等事尽我，是犹误认轿夫为轿中人也。"[2]

然而为张尔田所批评的这种"考据学末流"的学风在民初似乎愈刮愈烈。尤其是从20世纪20年代开始，胡适发表一系列文章，推崇清儒的治学方法，认为其体现了科学的精神，并以"科学的方法"去"整理国故"。对于此种现象，张尔田可谓痛心疾首："亭林生当明季，目睹王学末流之空疏，故归过于横浦向山者甚峻。今考据破碎之弊，甚于空疏，且使人之精神，日益移外，无保聚收敛以为之基，循此以往，将有天才绝孕之患，斯又亭林之所不及料矣。"[3] 他的批评矛头也直指胡适："近十年，有皖人某君者，提倡科学方法，语必东原高邮，尊其名曰'国故学'，学子靡然向风。而考其成绩，乃反逊之。"[4] 对于胡适提出的"科学"一词，张尔田引用熊子真之语加以辨析："今日考史者，皆以科学方法相标榜，不悟科学方法须有辨。自然科学，可资实测，以救主观之偏蔽。社会科学，则非先去其主观之偏蔽者，必不能选择适当之材料，以为证据。"[5] 因此，他对

---

① 张尔田：《论考据学当注重微言大义》，《孔教会杂志》第1卷第1期，1913年2月。

② 张尔田：《张孟劬与叶长青社长书》，《国学专刊》第1卷第4期，1927年10月。

③ 《夏承焘集》第5册，浙江古籍出版社，1997，第334页。

④ 张尔田：《上陈石遗先生书》，《学衡》第58期。

⑤ 张尔田：《论伪书示诸生》，《学术世界》第1卷第12期，1935年。

于胡适所提倡的“乾嘉考据之学合于科学方法”之说很不以为然。“休宁、高邮所用以考核经史之术，其有合于科学方法与否，吾所不敢知。即谓其全合乎科学方法，以国学方面之多，有断断非仅恃乎科学方法所能解决者，考据之学自是一家，我辈生千载后而上读千载古人之书，比于邮焉，此特象胥之任耳，故东原自诡舆夫，今误认舆夫以为乘舆者，吾不知战代庄、墨、荀、孟诸大哲，无考无据又将何以为学也？考据家所凭以判是非者，厥维证据。然学之为道，固有不待验之证据，而不能不承认其成立者。……古人多有此，皆无需乎证据，而又无从示人以证据，但以量相衡，则观之者亦未尝不相悦以解。若必谓证据不可无，而证据之中有真伪焉，又有强弱焉，果孰从核之？又孰从而定之？然则谓休宁高邮之术为今日治国学者无上方法，殆所谓能胜人之口，能易人之虑，而不能服人之心者欤？”[①] 据此，张尔田明确批评整理国故运动是“三百年考据学末流，至今日已渐离其本质，扶瑕擿衅，名为整理，乱乃滋甚”。[②]

其次，张尔田对疑古思潮提出了批评。

1923 年，顾颉刚在老师胡适的启发之下，在《与钱玄同先生论古史书》中提出了他的著名的“层累地造成中国古史”说，认为“第一，时代愈后，传说的古史期愈长；第二，时代愈后，传说中的中心人物愈放愈大；第三，我们即不能知道某一件事的真确的状况，但可以知道某一件事在传说中的最早的状况”。[③] 此说一出，在学术界引起了轩然大波，据徐旭生在其所著《中国古史的传说时代》中说：“近三十余年（大约自 1917 年蔡元培在北京大学时起至 1949 年全国解放时止）疑古派几乎笼罩了全中国的历史界。”又说：“当日各大学的势力几乎全为疑古派所把持。”[④] 由此可见“疑古”思潮在当时的影响之大。但由此也引起了学术界关于古史的论辩，如《读史杂志》第 11 期上发表了刘炎藜的《读顾颉刚君〈与钱玄同先生论古史书〉的疑问》、胡董人的《读顾颉刚先生论古史书以后》，两文均对“疑古”思潮提出了疑问。之后，又有更多的人参与了这次论辩。针对当时盛行的疑古辩伪思潮，张尔田亦写了大量的文章，表达了他对于古史的看法，并且对“疑古”所造成的危害表达了强烈的关注。

第一，张尔田认为“古史可疑，但须恰当”。

---

① 张尔田：《与人论学术书》，《遁堪文集》，1948 年。

② 张尔田：《张孟劬先生复叶长青社长书》，《国学专刊》第 1 卷第 4 期，1927 年 10 月。

③ 顾颉刚：《古史辨》第一册，上海古籍出版社，1982，第 60 页。

④ 徐旭生：《中国古史的传说时代》，科学出版社，1960，第 27 页。

既然为学之道，贵在求是，那么“古固无不可疑者”。张尔田认为古史可疑的原因有三。首先，古代载籍稀少，不像后世学者治学条件优越，有图书馆可以资助，再加上竹帛繁重，不可能每个人都能储藏大量史籍，因而学问的流传，往往只能依靠一两个大师口耳相授，在这个过程中，传闻异词就会出现。或者是后人在对历史的不断记载中，亦难免会“有由金移竹之误，有由竹移帛之误，有由帛移纸之误，有由写官移锲工之误”，[①]因而古史有误在所难免，但应严格区分是“有心之误”，还是“无心之误”。其次，后世学者在研究历史时，由于主观的研究宗旨、观察立场、观察角度不同以及时代的局限等，必然会出现取舍各异，“或表其文而略其实，或掩其短而絜其长”。这也是史实记载有出入矛盾的原因之一。他以戴震为例：“一百余年前之戴东原，试取《汉学师承记》与近人所作传记，比较参观，时代宗旨，已大不同。一则推其稽古，一则表其革新。一人所业，后先异尚，九原之作，谁证明者？然岂可因此遂谓一百余年前之戴东原非戴东原耶？”[②] 最后，古人作史，有“春秋笔法”“详略互异”等方法与原则。“如《春秋》曹刿事，《左传》但详长勺之战，《公羊》则但详柯之盟；承邱一役，先败后胜，《左传》但言其胜，《檀弓》则记其败羑里之囚。”诸如此类，举不胜举。后世学者首先必须懂得古人的这些治史的方法和义例，把各种材料综合起来研究，才能得出正确的结论，如果“偏执一书而以他书为非”，他认为“通识不当如是”。[③]

第二，张尔田坚持“疑古可也，伪古则不可也”。

对于古史研究，张尔田认为必须首先要明辨“疑古”与“伪古”的概念。“疑与伪有辨，不定谓之疑，定则谓之伪。”[④] 疑古固然可以，但切不可因其可疑，便认定其为伪。因此他认为古史为后人伪造的说法，在理论上便说不通。首先，他认为：“夫天下无无源之水，亦无无因之文化，使其说而成立也，则是各国文化，皆有来源，中国文化，独无来源？完全建筑于创伪之手？此不必待真凭实据以证之也，即以论理而言，世界历史，有如此公例乎？”[⑤] 其次，古史“若无真本，而凿空杜撰一子虚亡是之书，吾恐其书一出，不崇朝诸儒且大哗矣，即诸儒一时或被其欺，亦必如张霸

① 张尔田：《论伪书示诸生》，《学术世界》第1卷第12期。
② 张尔田：《论伪书示诸生》，《学术世界》第1卷第12期。
③ 张尔田：《论伪书示诸生》，《学术世界》第1卷第12期。
④ 张尔田：《上陈石遗先生书》，《学衡》第58期。
⑤ 张尔田：《沦伪书示诸生》，《学术世界》第1卷第12期。

百两篇，有人以中书校之而立败也。又谁敢冒险以侥幸耶?”[①] 再者，我们目前既不能证明古史记载都是真实确凿的，也拿不出十分有力之证据证明古史就是后人伪造的。以古文尚书为例，他说：“孔氏古文尚书，某亦未敢遽信为真，然界在疑似之列……某不但疑孔氏古文，并疑近人攻孔氏者证据之不足，果有强有力之证据，则某不疑矣。”[②] “苟无史家纪录，信固无从，疑又安托?”[③]

鉴于以上两点，张尔田认为，后人研治古史首先必须持一个客观的态度和正确的方法，“凡此之误，皆非出于有意造伪者，我从而理其纷焉，析其异焉，必也持之以至矜慎之心，辅之以至精密之法，而又矢之以至公正之态度，夫然而后古书乃可读，古书可读，古事乃可以大明”。[④]

而与疑古派否定中国上古神话、传说及古史的做法相反，张尔田采取了“疑而信”的态度，他说：“某尝病我国上古神话太少，为违反世界历史公例。幸存此灰烬丛残，使吾人今日得以推测古代思想之所至，未尝非治学者之一助。讲者去其附益而慎择之可耳，一切抹杀又岂可哉?”[⑤] 因此，他对疑古派否定古史，抹杀一切的做法极为不满，批评他们是“其人中国人也，其心则皆外国心也。以外国之心理治中国之书，其视先秦上古文化也，直等于莫名其妙。由不了解而妄疑，由妄疑而起执，而又有现代化观念先入为主，如此观书，又安往而不伪”。[⑥] 这样造成的后果将是“以辩伪之眼光观书，必无一书可读，以辩伪之眼光论事，必无一事可信”，“如此则不但破坏理论，抑且变乱事实，事实一经变乱，则不但无经抑且无史，直无异取吾国三千年文化而摧拉之也”，“其祸且至于非圣灭经，产灭文化”![⑦]

三 张尔田在近代学术史“失语”的原因及反思

早在20世纪中期，对中西学术皆有深厚造诣的学者吴宓就曾感叹：

---

① 张尔田：《沦伪书示诸生》，《学术世界》第1卷第12期。
② 张尔田：《上陈石遗先生书》，《学衡》第58期。
③ 张尔田：《与大公报文学副刊编者书——其二：论史例》，《学衡》第66期。
④ 张尔田：《论伪书示诸生》，《学术世界》第1卷第12期。
⑤ 张尔田：《上陈石遗先生书》，《学衡》第58期；余英时：《钱穆与中国文化》，上海远东出版社，1994，第216页。
⑥ 张尔田：《论伪书示诸生》，《学术世界》第1卷第12期。
⑦ 张尔田：《论伪书示诸生》，《学术世界》第1卷第12期。

“昔恨不早十年遇白璧德师，则不至摸索彷徨，而西学早入正轨。今又恨不早二十年遇孙（德谦）张（尔田）二先生，则不至游嬉无事，虚度光阴，而国学早已小有成就。”[①] 吴宓的慨叹一定程度反映了时人对张尔田学术造诣的评判。非独吴氏，著名历史学家邓之诚对有“海上三子”之誉的张尔田、王国维、孙德谦的学术也做出如下评价：“国维颇有创见，然好趋时；德谦只辞碎义，篇幅自窘，二子博雅皆不如君。”[②] 认为张尔田之学术在王、孙二人之上。平毅称：“当今史学，先生第一。”[③] 齐思和称其为“当代大儒”。[④] 钱仲联称之为“近代著名的史学家、哲学家、文学家”，[⑤] 并在《近百年词坛点将录》中将张尔田比为马军五虎将中的林冲，[⑥] 对张氏的词学地位给予了较高的评价。钱穆将张尔田与北大孟森、汤用彤，清华陈寅恪、马一浮、熊十力、钱基博、张君劢等引为同道。[⑦]

友人对张尔田的为人及学术的评价如是，张尔田本人对于自己的学术定位也相当自负。他在给好友陈柱的信中说：“诸子之学，创始于益庵（指孙德谦）与弟，而执事实为之后劲，世有表子学先河者，必不遗我辈，此固非区区标榜之谓也。”“虽近十年来诸子之学，日异而月不同，我辈自亦不免有积薪之叹，然先河后海之功，似亦不容没也。”[⑧]

然而，张尔田在后世学术史上的位置果如其所言“必不遗我辈”，“先河后海之功”不容没吗？似乎并非如此。我们不仅在近代学人所撰写的有关晚清、民国学术史、思想史的论著中很难找到张尔田的身影，甚至在所谓“保守派”的学人群体中也难觅其踪，[⑨] 可以说，张尔田被近代学术史忽略了！

原因何在？当然，学术史上的任何一位学者，其名“或显或隐”，“或

① 吴学昭整理注释《吴宓日记》（第2册），三联书店，1998，第250页。

② 邓之诚：《张君孟劬别传》，《燕京学报》第30期，1945年。

③ 张尔田：《清列朝后妃传稿》传上“序”。

④ 齐思和：《〈遁堪文集〉书评》，《燕京学报》第35期，第267页。

⑤ 钱仲联：《张尔田评传》，《梦苕庵论集》，中华书局，1993，第449页。

⑥ 钱仲联：《近百年词坛点将录》，载《梦苕庵清代文学论集》，齐鲁书社，1983。

⑦ 钱穆：《维新与守旧》，载《钱宾四先生文集》第23册，联经出版事业公司，1998，第29页。

⑧ 张尔田：《与陈柱尊教授悼孙益庵教授书》，《学术世界》第1卷第8期，1936年。

⑨ 张尔田曾在《学衡》与《孔教会杂志》这两个保守派学人发出自己学术声音的最为坚实的阵地上发表了大量的文章，来支持“学衡”派与“孔教会”派的学术主张，但在近人研究“学衡”派与“孔教会”派等领域已经取得较为丰硕的成果的情况下，却很难发现张尔田被明确地列入哪一派而加以研究。

卓著或沉寂”，定会有其错综复杂的内在、外在原因及诸多必然性与偶然性的风云际会。对张尔田而言，从目前能够寻到的有限的资料中，我们可以做出以下分析。

首先，张尔田的身份及其学术思想趋于“保守”。于身份而言，张尔田很明确地将自己定位为清朝“遗老”，并表现出了对于旧朝的眷恋。有人对其入清史馆“当官”的行为颇有微词，张氏答复：“载笔东华，授经北胄，存遗献于皇余，庶斯文于圣灭”，“以亡国孑余，名在旧府，义不可以贰官”。[①] 张尔田曾明确表态：“身后萧条，自是遗老本色。”[②] “异时知旧，倘不死我，立一圆石，题曰‘有清朝遗儒某某之墓’足矣。”[③] 从学术思想来看，无论是对传统文化的理解，对孔、孟之教的笃信，对清史的撰写，还是对新史学的批评等，他都表现出较为“保守”的一面。如此，“‘耻事新朝’，‘隐遁退避’，托诸空言以命世，将自己的性灵、才思、智识封闭在一个狭小的圈子里，这就限制了其学术与文化传播的覆盖面”。[④] 不做宣传，已然面临“失语”的危险，况且在当时政治上反封建、兴维新、倡共和，文化上提倡新知，批评旧学，批孔批儒的潮流之下，张尔田很容易成为被排斥和忽略的对象。

其次，张尔田身处晚清民国的社会剧烈变动之中，却将传统学术作为自己的终身追求，满足于在故纸堆中著书立说，阐明“大义”，没有自觉地运用新时代的新理念、新思潮、新方法来变革自己固有的学问，亦不主动将自己的学说比附于哪一学派，他曾自言：“仆不但不工八股，抑且未受新文化之毒。……主讲北京大学，而所谓赫赫有声之北大派，仆亦未尝有所附丽。”[⑤] 如此，便在很大程度上限制了他的知识视野，禁锢了他学术研究的深度与广度，亦很难形成广泛的学术宣传力及强大的学术号召力。不仅如此，张尔田还对他所不认同的诸多学人及学术展开激烈的批评，前述对于新史学的批评就是很好的例证，有时他的批评甚至是直指新史学的代表人物，丝毫不留情面。如他批评“新史学”的倡导者梁启超“才本庸琐，读书灭裂，勇于专断”，“梁本妄人，又笃信其师，安得不妄？”[⑥] 1935

① 张尔田：《论清史稿艺文志作法》，《学衡》第 66 期。
② 张尔田：《与陈柱尊教授悼孙益庵教授书》，《学术世界》第 1 卷第 8 期，1936 年。
③ 张尔田：《遁堪书题》，收录于王钟翰《清史补考》，辽宁大学出版社，2004，第 223 页。
④ 张克兰：《张尔田学术·师友叙论》，《江汉大学学报》（人文社会科学版）2002 年第 6 期。
⑤ 张尔田：《与大公报文学副刊编者书——其五：论研究古人心理》，《学衡》第 71 期。
⑥ 陈衍等：《李审言交游书札选存》，《学土》1996 年第 1 期。

年，陈垣先生撰写的《元典章校补释例》出版，书前有胡适写的序言《校勘学方法论》。张尔田看过此书后对陈垣说："君新出书极佳，何为冠以某序？吾一见即撕之矣。"① 此外，他还对陶希圣、顾颉刚、钱穆、孟森等人的学说均有不同程度的批评。② 且不论其批评的观点正确与否，就说其言辞如此激烈，所批评之人日后多为叱咤学界、引领学术潮流发展方向的"主流"派，则其被逐渐边缘化而淡出人们的视野，不难想象。

再次，张尔田死后无嗣，亦无丰富的传世之作，这或许也是造成其"默默无闻"的一个重要原因。以王国维与其做一比较，二人（及孙德谦）以"海上三子"齐名，邓之诚称王氏"博雅皆不如君"，且王国维于1927年自沉昆明湖，早早地结束了学术生涯，然而在近代学术史上的名望及影响，张与王简直判若天壤。不可否认，王国维确实在学术研究的各个领域，都有卓著的贡献与成就。但其成就之所以能够得到彰显，与其身后留下的大量论著不无关系，这些论著被后人不断地整理、出版、研究，影响亦会不断扩大。张尔田则不然，一生论著虽多，但"皆不留稿"。③ 每当学生要将其论著刊刻出版的时候，张尔田总是"自病多脱夺疏舛"而"亦之不许"。④ 因此，我们今天能够看到的张尔田的专门性论著非常有限。孔子有言"言之无文，传之不远"，没有著作留世，后人了解其思想梗概已经不易，更别说发掘其学术成就了。此外，张尔田死后无子，且门生故吏也不多，而不像章（太炎）派那样，弟子门生遍布天下，可以将其学说广泛传播，发扬光大。其至亲之人，弟弟张东荪，早年受张尔田的影响较大，且对晚年的兄长在生活上关怀备至，但在学术上，东荪却是趋新一派，对于哥哥的学说并不认同。如此，我们对于张尔田在后来学界"名不彰、学不显"的学术命运，也不难理解了。

但是，在近代以来的学术史上逐渐"失语"的张尔田以及以其为代表的一众老辈学人，他们的学术观点、学术理论对于理解和研治中国传统学术会有怎样的价值和作用，这是一个值得反思的问题。

1989年9月，余英时先生在香港中文大学成立25周年纪念演讲中，从思想史上为激进与保守这两个观念性问题提出了一个解说："相对于任何文化传统而言，在比较正常的状态下，'保守'和'激进'都是在紧张

① 陈智超：《陈垣来往书信集》，上海古籍出版社，1990。

② 参见张尔田《与陈柱尊先生论学书》，《学术世界》第1卷第4期。

③ 邓之诚：《张君孟劬别传》，《燕京学报》第30期，1945年。

④ 王钟翰：《读张尔田先生史微记》，《燕京大学图书馆报》第128期。

之中保持一种动态的平衡。例如在一个要求变革的时代，‘激进’往往成为主导的价值，但是‘保守’则对‘激进’发生一种制约作用，警告人们不要为了逞一时之快而毁掉长期积累下来的一切文化业绩。相反的，在一个要求安定的时代，‘保守’常常是思想的主调，而‘激进’则发挥着推动的作用，叫人不能因图一时之安而窒息了文化的创造生机。”①

关于中国传统治学理路与西方新学思潮的关系问题，吾师向燕南曾撰文指出：“历经百余年‘西潮’的冲涤，千年一脉传承下来的文化，‘虽有人焉，强聒而力持，亦终归于不可救疗之局’。以至于今日，原固有学术文化的核心知识体系及观念，除了‘封建糟粕’的负面意义外，已鲜有人能不误读地洞悉其‘义’，晓畅其‘谊’了。传统学术文化的语言‘能指’（signifiant），因失去其原文化的语境依托，与其‘所指’（signifie）早已渐行疏离，失去了原有的意义关联，而不得不依赖于‘文化的翻译’。”向燕南先生认为，“中国史学本中国文化所自出，从史学的观念、史学的思维方式，到史学的方法和表述形式，皆表现出既不同于西方古典史学，也不同于学科体系下的西方现代史学。因此，如果以近代西方‘科学’史学观来观照中国史学必然凿枘，从而显出二者不同‘认识型’构成的各自的思想界限”。② 其结果是，近代以来我们将西方的学理不加分析地套用于中国学术史的研究必然凿枘。

两位先生的论述对于我们理解和把握张尔田对传统史学理论的阐发及其对于新史学的批评，都有启发作用。张尔田身处时代新旧变动之间，由于他在旧朝做过官，故而是以一个遗老的身份进入新朝的。但是，他并没有表现出强烈的眷恋故朝而仇视新政权的政治倾向，相反，在他晚年，在日本不断向中国滋事生非、发动战争的情形下，他写了大量的诗词，表达了忧国忧民的思想。因此，我们可以说，张尔田最多只是一个“文化遗民”而非“政治遗老”，只有明确了这一点，我们才不会戴着一副有色眼镜去看待和理解他的思想和学问。去除了这样的偏见，我们再来回顾张尔田的史学思想，便不再难以理解。首先，他对于新史学的批评，实际上并不是对“新”的内容本身而言，相反，张尔田的思想中，已经融入了许多新思想，如其著作中屡次用到“世界历史”“公理公例”“日在进化”等

---

① 余英时：《钱穆与中国文化》，上海远东出版社，1994，第 216 页。

② 向燕南：《揭开“现代”的遮蔽，走向对传统理解的澄明——〈国史要义〉导读》，《国史要义》，商务印书馆，2011。

新名词就是很好的例证。他所批评的是新派学者一方面唯新是求、唯西是求（如提倡科学等），另一方面又片面否定中国传统文化（如疑古思潮等）的方法和态度，他认为这样不但不能达到“整理国故”的目的，反而是“无异取吾国三千年文化而摧拉之”的行为，因此，他的批评无疑是对“激进”的一种制约。其次，他对于传统史学的探讨，无论是在史学的内容、方法上，还是在史书的体裁、体例上，都不出传统史学理论的讨论范畴，很少再有新的突破。但也正因如此，我们似乎可以认为，我们在距离古人数百年之遥，无法直接去面对和理解他们的情况下，把目光投向时间距离我们并不很遥远，却对传统文化有着更加“近真”的理解和更少的偏离、附会的张尔田及当时的一批老辈学人的身上，对于我们今天理解传统、整理国故的工作，不失为一个更为可行和有效的途径。

由上所述，我们想到的是，晚清民初的中国学术史，学者群体因各自的思想方式、研究路数、学问态度、治学风格、学术品格以及著作形态的不同而被划分为或新或旧，或传统或现代，或保守或趋时。居于学术文化主流的精英集团，在很大程度上引导着学术潮流的发展，有着强大的学术号召力和影响力，而与主流派处于对立面的、以文化保守派面目出现的知识分子群体，却往往被冠以“遗老”或“遗民”之名为学术界所忽略。然而，一幅完整的“学术地图”不应该只记录那些学术界的精英人物。所谓“新与旧”“主流与非主流”，只有在一种特定的语境下才有意义，难免有后人夸大附会的成分在内。他们在当时学界的真实地位如何，他们在对中国传统旧籍的理解上，各自的作用与局限如何，我们都应做同情之理解和深入之考察。所以，重新解读这些老辈学人的思想著作，恢复他们在这张“学术地图”上应有的地位，后辈学人，责任重大。

由忠臣到圣王：王国维著述中的周公形象

韩晶晶

（华东师范大学历史学系，上海　200241）

摘　要：王国维笔下的周公形象历经改易，由《洛诰笺》中“大一统”君主成王之下的忠臣，到《殷周制度论》里征伐制作的圣王。这一变化建立在王国维对周公摄政称王问题事实性认知的基础上，更贯注了他对这一经学命题义理层面的思考。王国维通过分辨《尚书·洛诰》宗旨无关周公摄政，澄清了周公与成王之间分明的君臣秩序，在论证周公具有血统和制度上的继位合法性后，又进一步通过发明周公作制合理化周公称王。无论忠臣还是圣王，周公形象的书写始终体现王国维消解周公摄政称王命题中君臣之义紧张感的用心，既是上追宋学，以新意解经的学术理念之实践，又是道德政治理想的隐微表达。

关键词：王国维　周公　宋学　道德政治

周公在经学史上有极丰富的思想意涵，诛管蔡、居东、营洛等皆为礼家争讼不休之事，其中周公摄政称王问题更为焦点，兼涉汉宋学、今古文之纷。[①] 要言之，汉儒一般认为周公摄政称王确有其事，并不讳言周公作为实际掌权者的君王形象，以蔡沈为代表的宋儒多批驳周公称王说，以为如王莽之辈，自拟周公居摄代汉，混乱君臣纲纪，“皆儒者有以启之，是不可以不辨”。[②] 清代以阎若璩引领的辨伪考证、追法汉注的《尚书》学研

---

① 参见章太炎《摄也》（补），上海人民出版社编《春秋左传读、春秋左传读叙录膏肓评》，上海人民出版社，2014，第58~70页。

② 蔡沈撰，王丰先点校《书集传》，中华书局，2018，第214页。

究主潮，肯定周公摄政称王为事实，少发扬其中的义理关节；晚清今文学起，庄存与、刘逢禄等否定周公称王说，认为“是开天下乱臣贼子无父无君之渐矣”。[①] 周公问题的复杂性不仅在于在事实层面上难以探明周公真貌，更在于如何准确地把握论者背后的书写意涵。[②]

王国维笔下的周公形象历经由忠臣到圣王的改易。1915 年初，王国维发表第一篇经学释文《洛诰笺》，在这篇简要却颇多发明的注疏中，王国维关注周公摄政称王史事，否定了学术史上的周公摄政七年说，视周公为位居“大一统”君主成王之下的忠臣。1917 年，在《殷周制度论》中，王国维又将周公推举为摄政监国、征伐作制的圣王。既有研究或从先秦史领域出发，对王国维的学术观点进行正误性的事实判断；[③] 或将其纳入经学史、[④] 哲学观念中分析，[⑤] 皆未能充分、整体地理解王国维的周公形象书写背后的学术思想。[⑥] 本文以王国维对周公摄政称王问题的认识变化为主

---

① 戴均衡撰，何如月、李雨竹整理《书传补商》，中华书局，2021，第 56 页。

② 从历史书写角度讨论周公形象的论著有：顾颉刚《周公执政成王：周公东征史事考证之二》，郭伟川编《周公摄政称王与周初史事论集》，北京图书馆出版社，1998；〔美〕艾尔曼《明代政治与经学：周公辅成王》，《经学·科举·文化史 艾尔曼自选集》，中华书局，2010；于迎春《周公与士：论周公形象在战国汉初的塑造》，《中国文化月刊》1991 年第 146 期；郭晨晖《先秦时期周公形象的演变》，《史学集刊》2017 年第 2 期；秦东京《〈尚书·金縢〉“周公居东”解释史中周公形象的嬗变》，《鹅湖》2019 年第 4 期。以上研究为了解周公形象的历史演变提供参考。

③ 如吴泽讨论王国维周史研究，分《洛诰》史事年岁综释，宗周与成周地望考辨，《诗》皇父、艳妻新考三个部分展开，并非关注王国维周史研究体系本身，而是由王国维的观点出发讨论历史本体问题。吴泽：《王国维周史研究综论》，袁英光编《王国维学术研究论集》一，华东师范大学出版社，1983。相关研究另有：吴泽《〈洛诰〉史事年岁综释——读王国维〈洛诰〉》，《社会科学战线》1980 年第 3 期；黎子耀《〈洛诰解〉献疑》，袁英光编《王国维学术研究论集》一，华东师范大学出版社，1983。

④ 如陈赟关注到《殷周制度论》中的经学思想意涵，其意并不着眼于王国维经学观，而是接过王国维对周文明的反思，进一步讨论殷周之变在中华文明史上的意义。陈赟：《周礼与“家天下”的王制——以〈殷周制度论〉为中心》，中国人民大学出版社，2019。

⑤ 顾颉刚、刘起釪：《尚书校释译论》卷三，中华书局，2018；杜勇：《〈洛诰〉周初八诰研究（增订本）》，中国社会科学出版社，2017；李振兴：《尚书学述》，东大图书有限股份公司，1994；杨朝明：《洛诰研究》，《儒家文献与早期儒学研究》，齐鲁书社，2002。

⑥ 周一平从政治思想角度出发，提示了王国维在《殷周制度论》中寄托着的“经世之意”，即在张勋复辟失败后以学术挽时运，伸张以周公为代表的封建传统政治形态。这一视角为理解王国维学术思想提供一种外在思路，但未结合《洛诰笺》等文本，对王国维学术思想进行一整体认识，且未关注周公摄政称王议题的思想史意涵，不免有以政治立场预设学术思想之嫌（周一平：《1917 年前后王国维的政治思想》，袁英光编《王国维学术研究论集》三，华东师范大学出版社，1990）。

线，展现王国维著述中周公形象的前后调整，借此勾勒王国维的治学理路，以期对他的经学研究有更深一层的认识。

一 《洛诰笺》中的忠臣周公

《尚书·洛诰》记载周公与成王经营洛邑等事的往还答语，其中“周公摄政七年说”“营洛封后”等议题，成为讨论周公摄政称王问题的聚讼点。1915年初，《国学丛刊》第九卷刊载《洛诰笺》，这是王国维公开发表的第一篇经学释文。此文收录于《雪堂丛刻》，1923年以“洛诰解”为题编入《观堂集林》。[①] 在这篇简明却发明颇多的注解中，王国维对话前学，否定周公摄政七年说，强调成王的“大一统”君主身份及周公、成王君臣和睦，刻画了一个忠臣形象的周公。

首先，王国维否定周公摄政七年说，推翻了前代礼家的周公摄政称王论，使《尚书·洛诰》不再成为周公摄政称王说的文献注脚，为重塑周公的忠臣形象扫清了障碍。

《尚书·洛诰》最后一句“惟周公诞保文、武受命，惟七年”，[②] 关乎全文主旨在周公是营洛还是归政之事，引起前代解经家颇多争议。班固《汉书·律历志》载刘歆《三统历》引此段经文，言：“是岁十二月，戊辰晦，周公已反政。”[③] 马融曰：“惟七年，周公摄政，天下太平。”郑玄：“文王得赤雀，武王俯取白鱼受命，皆七年而崩。及周公摄政，不敢过其数也。”皆以周公摄政七年为确。[④] 孔颖达、孙星衍、简朝亮、成蓉镜等也赞成此句谓周公摄政，所辨要点仅在周公摄政、致政与成王即位之年等问题。王国维与以上诸家意见不同，认为“诞保文、武受命”指周公迁都洛邑而非摄政之事，七年是营洛当年之纪年，《尚书·洛诰》全篇主旨是周公与成王经营洛邑事，不涉及周公摄政归政，明确否定周公摄政七年说。

王国维对周公摄政七年说的否定，建立在对《尚书·洛诰》整体理解的基础上，尤其是“复子明辟”“元祀之礼”两处经文。《尚书·洛诰》首句“周公拜手稽首曰：‘朕复子明辟’”，[⑤] 郑玄、孔颖达、孙星衍、王

---

① 两版前后历经八年之久，除几处考证细节、证据的增添和删改，总体观点和结构并未变动。

② 王国维：《洛诰笺》，1915年上虞罗氏铅印雪堂丛刻本，叶5b。

③ 王先谦撰，何晋点校《尚书孔传参正》下，上海古籍出版社，2011，第749~750页。

④ 孙星衍撰，陈抗、盛冬铃点校《尚书今古文注疏》卷十九，中华书局，2004，第421页。

⑤ 孔安国撰，孔颖达正义，黄怀信整理《尚书正义》，上海古籍出版社，2007，第591页。

先谦皆释“复”为“复政”，认为此句表达周公摄政后复政成王。王安石释为“逆复”，意为成王命周公往营成周，周公占卜复命于成王。此说被认为有维护周公与成王君臣之义的用心，即不承认周公僭越了君臣秩序，在武王去世之后自立摄政王。[①] 王国维释“复”为“白”，成王继周公相宅至于洛，周公向成王汇报经营洛邑事，非指周公摄政复政，与王安石观点一致。另外，王国维对“元祀之礼”“殷礼”含义的发明，更有力地否定了周公摄政七年说。《尚书·洛诰》载：

> 周公曰：“王肇称殷礼，祀于新邑，咸秩无文。予齐百工，伻从王于周。予惟曰：‘庶有事’。”今王即命曰：“记功宗以功作元祀。”惟命曰：“女受命笃弼，丕视功载，乃女其悉自教工。”[②]

以上周公与成王的对话围绕成王举行祀礼、奖掖功臣展开。其中，“元祀”一般释为“大祀”。“殷礼”则有两种说法：一为殷之礼，与周礼相对；一为“盛礼”。若理解成“殷之礼”，则需回答，此时成王营洛为何不用周礼而用殷之礼？郑玄的观点是，此时周公甫返政，成王明年即位方用周礼，“殷之礼”的解释方案实际上与周公摄政返政说相辅相成。[③] 对周公摄政返政说持反对意见的蔡沈，即认为“殷礼”为“盛礼”，而非“殷之礼”。[④]

王国维提出“殷礼”“元祀”同义，为改元之礼，殷先王、文王即位时均行此礼，但此时举行改元礼并不是因成王即位，而是由于迁都洛邑，所谓“时洛邑既成，天下大定，周公欲王行祀天建元之礼于宗周”。[⑤] 这一解释方案有别于以郑玄、蔡沈为代表的汉宋学观点。将“元祀之礼”释为祀天改元之礼，从而将“惟周公诞保文武受命，惟七年”之“七年”放入改元纪年的坐标下，而非以周公摄政年岁为中心。

在否定《尚书·洛诰》主旨为周公摄政复政后，王国维强调周公、成王君臣界限分明，成王“大一统”君主地位，正面刻画周公的忠臣形象。如《尚书·洛诰》：

---

① 杜勇：《〈尚书〉周初八诰研究》（增订本），中国社会科学出版社，2017，第33页。

② 孔安国撰，孔颖达正义，黄怀信整理《尚书正义》，第596页。

③ 王先谦撰，何晋点校《尚书孔传参正》，第728页。

④ 蔡沈撰，王丰先点校《书集传》，第215页。

⑤ 王国维：《洛诰笺》，叶2b。

周公拜手稽首曰："朕复子明辟。王如弗敢及天基命定命，予乃胤保，大相东土，其基作民明辟。"①

前文述及，王国维释"复"为"白"，否定了周公"复"政于成王。另外，此段还有一处线索指向周公摄政称王，即周公言"王如弗敢及天基命定命"。江声认为"弗敢"即"弗能"，成王年幼，不能莅阼，周公不便自言"王弗能"，转称"王如弗敢"。此说以成王年幼作为周公摄政称王的前提，肯定周公摄政称王确有其事。与周公称王"弗敢"类似，《尚书·洛诰》中"予冲子""孺子"等称谓，在汉唐经疏中多被释为"幼子"，用来辅证成王年幼不能当政而周公摄政甚至称王的观点。

王国维对上述称谓、表述的解释，均持不同意见，即不采纳成王年幼周公摄位的说法。他认为"弗敢"是"弗敢弗"之省略，和下文成王云"公不敢不敬天之休"对应，是成王与周公"互相归美"的"立言之体"。② 对于指向成王年幼的称谓，王国维也另有新解。《尚书·洛诰》载：

孺子其朋、孺子其朋，其往！无若火始焰焰，厥攸灼，叙弗其绝若，彝及抚事如予，惟以在周工，往新邑。伻向即有僚，明作有功，惇大成裕，汝永有辞。③

此句讲面向百官的为政之法，但叙事主语、对象不明，一般认为出自周公，"孺子"指成王，是周公告诫成王朋党之害和统治百官之术的话。结合语境，此解不啻指周公的威望高过成王。所以，以明君臣之义为要的蔡沈语焉不详。王国维认为这是周公承成王之意，针对宗周百官的训诫，由此一来，既较好地处理了成王与周公的君臣关系，又充分肯定了成王的统治地位。④

在王国维看来，成王不是年幼的继承人，而是"大一统"的君主，周公则是追随成王共成"大一统"事业的忠臣。王国维十分看重东迁洛邑对周代的历史意义，并在此层面上推重成王："文王受命仅有西土，武王伐纣，天下未宁而崩，至周公克殷践奄，东土大定，作新邑于洛，以治东诸

① 孔安国撰，孔颖达正义，黄怀信整理《尚书正义》，第 592 页。

② 王国维：《洛诰笺》，叶 1a。

③ 孔安国撰，孔颖达正义，黄怀信整理《尚书正义》，第 596 页。

④ 王国维：《洛诰笺》，叶 3b。

侯，周之一统自成王始。”[①] 周公克殷践奄、经营洛邑，而功归于成王，这一表述明确了成王与周公的上下君臣秩序，划清《尚书·洛诰》篇中周公身上模糊的君臣界限，强调周公的臣子身份。值得注意的是，王国维认为，在“大一统”事业上，成王的功绩要高于文、武王，这与道统论有所出入。韩愈所言“仁义道德”为社会人伦秩序所系之理想精神与实用法则，其所托之人在尧、舜、禹、文、武、周公、孔、孟。[②] 朱熹将道统视为内圣外王合一的境界，进一步区别了道统、道学与道体，认为周公以下，道统只能以“学”的形式由孔孟而存，周公是内圣与外王相分的代表。[③] 总之，在道统论的谱系中，继文、武圣王之志者，从来都是圣人周公而非成王。周公得与文、武王并举，成王的位置则阙如。

王国维强调成王而非周公的“大一统”功绩，实与庄存与有沟通之处。庄存与称“洛诰，君臣一德之书也”，认为“成王不有丕显德，周公虽圣，能以之扬文武烈乎？”[④] 有学者认为庄存与强调成王之德，与力辩周公未摄政称王的关怀是一致的，即秉持《春秋》的“尊王”宗旨。[⑤] 王国维维护君臣之义的出发点未必和庄存与尽然，但二者强调成王与周公君臣有别的立场确实十分接近。

此外，王国维规避了暗示周公地位高过成王的若干关节点。《尚书·洛诰》第二句经文：“王拜手稽首曰：‘公不敢不敬天之休，来相宅，其作周匹休。’”[⑥] 按《周礼·大祝》，稽首礼是臣拜君的最高礼仪，故此处“王拜手稽首”是“非常礼”，被视作周公摄政、权力一度超过成王的证据，郑玄、孔颖达、王先谦等皆意如此。[⑦] 蔡沈为此弥缝，提出稽首礼乃成王派遣使者向周公传达诰命时，是使者而非成王向周公所行之礼。[⑧] 王国维并未解释这一重要礼制，这是秉笔阙如或有意阙如？两种可能性应兼

① 王国维：《洛诰笺》，叶 1b。

② 韩愈著，马其旭校注，马茂元整理《原道》，《韩昌黎文集校注》上册，上海古籍出版社，2018，第 17~23 页。

③ 朱熹集注，陈戍国标点《中庸章句序》，《四书集注》，岳麓书社，2004，第 19~21 页；余英时：《朱熹的历史世界：宋代士大夫政治文化研究》上册，生活·读书·新知 三联书店，2004，第 7~36 页。

④ 庄存与：《尚书既见》卷二，1882 年阳湖庄氏刻味经斋遗书本，叶 6a、6b。

⑤ 刘德州：《晚清〈尚书〉学研究》，中国社会科学出版社，2021，第 188~223 页。

⑥ 王国维：《洛诰笺》，叶 1a。

⑦ 李振兴：《尚书学述》下册，东大图书股份有限公司，1994，第 315 页。

⑧ 蔡沈撰，王丰先点校《书集传》，第 214 页。

而有之，不过，一带而过的处理方式在客观上实有淡化成王与周公君臣之间紧张关系的效果，由此可见王国维在对待成王与周公君臣关系关节点上的谨慎态度。

二 《殷周制度论》中的圣王周公

1917年7月初，王国维告诉罗振玉自己欲作《续三代地理小记》，“既而动笔，思想又变，改论周制与殷制异同”，这便是《殷周制度论》初创时的想法。[①] 王国维历时半月写就，落笔之后论学重心也未停留于此。相较于《魏石经考》等历时一年之久且反复修改的文章，此文似为速成之作。不过，在这篇文论中，王国维明确肯定周公摄政称王，并且认为周公是可与文、武王并举的圣王。

王国维对周公圣王形象的认知更新建立在肯定周公摄政为事实的基础上。在《洛诰笺》中，王国维虽否定了前人有关“惟周公诞保文武受命，惟七年”一句指向周公摄政七年的说法，但实际上并未对周公摄政称王一事正面表态。相较前代注疏，王国维的创见在于将“惟七年”释为“明今之元祀，即前之七年也”。但“前之七年”以什么为参照基准？王国维的解释并不明朗。在《周开国年表》中，我们得以继续追踪王国维的思考脉络。[②]

在“前之七年”的问题上，王国维补充道：“《洛诰》曰‘惟七年’，是岁为文王受命之十八祀，武王克商后之七年，成王嗣位于兹五岁，始祀于新邑，称秩元祀……七年者，武王克商之七年，举其近者言之，且以见成王之元祀即克商后之七年。”[③] “惟七年”即武王克商之第七年，此年又为文王受命第十八年，成王在位五年。这一“七年”之说颇令人费解，据王国维之见，“惟周公诞保文武受命”指周公留洛事，那么武王克商与周公留洛无直接联系，史官作《洛诰》没有必要以武王克商一事为纪年的参

① 王庆祥、萧立文校注《罗振玉王国维书信往来》，东方出版社，2000，第287页。

② 此文在王国维生前并未发表，赵万里《王国维年谱》载《周开国年表》作于1916年，洪国樑认为此文写作时间在《洛诰笺》之前，但并未举出相关实证，暂据赵万里之说。参见洪国樑《王国维之经史学》，花木兰文化出版社，2010，第237页。

③ 王国维：《周开国年表》，谢维扬、房鑫亮主编《王国维全集》第14卷，第154页。

照点，既不是成王的继位之年，也不是文王的受命之岁。①

王国维料想到这一解释可能会引起猜疑，接着在文中修饰为“举其近者言之”，强调迁都洛邑与武王克商之于周大一统事业的内在联系。但他对这一说法也不十分笃定，在这篇年表末尾，转而尝试把“惟七年”放在成王继位七年的坐标下去理解：

> 十八祀（既克商七年，成王五年）……《尚书大传》：三年践奄。
> 十九祀（既克商八年，成王六年）……《尚书大传》：四年建侯卫。
> 成王元祀（既克商九年）……《尚书大传》：五年营成周。②

此处，王国维又将周公营洛事安插到文王二十年，而不是文王十八年。这意味着，“惟七年”为武王克商第九年，成王继位第七年，不仅推翻了“惟七年”是武王克商之七年说，而且将参照纪年由武王克商转为以成王纪年为中心。

这一思路转换的关键或在于王国维参考了《尚书大传》中有关周公摄政事迹的记载：“周公摄政一年救乱，二年克殷，三年践奄，四年建侯卫，五年营成周，六年制礼作乐，七年致政成王。”③ 周公返政与营洛并不在同一年，自然“惟七年”之七年不当以周公摄政为坐标。王国维并未以成王元年为周公摄政元年，而是将成王三年视为周公摄政之始，按照《尚书大传》“五年营成周”的说法，对应在成王七年。相较于“武王克商七年说”，这一说法确实更能自洽。总之，在《周开国年表》中，王国维虽仍然否定《尚书·洛诰》“惟周公诞保文武受命，惟七年”之“七年”为周公摄政七年，但采纳了《尚书大传》有关周公摄政的说法，提出《尚书·洛诰》篇末之“惟七年”的两种解释方案：一为周公摄政五年成王继位七年，一为周公摄政三年武王克商七年。

在建立起周公摄政说的事实认知之后，王国维《殷周制度论》进而论证周公摄政乃至称王的正当性：

---

① 李振兴从“文气一贯”的内在文本结构角度，认为王国维之说不当（李振兴：《尚书学述》，第347页）。杜勇也商榷道：“王氏以‘惟七年’为‘武王克商后之七年’实际已经包含这一层意思，实不知为什么又对‘文武受命’另出新解。把简明的纪年方式弄得如此复杂之至，实在出人意料。”［杜勇：《〈洛诰〉周初八诰研究》（增订本），第52页］

② 王国维：《周开国年表》，谢维扬、房鑫亮主编《王国维全集》第14卷，第159~160页。

③ 伏生撰，郑玄注，陈寿祺辑校《尚书大传》，上海古籍出版社，2012，第40页。

> 动言尧舜禅让、汤武征诛，若其传天下与受天下有大不同者。然以帝系言之……汤武之代夏、商，固以其功与德，然汤武皆帝喾后，亦本可以有天下者也。……是故大王之立王季也，文王之舍伯邑考而立武王也，周公之继武王而摄政称王也，自殷制言之，皆正也。[①]

宋以后，逐渐生成以治统与道统相对应、道统为治统之所在的政治哲学思想。以此检视三代历史，汤武时与尧舜对举，被批评为有“残德”。[②]为汤武革命辩护大致有两种思路：一是主张“兵何讳乎”，认为禅让或武力征服是手段，世有治乱，统有经权，乱世权变可用武力；[③] 二是质疑后世篡夺者比附汤武而为后者招致批评，主张严格区分二者。[④] 王国维同样不认为汤武革命是不正义的，但与上述举证皆不同。他认为从血统论和继统法来看，殷代及前尚无严格分明的子继法和嫡庶之分，多数情况下王位兄终弟及。尧舜和汤武分别为颛顼、帝喾之统，皆为皇帝后代，都有继承权，不涉及手段是否正当的问题。武王与伯邑考都是文王之后，继位正当；同样地，周公是武王之弟，与成王一样拥有继位权。

相较前人，王国维对周公摄政称王正当性的辩护，采取以事实证据扫除道统论的方式，把汤武继位、周公摄政称王的历史批评一齐推倒，极具革命性。接下来，王国维重点从周公返政来解释周公何以为圣。

> 周公既相武王克殷、胜纣，勋劳最高，以德、以长、以历代之制，则继武王而自立，固其所矣。而周公乃立成王而已摄之，后又反政焉。摄政者，所以济变也。立成王者，所以居正也。自是以后，子继之法遂为百王不易之制矣。[⑤]

---

① 王国维：《殷周制度论》，谢维扬、房鑫亮主编《王国维全集》第 8 卷，第 304 页。

② “惟武王勇于迹汤，荡未暇迹乎舜、禹。敢行称伐，不文之以揖逊，此其天人虽足以顺应，舜、禹则未之媲美。固罔有不正，概之以中正纯粹，则未也。”（章潢：《论周秦晋隋唐正统》，载饶宗颐《中国史学上之正统论》，中华书局，2015，第 210~212 页）

③ 陈福康编《历代正统论百篇：饶宗颐〈国史上之正统论〉史料部分别增补》，商务印书馆，2020，第 64~69 页。

④ 陈福康编《历代正统论百篇：饶宗颐〈国史上之正统论〉史料部分别增补》，第 131~133 页。

⑤ 王国维：《殷周制度论》，谢维扬、房鑫亮主编《王国维全集》第 8 卷，第 305 页。此说与廖平对殷周继承法的意见有沟通之处：“盖商法兄终弟及，武王老，周公立，常也。当时初得天下，犹用殷法。自周公政成之后，乃立周法，以传子为主。周家法度皆始于公，欲改传子之法，故归政成王。”（廖平：《经话》甲编，李耀仙主编《廖平学术论著选集一》，巴蜀书社，1989，第 452 页）

周公本有称王的资格，并掌握摄政大权，但仍立成王且返政于成王，此举具有示范意义，由此确立了子继之法。王国维认为子继之法相较于兄终弟及制，具有制度上的优越性，能够较好地避免王位在代与代之间流传时带来的纷争，如兄终弟及之后，立兄之子还是立弟之子所造成的王位继承冲突。

周公返政带来了积极影响，不仅确立了子继之法，而且促进了周代整个政治体系的建立，包括嫡庶制、宗法制、分封制等，所谓“由传子之制，而嫡庶之制生焉”，“是故由嫡庶之制，而宗法与服术二者生焉。……为人后者为之子，此亦由嫡庶之制生者也。……又与嫡庶之制相辅者，分封子弟之制是也”。[①] 这一系列制度的内核在于尊尊、亲亲和贤贤之义，造就了周初大一统的局面，更奠定周以后二千年的制度文明。由此，周公区别于后世帝王，达到圣王的高度：“殷周间之大变革，自其表言之，不过一姓一家之兴亡与都邑之转移；自其里言之，则旧制度废而新制度兴，旧文化废而新文化兴。又自其表言之，则古圣人之所以取天下及所以守之者，若无以异于后世之帝王；而自其里言之，则其制度、文物与其立制之本意，乃出于万世治安之大计，其心术与规模，迥非后世帝王所能梦见也。”[②]

通过建立周公摄政的相关史事、辩护周公摄政称王的正当性以及强调周公返政为周代及后世带来的积极影响，王国维完成了周公圣王形象的刻画：“文、武、周公所以治天下之精义大法，胥在于此。故知周之制度典礼，实皆为道德而设。而制度、典礼之专及大夫、士以上者，亦未始不为民而设也。……欲知周公之圣与周之所以王，必于是乎观之矣。”[③] 对比《洛诰笺》，周公从成王背后走上王位，以其功德又重新回到“文、武、周公”的道统谱系。

三　王国维“周公观”的意涵

在《洛诰笺》中，周公是位于“大一统”君主成王之下的忠臣，在《殷周制度论》中，周公是重回道统谱系的圣王。王国维的周公认知为何

① 王国维：《殷周制度论》，谢维扬、房鑫亮主编《王国维全集》第8卷，第305~307页。
② 王国维：《殷周制度论》，谢维扬、房鑫亮主编《王国维全集》第8卷，第303页。
③ 王国维：《殷周制度论》，谢维扬、房鑫亮主编《王国维全集》第8卷，第318、320页。

前后不一？首先，周公形象的书写始终贯注着王国维对周公摄政称王这一重要经学命题义理层面的思考。自王莽拟周公摄政称王而代汉，主张周公摄政论与称王论，被认为是不同政治立场的表达，按夏含夷的观察，周公在历朝政治言论中的形象，可以视为衡量君臣之间权力消长的指标之一。[①]以宋儒的看法为例，蔡沈极力批驳周公称王说，严防如王莽之辈，混乱君臣纲纪。但持周公未称王仅摄政之见，也可能导向臣子为政治主体的结论，如黄伦认为周公虽居臣位，但以其功德摄政，虽未称王但已具王德。相形之下，汉高祖、唐明皇背弃功臣，虽称王但不具王德，由此劝诫当世君王要礼贤下士，礼遇臣子，否则即不具备称王的德性。[②] 这一思路发展到极端，有抹消君臣界限的危险，即臣子有德便可上位。故而林之奇一面肯定周公摄政的正当性，一面将周公与伊尹比较，澄清周公返政后而留洛不是担心大权旁落，预谋夺权，而是为天下计，区别于王莽之辈，警惕将周公摄政投射到现实政治中，使之成为维护王霸政治的思想资源。[③]

王国维对周公摄政称王命题与现实政治之间的关联是十分敏感的。在《洛诰笺》中，王国维在“大一统”视角下特举成王在周史上的地位，否定成王幼子的说法，在暗示周公称王的称谓、礼仪之关节处，多以反面阙文的方式，维护成王主政、周公与成王之间的君臣名分。虽然未直接讨论周公摄政称王等问题，但行文强调周公作为忠臣，与成王和谐团结，共谋周之一统大业的形象，维护成王与周公所代表的君臣秩序。同样，在《殷周制度论》中，王国维对周公摄政称王的承认，建立在澄清周公在血统论和继统法方面都有继位正当性的基础上，结果不仅不会挑战君君臣臣的伦理秩序，并能以釜底抽薪的方式，消解周公摄政称王命题中君臣伦理的紧张感。

论者多言辛亥年后王国维渐由文哲领域转向经史之学，但实际上迟至

---

① 〔美〕夏含夷：《孔子之前：中国经典诞生的研究》，黄圣松等译，中西书局，2019，第91页。

② “而史官所载区区以报周公功为大，何也？曰所以固结人心，感动天下者，莫大于忠厚，汉高祖既得天下，首杀韩彭，唐明皇既得天下，首贬钟绍京、刘幽求辈，皆非忠厚之道。”（黄伦：《尚书精义》卷三十八，清道光咸丰间大梁书院刻1868年王儒行等印经苑本，叶21b）

③ “以是知周公、伊尹之或去或不去焉而已矣，其心则一也。彼王莽何为者邪，遭汉中微，肆其奸匿以成盗僭之祸，而其所以动以周公自比，及其代汉自立也，其情露矣。”（林之奇：《尚书全解》卷三十一，1680年通志堂刻通志堂经解本，叶23a、23b）

1913年，王国维才分出较多精力，探研经学典籍。[①] 1914年，王国维在回复沈曾植信中，自述结合出土文献与传世文献研究西北地理，认为这一工作虽大有可为，但深感外语的限制，故有意转向三代文物制度的考证方面。[②]《洛诰笺》是王国维介入经学领域后第一篇公开发表的成果。那么，王国维为何选择《尚书·洛诰》这篇聚讼犹多的经文作为经学研究的起点？这与其欲向上探明中国道德政治形态应有直接的关系。在六经之中，王国维唯对《尚书》评价最高："其伪者，亦魏晋间人搜辑古逸书所成，其言多有裨于政治道德，不可废也。其真者，多纪帝王行事及君臣论治之语，实中国三千年来政治道德之渊源，亦中国最古之史也。"[③] 他认为《尚书》无论真伪，亦经亦史，均有可裨益政治道德者。《洛诰笺》与《殷周制度论》中周公形象的呈现方式，无一不展现了王国维所设想的道德政治图景。

首先，道德政治的主体是君王。无论是《洛诰笺》中作为"大一统"君主的成王，还是《殷周制度论》中君师合一的周公，王国维的关注点始终是以国家为主体的周王朝何以定天下的问题。国家并不是一盘散沙或者以民为主体的，主体始终为在位者，君王在王国维设想的政治图景中从不缺位，并且占有极重要的位置。明白这一点，方可理解王国维在《殷周制度论》中肯定周公摄政称王，除了建立起周公摄政的事实认知外，更有别的考虑，显然在历史语境中，周公是比成王更适合的施行道德政治的人。

其次，道德政治的实现不仅要靠君王，更需要制度的保障。若比较张尔田对"周公作制"的批评，王国维的论述更能体现特点。前者认为三代圣王包括周公，只制定了面向民的统治术及面向百姓的官制，本质上是为一世的统治，三代制度是一时一代之法，孔子才为万世春秋立言："夫六

---

① 王国维杂谈笔记类集子有《庚辛之间读书记》《东山杂记》《二牖轩随录》三本，分别作于1911、1913、1915年前后，从这三本杂谈笔记中，可大致勾勒王国维的阅读与研究重心的变化：《庚辛之间读书记》所载主要为诗词、戏曲、宋代图书目录学著作；《东山杂记》中《礼经》《周礼》《左传》《日知录》等经史书开始出现；《二牖轩随录》内容涉及名物民俗考证、诗词评述，宋元曲录，出土文献，十分广博，阅读经史学著作更多，有《韩诗外传》《后汉书》《论语》《墨子》《史记》《太平御览》《大唐六典》《新旧唐书》《宋史》等。

② "近因蕴公于商周文字发见至多，因此得多见三代材料，遂拟根据遗物以研究古代之文化、制度、风俗，旁及国土、姓氏、颇与汉人所解六艺不能尽同。此后岁月，拟委于此。"（1914年8月2日王国维致沈曾植函，谢维扬、房鑫亮主编《王国维全集》第15卷，第69页）

③ 王国维：《经学概论》，谢维扬、房鑫亮主编《王国维全集》第6卷，第315页。

艺为周公之典章法度，是固然已，然典章法度历代不相沿袭者也，六艺虽周公旧史，苟非经孔子删定纂修，垂为万世不刊之经，又何取乎历代不相沿袭之典章法度以垂教后王也？"[①] 与王国维将周公推举为区别后世帝王之圣王的做法针锋相对。张尔田肯定孔子的历史地位高于周公，带有今文家的立场。相较之下，王国维发明周公作制的"制度史"意义，在事实层面上，回答了"周公作制"之制度是什么，勾画了以嫡庶之制、庙制与卿大夫不世之制、同姓不婚之制为表现，以尊尊、亲亲和贤贤三统之义为内核的周制体系，填充了"周公作制"的内涵。

王国维讨论"周公作制"的方式看似与张尔田迥然不同，实则与张尔田治学的出发点相差不远：其一，王国维仍旧回避了周公如何作制，甚至作制者是否为周公等事实性问题；其二，采取从"周公作制"这一点来论证周公之圣，强调周制历时历代的合理性与典范性，这一取径本身更接近发明义理而非事实考证。[②] 王国维的着眼点不仅止于"制度"，而且在制度背后的"道德"，所谓"制度典礼者，道德之器也"，"道"为"器"灌注了内在合理性。王国维强调的"制"正是张尔田看重的"教"，只不过王国维认为"道"不是高于"器"的存在，而是内生于"器"。王国维利用"道""器"这对范畴赋予了"周公作制"形而上层面的意义，使得"周公作制"的论证效果有象征性大于事实性之嫌。[③]

最后，周公手定之道德政治蓝图，本质是君主统治而非民主政治。晚清以来，这一政治形态受到不同程度的批判。张尔田即认为周所代表的三代政治是由圣王，贵族、官、百姓和民组成的三等级结构。圣人居帝王之位，君师合一，处于绝对的政教统治地位；其下由贵族、官、百姓组成的中间层，是政教的受众主体；最后是民，不知教训，以刑统之。张尔田将之定性为"贵族封建政体"，加以批评。[④]对三代"贵族"社会的批判可上

① 张尔田著，黄曙辉点校《史微》，上海书店出版社，2006，第 228 页。

② 如郑玄据受命改制说，将"周公制礼"作为诠释经学的坐标，链接不同时代的著作，建立学术谱系。记载周公之制的《周礼》《仪礼》成为褒贬人事的标准与判读文本字句的"圣经"，"周公作制"遂为"典范"。参见郑雯馨《郑玄主"周公制礼"说的学术意义》，台湾政治大学中国文学系编印《第九届汉代文学与思想国际学术研讨会论文集》，2014。

③ 王国维：《殷周制度论》，谢维扬、房鑫亮主编《王国维全集》第 8 卷，第 317 页。

④ 张尔田著，黄曙辉点校《史微》，第 225 页。

溯到魏源，针对封建制、世卿制所造成的人才流动停滞和社会权力等级对立。[①] 不过，魏源主张社会治理的理想主体仍是贡举之才，即张尔田所说的“贵族、官和百姓”这一社会中间层，极少涉及民。张尔田对三代“贵族封建社会”的批评显然更进一步，根指社会教化的主体性问题，旨在反思更下层的民的社会地位，这与梁启超的观点更有沟通之处。[②]

在王国维的论述中，均可找到对上述张尔田等人看法的回应。王国维强调周代政治社会的总体原则之一是“贤贤”，作为社会统治的主体，周天子、诸侯虽然是世袭的，但卿、大夫、士是不世袭的，并且天子、诸侯世袭有其正当性，所谓“有土之君不传子、不立嫡，则无以弥天下之争”，而卿、大夫、士的不世袭正体现了“贤贤之义”的贯彻。[③] 王国维显然已经不认为世袭制具有天然的正当性，即使是天子，也要为天下而存在才是合理的。不过，他仍然维护世袭制的合法性，仅承认有限度的人才流动，接近魏源的观点。至于民的地位问题，王国维承认民在周代并非政治参与的主体，但并不将此作为周代政治的弊端。相反，他强调民是整个社会秩序得以存在的意义，但不必在位，民的地位是隐性的，并非显性的。民的权益需要由天子、诸侯等在位者去代表、去保障，以此回答张尔田及梁启超所关心的民之主体性问题。[④] 但民能否被代表？这一问题是王国维与同时代人政治理想的最大分歧。

余　论

王国维以汉宋为经学发展的两座高峰，尤其对宋学评价极高，“宋始

① “后世之事，胜于三代者三大端：文帝废肉刑，三代酷而后世仁也；柳子非封建，三代私而后代公也；世族变为贡举，与封建之变为郡县何异？三代用人，世族之弊，贵以袭贵，贱以袭贱，与封建并起于上古，皆不公之大者。虽古人教育有道，其公卿胄子多通六艺，岂能世世皆贤于草野之人？”（魏源：《默觚》，《魏源集》上册，中华书局，2018，第 60 页）

② “中国历史上有意义的革命只有三回，第一回是周朝的革命，打破黄帝尧舜以来部落政治的局面，第二回是汉朝的革命，打破三代以来贵族政治的局面，第三回就是我们今天所纪念的辛亥革命了。”梁启超认为三代是贵族政治，是需要被打破的（梁启超：《辛亥革命之意义与十年双十节之乐观》，《梁启超演讲集》，天津古籍出版社，2005，第 30 页）。

③ 王国维：《殷周制度论》，谢维扬、房鑫亮主编《王国维全集》第 8 卷，第 315~316 页。

④ “凡有天子、诸侯、卿、大夫、士者，以为民也。有制度、典礼，以治天子、诸侯、卿、大夫、士，使有恩以相洽，有义以相分，而国家之基定，争夺之祸泯焉。民之所求者，莫先于此矣……是故天子、诸侯、卿、大夫、士者，民之表也。”（王国维：《殷周制度论》，谢维扬、房鑫亮主编《王国维全集》第 8 卷，第 317 页）

以新意说经，皆与汉魏以来旧注不同”，在义理上“或校旧注为长”，高出汉学，并不厌详举宋学代表刘敞、朱子、蔡沈等十一人。至于清学，以发采汉学见长，如陈奂之《诗》学，孙诒让、胡培翚之礼学，陈立之《春秋》学皆一时之代表，可超越汉魏以来旧注，也“非元明之所能及”。可王国维唯独没有拿清学与宋学相较，言下之意，暗示清学仍未足与宋学比肩。[①]

《洛诰笺》和《殷周制度论》的处理方式亦近宋远汉。两个文本都先后易名，《洛诰笺》易名《洛诰解》，由“笺”改为“解”，从注疏到解意。《殷周制度论》曾名《殷周制度考》，由“考”改为“论”，从考史到论理。《洛诰笺》以疏通文义关节为要，《殷周制度论》更着眼“于考据之中，寓经世之意，可几亭林先生”，均可视为王国维上追宋学，以“新意说经”之实践。其新意一面表现在对话汉宋，将《尚书·洛诰》最后一句“惟周公诞保文武受命，惟七年”重释为周公营洛在成王继位七年或武王克商七年，《尚书·洛诰》宗旨无关周公摄政；另一面表现在发明周公作制，推举周公之圣王地位及周制之典范上。周公形象的书写始终体现王国维消解周公摄政称王这一经学命题中君臣之义紧张感的用心，也是其道德政治理想的隐微表达。不过，这一研究取径不久被“古史层累说”的风潮淹没，傅斯年认为历史研究题目是“事实之汇集”，不能掺杂“传统的或自造的‘仁义礼智’”，在此眼光的更新下，“有些从前世传来的题目经过若干时期，不是被解决了，乃是被解散了”，[②] 周公问题应该像顾颉刚考证大禹问题一样去处理，剥落其身上层累叠加的时代观念。[③] 由此，王国维在周公身上所寄予的经学关怀和道德政治理想亦成为“被解散”的不成问题之问题。

① 王国维：《经学概论》，谢维扬、房鑫亮主编《王国维全集》第6卷，第322~325页。

② 《傅斯年全集》第四册，台北联经出版社，1980，第256页。

③ 《傅斯年全集》第四册，第459页。

郭沫若对《近世社会主义》的阅读与接受

庚向芳　李小梅

（上海对外经贸大学马克思主义学院，上海　201620）

摘　要： 当前学界多认为郭沫若接受唯物史观、转变为马克思主义者的标志，是1924年他翻译完成河上肇的《社会组织与社会革命》。但是从泛神论思想到接受唯物史观，郭沫若经历了一个过程，其中福井准造编著的《近世社会主义》对其影响颇深。但是福井准造与《近世社会主义》在日本并未被学界重视。福井准造是明治维新之后日本知识分子的代表，《近世社会主义》在日本远不如其中译本在中国的影响深远，郭沫若至迟在1919年读到《近世社会主义》，此书是郭沫若最早了解与接受马克思主义与唯物史观的媒介，推动其思想发生转变。

关键词：《近世社会主义》　福井准造　郭沫若　唯物史观

郭沫若是中国马克思主义史学的开创者，目前学界对其研究已呈燎原之势，从不同面相对其史学进行研究，成果丰硕，兹不赘述。20世纪初马克思主义理论在日本的介绍、传播、研究，对郭沫若接受唯物史观有很大影响，成为他学习马克思主义的一个文化中介。学界多认为郭沫若由泛神论思想转向接受唯物史观、成为马克思主义者的标志，是1924年翻译完日本马克思主义经济学家河上肇的《社会组织与社会革命》。[①] 但是郭沫若从

① 持此观点的学者及代表性文章主要有林甘泉《郭沫若早期的史学思想及其向唯物史观的转变》（《史学史研究》1992年第2期），彭冠龙《〈社会组织与社会革命〉的翻译与郭沫若思想转变》（《"走向世界的郭沫若与郭沫若研究"学术会议论文集》，2014年6月），李勇《郭沫若唯物史观接受史》（《史学理论研究》2017年第3期），张越《郭沫若：卓立于时代潮头的文化巨人》（《中国社会科学报》2021年5月11日，第4版）、《〈中国古代社会研究〉问世前后的学术史考察》（《天津社会科学》2022年第5期），等等。

开始接触唯物史观到完全接受唯物史观，并非一蹴而就。接受一种思想或者主义，其中一定会有从认识到了解，从思考到接受的过程。郭沫若在思想转型过程中，阅读的日本学者翻译的马克思主义原著以及撰述的相关著作种类众多。1955 年 12 月，郭沫若率中国科学代表团访日，在他的母校九州大学举行的座谈会上发表演讲，他说道："我开始学习社会主义，是读了贵国福井准造先生的《近世社会主义》这本著作。"[①] 他在与南原繁的对话《十八年间的日本》中写道："1913 年[②]贵国出版的福井准造所写四卷本《近代社会主义》被我们翻译，这本书是我们了解马克思、恩格斯的起点。贵国对于福井准造并不了解，会说'你们弄错了，是福田德三吧'！其实并非如此，是福井准造啊！贵国的社会主义者们，恐怕对其毫不在意吧！"[③] 郭沫若两次提到的福井准造是谁？《近世社会主义》是本什么书？郭沫若于何时读到《近世社会主义》？这本书对于他了解马克思主义与接受唯物史观起到了什么样的作用？笔者不揣冒昧，分别予以论述，以就教于方家。

一　福井准造与《近世社会主义》

福井准造（1871~1937），明治四年（1871）生于日本神奈川县大住郡小岭村（今平塚市丰田小岭）。福井家世代都是村长名主，其父福井直吉于明治十二年（1879）当选第一届县议会议员，后历任县议会长、众议院议员等职。福井深受其父影响，少年时期对于家国大事十分关注。明治二十四年（1891），福井准造毕业于庆应大学英文科，随后撰写《论投机之弊》《德语》《人性的弱点》《十九世纪的社会主义及其评论》等文章，先后发表于《新潮》、《反省杂志》（后称《中央公论》）。1896 年，福井准造进入自由党神奈川县青年会刊物新潮社；1897 年，与安冈秀夫翻译《十九世纪列国史》并出版；1899 年，出版《近世社会主义》。1900 年，在农商务部的委托下，他对神奈川、静冈两县的工厂工人进行调查，发表

① 〔日〕向坂逸郎：《郭沫若与福井准造的〈近世社会主义〉》，田家农译，载《郭沫若研究》（第七辑），文化艺术出版社，1989，第 282 页。

② 此处应为 1903 年。《近世社会主义》中译本第一版 1903 年由上海广智书局出版，1927 年由上海时代书店再版。另见〔日〕長谷川博《十九世紀末のわが社会主義：郭沫若先生の一指摘への関説》，《社会労働研究》1956 年第 6 卷。

③ 〔日〕南原繁、郭沫若：《十八年ぶりの日本（对谈）》，《中央公論》1956 年第 71 期。

《农民与社会问题》《社会问题的本质及起因》《关于制定工厂条例》等文章；1903年，担任神奈川县农会会长，此后担任众议院议员、司法大臣秘书官等职务。后退出政坛，1915开始先后就任东京米谷商品交易所董事、小林皮草贸易株式会社董事、日本轮工株式会社董事、日本仓库株式会社董事，1937年去世于家乡。①

作为成长于明治维新时期的知识分子，福井准造有鲜明的“仁人志士”思想。首先他是一个民族主义者，1895年，他在《新潮》上发表《文明论》，对俄德法三国以军事威胁日本还辽事件进行批判。② 在《谈论俄国大势》《俄国外交战略及其历史》中，福井指出日本要对俄国的威胁予以关注，要了解俄国扩张版图的欲望，并且要有应对之策。日本在甲午战争、日俄战争后，资本主义逐渐确立，导致农村中变卖土地的农民与半封建半资本主义的寄生地主之间的矛盾日益尖锐。1895年，神奈川县农会成立，1896年，福井参加了大住淘绫郡农会成立仪式。出身农村却对农业问题一无所知，福井对此表示非常惭愧，于是他转变研究方向，开始探索日本农民的状况以及农村存在的问题。福井认为，日本的立国之本在当时仍然是农业，但是土地兼并加剧，贫富差距凸显，他提出：“请我们发现打破土地兼并这一趋势的势力吧！”③ 对土地兼并与贫富差距的关注，是福井对社会主义关心与接受的前提。1895年，福井发表文章《十九世纪的社会主义及其评论》，这是福井第一次发表有关社会主义的文章。福井认为社会主义就意味着财产平等，财富的过分集中会影响国家与国力，通过社会主义才能解决这个问题：“财富的集中绝非一国之喜，不如化集中为分散，广泛散布财富。对于一些企业家而言，国家的强弱与其密切相关。贫富差距绝不是他们所希望的。将其清除或平衡，谋万民之福利，若能如此，吾辈可称社会主义者。”④ 因此他写作《近世社会主义》的目的，是从“国家”与“国力”出发，在早期对财富的过分集中进行控制防范，⑤ “我

① 〔日〕長谷川博：《十九世紀末のわが社会主義：郭沫若先生の一指摘への関説》，《社会労働研究》1956年第6卷。

② 〔日〕松田隆行：《福井準造の思想的原点：日清戦後の「知識人」とナショナリズム・社会主義・農業》，《近代日本研究》1997年第14期。

③ 〔日〕福井準造：《日本農民の現状と田土平均論》，转引自〔日〕松田隆行《福井準造の思想的原点：日清戦後の「知識人」とナショナリズム・社会主義・農業》，《近代日本研究》1997年第14期。

④ 〔日〕福井準造：《十九世紀の社会主義及び其評論》，《新潮》1895年第13号。

⑤ 〔日〕福井準造：《十九世紀の社会主義及び其評論》，《新潮》1895年第13号。

日本今日之形势，社会问题，亦隐约胚胎于其中。贫富悬隔之弊，亦将渐显于社会，是经世忧国之士，所不能漠然置之者也。此所以稽察欧美诸国之事例，以讲究近世之社会主义，其微意之所有在。"[①] 这也许是福井没有成为有理想、有行动的社会主义者的重要原因。

《近世社会主义》由绪论、四编二十章与两个附录组成。绪论部分对社会主义的缘起、概念、目的等做了简要说明；第一编介绍英法等国的社会主义，并对其代表人物巴贝夫、欧文、傅立叶、圣西门、蒲鲁东、谢夫莱、巴枯宁等的生平与学说依次介绍；第二编重点介绍马克思与德国的社会主义流派；第三编介绍无政府主义、社会民主主义、国家社会主义、基督教社会主义等流派的起源与发展，代表性人物及其观点与学说；第四编的重点是欧美诸国社会党的状况，介绍了英、法、德、中东欧国家以及美国社会党的活动。《近世社会主义》是较早且详细介绍马克思与马克思主义的著述。

第二编的第一章"加陆马陆科斯（马克思）及其主义"共分两节。第一节介绍马克思的履历与学说，一万多字。作者认为马克思与拉萨尔是德意志社会主义的创立者，马克思确立了社会主义"议论之根底"，"出无二之经典，以闻于世界"。[②] 这一节以编年的方式，大致梳理了马克思的生平大事，并对马克思进行评价："马陆科斯者，一代之伟人，长于文笔，其议论之精致，为天下所认识……彼于经济学上，最精细之观察，且为确实推论家之一人，故其著《资本论》实为社会经济上之学者之良师。亦可窥见彼之一代之性行及其思想云。"[③] 第二节介绍马克思的政治经济学理论以及唯物史观。福井认为《资本论》"为社会主义定立确固不拔之学说"，"为一代之大著述，为新社会主义者发明无二之真理，为研究服膺之经典"。[④] 福井总结马克思的资本理论，把资本的形成分为三个时期：第一个时期为"资本势力未盛之时"，这一时期"手工劳动者以自己之资本，从事于各自生产"；第二个时期是"资本将盛之时"，这一时期"资本家依其利益，劳动者依自己之劳银"；第三个时期是"资本极盛之时"，这一时期"利益之全额，悉归资本主之所有"，而劳动者只获得微薄"俸给"，这时

① 〔日〕福井准造：《近世社会主义自序》，《近世社会主义》（上），赵必振译，广智书局，1903，第1页。

② 〔日〕福井准造：《近世社会主义自序》，《近世社会主义》（上），第3页。

③ 〔日〕福井准造：《第二编第二期之社会主义》，《近世社会主义》（上），第5页。

④ 〔日〕福井准造：《第二编第二期之社会主义》，《近世社会主义》（上），第5页。

“资本家之势力，日赴旺盛，全然与劳动者隔离，社会遂组织一特种之阶级。劳动者尽其全身之劳力，以讲一生自活之计。资本家贮蓄其所得之利润，倍增自家之财产。贫者愈穷，富者愈富”。[①] 究其原因，“资本家所以蓄积其利润，增加其财产者，则以生产社会余剩价格之故。……马陆科斯乃分离其价格与本质，而著‘价格论’”。[②] 此处的“余剩价格”“价格”，就是剩余价值与价值。

在这一节福井还介绍了马克思的唯物史观，“彼之观察历史之眼，先描画其原始之状态，次述进步之阶梯，以稽察过去与现时，以进未来之社会，而待变革一新之期”。[③] 福井初步介绍了马克思唯物史观的一些核心观点，引用马克思的原文对原始社会、奴隶社会、资本主义社会等不同的社会形态进行描述，“社会原始之状态，生产之业未开，人人皆汲汲于自求其衣食……社会无甚贫富之差，又无资本主与劳动者之别”；此后，社会出现阶级分化，进入奴隶社会，而“降及中世，以农业为生产社会，渐次而发达，乃唱道人权之贵重，生产社会之奴隶渐灭，以至于奴隶制度亦全废，而创立资本的生产制度”；“至社会发达之度更进一步，则私有财产之区域更缩一层……故现时社会之进步，渐促此私有资本制度于灭绝”。[④] 按照马克思的设想，私有制一定会被公有制所取代，国家将归人民管理。福井肯定马克思从研究资本主义经济问题入手，揭示资本主义社会的发展规律，进而揭示人类社会历史发展的客观规律的方法。“彼所采社会改革者，非仅就其面目，必以学理为社会主义之根据。以攻击现社会，以反对现制度。而创立新社会主义，以唱道于天下，舍加陆马陆科斯其人者，其谁与归?”[⑤]

1899 年 10 月，日本第一份以探讨工人问题为主题的杂志诞生，宣称解决当时社会问题“主要是必须实行社会主义”。[⑥]《近世社会主义》与村井知至的《社会主义》就是在这一年出版的，成为日本最早系统介绍西方社会主义理论的著作。但是福井准造与《近世社会主义》在日本的影响，远不如村井知至及《社会主义》，甚至《神奈川县史》几乎没有对福井准

① 〔日〕福井准造:《第二编第二期之社会主义》,《近世社会主义》(上), 第 6 页。

② 〔日〕福井准造:《第二编第二期之社会主义》,《近世社会主义》(上), 第 6 页。

③ 〔日〕福井准造:《第二编第二期之社会主义》,《近世社会主义》(上), 第 9 页。

④ 〔日〕福井准造:《第二编第二期之社会主义》,《近世社会主义》(上), 第 9~10 页。

⑤ 〔日〕福井准造:《第二编第二期之社会主义》,《近世社会主义》(上), 第 11~12 页。

⑥ 〔日〕片山潜:《日本的工人运动》, 王雨译, 上海三联书店, 1959, 第 133 页。

造的专门介绍，以至于1955年郭沫若访日在演讲中提到《近世社会主义》时，在场的很熟悉社会主义运动史的学者都不禁问："有福井准造的《近世社会主义》这本书吗?" 向坂逸郎也表示："在我年青时代，这本书已经没有什么影响力了。"[①]《近世社会主义》在中国的传播则与日本国内相反，这本书自译介到中国，就受到广泛关注。1903年，留日学生赵必振[②]翻译了《近世社会主义》，由上海广智书局出版，梁启超亲自撰写了宣传广告；1927年，该译本由上海时代书店再版。《近世社会主义》被认为是"近代中国系统介绍马克思主义的第一部译著"。[③] 该书的传入给中国思想界带来一股新风，在国内引起广泛关注，直到1920年，蔡元培给李季翻译的《社会主义史》作序，谈到社会主义的传播时，仍然以此书为代表："西洋的社会主义，二十年前才输入中国。一方面是留日学生从日本间接输入的，译有《近世社会主义》等书。"[④]

二　郭沫若阅读《近世社会主义》时间考

在郭沫若由泛神论到接受唯物史观的思想转变过程中，《近世社会主义》对他的影响已为学界公认，但是对郭沫若阅读该书的时间则存在不同观点。林甘泉指出《近世社会主义》"是郭沫若留学日本时代最早接触的有关社会主义的一本书。他阅读这本书的时间，大约是1921年第二次东渡日本之后不久"。[⑤] 张越认为"大约可以明确的是，郭沫若开始接触了解马

① 〔日〕向坂逸郎:《郭沫若与福井准造的〈近世社会主义〉》，田家农译，载《郭沫若研究》(第七辑)，第282页。

② 赵必振（1873~1956)，湖南常德人，原名厚屏、廷飏，字曰生，别号星庵。先后就读于常德德山书院、长沙岳麓书院、湘水校经书院。1900年，赵必振参加唐才常的自立军，失败后，被清政府通缉，辗转逃到日本，初任《清议报》校对、编辑，常以赵振、民史氏等笔名为该报及《新民丛报》撰文，追念自立军亡友，揭露清政府的黑暗统治。赵必振只在日本待了不到两年的时间，其间发奋学习日语，广泛阅读日文书籍，聆听日本社会主义者的讲演，他不仅熟练掌握了日语，而且翻译写作了近三十本书，这其中包括幸德秋水的《二十世纪之怪物帝国主义》(1902年8月出版)、《广长舌》(1902年12月出版)。详见李惠斌《从赵必振有关社会主义的三部译著看其在马克思主义传播史上的地位和作用》(中共常德市委鼎城区党史研究会、常德市鼎城区赵必振研究会编《赵必振译文集》，九州出版社，2021)以及福井准造《近世社会主义》(1903年1月)。

③ 姜义华:《我国何时介绍第一批马克思主义译著》，《文汇报》1982年7月26日。

④ 蔡元培:《社会主义史序》，〔英〕克卡朴:《社会主义史》，李季译，商务印书馆，1920，第2页。

⑤ 林甘泉:《郭沫若早期的史学思想及其向唯物史观的转变》，《史学史研究》1992年第2期。

克思主义是在 1921 年前后”。[①]

这是目前学界对于郭沫若阅读《近世社会主义》时间的两种观点。判别这两个时间哪一个更为合理，需要考察郭沫若 1921 年公开发表的文字，追寻他思想变化的脉络。1921 年 4 月，郭沫若发表《日本之煤铁问题》[《少年世界（增刊日本号）》]；1921 年 5 月，郭沫若发表第一篇史学论文《我国思想史上之澎湃城》（《学艺》第 3 卷第 1 号）；1921 年 8 月，郭沫若的第一本诗集《女神》出版。考察上述文字，可以发现《近世社会主义》对郭沫若接受唯物史观与马克思主义潜移默化的影响，并确定郭沫若阅读该书的时间。

郭沫若以狂飙突进的诗人形象登上五四时期的文坛，诗歌是表达其思想最直接的载体。1921 年 8 月，《女神》由上海泰东图书局出版，是创造社丛书的第一种，也是郭沫若第一本诗集。全书分三辑，收录的诗歌最早写于 1916 年，最晚写于 1923 年，绝大多数写于 1919~1920 年。《女神》以崭新的思想内容与自由奔放的诗体，开创了中国现代诗歌崭新的诗风与浪漫主义的艺术风格。《女神》的《序诗》写于 1921 年 5 月 20 日，第一句就宣称“我是个无产阶级者”，[②] 日本学者中山新也理解这一句诗是“除了认识的自我之外，不拥有任何东西”的意思。中山新也解读《序诗》中包含了对资产阶级的批判，资产阶级不仅垄断了看得见的财产，还垄断了看不见的财产——知识。作为“无产阶级者”的“我”想“公开”“女神”，点燃“与我的振动数相同的人”“与我的燃烧点相等的人”“我可爱的青年的兄弟姊妹”的“智光”，这种“智”归根结底是保证对当时状况的批判能力的智，这才应该是共产主义的智。[③] 对于郭沫若作于 1919 年的《夜》，中山新也则说：“再没有比这首短诗更具有共产主义色彩的作品了。因为这首诗中出现的‘夜’一词就是马克思主义共产主义本身的隐喻……在这首诗中，有一个明确的信息，那就是消除私有财产。”[④] 年轻的郭沫若通过这两首诗，再次确认了马克思主义的本义，以及共产党人在实践中有着怎样的“理想”和“希望”。此外，从写于 1919 年的《匪徒颂》，可以

① 张越：《〈中国古代社会研究〉问世前后的学术史考察》，《天津社会科学》2022 年第 5 期。

② 郭沫若：《序诗》，《女神》，泰东图书局，1921，第 1 页。

③ 〔日〕中山新也：《郭沫若『女神』「序诗」、「夜」に見るマルクス主義の共産主義の世界観》，日本郭沫若研究会事務局编《郭沫若研究會報》2012 年第 13 号。

④ 〔日〕中山新也：《郭沫若『女神』「序诗」、「夜」に見るマルクス主義の共産主義の世界観》，日本郭沫若研究会事務局编《郭沫若研究會報》2012 年第 13 号。

明显看出郭沫若对社会主义及列宁有所接触，初步迸发出马克思主义思想的火花。

郭沫若初登文坛，以诗人闻名。但1921年4月，他发表了一篇与诗人气质差距甚远的经济学论文——《日本之煤铁问题》，刊登于少年中国学会创办的刊物《少年世界》（增刊日本号）。这一期的卷首语指出："日本最近思想界的分野，大别之为两派：一派主张克鲁泡特金的'人道主义'；一派研究马克思的'唯物史观'。前派据着东京帝大助教森户辰男算代表；后派的实力则集中到京都帝大以河上肇博士为领袖。"[①] 这一期《少年世界》发表的文章，可视为这两派观点的实际应用：《平民艺术的浮世绘》《日本贫民窟之研究》《日本底保险界》《日本平民金融机构之研究》似乎是在为克鲁泡特金的"人道主义"做注脚；而《日本劳动运动的两面观》《从经济方面观察之日本国策》《中日贸易之比较及未来观察》《日本之煤铁问题》这几篇则可以视为运用"唯物史观"考察日本社会。由此可知，至少在1920年前后，中国的知识界与年轻的知识分子已经初识"唯物史观"，并尝试用"唯物史观"的方法分析日本社会。郭沫若的《日本之煤铁问题》的写作时间应在1920年。[②] 这篇文章从经济学角度分析资本主义制度发展的弊端，并指出日本帝国主义侵略中国的必然性。郭沫若在文中运用大量表格与数据，揭露日本帝国主义对中国的经济侵略与经济掠夺，指出只有发展科学技术才能摆脱落后挨打的局面，并论证煤和铁对于现代化的重要性。这篇文章提到第一次世界大战德国的战败，"浅识者流吠影吠声，不说科学文明破产，便说德国文化倒灭，甚至有顶戴马克思的人也笼统谩骂德国文化，不知马克思的著作也是德国文化之一部分"。[③] 文章的最后写道："讲社会主义总要重在实行，今天徒翻一段河上肇，明天又译一节马克思，生吞几本日本文翻译的西书，便硬充一位新文化运动底健将，又有什么意思来？"[④] 这里郭沫若对于学界有些人生吞活剥马克思主

① 彦之：《卷首语》，《少年世界》1921年增刊日本号。

② 详见郭沫若《日本之煤铁问题》（《少年世界》1921年增刊日本号），"这篇文字，终不该归我做的。我因为去年八月三十一日在日本大阪《朝日新闻》上读得一段八幡制铁所长官——制铁所乃日本官立，所长称长官——白仁武氏的一段谈话，题名为《我国制铁业之将来》，其内容大概是说：我国（日本）之制铁事业，勃兴于战后，去年（民国七年）几达绝顶"。民国七年为1918年，此处郭氏写"去年"读到《朝日新闻》的文字，"去年"应该是1919年，则写作《日本之煤铁问题》应该为1920年。

③ 郭沫若：《日本之煤铁问题》，《少年世界》1921年增刊日本号。

④ 郭沫若：《日本之煤铁问题》，《少年世界》1921年增刊日本号。

义，空谈社会主义的风气有所不满，可以看出他对马克思主义的初步了解。

《我国思想史上之澎湃城》虽然是未完稿，却是郭沫若第一篇史学文章，发表于 1921 年 5 月，大致写于 1920 年底 1921 年初。郭沫若在 1921 年 1 月 24 日致张资平的信中，详细列出该文大纲，将中国古代思想与欧洲文化发展的路径相比附，分成三个时期。他认为“尧舜以前为第一期，与希腊拉丁文明之黄金时代相类；夏殷西周为第二期，与中世纪宗教专制之黑暗时代相类……东迁以后便是第三期，便是我国底‘鲁涅商时’Renaissance 了”。[①] 全文分为上下两篇，上篇的第三节为“私产制度之诞生与第一次政教专制时代”，下篇第六节是“唯物思想之勃兴”。[②] 由这两个题目可见，郭沫若已经具有私产制度的概念及对唯物思想的认识。郭沫若认为《礼记·礼运篇》描写了古代“大同”世界，也谈到这个“大同”世界是如何向“天下为家”的社会制度转变的。他指出“孔子此言表示我国由公产制度变而为私产制度之历史最明，且更道破私产制度为一切争夺之起源”。而公产制度即“一切国家土地当然为人民全体所共有”，在我国历史上表现为井田制度。他认为“井田制度始于皇帝，实为我国实行共产主义之最初的历史”。[③] 虽然这种说法并不成立，但是从中能看出，郭沫若已经接受人类社会从“公产制度”过渡到“私产制度”的观点。郭沫若认为虞夏之际是我国历史上一个重要的转换时期。“古代思想由形而上学的、动的宇宙观，一变而为神学的、固定的宗教论；而政治组织，由公产制度一变而为私产制度，由民主主义一变而为神权政治 Theocracy。殷因于夏，周因于殷；政教专制之暴威，不输于秦汉以还。”[④] 郭沫若认为，虽然禹的人格崇高，但是禹破传贤之制而传子，可以视为秦始皇的前身。《洪范》云：“天子作民父母，以为天下王。”郭沫若认为：“王之位置超在万民之上，为天之代理者，王独为天之子，而一起庶民皆为王之子，此其间绝不容有平等观念存在。”[⑤] 此后郭沫若虽然指出《洪范》是伪书，但是将夏作为中国古代进入阶级社会的开始，可以看出郭沫若尝试以唯物史观来分析中国古代社会的不同形态。但是此时他还没有真正掌握唯物史观，还不能

① 郭沫若：《郭沫若先生来函》，《学艺》1921 年第 2 卷第 10 号。
② 郭沫若：《郭沫若先生来函》，《学艺》1921 年第 2 卷第 10 号。
③ 郭沫若：《我国思想史上之澎湃城》，《学艺》1921 年第 3 卷第 1 号。
④ 郭沫若：《我国思想史上之澎湃城》，《学艺》1921 年第 3 卷第 1 号。
⑤ 郭沫若：《我国思想史上之澎湃城》，《学艺》1921 年第 3 卷第 1 号。

从生产关系必须适应生产力的发展、上层建筑必须为经济基础服务的理论高度，来解释“公产制度”和“民主主义”向“私产制度”和“神权政治”的转变。但是他能够指出“私产制度为一切争夺之起源”，“我国传统的政治思想，可知素以人民为本位”，在当时的学术界也算独树一帜。郭沫若虽然在研究中国古代思想中生搬硬套马克思主义的概念，但至少说明在 1920 年之前，他已经开始接触关于马克思主义的书籍，对于马克思以及马克思主义已经有一定程度的了解。《创造十年》中还有一段记录，1920 年 7 月郭沫若开始翻译《浮士德》，他评价歌德：“他和他同国同时而稍稍后出的马克思比较起来是怎么样？那简直可以说是太阳光中的一个萤火虫！他在德国是由封建社会转变到资产社会的那个阶段中的诗人，他在初期是吹奏着资产阶级革命的一个号手，但从他做了魏玛公国的宰相以后，他老实退回到封建阵营里去了，他那贵族趣味和帝王思想实在有点儿熏鼻。”[①] 歌德曾经是郭沫若推崇备至的诗人，在这里他将歌德与马克思做比较，虽然是“英雄崇拜与生硬的阶级分析的结合”，但仍然“显露出郭沫若马列主义者的一面”。[②]

通过考察 1919～1920 年郭沫若写作的诗歌、论文，我们依稀能够看到，马克思主义以及唯物史观对于郭沫若的影响逐渐显露。虽然此时郭沫若仍有泛神论思想，但是可以肯定地说他已经开始了解并接受唯物史观，因此郭沫若阅读《近世社会主义》的时间至迟不晚于 1919 年。

三 《近世社会主义》对郭沫若的影响

新旧思想交替的过程总是需要一段时间。1919～1924 年，郭沫若翻译了河上肇的《社会组织与社会革命》，完成了思想的转变。《近世社会主义》中关于马克思主义及唯物史观的论述对郭沫若产生了哪些影响，下面分三个方面简要分析。

郭沫若从革命民主主义者转变为马克思主义者，思想上的一个重要标志就是认识到社会主义社会并不是一个乌托邦，而是历史发展的必然规律。[③] 而《近世社会主义》之所以被认为是第一本比较全面的介绍社会主

---

① 郭沫若：《创造十年》，《沫若自传》（上卷），求真出版社，2010，第 230 页。

② 〔美〕戴维·托德·罗伊：《从浪漫主义到马列主义 1918～1924》，晨雨译，《郭沫若研究》（第七辑），第 282 页。

③ 林甘泉：《郭沫若早期的史学思想及其向唯物史观的转变》，《史学史研究》1992 年第 2 期。

义的著作，就在于福井准造区分了“新”与“旧”两种不同的社会主义。“旧”的社会主义指的是英法两国的空想社会主义，而“新”的社会主义则是德国的社会主义。他指出英法两国的社会主义只是空中楼阁，而德国的社会主义则可以由空想到现实。“德意志之新社会主义，与英法二国之旧社会主义相比，其议论徒驰于空理，而唱荒唐无稽之说。以其儿戏的计画，而为克成之目的者，全然大异其趋也。”① 德国的社会主义与英法的社会主义最大的不同在于：“其学识之深远，其思想之精致，与从来之社会主义者，大异其趣。”② 进而论述马克思主义“所说富于深远巧妙之学理。虽嫌恶社会主义者，于其学理，亦苦无反驳之余地。其议论固不免或有失者，若以为彻头彻尾，完全而无缺点，津津而赞扬之，以为社会主义之极点，虽尚未能。而其一派之学问，可研究而实行，实不能不归功于德意志之社会主义，其学理之论据，最为坚固，故其势力，至今日而不衰”。③ 由此可见，在郭沫若“耳濡目染地所得来的一些关于历史唯物论的学理”中，《近世社会主义》中论述的能够指导社会主义变成现实的马克思主义理论应该是其中之一，至少为其思想转变奠定了一定的学理基础。

郭沫若接受唯物史观的过程，是对原来的思想逐渐认识，不断认真进行清理的过程。正如他自己所说，“我自己早就有志研究生理学，很想以石原博士为师，把自己的一生作为对于自然科学的奉仕。但自己对于社会科学的要求也早就觉醒了，就当时耳濡目染地所得来的一些关于历史唯物论的学理，觉得有好些地方和生物学有甚深的姻缘。例如社会形态的蜕变说似乎便是从生物学的现象蜕化而来的。因此便又想一方面研究生理学，而同时学习着社会科学”。④ 郭沫若有过系统的医学训练，这锻炼了他的科学思维与科学精神，因此比较容易理解历史唯物主义，并以不同的视角审视社会问题。郭沫若对于第一次世界大战后，学界对科学的质疑提出不同观点，他坚定地信仰科学，肯定科学在推动人类社会发展中的作用。他指出导致战争的根源“唯在资本制度之下而利用科学，则分配不均而争夺以起。表面上好像科学自身是在为虎作伥，殊不知所被利用者即使不是科学而争夺之祸仍不能避免。欧战之勃发乃是极端的资本主义当然的结果”。⑤

① 〔日〕福井准造：《第二编第二期之社会主义》，《近世社会主义》（上），第2页。
② 〔日〕福井准造：《第二编第二期之社会主义》，《近世社会主义》（上），第2页。
③ 〔日〕福井准造：《第二编第二期之社会主义》，《近世社会主义》（上），第2页。
④ 郭沫若：《创造十年续编》，《沫若自传》（上卷），第291页。
⑤ 郭沫若：《论中德文化书》，《创造周报》1923年第5期。

郭沫若此时已经能够从唯物史观的角度分析第一次世界大战爆发的原因是资本主义制度而非科学，同时认为“远见的思想家在欧战未发以前已断言资本主义之必流祸于人类，伟大的实行家于欧战既发以后更急起直追而推翻其祸本。马克思与列宁终竟是我辈青年所当钦崇的杰士”。[①] 在《太戈儿来华的我见》中写道：“西洋的动乱病在制度之不良，我们东洋的死灭也病在私产制度的束缚，病症虽不同，而病因却是一样。唯物史观的见解，我相信是解决世局的唯一的针路，世界不到经济制度改革之后，一切甚么梵的现实，我的尊严，爱的福音，只可以作为有产有闲阶级的吗啡、椰子酒；无产阶级的人终然只好永流一身的汗血。”[②] 此处是郭沫若第一次在文章中使用唯物史观，第一次明确优先考虑经济关系。郭沫若对私有制的弊端产生清醒认知，并提出推翻私有制度的观点的时间明显早于1924年，而这些观点在《近世社会主义》中都有过详尽阐释。该书开篇的绪论解释社会主义产生的原因就是私有制，提出一百年前的法兰西革命，实现了政治上的自由平等，但是从经济上看，这种自由平等只是一种虚伪形的空名，取代君主专制社会而产生的“殖产社会”，是一个财产上不平均的社会，就像政治上不平均曾引起政治革命一样，财产的不平均使“殖产社会”的革命“接踵而生”。《近世社会主义》详述了马克思关于社会生产在社会发展中起决定作用，私有制、社会经济形态以及资本主义制度必然灭亡的理论；同时介绍了1847年正直者同盟在伦敦改组为“共产的同盟”（即共产主义者同盟）时发表的宣言书——《共产党宣言》，陈述其目的在于“全灭”现存“阶级之争斗”与“旧社会之基础”，“撤去阶级制与私有财产制，以组织一新社会”。整个宣言书也被视为“大攻击经济社会之现组织，绝叫社会制度之改革，为劳动者吐万丈之气焰”。[③] 此外，《近世社会主义》还引用了马克思起草的《国际工人协会共同章程》全文，以及《关于海牙代表大会》的片段语录。《近世社会主义》还涉及《哲学的贫困》、《关于自由贸易的演说》、《政治经济学批判》以及恩格斯的《英国工人阶级状况》等，虽然是作为附录出现，但可以按图索骥了解马克思主义理论。就郭沫若唯物史观的接受史而言，这样一本对于马克思以及马克思主义详细介绍的书籍，应该为他思想的转变埋下了最初的种子，并指引他更广泛地

---

① 郭沫若：《论中德文化书》，《创造周报》1923年第5期。

② 郭沫若：《太戈儿来华的我见》，《创造周报》1923年第23期。

③ 〔日〕福井准造：《第二编第二期之社会主义》，《近世社会主义》（上），第13页。

阅读马克思的原著。

此外，郭沫若由浪漫主义诗人转变为无产阶级文学家，突出表现在他对无产阶级的讴歌，对于人民力量的肯定。发表于1923年5月的《我们的文学新运动》宣称："我们的运动要在文学之中爆发出无产阶级的精神，精赤裸裸的人性。"[①] 这一篇宣言书式的文章被认为是"中国文学史上第一次要求无产阶级文学的呼唤"。[②] 1923年9月，他发表《艺术家与革命家》，写道："一切真正的革命运动都是艺术运动，一切热诚的实行家都是纯真的艺术家，一切志在改革社会的热诚的艺术家也便是纯真的革命家。"[③] 1923年10月，他在为中华全国艺术协会写的《宣言》中称："艺术的起源本与民众有密切的攸关，然自私产制度发生，艺术竟为特权阶级所独占。""二十世纪的今日已经是不许私产制度保存的时候了。二十世纪的今日的艺术已经是不许特权阶级独占的时候了。我们要把艺术救回，交还民众！"[④] 这是从认为艺术起源于原始人的浪漫主义观念开始的一个值得注意的进展，虽然宣言中浪漫主义概念仍然很多，但是可以看出郭沫若对私有制度的批判，对无产阶级的讴歌。在他由浪漫主义向现实主义转变的过程中，人民本位的思想是重要前提。《近世社会主义》作为较早介绍这一观点的著述，指出私有制一定会被公有制所取代，国家将归人民管理。"今之所谓政府所谓国家者，皆为治者抑制被治者一种之机关，然社会进步之极，资本制度之颠覆共政权而归人民之手，此国家必然之结果。""盖国家一部之人民，即以治者为代表，而真正为人民全体之代表者。"[⑤] 郭沫若的思想中本就有"我国传统的政治思想，可知素以人民为本位"，[⑥] 因此他能够很快接受《近世社会主义》的观点，并用人民本位思想指导文艺创作。由此可知《近世社会主义》为郭沫若思想变化提供了一定的条件。

余　论

当前学界在论述郭沫若转变为马克思主义者的过程中，往往会引用

① 郭沫若：《我们的文学新运动》，《创造周报》1923年第3期。

② 〔美〕戴维·托德·罗伊：《从浪漫主义到马列主义》，晨雨译，《郭沫若研究》（第七辑），第297页。

③ 郭沫若：《艺术家与革命家》，《创造周报》1923年第18期。

④ 郭沫若：《中华全国艺术协会宣言》，《创造周报》1923年第22期。

⑤ 〔日〕福井准造：《第二编第二期之社会主义》，《近世社会主义》（上），第10页。

⑥ 郭沫若：《我国思想史上之澎湃城》，《学艺》1921年第3卷第1号。

《创造十年》中郭沫若自己所述。在《创造十年》中，郭沫若称 1921 年 6 月借宿李闪亭寓所，对李闪亭介绍的“资本主义的必然的崩溃”“无产阶级专政”等观点摸不着头脑。学界以此为据，称郭沫若在 1921 年之后才接触唯物史观，却忽略了郭沫若在文中接着指出，“他说得似乎并不怎样地把握着精髓，我听得也就千真万确地没有摸着头脑”，[①] 这句话透露出李闪亭虽号称“中国马克思”，但他对于唯物史观的理论并不系统完整。从郭沫若在 1921 年 3 月致郑振铎的信中，可以看出郭沫若对当时马克思主义理论在国内传播与译介的情况并不满意：“我恐怕连能如河上肇一样，取敬虔的态度，直接向《资本论》中去求马克司的精神者，国内怕莫有几个人。”[②] 因此他并未接受李闪亭的建议。但是，这并不能作为郭沫若没接触过唯物史观的证据，这里反映出来的是郭沫若接受外来文化与思想的一贯态度：“我国自佛教思想传来以后，固有的文化久受蒙蔽，民族的精神已经沉潜了几千年，要救我们几千年来贪懒好闲的沉痼，以及目前利欲熏蒸的混沌，我们要唤醒我们固有的文化精神，而吸吮欧西的纯粹的科学的甘乳。”[③] 这种既吸收传统文化的精华，要唤起民族固有精神，又要引进西方近代科学和文化，以补中国传统文化缺陷的“吞吐中西的文化观”，始终贯穿郭沫若的思想与学术。

1924 年之前，郭沫若的思想已经发生了较大变化：“我从前的一些泛神论的思想，所谓个性的发展，所谓自由，所谓表现，无形无影间在我的脑筋中已经遭了清算。从前在意识边沿上的马克思、列宁不知道几时把斯宾诺莎、歌德挤掉了，占据了意识的中心。”[④] 1924 年，在受到创造社分裂，家庭的、经济的、心理的一系列打击之后，郭沫若处于一种进退维谷的苦闷中，“加上我对于社会科学的憧憬，更加上一家人的生活迫切地有待解决之必要”[⑤]，他于 4 月着手翻译河上肇的《社会组织与社会革命》，这本书对于郭沫若转变为马克思主义者的重要性毋庸置疑。但是在他宣称自己成为一个真正的马克思主义者之前，对于唯物史观的概念已经有所了解，并初步运用唯物史观的方法指导文学创作、研究社会问题。这些马克思主义理论来自哪里？通过上述分析，可以得出结论——《近世社会主

① 郭沫若：《创造十年》，《沫若自传》（上卷），第 245 页。

② 郭沫若：《致郑振铎》，《时事新报·文学旬刊》第 6 期，1921 年 6 月 30 日。

③ 郭沫若：《论中德文化书》，《创造周报》1923 年第 5 期。

④ 郭沫若：《创造十年》，《沫若自传》（上卷），第 283 页。

⑤ 郭沫若：《创造十年续编》，《沫若自传》（上卷），第 292 页。

义》虽然并不完美，却是郭沫若接受唯物史观的最初媒介，对郭沫若思想的转变产生过一定的影响。同时也要看到，《近世社会主义》虽然是第一部系统介绍马克思主义的译著，但福井准造对马克思主义理论的认识与理解存在偏差，同时由于译者对原文的理解有不到之处，造成理论部分的翻译有些并不确切。这些都是不可避免的时代局限性，反映了20世纪初马克思主义理论通过日本传入中国，是从零星、分散到集中、系统的，要做到准确完整的水平，尚需时日。因此郭沫若对《近世社会主义》的阅读与接受，并未帮助他形成完整的唯物史观，“要想把握那种思想的内容是我当时所感受着的一种憧憬”。①

① 郭沫若：《创造十年》，《沫若自传》（上卷），第283页。

“古史辨运动”的重心转向及其原因探析

王红霞
（聊城大学马克思主义学院，山东聊城　252000）

摘　要：20世纪二三十年代的“古史辨运动”，是在新史学思潮广泛传播的情况下，引发的一场由对中国上古史的怀疑而推广到疑古辨伪的探讨。在十五年的历程中，“古史辨运动”发生了转向，主要表现在由“不胫走天下”到“竟无反声”、由“清算古书古史”到“万物齐观”、由“疑古”到“释古”。运动中，人们初步尝试以怀疑精神看待历史进程，客观上扩大了现代史学的研究领域。但在尝试中，并没能形成一个统一的史学方法与史学观点，此后，讨论“古史辨运动”中的得失之处便成为史学现代化道路上的必经阶段。

关键词：古史辨运动　重心转向　《古史辨》　顾颉刚

20世纪20年代中期兴起的“古史辨运动”吸引了社会各阶层的广泛瞩目，在20世纪30年代前后蔚然成风，并形成独具特色的“古史辨派”。这一运动继承并发展了传统辨伪思想，吸收了西方现代科学理念，名家继出，群星闪耀，成果丰硕。然而时至20世纪40年代初，这一运动随着《古史辨》的停刊而逐渐淡出了现代史学的舞台。对这一场持续了十五年之久的运动，学术界大多围绕它的时代背景、代表人物、主要活动、社会影响等展开研究,[①] 这些研究成果在一定程度上肯定了“古史辨运动”的理论与实践意义，但对于这一运动过程中的重心转向，缺乏全面深入地分析，也较少阐释转向背后的原因。本文以“古史辨运动”的重心转向为研究对象，从社会影响、运动目标、研究态度三个方面，着重分析转向的表现及原因，意在探讨现代史学家推动史学转型的曲折过程和苦心孤诣。

一 社会影响：由“不胫走天下”到“竟无反声”

1926 年，顾颉刚主编的《古史辨》第一册由北京朴社出版，集中阐述了“层累地造成的中国古史”的观点，试图推翻由“盘古开天”“三皇五帝”等观念构成的旧的古史系统，标志着“古史辨派”的形成和“古史辨运动”的开始。[②] 之后，顾颉刚又主编《古史辨》第二、三、五册，罗根泽主编第四、六册，童书业与吕思勉合编第七册。至 1941 年，《古史辨》共出版 7 册（见表 1），计 350 篇文章，325 万余字。“古史辨运动”以《古史辨》为平台，树起疑古辨伪的大旗，就意味着要与信古划清界限，为重新编写中国古史披荆斩棘，这一标新立异的态度迅速在学术界形成蝴蝶效应，可谓是誉满天下，谤亦随之。

---

① 较早研究“古史辨运动”的，大多集中于研究顾颉刚个人与“古史辨派”，如许冠三《顾颉刚：始于疑终于信》（载氏著《新史学九十年》，岳麓书社，2003）、刘俐娜《顾颉刚与“古史辨派”》（《近代史研究》1988 年第 4 期）、赵光贤《顾颉刚与〈古史辨〉》（《史学史研究》1992 年第 1 期）、陈其泰《“古史辨派”的兴起及其评价问题》（《中国文化研究》1999 年第 1 期）、路新生《顾颉刚疑古学浅论》（《华东师范大学学报》2002 年第 1 期）、黄海烈《从辨伪到疑古：顾颉刚的新史学之路》（《古代文明》2010 年第 4 期）等。以后学界对这一运动的研究视野不断拓展，从学术理路、报刊媒介、学术实践等方面探讨了“古史辨运动”与时代思潮的关系，如谢桃坊《“古史辨派”在国学运动中的意义》（《文史哲》2009 年第 6 期）、马建强《“古史辨”是如何“运动”起来的？——从学术实践的角度来理解》（《南京社会科学》2021 年第 11 期）、李长银《宋代文献辨伪学与“古史辨运动”》（《兰州学刊》2022 年第 12 期）等，很有借鉴价值。

② 学术界对这一运动的开始时间，观点不尽一致。有学者认为是 1926 年，如张京华《〈古史辨〉辨名》（《云梦学刊》2006 年第 1 期）、顾洪《探求治学方法的心路历程》（《我与〈古史辨〉》，上海文艺出版社，2001，第 1 页）。也有学者认为是 1923 年，顾颉刚与胡适、钱玄同开展古史讨论，可看作“古史辨运动”的萌芽期，如王学典、孙延杰《顾颉刚和他的弟子们》（山东画报出版社，2000，第 6 页）。还有学者认为“古史辨运动”的萌芽期可追溯到 1919 年胡适《中国哲学史大纲》上卷的出版，如裘锡圭《出土文献与古典学重建论集》（中西书局，2018，第 1 页）。

表 1 《古史辨》出版情况（1926~1941）

	主编	封面题名	出版时间	作者数量	备注
《古史辨》一	顾颉刚	沈尹默	1926 年	12	
《古史辨》二	顾颉刚	钱玄同	1930 年	28	
《古史辨》三	顾颉刚	容庚	1931 年	28	
《古史辨》四	罗根泽	黎锦熙	1933 年	34	诸子丛考
《古史辨》五	顾颉刚	顾廷龙	1935 年	19	
《古史辨》六	罗根泽	沈兼士	1938 年	28	诸子续考
《古史辨》七	童书业、吕思勉	蒋维乔	1941 年	16	上、中、下三本

相比其他报刊，《古史辨》彰显的怀疑与批判精神给人们带来了思想慰藉，新文化运动之后，人们更愿意优先选择思想较新、火药味更浓的《古史辨》。同时，它求新、求变的学术追求也更容易使其被打上"疑古先锋"的标签，在社交上拥有独特的对外形象。事实上，《古史辨》也的确有着巨大的"市场"。钱穆曾指出，在《古史辨》第一册出版后，胡适、钱玄同、顾颉刚三人因"疑古"而闻名于社会，"《古史辨》不胫走天下，疑禹为虫，信与不信，交相传述。三君者，或仰之如日星之悬中天，或畏之如洪水猛兽之泛滥纵横于四野。要之凡识字之人几于无不知三君名"。[①] 考古学家徐旭生在《中国古史的传说时代》中指出，对于从 1917 年至新中国成立前的史学界而言，"疑古学派几乎笼罩了全中国的历史界，可是它的大本营却在《古史辨》及其周围"，[②] 足见《古史辨》的强大影响力。为满足读者的需求，《古史辨》第一册 1926 年 9 月出版后，于 1931 年 8 月加印，到 1937 年，《古史辨》第一册已印行 19 版，并被翻译成英、日等文。《古史辨》第二册尚在征稿期间，就有许多学人予以声援。在大多数人眼中，《古史辨》与"疑古"这两个概念是等同的，人们理所当然地认为后续出版的《古史辨》在学术旨趣上会保持一致，并对此抱有较高期待。

从现代史学发展历程看，"古史辨运动"的"疑古"标签已经深入人心。亲历"古史辨运动"的董作宾，回忆那一时期学术界对《古史辨》的第一印象时说道："十大本《古史辨》，主要的观点只是一个'疑'，一个

① 钱穆：《崔东壁遗书·序》，亚东图书馆，1936，第 2 页。

② 徐旭生：《中国古史的传说时代》，广西师范大学出版社，2003，第 26 页。

‘层累地造成的古史’信念之下的极端怀疑。”[①] 徐旭生多次称疑古派为“极端的疑古派”。[②] 胡厚宣在《古代研究的史料问题》一书中，总结说：“现代疑古学最大的贡献，一个是康有为的‘托古改制的古史观’，一个是顾颉刚的‘层累造成的古史观’。”[③]如果说“去疑古化”是客观认识《古史辨》的必然选择，那么对于“古史辨运动”而言，它可能也将同时面临失去标签、吸引力和辨识度不够的问题。

“古史辨运动”坚持摧毁旧古史的学术取向，客观上影响着传统价值观念的转变，甚至会动摇中华传统文化的思想认同，因此，遭到了诸多质疑、批评、指责。在20世纪30年代初，《古史辨》的社会影响力开始下降。1930年底，《古史辨》第二册出版后，销售量比第一册下降不少，这让顾颉刚有点意外，他感慨道：“《古史辨》第三册，于上星期发稿，今日始校。第二册于九月八日出版，至今两月，出版一千五百册已售罄，诚出意外，盖现在的时代非前数年可比，讨论学术之风已消歇也。”[④] 虽然学术界都承认《古史辨》第一册出版的标志性意义和这一学派的巨大社会影响力，但当“疑古”的标签过于显眼，舆论风波一定会随之出现，也必然会导致论争，甚至会发展到意气之争。

20世纪40年代初期，中国处于抗日战争的战略相持阶段，民族救亡、国家认同成为最紧迫的时代任务，同时，随着马克思主义史学的广泛传播，人们对疑古辨伪的热度已经消退。但是，顾颉刚依然坚守辨伪态度，并且有出版《辨伪丛刊》系列的计划。他在日记中写道：“翻予所考辨古籍文字，自谓不错，而《丛刊》一集出版后竟无反声，何也？或不给我以抨击，即为默契乎？”[⑤]他困惑的是，自己对于《辨伪丛刊》的内容较为满意，但是为什么出版后却反响平平？很显然，根本原因在于时代背景发生了翻天覆地的变化。在民族危机面前，具有爱国情怀和民族责任感的知识分子，纵然在学术上不支持史学救国的取向，也不忍心对能够凝心聚力的史学进行猛烈攻击了，“古史辨运动”被冷落也就顺理成章。

新中国成立后，对于顾颉刚及《古史辨》的阶级性质认定成为备受争

---

① 董作宾：《中国古代文化的认识》，刘梦溪《中国现代学术经典·董作宾卷》，河北教育出版社，1996，第613页。

② 徐旭生：《中国古史的传说时代》，第27、28、30页。

③ 胡厚宣：《古代研究的史料问题》，云南人民出版社，2005，第8页。

④ 顾颉刚：《顾颉刚日记》第2卷，1930年11月13日，中华书局，2011，第459页。

⑤ 顾颉刚：《顾颉刚日记》第9卷，1961年5月26日，第264页。

议的话题。李锦全批评顾颉刚的"层累造成说"和杨宽的"神话分化说"都是唯心史观，认为二者"用唯心主义的观点来研究历史，那就决定他们不可能认识客观存在的社会历史的发展规律，最后就是把古史变成不可知"。[①] 1952 年，顾颉刚申明《古史辨》的成败要归因于时代，"《古史辨》是地主社会和官僚社会压迫下所创造出来的知识汇总发展的结果，其成也不是我的功，其败也不是我的罪。《古史辨》该是无产阶级的文化"。[②] 1955 年，尹达随同郭沫若访日，归国后对顾颉刚说："日本人在封建社会中不敢疑古史，今在美帝卵翼之下乃敢疑古史，可见疑古运动有其科学的一面，亦有其为帝国主义服务之一面。汝之《古史辨》，出于半殖民地之社会，理亦尔也。"[③]顾颉刚闻此颇为不服，总结自己疑古辨伪的思想来源虽然有多处，但是跟"帝国主义"完全不相关。他说道："首先植根于姚际恒、康有为、夏曾佑之书；其后又受崔述、崔适、朱熹、阎若璩诸人之启发。康、夏、崔适之时代固较后，而朱、阎、姚、崔述则生于纯封建之时代，其时尚未有帝国主义，安得为之服务乎？……我之学术思想悉由宋、清两代学人来，不过将其零碎文章组织成一系统而已。……疑古既有科学性，是即为人民服务矣。"[④] 来自学界的争论风波与舆论压力也反映出知识分子对现代史学科学发展的情绪洞察，接连不断的舆论风波其实都在昭示史学界对疑古、信古之争的观点日益多元化。

二 运动目标：由"清算古书古史"到"万物齐观"

"古史辨运动"是一场大规模地对上古史资料的批判审查，顾颉刚明确提出"清算古书古史"的目标。他指出："现在我们的使命，就是要向他清算这一千九百余年来的搅乱古书和古史的总账。"[⑤]所谓"清算"，是指彻底核查、计算，彻底揭露罪恶或错误并做出处理。"清算"的目标有两个：一是古书，二是古史。1982 年，上海古籍出版社将《古史辨》影印再版，细述了再版《古史辨》的原因与意义，也明确指出《古史辨》的中心目标是"清算古书古史"："当时有关古史真伪的考辨，集大成于《古史

---

① 李锦全：《批判"古史辨派"的疑古论》，《中山大学学报》1956 年第 4 期。

② 顾颉刚：《疑古思想之由来》，《顾颉刚读书笔记》第 4 卷，中华书局，2011，第 498 页。

③ 顾颉刚：《疑古思想由于封建势力之下降而产生》，《顾颉刚读书笔记》第 9 卷，第 207 页。

④ 顾颉刚：《疑古思想由于封建势力之下降而产生》，《顾颉刚读书笔记》第 9 卷，第 207 页。

⑤ 顾颉刚：《秦汉的方士与儒生》，《顾颉刚古史论文集》第 2 卷，中华书局，2011，第 548 页。

辨》中，它反映了订正我国古史（包括古事和古书）所取得成就的全貌。”[①] 可以说，从研究目标上看，“古史辨运动”是一场对中国古书古史的现代性改造。

其实，在1921年，顾颉刚对于辨伪的目标是古书还是古史尚没有清晰的认识，在处理辨“伪书”和辨“伪事”之间的关系时犹豫不决。他写信询问钱玄同：“我有一个疑问：我们的辨伪，还是专在‘伪书’上呢，还是并及于‘伪事’呢？”[②] 一周后，钱玄同复信《论近人辨伪见解书》，明确表示两项工作可以齐头并进：“我以为二者宜兼及之；而且辨‘伪事’比辨‘伪书’尤为重要。崔东壁、康长素、崔觯甫师诸人考订‘伪书’之识见不为不精，只因被‘伪事’所蔽，尽有他们据以驳‘伪书’之材料比‘伪书’还要荒唐难信的。”[③] 钱玄同论述古书与古史之间的复杂联系，指出辨伪古书与古史并不矛盾，鼓励顾颉刚两项工作可以齐头并进、兼而有之。

作为古史辨运动勠力完成的“名山事业”，“清算古书古史”是一项异常艰难的大工程。且不说古书浩瀚如海，单就古史来说，纵向上中国古史的时间跨度长达两千余年，横向上古史内容的清算，从提出疑点、搜集史料、纂辑成文，到反复推敲、比较，都需要付出长期的艰辛劳动，单靠一部书一个学派不克其成，需要后人接继承担。这一非理性目标在“古史辨运动”初期确实起到了扩大队伍、鼓舞士气的效果，但同时也因难以完成而饱受诟病。

一方面，顾颉刚也意识到了实现这一目标的艰难，“开手作全盘的清理之时，其困难烦乱之状岂是想象得出的”；[④] 另一方面，他也坚信，“清算古书古史”是现代史学家应当完成的时代责任，是史学家求真、求实的事业，一定会有后人自觉继承先辈的事业，不避辛劳，不畏人言，将其最终完成。为了阐明倡导、组织“古史辨运动”的心路历程，顾颉刚在《古史辨》第一册以长序述志，写了一篇长达六万字的《自序》，明确提出自己是有“野心”的：“我的野心真太高了，要整理国学就想用我一个人的力量去整理清楚，要认识宇宙和人生就想凭了一时的勇气去寻得最高的原

① 上海古籍出版社：《古史辨重印说明》，《古史辨》第1册，上海古籍出版社，1982，第1页。

② 顾颉刚：《论〈辨伪丛刊〉分编分集书》，《古史辨》第1册，第23页。

③ 钱玄同：《论近人辨伪见解书》，《古史辨》第1册，第24页。

④ 顾颉刚：《古史辨第四册序》，《顾颉刚古史论文集》第1卷，第106页。

理。现在想来，我真成了'夸大狂'了！"[①]

在"清算古书古史"的目标指导下，《古史辨》考订的范围涉及我国古代史料的各个方面，主要是古史、古地、古人和古书。这些大量的切实的奠基工作，为科学地研究我国古代历史廓清了迷雾，并提供了确实可信的文献资料。虽然顾颉刚在对反对者的答辩以及此后自己的进一步研究中，承认自己的远期目标太大了，学问太广了，单靠自己的力量是不行的，并且对自己论证的某些局部枝节问题有所修正，但同时，他推翻上古伪史系统的信念终生不渝。对于顾颉刚来说，"清算古书古史"这种显然无法实现的目标，与其说是给自己和后人提出的任务，不如说是一种精神象征：象征着"道阻且长，行则将至"的求真精神，这是对中国史学优良传统的继承与发展，也是中华民族文化基因的一种体现。

王伯祥评价顾颉刚没有家派的偏执，是"万物齐观的史学家"。[②]《古史辨》涵盖了各派的观点，顾颉刚"不仅收入了同意自己观点的文章，也将所有反对自己甚至措辞激烈的文章囊括其中"。[③] 顾颉刚也认为学派分歧与学派宗旨并不矛盾，"至于学派的分歧，或因于地域，或因于事实，固不必尽关于宗旨"。[④]《古史辨》第一册中反对疑古辨伪的作者主要是刘掞藜、胡堇人二人。随着讨论范围的扩大，支持者队伍中又加入了魏建功、容庚、罗根泽、童书业、杨宽等人，反对者队伍中加入了柳诒徵、张荫麟等人。此外，还有众多学者根据自己的研究方向，参与有关专题讨论，态度较为中立，如王国维、傅斯年、钱穆、冯友兰、梁启超、蔡元培、丁文江等人。"万物奇观"的兼收并蓄，说明"古史辨运动"只要求学者有怀疑的精神，而对具体研究的方法和观点不做统一规定，即使是顾颉刚的学生，在论点与辨伪方法上也不完全一样。

之所以辑入反驳和批评的文字，有两方面原因。一是顾颉刚是非兼收的宽宏胸襟，他表示"我最欢喜有人驳我，因为驳了我才可逼得我一层层的剥进，有更坚强的理由可得"。[⑤] 二是顾颉刚希望形成尚辨的学术风气。《古史辨》容纳其他学者对于古史或与古史有关的见解，特别是包括反对

---

① 顾颉刚：《古史辨第一册自序》，《顾颉刚古史论文集》第 1 卷，第 29 页。

② 王伯祥：《读〈经今古文学〉与〈古史辨〉》，《古史辨》第 2 册，第 363 页。

③ 王学典、孙延杰：《顾颉刚和他的弟子们》，山东画报出版社，2000，第 160~161 页。

④ 顾颉刚：《答郭绍虞先生论孔门学风只有务外主内两派书》，《顾颉刚古史论文集》第 4 卷，第 2 页。

⑤ 顾颉刚：《顾颉刚书信集》第 1 卷，中华书局，2011，第 400 页。

“疑古”的主张，这样做的目的，是“实在想改变学术界的不动思想和‘暖暖姝姝于一先生之说’的旧习惯，另造成一个讨论学术的风气，造成学者们的容受商榷的度量，更造成学者们的自己感到烦闷而要求解决的欲望”。[①]

“古史辨运动”一个引人注目的地方，就是由学术评论引发的许多互相往还且极富专业性的长篇论辩。从内容上看，《古史辨》的讨论范围除主要的关于中国古史传说、古帝王的系统问题外，还涉及考辨经书子书、阴阳五行说等方面，“在《古史辨》中，体现出顾颉刚一生治学成就主要在四个方面，即：考辨古书（辨伪），考辨古史（疑古），考辨历史地理（《禹贡》学研究），以及作为考辨古史的辅助和佐证而进行的民俗学研究（民间故事、歌谣、神道、会社、风俗等）”。[②] 这些内容能够反映出《古史辨》在疑古辨伪领域的广泛性。

史学家之间的合作关系一般体现为有着大致相近的治学理念，或埙篪相应，或和而不同，但是，随着合作的展开与深化，彼此之间的性格差异开始凸显，各自的研究方向也逐渐明确并细化，学术分歧也就出现了，渐次展开并逐渐放大。随着争论的升级，学术分歧最后总是会由小变大，由私密变为公开。尽管“古史辨运动”中发生了许多不愉快的争执，但放在漫长的史学发展中，我们能够明确的是，无论其他史学家与顾颉刚的交往姿态如何，是互通有无还是激烈辩论，是同舟共济还是冷嘲热讽，他们对顾颉刚学术才华的欣赏和尊重却是始终如一的。相形之下，虽然顾颉刚在内心深处也希望获得众多学界同仁的理解和尊重，但他较强的自信心和不屈服的姿态并没有改变。“古史辨运动”没有统一的管理，没有系统的组织体系，没有严格的章程制度，这一非严密性也为学派内部的分裂与转向埋下了伏笔。

三　研究态度：由“疑古”到“释古”

由于注重个别史实的细节考证，“古史辨运动”的倾向性前后并不完全一致。在初期，考辨古史的重点在疑古，后期则偏重释古，正如童书业

① 顾颉刚：《古史辨第三册自序》，《顾颉刚古史论文集》第1卷，第99页。

② 刘起釪：《古史续辨·序》，中国社会科学出版社，1991，第6页。

所言：“这派史学家以后表现着疑古精神的降落，考据精神的加强。”[①] 柳存仁也分析说：“我们最初是疑古的，由疑古进而释古，又由释古进而考古。”[②] 将古书古史在“有罪推定”的眼光下重新审查，疑古辨伪的实际过程并不是只要“疑古”就够了，还需要“释古”。

“疑古”与“释古”两种学术路向并非泾渭分明，二者在一些具体观点、历史构成的系统论述上有一致之处。冯友兰在《古史辨》第六册序言中，肯定了《古史辨》在“审查史料”方面的重要贡献。他评价说：“我曾说过，中国现在之史学界有三种趋势，即信古、疑古及释古。……疑古一派的人，所做的工作即是审查史料。释古一派的人所做的工作，即是将史料融会贯通。就整个的史学说，一个历史的完成，必须经过审查史料及融会贯通两阶段，而且必须到融会贯通的阶段，历史方能完成。但就一个历史家的工作说，他尽可只做此两阶段中之任何阶段，或任何阶段中之任何部分。任何一种的学问，对于一个人，都是太大了。一个人只能做任何事的一部分。分工合作在任何事都须如此。由此观点看，无论疑古释古，都是中国史学所需要的，这其间无所谓孰轻孰重。《古史辨》是中国近来疑古文献的大成。现值第六册出版之际，因当时颇有人以为疑古已不合潮流者，故略述所见，希望疑古一派的人仍继续努力，做他们的审查史料的工作。”[③] 1936 年，冯友兰在为马乘风的《中国经济史》撰写的序言里，重申了这一观点，并指出史学的最新趋势，不是信古、疑古，而是释古：“我曾说过：中国现在史学，有信古、释古、疑古三种趋势。就中释古一种，应系史学的真正目的，而亦是现在中国史学之最新的趋势。”[④]从这些评判中可以看出，在 20 世纪 30 年代的史学界，疑古已经不再是“最新的趋势”，“古史辨运动”彰显的破坏性使其难以为提升民族凝聚力助力，转向“释古”也在情理之中。

“释古”离不开考据。顾颉刚称《古史辨》采用的方法是考据，他解释说：“考据学者，史料学之基本方法也。如无考据，则史料之真伪是非便不能定，更何从确定其价值。”[⑤] 他指出，因为考据是将一件东西分成无数小部分，逐步对每个小部分提出问题，再把所有关于这个小部分的材料

① 童书业：《“古史辨派”的阶级本质》，《文史哲》1952 年第 2 期。
② 柳存仁：《纪念钱玄同先生》，《古史辨》第 7 册，第 3 页。
③ 冯友兰：《冯序》，《古史辨》第 6 册，第 1 页。
④ 冯友兰：《冯序》，马乘风《中国经济史》，商务印书馆，1939，第 1 页。
⑤ 顾颉刚：《考据学为史料学基础》，《顾颉刚读书笔记》第 4 卷，第 500 页。

尽量搜集拢来，加以分析、比较，所以人们总认为考据是支离破碎的。他用现代语言中的“围剿”一词来形容考据方法：“以今日术语言之，是即‘围剿’也。必如此，才可深入，才可正确。而一般不读书的人对此不了解，以为是支离破碎。其实，不破碎，哪有整个?”[①] 他认为，破碎和整体是辩证统一的，破碎是整体的基础，考据类似于显微镜，是全面看问题的必要方法之一，具有不可替代的价值，不能一概否定。

“古史辨运动”对中国古史秉持怀疑、批判的态度，很容易产生以疑古意识为主导、意识操控研究方法的问题。张荫麟在《古史辨》第二册有三篇文章——《评顾颉刚〈秦汉统一的由来和战国人对于世界的详细〉》《评顾颉刚〈春秋时的孔子和汉代的孔子〉》《评近人对于中国古史之讨论》，分析了顾颉刚《与钱玄同先生论古史书》及与刘掞黎、胡堇人等人论辩的方法，批判“根本方法之谬误”在于“违反默证适用之限度”,[②] 以至于疑古过勇。“默证”方法源于朗格诺瓦和瑟诺博司合著的《史学原论》一书，该书从严格的哲学界定的角度，对史学考证中运用“默证”的必要前提进行了规范。1933 年，胡适于《古史辨》第二册上发表了《评论近人考据〈老子〉年代的方法》一文，对顾颉刚的考证方法进行了补充，认为除了考证方法外，还要有严格的自觉批评意识，撇除主观的成见。1946 年，胡适又撰写《考据学的责任与方法》一文，1961 年添加按语后重新发表，主要是严厉批评民国时期学者在考据史料和史实时存有主观臆断的成见。这场关于“古史辨运动”中“默证”适用限度的讨论，对当时史学界某些盲目疑古、轻率就下结论的做法，是一种必要的提醒。

甲骨文的发现，引发了人们运用文物重新发现和考订历史的兴趣，关于史料的择取、运用的系统观念和理论也随之产生，如王国维的“二重证据法”、傅斯年的“史学只是史料学”等。顾颉刚也清楚地意识到，信史的建立必须融合文献资料与考古资料的全面证明。《古史辨》第一册收录了 1925 年王国维在清华大学国学研究院发表的“新信史派”纲领性小册子《古史新证》的第一、二章。顾颉刚作“附跋”置首，表明了自己对二重证据法的欣赏，同时征引王国维的考证来证明春秋时尚无黄帝、尧舜。1952 年，顾颉刚申明：“《古史辨》的工作还该完成。一方面，将来地下发掘工作一定大发达，也必须将古书整理了才容易把地下实物和书籍记载

① 顾颉刚：《考据学为史料学基础》，《顾颉刚读书笔记》第 4 卷，第 500 页。

② 张荫麟：《评近人对于中国古史之讨论》，《古史辨》第 2 册，第 273 页。

相印证，从两重证据法上作确实的考定。"[①] 的确，只有将理论层面的史学研究与考古层面的实证研究结合起来，才能推动现代史学在科学化的道路上不断远行。

因为偏重"释古"，"古史辨运动"实际上只是以史料的考订整理为主，缺少在宏观上揭示社会发展规律的能力。面对重微观考据而忽略史观的批评与质疑，顾颉刚也坦诚解释，细说心路历程，以消除误会。1933 年 3 月，他在《古史辨》第四册序言中表达了对唯物史观的看法，申明"我自己决不反对唯物史观"。[②] 1940 年，顾颉刚为《史学季刊》写发刊词，为战前分歧争议甚大的史料与史观作辩证分析。1952 年，顾颉刚在读书笔记中记载了他的学生方诗铭[③]的评价，认可《古史辨》在史料学上的价值，"诗铭云：'史学该和史料学分开。在建立新史学上，《古史辨》固然负不了这个任务。但在建立史料学上，《古史辨》仍然有它的需要'。又云：'顾先生的思想是代表民族资产阶级的，胡适、傅斯年的思想是代表买办资产阶级的，所以以前的分道扬镳，是有它的必然性的。'这两段话似颇公平"。[④] 方诗铭的这两段话，第一段是对《古史辨》性质的评价，肯定了《古史辨》在史料学建设方面的贡献，第二段话是对顾颉刚阶级属性的评判，方诗铭护卫老师、想为之作正名的用心不难体会。

四　史学与时代："古史辨运动"的追求与失落

时代与思潮的复杂交融，是"古史辨运动"呈现的最突出的主题。综合来看，人们对"古史辨运动"的印象大致可归为三种：第一种是作为汇集疑古辨伪讨论的"古史辨运动"，学者的参与度与社会影响力不容否定；第二种是作为以胡适、钱玄同、顾颉刚为代表的"古史辨运动"，随着新史学的兴盛而达到巅峰，却又随着唯物史观成为史学指导思想而被人淡忘；第三种是作为怀疑、批判精神代表的"古史辨运动"，它并没有随着

① 顾颉刚：《整理古籍目的在批判接受》，《顾颉刚读书笔记》第 4 卷，第 499 页。

② 顾颉刚：《古史辨第四册序》，《顾颉刚古史论文集》第 1 卷，第 124 页。

③ 方诗铭（1919~2000），齐鲁大学上古史专业学生。抗战时期，齐鲁大学迁至成都，顾颉刚任齐鲁大学国学研究所主任。方诗铭毕业后由顾颉刚推荐至北碚修志馆工作，1948 年到上海博物馆、上海市文物保管委员会工作，1957 年，进入上海社会科学院历史研究所工作。

④ 顾颉刚：《〈古史辨〉与史料学》，《顾颉刚读书笔记》第 4 卷，第 499 页。

《古史辨》的停刊而消失，相反它永存于学术社群的讨论之中。

20 世纪初期，梁启超号召新史学，由此带来了现代史学的全面转型。史学在叙述形式、内容观念、理论建设等方面展现了革故鼎新的气象，为“古史辨运动”营造了一个相对宽容的学术环境。各种新观点、新材料、新方法不断涌现，史学研究的各个领域都出现了大发展。“古史辨运动”之所以能引领一时风气，除了疑古辨伪学说本身与现代史学思潮发展的时势相契合之外，更因为在史学领域里，学者推尊新史学、排斥旧史学而形成了“反传统”的学风。作为现代史学史上具有极大影响力和感召力的事件，“古史辨运动”持续时间长，前后跨度十五年；涉及领域广，除了史学以外，还涉及经学、历史地理学、民俗学、史料学、考古学等；参与学者多，共有约 130 名学者参与了这场讨论，会集了众多史学家、其他社团中的精英分子和青年学者。

任何运动都不可能避免时代的影响，“古史辨运动”亦不能外。“古史辨运动”的贡献集中表现在两个方面：一是人们以怀疑精神看待历史进程，观念和结论不断更新，尤其表现在对历史事实的还原与更正上；二是史学研究的领域大为开阔，由之前偏重政治史的局面，发展成为多领域繁荣的局面，形成了门类较为齐全的史学学科体系。学术成果上，不仅有传统的政治史、外交史、军事史研究新作，而且之前基础较薄弱的文化史、思想史、经济史、社会史、民族史、历史地理、边疆史等新的研究成果也陆续出现。20 世纪 40 年代中后期，随着抗日战争与解放战争的胜利，人们对唯物史观的接受程度越来越高，认知越来越深刻。新中国成立后，马克思主义史学确立了科学指导地位，学习与传播唯物史观的氛围浓厚。在这个过程中，传统古史中待考证的碎片化内容被淡化，“古史辨运动”中的学者，大多走到了学术的分岔路口。

充满破坏色彩与建设旨趣的“古史辨运动”，是顾颉刚一生孜孜以求的事业，超越传统而建立信史的观念根深蒂固，已然超过了真实存在的“古史辨运动”本身。《古史辨》第一册的扉页上，分别用法文和中文印了罗丹《美术》序文中的一段话：“要深澈猛烈的真实。你自己想得到的话，永远不要踌躇着不说，即使你觉得违抗了世人公认的思想的时候。起初别人亦许不能了解你，但是你的孤寂决不会长久。你的同志不久就会前来找你，因为一个人的真理就是大家的真理。”作为近代西方美术史上对中国影响较大的艺术家，罗丹表现出了敢于打破僵化传统、勇于开拓革新的精神，与“古史辨运动”的指导思想是一致的。顾颉刚将罗丹的这段话放在

《自序》之前，有借文明志的意味，表达了发起“古史辨运动”的四层意思：一是求真的信仰，二是敢于付诸行动的勇气，三是坚持真理的大无畏精神，四是必胜的决心。

晚年的顾颉刚这样评价《古史辨》第一册：“《古史辨》第一册，是我与胡适、钱玄同、刘掞藜等讨论古史的函件和文章，以‘禹’为讨论的中心问题，兼及历代的辨伪运动。在这一册中，许多问题的论证，现在看来是不够坚强的，但主要的见解我还是坚持下去。”[①] 这篇文章刊于1980年3月，顾颉刚就是在这一年底病逝的。他承认了虽然“许多问题的论证”是“不够坚强的”，但“主要的见解”还是要坚持下去的。“问题的论证”侧重的是论证的过程，包括史料的支撑、论证的方法等；“主要的见解”侧重的是论证的结果。值得注意的是，顾颉刚在这里强调了是“主要的见解”，而不是“所有的见解”，这也就意味着晚年的顾颉刚也承认了自己的某些见解是有不妥甚至是错误的。

虽然“古史辨运动”并没能形成一个统一的史学方法与史学观点，但我们应该认识到，史学的繁荣，并不在于表面上的史学观念的统一，而是在于学术论争中所秉持的科学精神和求实态度。不同学者的研究内容、原则、方法可能不一样，但为史学发展而笔耕不辍的精神是共同的。正是这种学术追求，让持不同史学理念的学者走到了一起；但也正是这种多元的价值追求，让持不同学术理念的学者从合作走向了分歧，最终分道扬镳。学术论争永远不可能结束，不同学者对于历史的研究是多视角多方位的，正是在不断的切磋与争论中，不同的研究范式相互补充与共存，才能更真实地展现出历史的多重面相。随着时间的推移，讨论、反思“古史辨运动”中的得失之处成为史学现代化道路上的重要话题。通过这些批评与辨析，以进化论为指导的新史学追求，逐渐朝着以唯物史观为指导的史学研究发展，中国现代史学也在这辩证的否定中，由不成熟逐渐走向成熟。

---

① 顾颉刚：《我是怎样编写〈古史辨〉的》，《古史辨》第1册，第21页。

“收回文化租界”的尝试*

——抗战时期“部定大学用书”的中国历史教材

苏晓涵

（上海师范大学人文学院，上海　200234）

摘　要：“部定大学用书”的中国历史教材的采编、审查，是抗战时期国民政府教育部整顿高等教育，尤其是历史教育的重要手段。其中既有大学编辑用书委员会、史地教育委员会等政府机构间的合作；又吸纳学界不同流派著名学人参与，由朱希祖、钱穆、缪凤林、萧公权等负责书目规划和教材审查。教育部本意借此促进人文社科学术“本土化”及高等教育“标准化”。该套教材却因牵涉中国历史上的民族、文化等诸多重要议题，引发学术争论，加之印刷、经费等限制，最终未能达到“收回文化租界”的目标。从中不仅可以看出民国大学历史教育发展的复杂曲折，更揭示了中国在逐渐融入近代世界知识体系的过程中，于学术制度和知识观念等方面呈现的大量矛盾、断裂和转换。

关键词：学术本土化　大学课程标准化　大学用书采编　著作审查意见

1938年接任国民政府教育部部长的陈立夫，曾评价彼时大学教学及课程设置等问题：“我发现这些大学都像外国租界。这个完全采德国学制，那个完全采法国学制，其他不是采美国制，即是英国制，但是采中国学制

*　本文系国家社会科学基金重大项目“20世纪的历史学和历史学家”（19ZDA235）阶段性成果。

的又在哪里？课程五花八门，毫无标准，有关中国历史的部门最为缺乏，学政治或经济的不谈中国政治或经济制度史，学农的不谈中国农业史。""我于是下了决心，请了专家订定大学课程标准，分'必修'、'选修'两种，把中国人应知的中国各部门的历史材料放入必修科，无教材的则奖励写作，使中国的大学像一座中国的大学。我排除了一切障碍，收回了文化的租界。"①

随着抗战爆发，这种希冀改变"文化租界"式的教育现状、整顿高等教育过分倚重西方学制的格局、着手统一教材和课程设置的想法，不独存在政府要人心中，亦在学术文化界、出版界的诸多实践中有所体现。就历史学科而言，陈立夫强调，欲达成此目的，最为要紧者，在于编纂、审查、出版一套大学中国历史教材，以符合"历史地理的教育，实在是我们革命建国教育的中心科目"的要求。② 可见，历史教育成为整顿高等教育的重点领域，史学类教材也因此在"部定大学用书"中占有重要位置。

目前，学界的研究多集中于对"部定大学用书"整体情况的介绍，而考察该丛书，尤其是史学类用书的编纂、审查及出版等具体过程的研究尚不多见。③ 实际上，借助近年新现"大学用书编辑委员会"及"史地教育委员会"相关未刊档案文书以及钱穆、缪凤林、萧公权等对部分史著的审查意见，以及关联学人之日记、书信及文集资料，厘清"部定大学用书"的具体规模和编纂、审查的详情，不仅能让我们观察现代社会条件下人文学术、高等教育与政治的微妙关系，亦可以对中国近代学术转型的复杂过程做一细致理解。

一 标准化与本土化：中国历史教材策划过程及规模

1938 年，教育部拟定《文理法三学院各学系课程整理办法草案》，对大学各科系课程进行整顿。该草案强调"规定统一标准"的原则，即各院

① 陈立夫：《从根救起》，三民书局，1970，第 65 页。

② 蒋中正：《革命的教育》，《中央周刊》1938 年第 1 卷第 13 期。

③ 关于"部定大学用书"的研究主要有：苏超纲《国立编译馆与"部定大学用书"》，叶再生编《出版史研究》（第 3 辑），中国书籍出版社，1995，第 189～197 页；张林、乌力吉《"部定大学用书"的编辑与民国高等教育（1940－1949）》，《江南大学学报》2018 年第 5 期；吴涛《"部定大学用书"编辑出版过程之历史考察》，《教育史研究》2019 年第 3 期；张林、葛明镜等《正中书局与民国时期大学教科书的发展（1931－1949）》，《信阳师范学院学报》2020 年第 2 期。

系之选修必修课程须一律采用部定标准。[①]

在历史学科方面，课程草案由朱希祖负责起草，蒋廷黻、雷海宗和徐则陵等专家负责审查。[②] 朱希祖认为，课程设置的重点原则在于“中外历史不宜偏重，普遍史必须完备”等项。[③] 与朱希祖看法相同，在审查意见中，各专家也表示：

> 选修科……拟请增法文、日文、俄文、德文四门。因法文、日文关于吾国史学考古学之著作为数颇多，可资参考。元史及边疆史，俄文著作亦可参阅。德文关于史学方法之著作颇精。此四种外国文，史学系学生可斟酌研究上之需要，任选一种。法文或日文，至少须修十二学分，每学期三学分，共学两年。有志加入史学研究部者，可在大学时选俄文或德文，各二十学分，每学期五学分，共两学年。入研究部后，再继续修十学分，当有参考德文或俄文著作之能力矣。[④]

朱希祖等学人提出课程规划需要中西兼重，以促进学术研究的理念，与教育部希望大量增补与中国社会、历史相关材料的整顿思想，有所不同。

1938~1939 年，随着教育部陆续颁布《文理法三学院共同科目表》《文理法农工商各学院分系必修及选修科目表》，[⑤] 教育部次长顾毓琇公开强调：

> 大学用书之是否应用西文原本与学术研究之进步，不能成为正比例，似已为学者多数之意见，用中文写成一套大学用书，其价值不一定少于西文书籍，反之，吾人往往因用原文西书之故，增加初年级学术学习之困难，且有许多学科，应加本国材料者，亦因此未能加入，致于所学习者不能完全适应现时中国社会之需要。故为建设国家起

① 《第二次中国教育年鉴》，商务印书馆，1948，第 495 页。

② 《大学科目表》，正中书局，1940，第 11~12 页。

③ 朱希祖：《大学文学院历史学系必修选修科目表审查意见》，周文玖选编《朱希祖文存》，上海古籍出版社，2006，第 206 页。

④ 《大学文学院历史学系必修选修科目表审查意见·丙》，日期缺，《教育部档案》：五-5661（4）-77~88。按：以下凡标《教育部档案》者，皆藏于中国第二历史档案馆。

⑤ 《大学科目表》，第 49 页。

见，用中文写成一套大学用书，亦有必要。[①]

事实上，为推动这种高等教育本土化观念的落实，且配合新课程体系的教学，1940年3月，教育部决定成立大学用书编辑委员会。[②] 该委员由53人组成，既包括章益、蒋廷黻、顾毓琇等政府官员，也包括朱光潜、茅以升、李四光、孟宪承等大学校长、院系所长及著名教授。[③] 编辑委员会根据学院科系的不同而设置分组委员会，如文学院师范学院分组委员会等。1942年，原直属教育部的大学用书编辑委员会改隶国立编译馆，继续负责大学教材的编审工作。

编纂一套重视中国历史的大学教材，是其工作重点。其中，既有各院校共同必修科目用书，如《中国通史》《中国文化史》等，又有各院校相同科目用书，如《中国史部目录学》《中国史学史或史学方法》等，还有历史系必修科目用书，如《中国断代史》等，另有哲学系选修科目《中国美术史》等。[④] 大学用书编辑委员会原规划有三种教材采编办法，即公开征稿、采编成书及特约编著，分别根据不同情况、依据不同科目实施。[⑤] 以这三种方法征集书稿的时限为三个月到一年之间。[⑥] 在收到征集的书稿后，即行审查。审查程序分为初审、复审、校订三个环节。先由国立编译

① 《教育部大学用书编辑委员会第一次全体会议记录》，1940年9月6日，《教育部档案》：五-1452-4。

② 滕大春：《教育部大学用书编辑委员会工作概况》，《教育通讯》（汉口），1941年第4卷第18期。

③ 《教育部大学用书编辑委员会第一次全体会议记录》，1940年9月6日，《教育部档案》：五-1452-4，按：该会当然委员为教育部司长吴俊升、章益，秘书刘季洪，科长陈东原，教科用书编辑委员会主任委员许心武，国立编译馆馆长陈可忠，主任郑鹤声，庚清桂，翟恒等九人。受教育部的委派，吴俊升、陈可忠、许心武三人为该会常务委员。

④ 《大学用书书目表》，日期缺，《教育部档案》：五-1454-20。

⑤ 《大学用书编辑委员会第二次常务委员会会议记录》，1940年8月3日，《教育部档案》：五-1452-24。按：公开征稿多适用于"分系共同必修科目用书之编辑，先定以三个月为征稿，期间应征者应先送编辑大纲及编辑计划，经审查合格后，予以经济上之便利，编就后乃须经审查合格，逾三个月无应征者即特约编著。文化团体亦可应征编辑大学用书，惟该团体有无应征资格须经常务委员会会议决定之。"采编成书指的是分别选录已出版的大学丛书及其他合于部定大学课程科目者，交由常委会及专家圈选，并履行审查手续。特约编著主要是针对各院共同必修科目以及其他未能征集到书稿的科目，由常务委员会推荐并选定专家进行约稿。

⑥ 《教育部大学用书编辑委员会第一次全体会议记录》，1940年9月6日，《教育部档案》：五-1452-10。

馆负责初审；初审合格后，依其门类由该会分组委员会公推委员或专家三人审阅，多数认为合格者，为复审合格书稿；后由复审委员或专家公推专家一人校订之。[①]

面临较为庞大的中国史学类教材编纂计划，大学用书编辑委员会并未按原规划独立采编，而是在教育部的指示下，积极开展与其他机构的合作。其中重要者，是获得教育部史地教育委员会的支持。

在大学用书编辑委员会设立一个月后的1940年4月，史地教育委员会成立，吴俊升、陈可忠、许心武三位大学用书编辑委员会的常务委员兼任史地教育委员会的当然委员。为了进一步推进两个机构的合作，陈立夫又聘史地教育委员会主任委员兼秘书黎东方任大学用书编辑委员会委员兼秘书。[②]

两个委员会合作的重点在于中国史学类教材的编纂，1940年5月14日，史地教育委员会举行第一次会议，决定编纂“中国史学丛书”。[③] 先分三辑，甲辑“中国断代史”十册，乙辑“中国分门史”二十册，丙辑“中国历史通论”及甲、乙两种大学教本《中国通史》五册。[④] 同年9月6日，因史地教育委员会的编纂实践在先，故吴俊升等人提议，经大学用书编辑委员会第一次全体会议决定，将《中国通史》部分交由史地教育委员会负责编纂，即与“中国史学丛书”丙辑并案办理。[⑤] 三天后，在大学用书编辑委员会第四次常务委员会会议上，吴俊升等人再度提议，“大学医学院各科目用书及各学院一部分史地用书，可由本部医学教育委员会及史地教育委员会负责编辑，书稿之初审、复审及校订等项手续均由各该会委托专家办理，合格书稿，呈部时由本会常务委员会审查通过，经签呈部

---

① 《教育部大学用书编辑委员会书稿审阅办法》，1940年9月6日，《教育部档案》：五-1452-9。

② 滕大春：《教育部大学用书编辑委员会工作概况》，《教育通讯》（汉口），1941年第4卷第18期。

③ 《史地教育委员会三年来工作总报告之一》，1941年度到1942年6月，《教育部档案》：五-467-15。按：关于史地教育委员会的研究，参见胡逢祥《史地教育委员会与抗战史学》，《历史教学问题》2020年第5期。

④ 《史地教育委员会三年来工作总报告之一》，1940年度到1941年6月，《教育部档案》：五-467-10。

⑤ 《教育部大学用书编辑委员会第一次全体会议记录》，1940年9月6日，《教育部档案》：五-1452-4。

长、次长核定后为大学用书，并由本会将大学用书编辑体例送各该会参考”。[①] 该提议经审议通过。

至此，通过吴俊升、黎东方、陈可忠等同时任职于两个委员会的关键人物之勾连，“中国史学丛书”已渐与部定大学用书中之中国历史教材的编纂计划相融合。

从1940~1942年度史地教育委员会的两份工作报告来看，至1942年6月，在原出版计划中，部分书稿的撰写人经过该会函商后有所改变，如《两宋辽金史》撰写人由姚从吾改为金毓黻，《中国国民经济及财政史·财政篇》撰写人由翁之镛、罗仲言改为罗仲言，《中国伦理思想史》撰写人由张君劢改为黄建中，《中国外交史》撰写人由张忠绂改为陈石孚，《中国历史通论》撰写人由陈立夫、黎东方改为黎东方。另增三本，分别是谷霁光的《中国军事史》、刘阶平的《中国工业史》和蒋复璁的《中国版本史》。[②] 同时，中国史学书籍中的一小部分，仍由大学用书编辑委员会按照规定独立进行采编。1941年4月17日，大学用书编辑委员会第六次常务委员会会议论采选成书的情况，通过初审、复审进入校订的书籍有两种：冯承钧译《多桑蒙古史》、夏曾佑著《中国古代史》。至1941年12月，又有王凤喈《中国教育史》以“公开征稿”渠道入选。[③]

1943年6月12日，教育部令“以史地教育委员会所编中国史学丛书各册，多与大学史地各系科目相通，应着印列入‘部定大学用书’”。将史学类书籍的编纂，复收归大学用书编辑委员会管理。并规定“凡尚未送部之初稿，其审稿付酬一概照部定大学用书之办法办理，其经费亦归本会统筹”。[④] 大学用书编辑委员会随即对已编或正在撰写的中国史教材进行汇总统计，其中，既有钱穆、缪凤林、顾颉刚、黎东方、吕思勉等学人编写的五种作为各科系“共同必修科目用书”的中国通史类教材，亦有郭廷以、吴晗、邵循正等史家撰著的三十六种作为“史学系必修及其他科系选修科目”的断代史及中国政治史、宗教史、文学史、史学史等专史类教材。

① 《大学用书编辑委员会第四次常务委员会会议记录》，1940年9月9日，《教育部档案》：五-1452-28。

② 《史地教育委员会三年来工作总报告》，1940年度到1942年度，《教育部档案》：五-467-10~15。

③ 《教育部大学用书编辑委员会书稿交代清册》，1941年12月31日，《教育部档案》：五-1452-178。

④ 《国立编译馆大学用书编辑委员会第十七次常务委员会会议记录》1944年4月6日，《教育部档案》：五1452-125~126。

同月，大学用书编辑委员会还议定“中国史学丛书·丁辑”各册目录及撰稿人，有李济《中国考古学》、翁文灏《中国地质学》、董作宾《甲骨学》、吴其昌《钟鼎学》、马衡《中国碑铭学》、蒋复璁《中国版本学》、卫聚贤《中国古钱学》、傅斯年《中国历史目录学》、罗香林《中国谱系学》及黎锦熙《方志学》十种，并均以“特约编著”备案。[①] 其中除傅斯年以“事冗不克编著”辞聘外，其余均被纳入采编范围。[②]

事实上，政府、学界围绕历史学系课程设置、教材采编筹划问题而产生的争论或合作，其关注点均在于历史教育的标准化和本土化。一方面，为落实“收回文化租界”的目标，政府成立“大学用书编辑委员会”“史地教育委员会”等机构，希望以行政力量整顿高等教育，尤其是历史教育，推行标准化历史知识；另一方面，各机构为制定可供大学使用的统一史学课程标准，以及编纂出版通史、断代史、专史专题等中国历史教材，不得不倚重学界力量，聘请四十多位专家参与，终成颇为可观的出版定案。饶有意味的是，观念多元的诸多民国史家，在面对较为整齐划一的课程标准时，纷纷从自身立场出发来编写教材，使得教材的编写和审核成为一场各抒己见、颇难调和的学术碰撞，从而又在某种程度上与政府推行部定大学用书之中国历史教材的初衷相悖。

二　难以落实的审核：围绕教材而各抒己见

除了倚重史地教育委员会及著名学者的力量外，教育部更希望通过审查等程序，促使大学用书，尤其是中国历史教材，达到“适应现实中国社会之需要”。教育部于1940年颁布“大学用书审阅办法”，规定审查程序。次年颁布“大学用书审查标准”，其中含“内容选材”与“形式规范”两方面的条文。[③] 但因条文过于笼统粗疏，难以有实际规范撰稿及审查的功效。

在对史学类书稿的审查中，教育部不得不借助著名史家的力量。1940

① 《国立编译馆大学用书编辑委员会第十四次常务委员会会议记录》，1943年6月10日，《教育部档案》：五-1452-102。

② 《国立编译馆大学用书编辑委员会第十五次常务委员会会议记录》，1943年9月30日，《教育部档案》：五-1452-133。

③ 《大学用书编辑委员会第六次常务委员会会议记录》，1941年4月17日，《教育部档案》：五-1452-33。

年9月6日，在大学用书编辑委员会第一次全体会议上，由吴俊升、许心武、陈可忠三位常务委员提议，聘任史学系各审查校订专家如钱穆、缪凤林、沈刚伯等共计三十六人。①

审查实施的效果，教育部虽言“多数著者对于审阅人意见尚能接受”，② 但涉及学术观点，著者和审阅人之间的意见往往难以调和。这种情况在钱穆对金毓黻《宋辽金史》、蓝文徵《隋唐五代史》和夏曾佑《中国古代史》三著的审查中尤为突出。

《宋辽金史》原在教育部史地教育委员会计划之“中国史学丛书”中，定名为《两宋辽金史》，撰者原定姚从吾，后改聘金毓黻。③ 金毓黻对宋辽金诸史的研究兴趣，大概萌发于其早年致力东北史研究之时，“傥富于研究辽金史之兴趣，则对于东北史，亦不能不有相当之注意，于是研究辽金史饶有兴趣，而研究东北史亦才有兴趣矣”。④ 1938年，金毓黻于中央大学开授“宋辽金史课程”，并撰写《宋辽金史讲疏》。⑤ 其后不断修改，终在1943年应史地教育委员会之聘而完成《两宋辽金史》（第一次稿），计约八万五千字。⑥ 经大学用书编辑委员会议定，该书拟作文学院历史学系中国断代史一科用书（该科为第二、三学年必修，共计8~12学分）。⑦ 1943年，书稿送钱穆审阅校订。

钱穆首先肯定了金著的学术价值：“大体就宋、辽、金、夏各方大事

① 《教育部大学用书编辑委员会第一次全体会议记录》，1940年9月6日，《教育部档案》：五-1452-16。按，专家分别为：中史：陈垣、顾颉刚、萧一山、金毓黻、丁山、钱穆、缪凤林、姚从吾、尹石公、向达、黎东方、郑鹤声、蒋廷黻、陈恭禄、张荫麟、雷海宗、吕思勉、傅斯年；外史：沈刚伯、陈受颐、刘崇鋐、何炳松、李承钧、杨人楩、陈衡哲；考古学：徐炳昶、徐中舒、冯汉骥、马衡、梁思永；师范学院史地学系之地理组：胡焕庸、黄国璋、蒙文通、马衡、王庸、张其昀。

② 《三十一年度工作检讨》，1942年7月至1943年2月，《教育部档案》：五-467-19。

③ 《史地教育委员会三年来工作总报告之一》，1941年度到1942年6月，《教育部档案》：五-467-15。

④ 金毓黻：《东北通史》上编，五十年代出版社，1944，第3页。按：关于金毓黻与宋辽金史研究，参见李玉君、张新朝《金毓黻先生与辽金史研究》，《史学史研究》2016年第3期。

⑤ 金毓黻：《静晤室日记》第6册，辽沈书社，1993，第4148页。

⑥ 《三十一年度工作检讨》，1942年7月至1943年2月，《教育部档案》：五-467-19。

⑦ 《国立编译馆大学用书编辑委员会第二十次常务委员会会议记录》，1945年3月23日，《教育部档案》：五-1452-159。

扼要叙述，绝不枝蔓，又于叙事中兼及考订断制，融铸一贯，极为得体。"[①] 随后，钱穆笔锋一转，针对金书中所表露的"秦汉、隋唐诸文化皆有胡、汉二元成分"之论断提出异议。金毓黻书中的观点是，七国争雄之时，秦居西戎，自成殊俗，至汉承秦统，则秦汉文化颇与戎族有关，其政治制度亦含二元，一为周制，一沿戎俗。钱穆在审查意见中认为："秦汉制度异于姬周，不得谓之'沿戎俗而二元'也。此层关于中国文化史者甚大，最好改正。"[②] 钱穆就此指出：

> 隋唐政制多上本北周，然不得谓之"胡汉二元"。若言文教风俗，北方门阀之势，始终未替中国文化传统，始终未中绝南北，双方大同小异，此固有之，即谓北方染有胡风，然对整个中国文化传统绝无动摇。隋唐时代只能认为中国传统文化之中兴，似不当又以"胡汉二元"说之。本书以秦汉为"汉戎二元"文化，又以隋唐为"汉胡二元文化"，恐非史实，关系极大，望能斟酌改写。[③]

从意见中可见，钱穆针对金毓黻著中涉及"民族与文化"的部分提出不同意见，认为金毓黻将汉民族与中国境内其他民族对立二元划分是不顾史实。同样的观点，在钱穆对蓝文徵《隋唐五代史》的审查中体现更为直接。蓝文徵撰写《隋唐五代史》之时，恰值其应萧一山的邀请，赴四川三台任东北大学历史学系主任。[④] 1942 年 7 月至 1943 年 2 月，该著"第一次

---

① 《钱穆：金编〈宋辽金史〉校订意见》，年份缺 12 月 10 日，《教育部档案》：五－1457（2）－201。按：钱穆此份意见，年份缺失，原件仅署 12 月 10 日。1944 年 4 月 6 日，大学用书编辑委员会第十七次常务委员会会议有记"金著稿件收到，在修订中"（《教育部档案》：五－1452－125）。1945 年 3 月 23 日，该会第二十次常务委员会会议有记"金毓黻著《宋辽金史》第一册（特约，拟作文学院历史学系中国断代史一科用书，第二、三学年必修，8～12 学分）业已审校修订完毕，作者并函复二点"（《教育部档案》：五－1452－159）。由此可推测，钱穆此份意见应该是于 1944 年 12 月 10 日给出的。

② 《钱穆：金编〈宋辽金史〉校订意见》，年份缺 12 月 10 日，《教育部档案》：五－1457（2）。

③ 《钱穆：金编〈宋辽金史〉校订意见》，年份缺 12 月 10 日，《教育部档案》：五－1457（2）－201～203。

④ 汤承业：《蓝文徵先生的学业与道业——兼论蓝先生的学术思想》，《"国立"编译馆馆刊》（台北）1978 年第 7 卷第 1 期。

稿”完成，计约十三万二千字，[①] 1943 年，送钱穆审查。[②]《隋唐五代史》被后人誉为“（蓝文徵）最为精心的著作”，[③] 钱穆在肯定书稿“用思精博，取材宏赡”的同时，仍然对书稿中涉及的历史上之民族问题提出了自己的意见。

蓝文徵在书稿“总叙”中提出，在春秋战国时代，杂居内地的蛮夷、戎狄诸族，尽被诸夏所同化，结为一种新民族，肇成秦汉之弘规，为民族初度大融合。晋魏以后，诸塞外民族入据中原，与汉族血胤融合，凝为一种新汉族，即隋唐五代新民族之基干，为民族再度大融合。经过两度融合，胡汉二族互相塑造，以此新民族为主体，才有唐代文治武功俱臻极盛的局面。据此，蓝文徵指出，“血液繁复，民族乃益优秀”，并认为“民族新生”之关键在于融合。[④]

针对蓝文徵反复标举的“新民族”观点，钱穆在校订意见中反驳道：

> 今日之中国人，实属古代中国人之嫡系子孙，其民族之重要素质，殆无大变，此则为同样重要之事实，此处所云新民族、新汉族、隋唐五代民族云云，似谓此一时期之中国民族已与前一时期显然不同，下语轻重之间，似须斟酌。[⑤]

钱穆认为，近代埃及与希腊人，因历史上屡遭异族入侵而血统混杂，但未见二者较之古埃及、希腊人更为优秀。至于“是否血液愈繁复而民族愈趋优秀”，他指出：

> 中国民族之伟大，在能不断同化异民族于自己传统之内，而并非与异民族相杂化而成新民族也。此处屡言新民族、新汉族、民族新

---

① 《三十一年度工作检讨》，1942 年 7 月至 1943 年 2 月，《教育部档案》：五-467-19。

② 《大学用书编辑委员会第十七次常务委员会会议记录》，1944 年 4 月 6 日，《教育部档案》：五-1452-125。

③ 汤承业：《蓝文徵先生的学业与道业——兼论蓝先生的学术思想》，《“国立”编译馆馆刊》（台北）1978 年第 7 卷第 1 期。

④ 蓝文徵《隋唐五代史》（上编一册），商务印书馆，1946，第 25~30 页。

⑤ 《钱穆：蓝著〈隋唐五代史〉校订意见》，日期缺，《教育部档案》：五-1457（1）-132。按：此审核意见日期亦缺失。1944 年 4 月 6 日，大学用书编辑委员会第十七次常务委员会会议有记“蓝著稿件收到，在修订中”（教育部档案：五-1452-125），以及通过蓝文徵著作的出版时间，大致可推测，审核时间应与钱穆对金毓黻的审查意见所作时间相近。

> 生，又称之为隋唐民族，似均可商。至东汉以下之衰运，及隋唐一代之隆盛，著史者似应从政治、经济、人文各方面叙说之，不宜专一推本于民族血液之新陈，此层似关系殊大，特献浅议以供参讨。[①]

在钱穆看来，分析隋唐时期繁荣原因，应从政治、经济、人文层面着手，而不应着重强调“民族血液之新陈”。

面对钱穆的批评，金毓黻在回复教育部时一方面表示“钱君指示各节颇多扼要，深表感谢，凡可以修正之处，无不立即为改易”，另一方面亦坚持自己的观点，其言“拙作‘秦汉制度含有西戎成分’……鄙人不愿轻为改变，且此节仅以证明唐宋制度之含有两系，并非本书正文，故亦不事详论”。[②] 同样，蓝文徵亦未根据钱穆的校订意见对《隋唐五代史》做出修改。

由此可见，无论是对金毓黻的《宋辽金史》还是对蓝文徵的《隋唐五代史》，钱穆对书稿中的民族问题均提出异议，钱穆反复强调历史上汉族的主体性以及汉族和少数民族的从属关系，其背后蕴含了时人对中国历史上民族问题认知的明显差异。这种差异既涵盖了学者在学术观点方面的异见，也反映了近代民族观念所导致的对中国历史上的民族问题的不同解读，更有着现实政治的直接或间接影响，而这些问题在一定程度上已经超出了教科书所能够阐释清楚的范围，也凸显了推行“本土化”历史知识过程中的种种困难。

稍早于对金、蓝二人书稿的审查，钱穆曾写了夏曾佑《中国古代史》审查报告。《中国古代史》原名《最新中学中国历史教科书》，1904~1906年由商务印书馆分三册陆续出版，1933年收入商务印书馆“大学丛书”，合为一册，改称《中国古代史》。[③] 1941年4月，由大学用书编辑委员会以“采编成书”的形式选入，并送交时在成都齐鲁大学国学研究所的钱穆校订。钱穆对此书的关注，始于1913年任教私立鸿模学校时。因他希望入

---

① 《钱穆：蓝著〈隋唐五代史〉校订意见》，日期缺，《教育部档案》：五-1457（1）-133。

② 《金毓黻致教育部函》，日期缺，《教育部档案》：五-1457（2）-206。按：此函日期缺，但据1945年3月23日，该会第二十次常务委员会会议中有记“金毓黻著《宋辽金史》第一册（特约，拟作文学院历史学系中国断代史一科用书，第二、三学年必修，8~12学分）业已审校修订完毕，作者并函复二点”（教育部档案：五-1452-159），以及钱穆1944年12月10日所作审查意见，可以推测，该函当作于1944年12月至1945年3月间。

③ 李洪岩：《夏曾佑传略》，《史学理论与史学史学刊》2006年卷。

北京大学，且知夏书为北大教本，“故读之甚勤”，“且得益最大”，乃至在随后教学过程中，“每常举夏氏书为言”。[①] 至1934年4月，钱穆以“公沙”署名，于《大公报》图书副刊上发表《评夏曾佑〈中国古代史〉》一文，虽指出夏曾佑书中讹误，但对夏曾佑“文简于古人而理富于往籍，其足以供社会之需乎”的著史理念十分欣赏，并以此为扭转国内史学风气的良方，倡言：“愿国内学人全以夏氏之言写史，以夏氏之言读史。”[②] 此番钱穆于成都再度审读此书，其态度较前稍有变化：

> 内中明白错误已列举二百余条。其大关节目之处，原作者已作古，无法商讨，若代为改动，则牵一发而动全身，殊难下手。爰再附校后记一篇附刊原书之末，使读者知所审择。[③]

大学用书编辑委员会第十次常务委员会会议根据钱穆的意见商议三条应对方案：“（一）原书暂不采用。（二）校订费照送。（三）《校后记》可函商商务印书馆于该书再印时排入。”[④] 并致送钱穆校订费二百元。[⑤] 夏书因此未能入选大学用书，但这并非钱穆初衷，他晚年在回顾此事时曾感慨：

> 列举其书中谬误，皆小节，如年岁地名等，显系夏氏钞录时疏失，凡一百七十余条。编译馆见余校正繁多，遂终止前议，此书不予重印。其实余素重此书，不意此书乃竟因余之细校订而失其再为广播流传之机会，此亦人事因缘之甚难言者。[⑥]

囿于史料之限制，钱穆《校后记》已无从寓目。但值得注意的是，同为大学用书史学类审查人的缪凤林曾在20世纪30年代撰文，直言夏书虽颇有可取之处，但“深觉真正的大学国史教本，决非翻印三十年前的中学

① 钱穆：《八十忆双亲·师友杂忆》，生活·读书·新知三联书店，2018，第89~90页。

② 公沙（钱穆）：《评夏曾佑〈中国古代史〉》，《图书季刊》1934年第1卷第2期。

③ 《钱穆函教育部大学用书编辑委员会复夏著审查意见》，日期缺，《教育部档案》：五-1452-78。按：此函虽缺日期，却在1942年7月25日《教育部大学用书编辑委员会第十次常务委员会会议记录》（《教育部档案》：五-1452-78）中，大致可推测其应作于此前不久。

④ 《教育部大学用书编辑委员会第十次常务委员会会议记录》，1942年7月25日，《教育部档案》：五-1452-78。

⑤ 《复审表》，1942年6月9日，《教育部档案》：五-1455-15。

⑥ 钱穆：《八十忆双亲·师友杂忆》，第90页。

教科书所能敷衍了事”。[①] 可见夏书翻印所引起的争议，在于审核专家间对于“中国历史教材标准”理解的差异，绝非钱穆一人的校订及评价所能扭转，这或许亦是他晚年感慨的“人事因缘之甚难言者”。

在对冯友兰、萧公权等学者著作的选用和审查过程中，也出现类似情况。《中国哲学史》原经史地教育委员会决定聘任陈立夫撰写，后改选冯友兰成书，1941 年送汤用彤审核。[②] 汤用彤在审查意见中，虽表示“审阅之后，觉其内容形式两方面俱能适合教育部部定大学用书标准，堪作大学教本”，但对书中若干具体学术问题提出不同意见：“第二篇虽标以经学时代，但汉宋明诸儒之于‘六艺’本原精神，南北朝隋唐佛学家之于梵典本来面目，异同如何，因著者于‘群经’自身未尝论列就谈‘经学’，此中本末原委之解如何，颇令读此不甚了了，至南北朝之玄学是否应纳在‘经学’范畴之下，尤值得考虑也。”并直言冯友兰书中“多据孤证立论，殊难令人悦服”。[③] 冯友兰在收到此份意见后，致函教育部表示：“（审查意见）谓原书于‘群经自身未尝论列’，按原书所谓‘经学时代’者，不过借‘经学’之名以谓汉以后‘旧瓶装新酒’之思想耳，并非欲讲旧日所谓‘经学’也。从此观点来看，则未论群经梵典似未为不可，而南北朝玄学亦以‘旧瓶装新酒’，恰是此时代之产物也。”同时，对于“孤证立论”质疑，其以“非孤证也，不过前人已说过之证未皆列举耳”为反驳。[④] 同样，1943 年，萧公权的《中国政治思想史》送缪凤林审查，缪凤林在审查报告中，虽对是著推崇备至，却亦和黎东方一起针对萧书“立论未妥”之处加以商讨。萧公权在致谢之余，亦含蓄表示欲坚持原本观点。[⑤]

由此可见，审查人和著者之间各有见解，不易调和，这体现在审查过程中，其矛盾虽反映在学术观点本身，恐也难言没有学术之外的人事纠葛等因素，而这些都给大学用书的确定增加了难度。此外，时值抗战，书稿寄送及意见往复颇耗时间，且有邮包丢失之虞。1942 年，大学用书编辑委员会通过决议，即“为便利工作进行及节省邮资起见，本会书稿拟多请附

① 缪凤林：《大学丛书本国史两种》，《图书评论》1934 年第 2 卷第 8 期。

② 《教育部大学用书编辑委员会书稿交代清册》，1941 年 12 月 31 日，《教育部档案》：五-1446（1）-178。

③ 《冯著〈中国哲学史〉第一审查意见》，1944 年 11 月 30 日，《教育部档案》：五-1457（1）-30。

④ 《冯友兰致教育部函》，1944 年 11 月 30 日，《教育部档案》：五-1457（1）-32。

⑤ 萧公权：《问学谏往录》，传记文学出版社，1972，第 127~129 页。

近专家审校”。[①] 至1943年，为了节省审查时力，加快出版，由黎东方提议，简化审查环节复审和校订的程序，即“如第一复审人认为不合格，而第二复审人认为合格时，则请第三复审人兼办校订手续，如第一第二两复审人均认为不合格时，则不予校订案”。[②] 在校订环节，当审查人与著者出现不同意见时，是否改动书稿的决定权随之移归大学用书编辑委员会常务委员手中。[③]

事实上，正如萧公权的回忆，大多数著者不认同的审查意见，最终也未能增订入著作中。[④] 教育部欲借审查等行政措施来确保“标准化”“本土化”历史知识的推行，邀请诸多著名学人践行审查，但因观念杂陈，著者与审查人之间往往争鸣大于共鸣，难以协调。

三 失败的尝试：印制及推行的困境

除了审核过程中不同意见难以调和外，还存在书籍的印刷问题。因为部定大学用书之中国史学教材，编印计划宏大，从1941年开始，征稿及审查工作逐步展开，教育部决定付印过审书稿，并“暂定由正中、商务、中华及科学图书公司四家承印”，[⑤] 因中国历史教材多集中于史地教育委员会“中国史学丛书”，至1943年方收入大学用书编辑委员会，故由史地教育委员会单独交由商务印书馆印制。但对于彼时商务印书馆的印制能力，该会亦多质疑：

> 商务印书馆重庆工厂之印刷能力甚低，只允每三月印十万字，今后亟待大量出书，此点不无困难。如交由其他书局印行，不仅影响原定契约，亦难获得多数著者之同意。本会一度向造纸学校商洽代印后交商务印书馆发行，但该校索价甚昂，商务有所不愿，且该校要求于

---

① 《国立编译馆大学用书编辑委员会第十二次常务委员会会议记录》，1942年12月17日，《教育部档案》：五-1452-93。

② 《国立编译馆大学用书编辑委员会第十四次常务委员会会议记录》，1943年6月10日，《教育部档案》：五-1452-108。

③ 《教育部大学用书编辑委员会第一次全体会议记录》，1940年9月6日，《教育部档案》：五-1452-4。

④ 萧公权：《问学谏往录》，第129页。

⑤ 《大学用书编辑委员会第六次常务委员会会议记录》，1941年4月17日，《教育部档案》：五-1452-33。

版权页列出“代印”之字样商务所不能接受。①

事实上，商务印书馆在战时确实难以如约承印如此大量的书籍。随着战事进一步发展，尤其是上海与香港沦陷后，中华书局、世界书局和大东书局等出版机构，先后于重庆设立印刷厂，同时四川亦有大量报社成立。②文化机构数量剧增，导致印刷所需纸张短缺。③ 商务印书馆王云五曾感慨：“教育界与文化界之视精神食粮仅次于口腹食粮。且后方各地之出版力量薄弱，存书亦不甚丰。”④ 从中可见，实际印刷能力不能满足部定大学用书之中国历史教材的庞大编纂计划，存在难以解决的困境。

1944 年 6 月 15 日，即将卸任教育部部长一职的陈立夫，在检查了大学用书编辑委员会的工作后，对中国历史教材的采编及审查的进度颇为不满，随即针对审查、付印等环节出现的问题提出解决办法。在审查方面，他强调“审校手续应力求迅速”，将复审和校订程序合并，两位复审人即校订人，复审校订通过，即由教育部审批付印，并指示“审核人选尽量约请居住渝市附近之人藉省时力”。他建议“于该会设置入院专家八人，则每一稿到会，可以立即完成审核手续之一半，只需再请馆外专家一人审校，即可后续本人修订工作，进行当更感顺利”。

针对付印问题，他指示“编译馆及该会必要时可于今夏以后成立排字室”，“今夏以后，如按照计划，赶征分院必修用书，书局排印如此大量书籍，恐难合拍，故该会殊有自行筹备成立排字室之必要”。⑤ 但该项建议因需教育部拨款而未获批准。⑥ 实际情况是，1944 年教育部曾规划于“各系共同必修科目”中印制五种中国通史教材，于“各系必修及选修科目”中印制专史三十六种。但至 1946 年，仅由商务印书馆及正中书局合力刊行约十种。可见，教育部为了推广“标准化”“本土化”的历史教材，确实做了许多努力，但实际效果并不明显。

时人曾有观察：抗战以来的历史教育，“一般人对本国历史知识仍甚

---

① 《三十一年度工作检讨》，1942 年 7 月至 1943 年 2 月，《教育部档案》：五-467-19。

② 钟宪民：《最近重庆市图书出版概况》，《出版界》（重庆）创刊号，1943 年 12 月。

③ 卢徐明：《纸张与战争：全面抗战时期四川的纸张紧缺及其社会反应》，《抗日战争研究》2019 年第 4 期。

④ 王云五：《八十自述》（上册），《王云五全集》（第 15 册），九州出版社，2013，第 229 页。

⑤ 《部长训示本会工作改进方法八点》，1944 年 6 月 15 日，《教育部档案》：五-1452-137。

⑥ 《国立编译馆大学用书编辑委员会第十八次常务委员会会议记录》，1944 年 6 月 15 日，《教育部档案》：五-1452-144。

贫乏，最显著的例，即各级学校学生历史程度之低，有出人意料者。由大学招生考试和高普考等各种考试的历史成绩来看，不但令人寒心，并且令人害怕，主考人或阅卷人多慨乎言之!"[①] 闻一多曾于1946年回忆道："大学的课程，甚至教材都要规定，这是陈立夫做了教育部长后才有的现象。这些花样引起了教授中普遍的反感。"[②] 同时，国立西南联合大学教授也一致提出："今教授所授之课程，必经教部之指定，其课程之内容亦须经教部之核准，使教授在学生心目中为教育部一科员之若，在教授固已不能自展其才，在学生成启轻视教授之念。"[③] 可见，部定大学用书之中国历史教材虽未如国定本教科书一样，因涉及"党化"内容而招致教育界尖锐批评,[④] 但在民国大学奉行自由教学的情况下，这种统编课程和教材的做法，依然招致史地教育界的普遍不满。

因战时条件限制，仓促上马的"部定大学用书"之中国历史教材等项目，在采编、审查、排印等项工作中均难合拍。而教育部借助行政力量，一再简化审查程序，加快教材的印制。这种做法削弱了审查的学术公信度，使其沦为教材编制过程中的常规程序性工作，从而影响了中国历史教材的学术严谨性。同时，学界针对这套"标准化""本土化"课程标准及教材的争议，虽是集中于学术本身，却也反映出对陈立夫等政客企图借课程改革来操控学界的不满。

结　论

抗战时期，部定大学用书之中国历史教材的采编、审查，本意在于以"本土化""标准化"的历史知识，扭转"我们的大学不是在这里为中国造人材，反在这里为英美造人材"的状况。[⑤] 颇具讽刺意味的是，这套中国历史教材并未达到国民政府"收回文化租界"的预期，由于学术观点争议、编印难、经费短缺及政学冲突等问题而颇难推广，未有实效。个中缘

① 徐文珊：《抗战以来中国史学之趋向》，孙本文等编《中国战时学术》，正中书局，1946，第132页。

② 朱自清、郭沫若等编《闻一多全集》（己册），开明书店，1948，第21页。

③ 王学珍等编《国立西南联合大学史料》（总览卷），云南教育出版社，1998，第18页。

④ 徐天震：《所谓"国定本教科书"》，《大夏周报》1947年第24卷第7期。

⑤ 蒋廷黻：《中国社会科学的前途》，桑兵等编《近代中国学术思想》，中华书局，2008，第266页。

由，值得深思。

民国时期，对高等教育“本土化”的呼声，不独存于史学界。20世纪20年代，时人曾对中国高等教育进行批评：“教授的材料，教授的方法，教授所用的语言，无一不是外国的，自然科学是如此，社会科学也是如此。……这些纯‘洋化’的留学生，硬拿外国的原本书塞进学生肚子里去，硬把外国适应的教育来教育中国人。”[①] 1926年，何廉在对北京、南京、上海等地高校进行考察后，发现各高校政治学、社会学乃至经济学等科课程，大多照搬照抄美国高校课程，且教授所用教材资料多取自外国，其中很少分析本国情形。[②] 可见，“本土化”问题，成为当时人文社科学术的关注重点。在对中国历史教材进行编写和审核的过程中，既有不同学人运用“国家”“国民”等取自西方的概念工具，来讨论中国历史上的民族、文化问题时的观念交锋，又有针对中国通史等科目教材体例标准，内容多寡而进行的学术商榷。从中可窥民国大学历史教育“本土化”情况之复杂。

在教育部看来，实现学术“本土化”的有效手段，是推行学术“标准化”，即用行政力量加强对高等教育的统一管理，包括制定新课程标准和编写新教材，重视中国通史和专史、专题的教育，把中国历史的相关材料编入历史学、政治学、社会学、经济学等科目。学界对此却有不同的意见，1938年，在审核历史学科课程设置草案时，朱希祖曾建议教育部：“大学与中学异，中学课程表必须整齐划一，不可参差，大学别延请人材，不能一致，设备方面，亦不能一律，院系开设之多少，与必修、选修即有伸缩之关系，图书仪器多少，亦与设立科目多少有关，故不能制定一表，以整齐划一也。”在朱希祖看来，对于高等教育，尤其是历史教育，教育部只宜规定原则，具体课程应允许各大学依实际情况开设，如果强制统一，“则非将各大学经费、院系之多少一律，及图书仪器之至少限度一律，教授待遇及薪水一律不可”。朱希祖就此指出，学术的本土化，不在于强制统一课程设置及教材，“国家不特设机关以培植大学教授人材，朝毕业于国外大学，而夕即执教于中国大学，贻笑外人，诳耀学子，虽画一课程表，亦何能奏其效，不揣其本，而齐其末，恐未能有当也”。[③] 这种看法说

---

① 祝冷然：《南开教育的破产》，《京报副刊》第32号，1925年1月10日。

② 浦薛凤：《音容宛在》，商务印书馆，2015，第125页。

③ 朱希祖：《大学文学院历史学系必修选修科目表审查意见》，周文玖选编《朱希祖文存》，第206页。

明，一方面近代中国各大学发展本就自具特色，加之抗战时局动荡，各校图书资料乃至师资力量等情况不一，故高等教育发展应是“不齐而齐”“惟齐不齐”；另一方面实现学术“本土化”，并非强制订立新课程标准和推行新教材所能解决，其关键在于建立健全大学教师聘任、晋升等系列激励知识生产的学术制度。

这场“收回文化租界”的尝试，在由观念转化为制度，并落实行事的过程中，实际充满了因时因地因人而变化调整的妥协，兼有学术“本土化”和“标准化”之间的缠绕联结，从中不仅可见民国教育发展，尤其是历史教育发展中复杂曲折的一面，更能看出，在逐渐融入近代世界知识体系的过程中，中国在知识观念和学术体制方面出现的大量矛盾、断裂和转换。

从《边疆》《史学》周刊看昆明《益世报》副刊的学术研究*

颜克成　唐淑权

（云南民族大学云南省民族研究所历史系，昆明　650500）

摘　要：顾颉刚在昆明《益世报》上所办的《边疆》与《史学》周刊，是抗战背景下中国边疆民族研究发展的产物。《边疆》周刊是《禹贡》半月刊停刊后创办的专门研讨边疆民族问题的刊物，继承了《禹贡》半月刊的办刊思路，《边疆》《史学》周刊是顾颉刚“学术救国”的重要体现，两刊之间亦存在紧密联系。学者们运用史学考据与田野调查相结合的研究方法，拓宽了研究范围，研究成果质量显著提升。其中“中华民族是一个”的讨论，滇缅铁路线走向的讨论，各少数民族之间关系及与汉族关系的讨论，僰夷民族种属问题的讨论、土司政治的讨论等，都是在抗战局势下学者“学术救国”理想的真实写照。

关键词：《边疆》　《史学》　边疆民族

《益世报》作为民国时期有宗教背景的重要报纸，自1915年创立至1949年停刊共34年的时间，大致可分为天津办刊时期、昆明办刊时期、重庆办刊时期。现在学术界对于《益世报》的研究和资料整理大多集中天津办刊时期（1915~1937），1938年底《益世报》迁往昆明及1940年后在重庆复刊的部分却很少有学者涉猎，仅2篇论文专门讨论了昆明办刊时期

---

* 本文系国家社科基金重大项目“20世纪的历史学和历史学家”（19ZDA235）、国家社科基金项目“抗战时期中国民族史编纂与民族国家建构研究”（18XZS002）、云南省“兴滇英才支持计划青年人才专项”（YNWR-QNBJ-2019-298）阶段性成果。

的《益世报》[①]，重庆办刊时期的《益世报》（目前重庆图书馆已电子化）更是无人问津，整体上缺少对于《益世报》后期的研究。迁往昆明和重庆后的《益世报》虽不如天津时期办刊时间长，但报道内容却异常丰富，出现不少有特色的副刊，如昆明版《边疆》《史学》《教育》《读书》《宗教与文化》等，重庆版《乡村建设》《社会问题》等，都具有珍贵的学术研究价值和史料价值，梳理这些副刊上的文章有助于我们了解抗战时期西南社会发展状况、边疆学术研究的特色。另外，目前对于昆明《益世报·边疆》周刊的学术性研究，主要集中在围绕“中华民族是一个”的学术讨论上，[②] 但《边疆》《史学》《读书》《宗教与文化》等周刊上的其他文章，多湮没无闻。比如钱穆在《益世报》的多篇文章，除《国史引论》《国史漫话》外，《钱宾四先生全集》亦无。《史学》周刊虽为顾颉刚所办，但其创刊辞，则是张荫麟所写（未署名），后收入其《中国史纲》开篇《献辞》里。其他如辰伯（吴晗）、及时（郑天挺）、陈梦家、姚从吾、旭生（徐旭生）、罗香林、孙次舟、汝灰（方豪）、杨向奎、伯平（冯家昇）、西山（张维华）、饶宗颐、杨力行等学者在上面发表的文章有许多不见于诸家的文集或全集里，以上学者或正值学术成熟之年，或正在学术起步阶段，收集并研究他们在《边疆》《史学》等周刊上的文章，具有重要的学术史意义。另外《边疆》《史学》等周刊里，诸如西南民族问题的研究、

① 王珺：《从〈益世报〉副刊看抗战时期的边疆民族研究》，《东陆学林》编委会编《东陆学林》第15辑，云南大学出版社，2006，第73~78页；焦建蕊：《顾颉刚先生与昆明〈益世报·边疆（周刊）〉》，林超民主编《西南古籍研究（2016）》，云南大学出版社，2018，第192~203页。

② 论文有：周文玖、张锦鹏：《关于“中华民族是一个”学术论辩的考察》，《民族研究》2007年第3期；黄天华：《民族意识与国家观念——抗战前后关于“中华民族是一个”的论争》，《一九四〇年代的中国》（下卷），社会科学文献出版社，2007，第398-415页；马戎：《如何认识“民族”和“中华民族”——回顾1939年关于“中华民族是一个”的讨论》，《中南民族大学学报》（人文社会科学版）2012年第5期；杨立峰：《多民族国家的公民团结问题——从顾颉刚与费孝通关于“中华民族是一个”的争论谈起》，《原道》2015年第2期；葛兆光：《徘徊到纠结——顾颉刚关于“中国”与“中华民族”的历史见解》，《书城》2015年5月号；黄克武：《民族主义的再发现：抗战时期中国朝野对“中华民族”的讨论》，《近代史研究》2016年第4期；王传：《学术与政治：“中华民族是一个”的讨论与西南边疆民族研究》，《中国边疆史地研究》2018年第2期；唐伟华：《情境与立场：也论顾颉刚的国族观及1939年的顾、费互动》，《青海民族研究》2020年第2期。编著有：马戎主编《“中华民族是一个”——围绕1939年这一议题的大讨论》，社会科学文献出版社，2016。该文集是把《边疆》周刊里当时参与讨论的文章、目前学界专题研究的文章汇编成集，以供学界参考。

滇缅铁路专号的探讨、边民风俗的历史考察等文章，是抗战时期中国边疆学形成及发展时期的重要文章，也具有极高的史料价值。

一 《边疆》周刊与《禹贡》半月刊的内在渊源

1934年《禹贡》半月刊由顾颉刚与谭其骧共同创办，当时顾颉刚与谭其骧都开设中国古代地理沿革史的课程，于是两人商议后决定创办刊物，为学生提供讨论的平台，促进学术发展，挖掘更多人才，呼吁更多的学者关注地理沿革的研究，揭露帝国主义分裂中国的阴谋。顾颉刚在《禹贡》的发刊辞中提到“民族与地理是不可分割的两件事，我们的地理学既不发达，民族史的研究又怎样可以取得根据呢?”①当时东北已经沦陷，察哈尔、绥远亦岌岌可危，身处北平的顾颉刚感受到形势的危急，《禹贡》半月刊应运而生。而《边疆》创立于1938年底，当时南京、上海、广州等滨江、沿海城市相继沦陷，政府、高校以及大量工厂西迁，民族危机更是达到空前严重的地步。日本在武力侵略中国的同时，也在学术上进行分裂中国的活动，《禹贡》半月刊与《边疆》都是成立于民族危机的时刻，两份刊物创办都是为了揭露日本阴谋，呼吁国人保卫边疆。以下就刊文研究内容、研究方法、作者群来探究《边疆》与《禹贡》半月刊的联系。

（一）研究内容

《禹贡》半月刊登载的文章700余篇，内容涉及地理沿革、少数民族史、自然地理、中外交通史、方志学、地方小记和游记等。起先《禹贡》半月刊关于边疆民族的文章很少，后来顾颉刚到绥远省考察，意识到边疆问题的严重性，《禹贡》半月刊登载文章的研究方向逐渐向边疆与民族史倾斜。②《边疆》所刊文章也有相似的研究内容，因篇幅有限，以下就民族史、自然地理、地方小记与游记三方面进行比较。

《禹贡》半月刊关于民族史与民族问题的研究就有110余篇，约占文章总数的1/7，涉及满族、蒙古族、回族、藏族及各边疆地区少数民族。文章大致可分为两类，一是关于古代民族的分布研究，如蒙文通的《古代民族移徙考》、袁复礼的《新疆之哈萨克民族》、李咏林《十三世纪前期的

---

① 顾颉刚:《发刊辞》,《禹贡》第1卷第1期，1934年3月1日。

② 孙喆:《〈禹贡〉半月刊与20世纪三四十年代的中国边疆研究》,《中州学刊》2012年第4期。

蒙鲜关系》、王日蔚的《契丹与回鹘关系考》等；二是大量回族与回教文化方面的文章，如“回教与回族专号”与“回教专号”刊登40余篇文章，涉及回族的现状、宗教信仰、教育发展、生活习性、文化传统、民族关系等重要问题。[①]《边疆》中涉及民族现状与民族史的文章共15篇，约占文章总数的1/4；还涉及古代民族的分布研究，如方国瑜的《僰人与白子》研究云南摆夷族源与发展，张维华的《读〈圣武记〉札记又三则》中记载土尔扈特西迁的踪迹，张西曼的《回教非回族》解释回族的族名演变，回教名称由来，探究两者的关系。

《禹贡》半月刊登载了钱穆的《水利与水害》、张了且的《历代黄河在豫泛滥纪要》、蒙文通与王树民的《古代河域气候有如今江域说》等，探究古代黄河或长江与生产生活的关系，以及气候变迁对人类生存的影响；黄文弼《罗布淖尔水道之变迁》和郭敬辉《大清河流域之地理考察》探究水域变化与人口发展的关系。《边疆》中则以杨钟健的10篇“西南漫话”系列文章为代表，内容涉及西南的喀斯特地形、山洞、水系、河谷、湖泊等地理情况，古生物学知识，希望人们利用好自然资源；萧愚的《宁夏的水利》探究宁夏对黄河水资源利用的功绩，涉及水利状况与生产的关系。

《禹贡》半月刊上登载的地方小记、考察日记和游记共50余篇，[②]在《禹贡》半月刊文章总数中有一定的占比，如沈焕章的《青海概况》、侯仁之翻译的《新疆公路视察记》、徐文珊的《平绥路旅行归来》、李书华的《黄山游记》等。《边疆》中地方小记与游记共6篇，有萧愚的《塔尔寺》《宁夏散记》，杨钟健的《路南纪胜》，杨玉光的《漫谈建水》，南村的《火把节在丽江》，周继廉的《柳州、南宁和百色》。

（二）实地考察与学术论辩的研究方法

两份刊物的作者利用实地考察的方法开展研究。禹贡学会曾多次发起考察研究的活动，如1934年8月由燕京大学与平绥铁路局组织的“察绥旅行团”，其考察内容包括古迹、物产、风俗等。1936年7月，察绥旅行团对绥远、包头等地进行调查，所得调查报告以“后套水利调查专号”登载

---

① 王记录、林琳：《〈禹贡〉半月刊对中国史学近代化的影响》，《史学史研究》2010年第1期。

② 杨军辉：《禹贡学会与〈禹贡半月刊〉研究》，西北师范大学2008年硕士学位论文，第70页。

于《禹贡》半月刊。《边疆》周刊的作者也重视实地考察，以江应樑多篇考察文章为代表，他深入云南西部“腾龙沿边十土司地”开展民族调查，对少数民族的族源及其流变、民族习俗、地名、人口分布等问题进行详细梳理，其他如杨力行的《湘西南的苗徭和屯政》、李霖灿的《观音市和一位古宗朋友》及杨钟健的《路南纪胜》等都是作者实地调查的成果，有的作者还利用民族学的方法进行田野调查。

《禹贡》半月刊上还登载了不少学术论辩的文章，如顾颉刚与唐兰关于“九丘”问题的公开讨论，孟森、顾颉刚等人关于尧典著作时间的讨论，钱穆、于鹤年关于清代地理沿革的讨论等。作为禹贡学会的精神领袖及《禹贡》半月刊的创办者，顾颉刚也将禹贡学会“同声相应，同气相求”的传统[①]延续到《边疆》。顾颉刚发表《中华民族是一个》后，禹贡学会的会员如白寿彝、费孝通、杨向奎等都参与到讨论中，除了费孝通提出反对意见，白寿彝与杨向奎等都支持顾颉刚的观点，在《边疆》上，围绕这个问题展开讨论的文章有 11 篇。另外，《边疆》为了契合时事，刊载了多期“滇缅路线问题专号”，有 4 位学者参与讨论，贡献了多篇文章。

（三）作者群

据笔者统计，同在《禹贡》半月刊及《边疆》上发表文章的学者共 10 人，分别是萧愚、史念海、顾颉刚、张维华、杨钟健、罗香林、徐旭生、白寿彝、卢振明、杨向奎。对于《禹贡》半月刊来说，他们只是作者群中的少数，但对于创刊不足一年的《边疆》而言，他们却是作者群中的重要部分，占《边疆》作者总数 28%。同在《史学》及《禹贡》半月刊发文的学者共 7 人，分别为顾颉刚、钱穆、陈梦家、张维华、史念海、饶宗颐、容肇祖，占《史学》作者总数的 26%。顾颉刚、张维华及白寿彝是《边疆》直接负责人，许多禹贡学会时期的学者在《边疆》与《史学》上发表文章，象征着他们边疆民族研究工作的延续。

因抗战爆发，《禹贡》半月刊被迫停刊，原本庞大的作者群体在全国四散开来，不少学者随校南迁至昆明。顾颉刚自不必说，在《中华民族是一个》发表之后，张维华立即在《边疆》发文力挺顾颉刚，此外也刊登多篇涉及民族史的文章。《边疆》前 30 期通讯处都是“昆明登华街四十二号

① 曲文雍：《〈禹贡〉半月刊作者群的中华民族观》，中央民族大学 2009 年硕士学位论文，第 36 页。

张西山先生收转”，直到后来张维华前往成都齐鲁大学任教，通讯处才变为“昆明南昌街七号白寿彝先生收转”。白寿彝是同时在《边疆》与《史学》上发文的作者之一，白寿彝曾为《禹贡》半月刊编辑两个“回教专号”，1939 年他在云南大学任教，主要研究云南伊斯兰史，同时参与编辑《边疆》，也投稿支持顾颉刚在《中华民族是一个》中所提的观点。在张维华与顾颉刚离开昆明后，白寿彝基本主持《边疆》的编辑工作。杨向奎也在《边疆》上发表文章声援顾颉刚，强调中华民族的重要性，1938 年，杨向奎在甘肃学院任教。[①] 同为禹贡学会一员的费孝通则对顾颉刚的民族观发表不同意见，顾、费之间学术论辩的文章都发表在《边疆》上，二人在昆明期间也多有交往。

1936 年，作为禹贡学会理事之一的徐旭生在首期《边疆》上发表《我们对于国内寡小民族应取的态度》，也发文参与“中华民族是一个”讨论。曾在《禹贡》半月刊发表文章的古生物学家杨钟健，在《边疆》投稿 10 篇文章，为读者介绍有关西南的自然地理情况。1935 年 7 月，冯家昇开始与顾颉刚共同担任《禹贡》半月刊的主编；1939 年 6 月 5 日，他在《边疆》上发表《我国边疆学之内外研究略史》一文，署名“伯平”，这篇文章与《禹贡学会研究边疆计划书》的内容高度相似，但据查证当时他在美国学习，《禹贡学会研究边疆计划书》是否也出自冯氏之手，此问题另需考证。

1937 年，《禹贡》半月刊继续呼吁学术界关注边疆民族问题的研究，并且制订详细的工作计划，包括增加探险旅行调查，加强国内寡小民族研究、历代北部边防研究与民族史研究等。但由于抗战全面爆发，《禹贡》半月刊被迫停刊，上述计划都没能落实。但 1938 年，顾颉刚抵达昆明后并没有放弃，在云南各县镇进行调查走访，查阅地方志，继续完成当时的计划，《边疆》是《禹贡》半月刊停刊后顾颉刚创办的专门研讨边疆民族问题的刊物，在文章类型、研究方法、作者群体方面与《禹贡》半月刊有一定的重合，《边疆》对《禹贡》半月刊具有一定的继承性。

另外，顾颉刚所创办的《边疆》与《史学》在作者群体、文章的研究方法及刊文选题上有无法割裂的联系。在作者方面，在《边疆》与《史学》上都发表文章的作者就有 4 人，分别是顾颉刚、江应樑、张维华及牛若望，约占《史学》作者总数的 1/7，4 人共发表 18 篇文章。他们人数虽

① 王煦华：《顾颉刚先生学行录》，中华书局，2006，第 209 页。

少，但对于《边疆》与《史学》来说都很重要，并且顾颉刚与张维华还是刊物的主要负责人。在研究方法上，《边疆》与《史学》的许多文章都采用了传统史学考证方法，吴晗的《明末江阴孤城抗敌记》、容肇祖的《疑古的老祖宗——欧阳修》等文章发表在《史学》上。成憎的《前汉西南开边小记》、罗鸿的《南天琐记》及张维华的《读史札记》刊登在《边疆》上。在刊文选题方面，《边疆》与《史学》都刊登了不少民族史的文章，《边疆》9篇，《史学》5篇。根据作者实地调查所撰写的文章，如顾颉刚的《甘青史迹丛谈》与江应樑的《云南西部僰夷区域中的土司政治》发表在了《史学》上。《边疆》与《史学》的文章许多都涉及云南的情况，《边疆》连载多期“滇缅路线问题专号”，还有杨钟健的“西南漫话”系列文章，据统计涉及云南的文章共27篇；《史学》刊登有关云南的文章共7篇，如张希鲁介绍云南昭通出土的文物与珍贵的石刻，介绍云南状元袁嘉谷的《袁树五先生传》，江应樑的《云南西部僰夷区域中的土司政治》等。

《史学》的宗旨为“表先民烈烈之雄风，期有效于起衰而振懦……，斯史实所炳垂，凡国民所宜稔者也。若乃势当危迫，志存忠节”[①]。换言之，史家的任务在于申明国家民族的使命。中华民族能够卓然屹立于世界民族之林，离不开先辈的不懈努力，我们需要表彰他们的优秀事迹来振兴国家气势，这与顾颉刚所坚持的为团结边疆民众抗战，抵御帝国主义的侵略相呼应，与其借助历史研究来鼓舞民气之目的皆一致，由此可见《边疆》和《史学》都是顾颉刚至昆明后“学术救国”的重要遗产。《边疆》与《史学》皆诞生于民族危亡的时刻，日本帝国主义不仅武力入侵我国领土，也在学术领域与文化宣传方面对我国进行分裂活动，歪曲中国的历史为侵略寻求依据。《史学》的文章多用传统历史考据方法研究边疆民族，在研究内容上多注重挖掘历史文化与民族气节；《边疆》多使用史学考据与近代科学方法相结合的方式来研究边疆民族，如使用民族调查的方法，内容上偏向西南少数民族研究。尽管两刊学术路径有所不同，但作者都是通过历史事实从学理上对侵略进行反击，团结各族人民一致抗日，进而达到抗战救国的目的，可以窥见学者在抗战时期史学研究的路向逐渐转向“致用”。

---

① 张荫麟：《创刊辞》，《益世报·史学》（双周刊）第1期，1938年12月27日，第4版。

二 《边疆》与《史学》刊文的特点

对《边疆》的文章进行区域分类，有利于了解学者对中国边疆不同区域关注的情况。对《边疆》与《史学》所刊文章进行类别划分，目的是了解学者的研究范围，反映抗战时期边疆民族研究学术热点。需要补充说明的是，一些文章同时符合两个分类，因此笔者会以文章的侧重点与文章的写作目的为判断依据，对其进行分类（见图 1~图 5）：

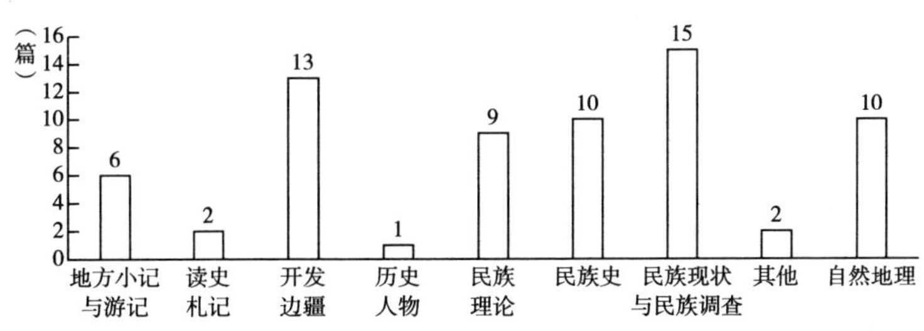

图 1 《边疆》周刊文章类别

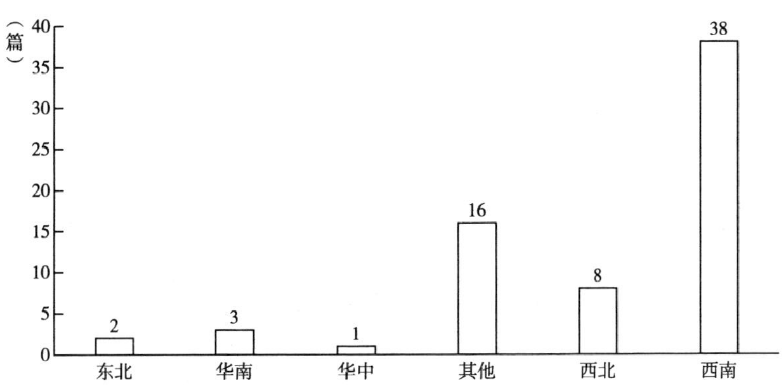

图 2 《边疆》周刊地域类别

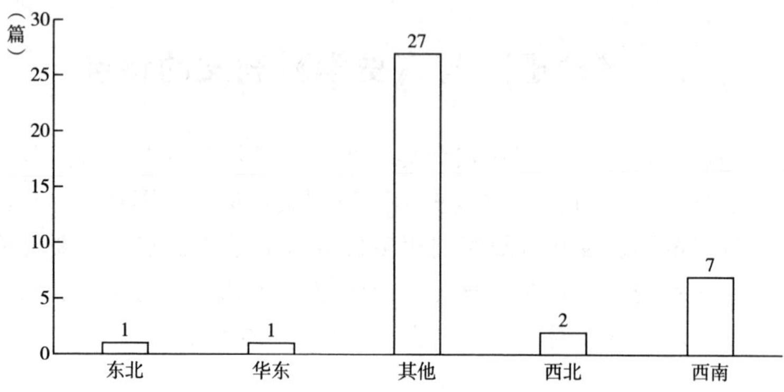

图 3 《史学》周刊地域类别

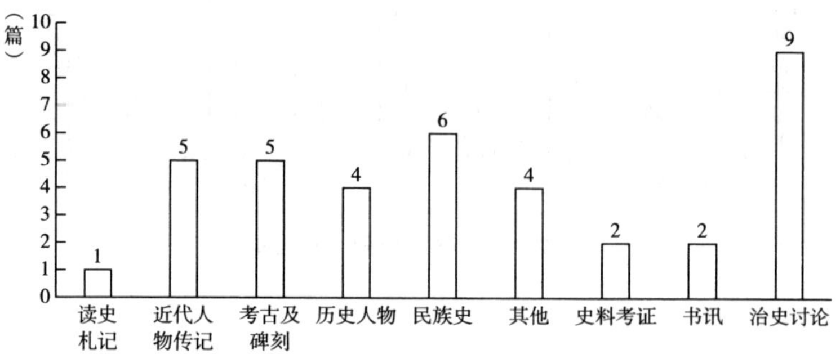

图 4 《史学》周刊文章类别

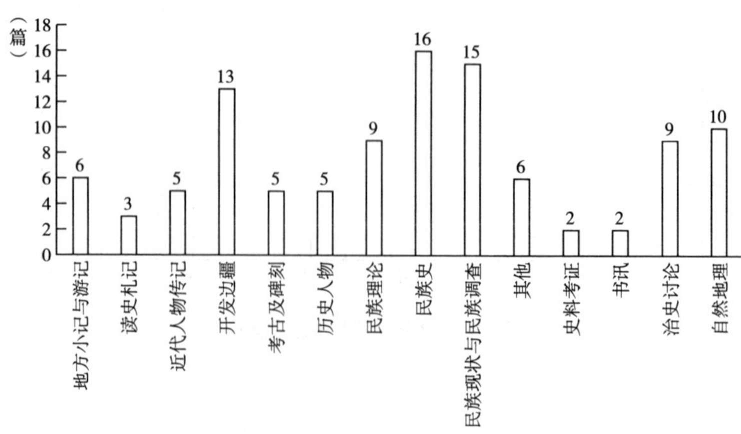

图 5 《边疆》周刊与《史学》周刊文章类别合计

（一）偏重边疆开发与西南少数民族研究

《边疆》共刊登68篇文章，《史学》共刊登38篇文章。从图2、图3可以看出，《边疆》刊文的研究地域涉及西南、西北、华南、东北等，以西南边疆民族研究为主，涉及西南边疆民族研究的文章共38篇，约占文章总数的56%，如果说《禹贡》半月刊继承了自清中叶以来重北轻南的边疆研究传统，[①] 那么《边疆》实际上是向西南边疆民族研究倾斜。其中《边疆》直接涉及云南的文章有27篇，约占文章总数的40%；《史学》涉及云南的文章有7篇，约占文章总数的18%。《边疆》的研究趋向与国内抗战形势密切相关，欲取得抗日战争的胜利必须巩固西南大后方，云南的战略地位逐渐上升，学界的关注点必然会逐渐转向西南。

从图1可以看出，《边疆》排名前三的文章类别分别是民族现状与民族调查、开发边疆、民族史以及自然地理。随着西南大后方战略地位的提高，以及高校与科研机构的西迁，大量学者汇集云南，为了增强民众对边疆民族地区的了解，树立中华民族整体意识，学者自觉转变传统史学研究方向。他们就地搜集材料，开展实地调查研究，关注少数民族历史沿革、民族现状及开发边疆，取得了丰富的研究成果，可以看出学者积极响应政府依靠西南实现抗战救国的思想。对于边疆工作者来讲，边疆地区不为外界所知的地带日益减少，现代中国边疆研究在更广泛的基础上得到发展。[②]

（二）服务抗战，抉发中华民族优秀传统

爱国与求真是传统学术研究的内核与支柱，在内忧外患日趋严重的背景下，大批学者以保存中国文化为己任，从悠久的中国历史中寻求救亡图存之道，介绍重要的历史人物，肯定他们的民族气节，抉发中华民族优秀传统，使学术研究成果直接服务于抗战。《边疆》与《史学》同样有所体现，通过树立英雄人物的形象，能够使民众有形象的感知，先从情感上接受进而达到对历史、文化、国家的认同。

张荫麟在《史学》的《创刊辞》里说道："大任既已降于斯民，大难所以鼓其蕴力。偶蛮夷而猾夏，终礼义之胜残。……蹈东海而死，义不帝秦；

① 孙喆、王江：《时代变局下知识分子对"致知"与"致用"的探索——从顾颉刚创办〈禹贡〉半月刊谈起》，《中国边疆史地研究》2009年第2期。

② 马大正、刘逖：《二十世纪的中国边疆研究——一门发展中的边缘学科的演进历程》，黑龙江教育出版社，1997，第84页。

抗绝岛而兴，誓将复汉。”[①] 让民众在国史里知正气与信念，知勇敢与希望。钱穆的《国史大纲》享誉学林，其“引论”（《国史引论》）即首先登载在《史学》的第2、3、4期，钱穆“提倡国史教育来唤醒国魂……在抗战时期国难方殷之际，当失败主义气氛一度弥漫，国人迫切需要从民族记忆中寻找自尊和自信”。[②] 吴晗不仅表彰抗倭殉职的名臣，对普通民众的英勇事迹也大为赞赏，他写道：“多记乡民白丁奋勇杀敌事，勉今之国民也。”[③] 在《明末江阴孤城抗敌记》中表彰明末江阴城民众抗清失败后阖城殉难的壮烈事迹，“亦战时言传之绝好材料也”。[④] 平民的英勇事迹可以起到更大的激励作用，这些事迹更容易获得大多数民众的认同，使民众受到激励和鼓舞。

少数民族历史人物的英雄形象能够极大地激励各族人民团结斗争，丰富少数民族史研究。罗鸿的《那嵩——记南明元江之护国英雄》宣传傣族土司那嵩联明抗清的英雄事迹，展现了少数民族群众不屈不挠的斗争精神，反映了少数民族上层人物接受汉文化的深厚程度，他们维护祖国统一的努力正是中华民族优良传统的体现，体现少数民族同胞对中华民族的认同。白寿彝的《跋〈咸阳王抚滇绩〉》通过考证该书的史料价值，介绍回族政治家赛典赤·赡思丁开发云南的历史功绩，云南是众多少数民族生息繁衍的家园，赛典赤·赡思丁是中华民族开发边疆的代表人物，他在云南的成功是少数民族之间和谐相处、携手共建家园的典范，展现了中华民族的包容性。

抗战需要团结各族民众，使其具备中华民族的认知。学者们从历史中搜寻他们身上所蕴藏的中华民族优秀特质，如爱国、团结、民族之间和睦相处，这些特质契合抗战时期社会潮流的几个关键话语要求，通过大力褒奖他们的事迹，不失为鼓舞士气服务抗战的一条路径。

（三）关注边疆时事

许多作者关注边疆时事，呼吁政府积极开发边疆。1938年12月25日滇缅铁路开工后不久，有关西段南北线的确定引发了巨大争议，《边疆》反应极为迅速，1938年12月26日立刻在第2期刊登启事，计划开设“滇缅路线

① 张荫麟：《创刊辞》，《益世报·史学》（双周刊）第1期，1938年12月27日，第4版。

② 陈勇：《国学宗师钱穆》，北京大学出版社，2007，第161页。

③ 辰伯（吴晗）：《明代倭患昭忠录》（一），《益世报·史学》（双周刊）第1期，1938年12月27日，第4版。

④ 吴晗：《明末江阴孤城抗敌记》，《益世报·史学》（双周刊）第1期，1938年12月27日，第4版。

问题专号”，“为学者提供讨论时事的平台，关于滇缅铁路选线讨论不是纯粹的学术讨论，这条铁路牵涉国家边防、政治、经济、外交等多方面，于抗战胜利的重要性毋庸置疑，学者们都希望通过研究边疆为国家的建设、为开发边疆献计献策。无论学者们所持意见如何，他们维护国家利益的出发点是不变的。”① 李芷谷提醒不能“漠视国家的国防、经济、政治、种族、土地等重大问题”，② 张重华指出这条铁路“可以在中国国防上担任它应尽的使命”。③ 这次讨论不仅涉及滇西资源开发与边疆国防问题，也涉及当时远东国际关系，揭露英国对印度、缅甸殖民罪行，对中国西南边疆的图谋。这样关注边疆时事的讨论绝不是凑热闹，而是让更多人了解西南边疆的真实情况。

《史学》对云南学术界重要事件进行及时报道，如1937年12月23日云南历史上唯一的状元袁嘉谷去世，其弟子张希鲁在《史学》第12期发表文章《袁树五先生传》，肯定了袁嘉谷在云南学术史上的重要地位，介绍其抗日爱国的精神，希望云南的学子成为国家未来的栋梁之材。《边疆》第6期报道了云南民族学会的成立消息，鼓励学者参与学会；更新了学术界的动态，这些新闻大多与边疆民族研究密不可分。众多学者的参与，大量成果的发表，不但使学术研究跟上了中国社会发展的进程，而且对中国西南边疆社会发展起到了积极的推动作用。

（四）对民族文化的关注

两刊多篇文章介绍边疆少数民族的族源、语言文字、生活现状、教育等情况，学者对边疆少数民族的文化传承更是加以赞扬，如通过树立那嵩、咸阳王等人物的英雄形象，宣传其英勇事迹，让普通民众了解民族之间和睦共处的历史。两刊如此关注边疆少数民族文化，是因为少数民族是抗战救国中不可缺失的一分子，所以学者们以关怀的角度来研究边疆民族文化，解决民族问题，让彼此相互了解，架起沟通的桥梁，如绍房的《夷边的人祖神话——汉夷是同胞兄弟》讲述了彝族先祖的神话传说，彝族先

① 顾颉刚：《滇缅路线问题专号引言》，《益世报·边疆》（周刊）第3期，1939年1月2日，第4版。

② 李芷谷：《关于滇缅铁路西段路线问题》，《益世报·边疆》（周刊）第3期，1939年1月2日，第4版。

③ 张重华：《略论滇缅铁路线问题》，《益世报·边疆》（周刊）第3期，1939年1月9日，第4版。因原刊期数编排错误，此处应为第4期，现尊原刊做注。下文注释引用凡涉《边疆》《史学》之文，皆按原刊期数，详参文后附表。

祖三兄弟中，“长子就是刚夷的祖先，次子是黑夷的祖先，三子是汉族的祖先……（或谓白夷为其三子，但亦有说白夷为被同化之汉人，如此则仍属同源）”。[①] 该文虽是讲述神话传说，但目的是宣传汉族与少数民族同源的理论，旨在团结少数民族，稳固边疆。

学者尊重少数民族文化，对少数民族的评价很高。宓贤璋评价苗族、猺族同胞道：“颇多勤劳耐苦，本质及极良。”[②] 杨力行说湘西南苗民：“文化思想和政治意识并不低于汉人，只是为了时代所迫而潜居穷山僻岭之中，生计艰难……许多苗民同胞的态度，又是那样的严肃而和蔼，谈吐又是那样的有条不紊，并且对于学养，也有相当的根基。”[③] 李霖灿评价古宗人“无论大人小孩，男人女人，都能骑得好马，对牲口都亲切的很，骑术当然是拿手，每年大理月街赛马，第一名通常是古宗人的”。[④] 顾颉刚称赞撒拉人：“身体健壮，性情勇敢，不耻作土匪，也不怕造反，他们乐于应征入军，临战又喜欢冲锋，所以青海宁夏两省军队中，撒拉人充作旅团营长和下级干部的很多。”[⑤] 类似的评价还有很多，这些评价能够令读者对少数民族同胞肃然起敬，少数民族同胞读后也会油然而生自豪感。一方面增强了民众对少数民族同胞的了解，认识到他们是中华民族优秀的一员，在抗战中做出的巨大贡献，共同担负抗战救国的重任，另一方面树立了少数民族同胞的自豪感，激发其爱国精神。

三　作者群分析

经统计，《边疆》投稿作者共 37 人，《史学》投稿作者共 27 人，4 人同在两份刊物发表文章。高校师生构成了《边疆》与《史学》投稿作者主力。在投稿作者中，高校教师与学生占作者总数的 50%（见图 7）。教职人员主要来自云南大学（8 人），中山大学（5 人），西南联合大学（5 人），以及其他院校，有 2 人来自中学（见图 6）。来自研究院或研究所等科研机

① 绍房：《夷边的人祖神话——汉夷是同胞兄弟》，《益世报·边疆》（周刊）第 39 期，1939 年 9 月 25 日，第 4 版。

② 宓贤璋：《苗猺教育问题》，《益世报·边疆》（周刊）第 2 期，1938 年 12 月 26 日，第 4 版。

③ 杨力行：《湘西南的苗傜和屯政》，《益世报·边疆》（周刊）第 18 期，1939 年 4 月 24 日，第 4 版。

④ 李霖灿：《观音市和一位古宗朋友》，《益世报·边疆》（周刊）第 27 期，1939 年 6 月 26 日，第 4 版。

⑤ 顾颉刚：《撒拉回》，《益世报·边疆》（周刊）第 1 期，1938 年 12 月 19 日，第 4 版。

构的有5人，包括中央研究院、史学研究所、中央地质调查所与国立北平图书馆等。有的作者身兼多职，如顾颉刚、宓贤璋、张维华既是云南大学的教师，也在史学研究所工作，江应樑同时受聘于云南大学与中山大学。①

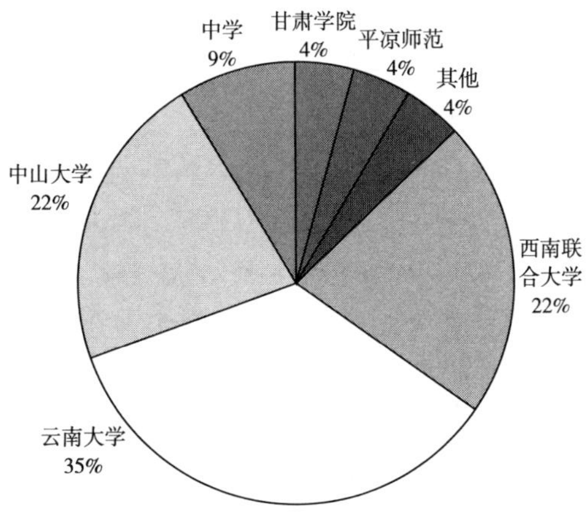

图6 教职员人数分布

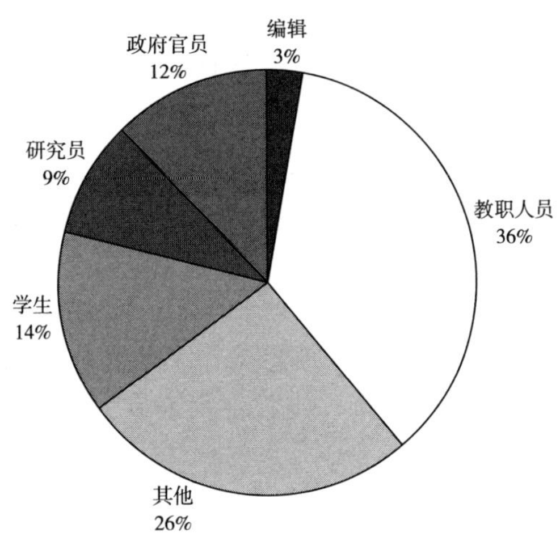

图7 作者群分布占比

① 刘兴育、王晓珠：《云南大学史料丛书·教职员卷》，云南大学出版社，2013，第388~389页。查表可知：民国二十八年（1939），张维华、江应樑、宓贤璋、费孝通、白寿彝职别为“助理”。

学生作者主要来自西南联合大学（7 人）与国立杭州艺术专科学校（1 人）。被誉为“么些先生”的李霖灿，1938 年是国立杭州艺术专科学校四年级学生，后来随校前往昆明，他与同学一起徒步穿越湘黔苗区进入云南，李霖灿沿途所画少数民族人物素描受到董作宾的赞赏。后来通过董作宾的推荐，时任国立艺术专科学校[①]校长滕固决定拨款派李霖灿前往滇西北的大理、丽江一带调查边疆民族艺术，李霖灿由此与纳西文化研究结下了不解之缘，从单纯的“画家”慢慢走上了学术调查研究之路。不少原清华与北大的学生也随校南迁至昆明，其中余文豪与王玉哲参加了长沙临时大学组织的“湘黔滇旅行团”，历时 68 天步行到达昆明，这些学生在随校南迁的长途跋涉中感受到边疆的风土民情。《边疆》与《史学》发表了学生的学术成果，使学生获得了实践锻炼，培养了人才。

政府官员共 7 人，包括高级别政府官员、一般政府官员与学者型官员。高级别政府官员有马毅和张西曼，马毅任中国国民党中央党部训练委员会专员[②]，后被聘为国民参政会的参政员。作为国民党元老及九三学社创始人的张西曼，1932 年起开始从事边疆民族问题的研究和著述，后来担任参谋本部边务组专门委员，1935 年出任国民政府立法院立法委员。一般政府官员有滇缅铁路工程局秘书陈碧笙，云贵监察使署办公室主任兼秘书蒋云峰。李芷谷从云南讲武堂肄业，之后留学日本，归国后任军事参议院中将参议。杨力行在湘西乾城第三区行政督察专员公署服务，他因在基层服务，更了解少数民族群众的真实情况。学者型官员有陈碧笙与马毅，陈碧笙 1933 年执教于暨南大学，1934~1936 年赴滇缅边境调查少数民族与中南陆路交通，并至越南、老挝、暹罗三国北部与缅甸考察，所以被政府聘为滇缅铁路工程局秘书。马毅从日本留学归来后，历任北平大学、北平中国大学、民国大学等教授，后来进入政府工作，他既是高级别官员也是学者型官员。政府官员所撰写的文章一定程度代表官方对于边疆民族的认识，具有官方色彩。

作者群体中包含 7 个云南人，分别是蒋云峰（腾冲）、李芷谷（腾冲）、张重华（保山）、楚图南（文山）、方国瑜（丽江）、邓永龄（昭通）、张希鲁（昭通），共发表 12 篇，占全部文章总数约 11%。如李芷谷、

① 1938 年，国立杭州艺术专科学校与北平艺术专科学校合并，改名为国立艺术专科学校。

② 《中央训练委员会第九次会议议事日程（1938 年 9 月 3 日下午 3 时于汉口）》，台北“国史馆”档案，档号 008-011001-00015-002。

张希鲁是地方名流，楚图南与方国瑜则是大学教授，作为土生土长的“本地人”，在云南当地有一定的影响力，他们对于云南的边疆民族情况了如指掌，对于开发边疆的一些观点具有很高的参考价值。他们的文章流露出对家乡的热爱，所以他们希望更多的人关注边疆，开发边疆。

通过对《边疆》与《史学》作者群进行量化分析，能看出作者群体有三个特点。一是包容性，作者中有高校教职人员、在校学生、政府官员、中学教师以及科研机构的研究员，不少作者身兼数职，既是大学教授又任职科研机构。二是精英性，高校师生是作者群体的主力，投稿了大量的学术文章，代表学术界研究的热点与方向，他们许多人接受的是完整的新式教育，部分作者有留学经历，有的作者是政界人士，他们保证了文章的质量，不少人日后是学界的佼佼者，他们的文章推动了20世纪30年代边疆民族研究高潮的到来。三是现实性，他们发表的文章，不管是民族理论的学术争辩，滇缅铁路选线的讨论，对边疆民族的研究，开发边疆建议，搜集少数民族的资料，还是从历史中挖掘民族性的研究，都是在用自己的方式，关注中国的边疆民族情况，寻求救国方法。这些文章都是为团结抗战这个现实目标而服务的。

四 在近代学术史上的地位

（一）民族史研究走向深入的提倡者

《边疆》与《史学》不仅发表多篇民族理论与民族史方面的文章，也注重少数民族教育与社会风俗等方面资料的搜集，刊登许多有较高学术价值的民族史专题论文，对我国20世纪30年代民族史研究起到推进作用。对少数民族史的研究，也为开发边疆，制定少数民族政策，提高边疆民众的生活水平服务，如《苗猺教育问题》、《新疆少数民族问题解决的端绪》、《湘西南的苗徭和屯政》（连载8期）等文章皆是用民族史的眼光观照现实。抗战时期众多历史学、民族学、社会学等人文社科的学者云集西南，相互影响，使得边疆民族研究逐渐形成自己的特点，多学科共同参与进行研究，以顾颉刚、江应樑、方国瑜等为代表，在民族史研究领域广泛使用历史文献与民族调查相结合的研究方法，对少数民族的历史沿革、分布区域、日常生活等进行详细记录。这个时期的民族史研究既注重传统史学的考证，又大力提倡民族学的实地调查方法，不断挖掘新材料，所以《边疆》与《史学》刊登非常多民族史的文章，涉及民族族源与演变、民族分布、民族关系、语言文字、文化风俗等方面。

从学术进步与学科分合来看，中国边疆研究新领域的不断开拓是一个发展大趋势，这种发展在20世纪以前是一个缓慢而漫长的过程。学者多用历史学、地理学、语言学的方法进行研究，与此同时一批新兴学科在中国迅速发展起来，随着经济学、考古学、人类学、社会学等社会学科和自然科学的发展，中国边疆研究出现了很多新兴研究领域。全方位、多视角、深层次地研究中国边疆这一特定历史舞台，是20世纪前半叶中国边疆研究的一个重要特点。随着学术进步，中国边疆研究日益朝着宏观和微观两个方向发展，这又是20世纪前半叶中国边疆研究的一个重要特点。①

学者们搜集资料范围十分广泛，包括地方志、官方统计资料、历史遗迹、采访记录、碑刻、私人族谱等。如江应樑广泛搜集云南西部土司的相关资料，如衙署公文、袭职抄本、所辖人口统计等。白寿彝为了考证赛典赤·赡思丁在云南的政绩，寻找《咸阳王抚滇绩》的各种版本和民间记载，对搜集到的史料仔细考证，反复甄别。抗战时期学者们努力克服交通闭塞、语言不通及生活上的各种困难，致力于民族史研究，方豪为搜集彝族的原始资料，辗转寻觅，“此次考察路程：计自宜良至路美邑四十五里，坐滑竿。路美邑至路南十五里，至青山口二十二里，又至滥泥箐八十里，均坐滑竿”。② 在充分的田野调查的基础上，学者们努力推动了民族史学发展。

（二）三十年代边疆民族研究的继承者

20世纪30年代的边疆研究关注民族理论、民族关系、边疆政治、民族风俗习惯、历代民族政策、民族史、少数民族历史沿革等方面的内容，涉及范围越来越广，研究程度越来越深。到40年代，随着抗战形势的变化，边疆民族研究再度成为学界关注的热点。如《我国边疆学之内外研究略史》《对西南诸族应有设施刍议》《云南西部边境中之僳僳等民族》《夷人作斋的风俗》等，这些文章所讨论的问题，日益受到学界重视，对后来的边疆学术研究也产生了较大的影响。另外，学者开始明确以民族国家的

① 马大正、刘逖：《二十世纪的中国边疆研究——一门发展中的边缘学科的演进历程》，黑龙江教育出版社，1997，第90页。

② 方豪：《路南撒尼阿细二族琐记》，《益世报·边疆》（周刊）第31期，1939年7月24日，第4版。

视野来考察边疆政治、经济等问题，[①] 部分学者对民族源流及发展的论述，凸显了各民族在演进过程中的融合与变迁，如顾颉刚的《撒拉回》、杨向奎的《论所谓汉族》、王玉哲的《楚民发祥地及其都邑迁徙考》及方国瑜的《僰人与白子》。特别是方国瑜提出南诏族属的观点，用历史事实反驳一些国家对少数民族史乃至中国历史的错误结论。顾颉刚等人关于“中华民族”的讨论，出发点都是维护国家利益，学者逐步意识到民族史的梳理对于维护国家统一和领土完整的意义。另外，顾颉刚发起的关于“滇缅路线问题专号”的讨论，方豪的《西南寡小种族的传教问题》等，内容涵盖诸多方面，中国边疆研究成为多学科研究的交汇点，众多的研究成果是那个时期中国爱国救亡社会运动的产物。与19世纪后期中国边疆研究开展状况相比，其研究成果不论在深度、广度方面还是数量方面，均有明显的进步。[②]

研究方法上，学者在研究中不断实践田野调查的理论与方法。以江应樑为代表，他的《云南境内之西南民族》简要介绍罗罗族、僰夷族、苗族的分布地带与史书记载，叙述较为简单。而在他的另外三篇文章中，江应樑实地调查遍历芒市、陇川、干崖七个土司统治地区，[③] 使用民族调查的方法，对整个民族的政治组织、社会及经济形态、文字语言、婚姻丧葬、宗教信仰等方面进行考察，运用科学的方法对调查资料进行整理，通过图、表把研究成果清晰呈现，且在文章中多引用西方人类学的理论与方法。传统史学文献记载可以了解某一地区的历史情况，但文献不一定全是一手资料，有可能出现错误，通过实地调查能够纠正过去史书的错误记载，《边疆》与《史学》不少文章都利用文献记载与实地调查相结合的方法进行研究，文章可信度很高。

另外，随着新史学思潮的传播和受到孙中山革命思想的影响，很多学者形成了民族平等观，如方豪的《名词的讨论——关于国家、民族、华北、华南等》，从历史、现实和民族国家理论出发，阐明各少数民族为中华民族的一分子，承认少数民族在中国历史发展中的重要地位，客观评价

---

① 段金生：《20世纪三四十年代的中国边疆研究及其发展趋向》，《中国边疆史地研究》2012年第1期。

② 马大正：《当代中国边疆研究》，中国社会科学出版社，2019，第61页。

③ 此三篇文章即江应樑在《益世报·边疆》上所发表的“云南西部边疆中之民族”系列文章：《云南西部边境中之僰夷民族》（第44期）、《云南西部边疆之汉人与山头民族》（第46期）、《云南西部边境中之傈僳等民族》（第47期）。

了中国的民族关系与民族政策，反击了日本企图用民族问题分裂中国的企图。

（三）四十年代承上启下的开拓者

1939年的《边疆》与《史学》拓宽了原有的研究领域，并且从新的角度进行一些有创见性的探索。自清末以来，西北研究是中国边疆研究的重点，“逊清末叶，名公巨卿，好谈西北问题，一时风起云会，莫不以谈西北为识时务之俊杰。抗战之顷，各科人士皆谈边疆”。[①] 从“谈西北”到谈“边疆”，研究领域已大大扩展。如上文所论，《禹贡》半月刊是20世纪30年代具有代表性的边疆研究刊物，但目光主要集中在西北边疆，而1938年底创办的《边疆》《史学》在刊文内容上更侧重西南边疆民族研究。学界研究从30年代初期注重西北转向西南、西北并举，一方面反映西南边疆地区战略地位上升，预示着40年代学术界对西南边疆民族的研究必然迎来新的阶段。学者将研究视野投向了更广泛的领域，“新的学术群体的产生与发展又促进了研究事业的进一步发展”，[②] 抗战时期随着大批学校与研究机构的西迁，云南现代教育事业取得了较大的发展，学者以高校为主要阵地，“较为稳定地开展了中国边疆的教学与科研工作，使原本较北部边疆研究明显滞后的西南边疆研究取得长足的进步，从而有利于中国边疆研究的整体布局的平衡和研究的深化”。[③]

《边疆》与《史学》的作者们在抗战时期颠沛流离的学术生活中，围绕国家民族所急需的议题进行论辩，如“中华民族是一个”的讨论，滇缅铁路线走向的讨论，各少数民族之间关系及与汉族关系的讨论，边疆民族地区教育发展、宗教信仰等问题的讨论，僰夷民族种属问题的讨论，土司政治的讨论等，体现了他们“学术救国”的理想，他们在学术与政治之间寻找平衡，使学术思想与国家利益保持一致，对中国的边疆民族问题认识更全面、更深刻，从而推动了民国时期中国民族史、历史地理学、民族学、边政学等学科的发展。

---

① 马长寿：《十年来边疆研究的回顾与展望》，《边疆通讯》1947年第4卷第4期。

② 马大正：《当代中国边疆研究》，中国社会科学出版社，2019，第76页。

③ 马大正：《当代中国边疆研究》，中国社会科学出版社，2019，第76页。

附录一 《益世报·边疆》(周刊)(1938 年 12 月至 1939 年 11 月)

时间		期数	文章题目
12 月	19 日	1	顾颉刚:《发刊词》
			顾颉刚:《撒拉回》
			旭生(徐旭生):《我们对于国内寡小民族应取的态度》
	26 日	2	宓贤璋:《苗猺教育问题》
			牛若望:《促进边疆教育》
			旭生(徐旭生):《我们对于国内寡小民族应取的态度》(续)
1 月	2 日	3	顾颉刚:《滇缅路线问题专号引言》
			蒋云峰:《我们于滇缅铁路的五个希望》
			李芷谷:《关于滇缅铁路西段路线问题》
	9 日	3①	蒋云峰:《我们于滇缅铁路的五个希望》(续)
			李芷谷:《关于滇缅铁路西段路线问题》(续)
			张重华:《略论滇缅铁路线问题》
			希望(顾颉刚):《写在滇缅铁路专号后》
	16 日	5	楚图南:《关于云南的民族问题》
			宓贤璋:《清代怎样治理西南少数民族》
			杨钟健:《喀斯特地形》(西南漫话之一)
			滇缅铁路工程局:《来函照登》
	23 日	6	江应樑:《云南境内之西南民族》
			杨钟健:《西南的山洞》(西南漫话之二)
	30 日	7	编者(顾颉刚):《引言》
			蒋云峰:《滇缅铁路北线:矿产与水利分布情况》
2 月	6 日	8	成憎:《前汉西南开边小记》
			万斯年:《新疆少数民族问题解决的端绪》
	13 日	9	顾颉刚:《中华民族是一个》
	27 日	11	张维华:《读了顾颉刚先生的〈中华民族是一个〉之后》
			杨钟健:《西南山洞堆积与中国远古文化》(西南漫话之三)
			罗鸿:《那嵩——记南明元江之护国英雄》

① 由于原刊期数编排错误,本期实际应为第 4 期。

续表

时间		期数	文章题目
3月	6日	12	陈碧笙：《滇缅铁路应走北线吗?》
	13日	13	陈碧笙：《滇缅铁路应该走北线吗（二）》
	20日	14	蒋云峰：《滇缅铁路北线之森林与农产》
	27日	15	宓贤璋：《对西南诸族应有设施刍议》
			汝灰（方豪）：《西南寡小种族的传教问题》
			杨钟健：《云南的湖泊》（西南漫话之四）
4月	3日	16	白寿彝：《来函》
			汝灰（方豪）：《云南寡小种族的传教问题》（续）
			西山（张维华）：《读〈圣武记〉札记一则》
			江应樑：《今日的云南人》
	10日	16[①]	萧愚：《宁夏的水利》
			杨钟健：《云南的水系》（西南漫话之五）
	17日	17	罗鸿：《南天琐记》
			西山（张维华）：《读〈圣武记〉札记又三则》
			萧愚：《宁夏的水利》（续）
	24日	18	杨力行：《湘西南的苗徭和屯政》
			杨钟健：《西南的冰雪区域》（西南漫话之六）
5月	1日	19	费孝通：《关于民族问题的讨论》
			罗鸿：《南天琐记》（续）
			西山（张维华）：《读史札记》
			杨力行：《湘西南的苗徭和屯政》（续）
	8日	20	顾颉刚：《续论〈中华民族是一个〉：答费孝通先生》
	15日	21	鲁格夫尔：《来函两通》
			杨力行：《湘西南的苗徭和屯政》（续）
	22日	22	方豪：《名词的讨论——关于国家、民族、华北、华南等》
			杨力行：《湘西南的苗徭和屯政》（续）
	29日	23	顾颉刚：《续论〈中华民族是一个〉：答费孝通先生》（续）

① 由于原刊期数编排错误，本期实际应为第 17 期，往后期数应依次顺延。

续表

时间		期数	文章题目
6月	5日	24	伯平（冯家昇）:《我国边疆学之内外研究略史》
			杨力行:《湘西南的苗徭和屯政》(续)
			杨钟健:《西南的河谷》(西南漫话之七)
	12日	25	萧愚:《塔尔寺》
			徐虚生（旭生）:《用历史的观点对鲁格夫尔先生说几句话》
			杨钟健:《西南的河谷（续）》(西南漫话之七)
			张恺:《澄江的新动态》
	19日	26	白寿彝:《跋〈咸阳王抚滇绩〉》
			萧愚:《塔尔寺》(续)
			杨力行:《湘西苗民抗战歌谣》
	26日	27	李霖灿:《观音市和一位古宗朋友》
			马毅:《广西边民的生活近况》
			杨钟健:《路南纪胜》(西南漫话之八)
7月	3日	28	萧愚:《宁夏散记》
	10日	29	李霖灿:《观音寺和一位古宗朋友》(续)
			杨力行:《湘西南的苗徭和屯政》(续)
	17日	30	李霖灿:《观音寺和一位古宗朋友》(续)
			杨向奎:《论所谓汉族》
			杨钟健:《论红色岩层》(西南漫话之九)
	24日	31	方豪:《路南撒尼阿细二族琐记》
	31日	32	马学仁:《拉卜楞——甘肃省之藏民中心区》
			杨力行:《湘西南的苗徭和屯政（续）》
8月	7日	33	罗香林:《僰夷种属考——序江著云南西部之僰属民族》
	14日	34	罗香林:《僰夷种属考——序江著云南西部之僰属民族》(续)
			杨玉光:《漫谈建水》
	21日	36①	卢振明:《广西小记》
	28日	36②	刘克让:《乌伊两盟之蒙汉关系》

① 因第17期编排错误，顺延至此为36期。

② 由于原刊期数编排错误，本期实际应为第37期，往后期数应依次顺延。

续表

时间		期数	文章题目
9月	4日	37	刘克让：《乌伊两盟之蒙汉关系》（续）
			绍房：《夷人作斋的风俗》
	11日	38	南村：《火把节在丽江》
			杨力行：《湘西南的苗徭和屯政》（续）
			张西曼：《“回教非回族”（附白寿彝按语）》
	25日	39	绍房：《夷边的人祖神话——汉夷是同胞兄弟》
			杨钟健：《云南最早的陆生动物》（西南漫话之十）
10月	2日	40	方国瑜：《僰人与白子》
	9日	41	方国瑜：《僰人与白子》（续）
	30日	44	江应樑：《云南西部边境中之僰夷民族》
11月	6日	45	绍房：《夷边岁时记》
			周继廉：《柳州、南宁和百色》
	13日	46	江应樑：《云南西部边疆之汉人与山头民族》
	20日	47	江应樑：《云南西部边境中之傈僳等民族》
			绍房：《夷边岁时记》（续）

附录二 《益世报·史学》（双周刊）（1938年12月至1939年11月）

时间		期数	文章题目
12月	27日	1	张荫麟：《创刊辞》
			辰伯（吴晗）：《明代倭患昭忠录》（一）
			书讯·牛若望·报导：《天主教十六世纪在华传教志》
			吴晗：《明末江阴孤城抗敌记》
1月	10日	2	钱穆：《国史引论》
			书讯·希望：《旧五代史辑本发覆》
	24日	3	钱穆：《国史引论》（续第二期）
			容肇祖：《疑古的老祖宗——欧阳修》
2月	7日	4	钱穆：《国史引论》（续第三期）
			钱穆：《史学答问》
	21日	5	孙次舟：《论滕县铜器群之年代及郳国之起源》
			陈梦家：《官书与民间书》

续表

时间		期数	文章题目
3月	7日	6	邓永龄：《高硼庄传》
			孙次舟：《论滕县铜器群之年代及邾国之起源》（续第五期）
			张希鲁：《跋汉建初画刻》
	21日	7	顾颉刚：《甘青史迹丛谈》
4月	4日	8	及时（郑天挺）：《陈伯弢先生传略》
			善因：《缀学堂丛稿目录》
			姚从吾：《忆陈伯弢先生》
	18日	9	江应樑：《云南西部僰夷区域中的土司政治》
5月	2日	10	江应樑：《云南西部僰夷区域中的土司政治》（续）
			梁方仲：《（〈云南西部僰夷区域中的土司政治〉）读后记——兼论差发金银》
	16日	11	余文豪：《南宋的营田》
			张鹏一：《重修西安碑林记稿》
	30日	12	顾颉刚：《史学界消息》（两则）
			张连懋（张希鲁）：《袁树五先生传》
			张维华：《罗刹又名老羌或枪》
6月	13日	13	黄仲琴：《岛居賸言》
			容肇祖：《东林领袖顾宪成》
	27日	14	钱穆：《国史漫话》
7月	11日	15	钱穆：《国史漫话》（续）
	25日	16	饶宗颐：《离骚〈伯庸〉考》
			吴于廑：《论名词之弊——一个经济史上的例题》
8月	12日	17	翁同文：《习史杂感》
			徐高阮：《黑格尔的历史观》
	26日	18	史念海：《晋永嘉流人及其所建的坞壁》
			徐高阮：《黑格尔的历史观》（续）
9月	9日	19	王玉哲：《楚民发祥地及其都邑迁徙考》
			刘熊祥：《建文逊国传说考异》
	23日	20	吴晗：《投下考》
10月	7日	21	吴晗：《投下考》（续）

续表

时间		期数	文章题目
11月	18日	23	佛娄德（撰）容琬（译）：《历史科学》
	22日	25	佛娄德（撰）容琬（有文章称与张荫麟合译）：《历史科学》（续）
			姚从吾：《历史与教育》
			张希鲁：《跋昭通汗六器》
	23日	26	佛娄德（撰）容琬（译）：《历史科学》（续完）
			姚从吾：《历史的任务》
			张希鲁：《跋豆沙关唐袁滋摩崖石刻》

新中国成立初期陈守实的“中国史学史”教研述论*

王玉婷

（复旦大学历史学系，上海　200433）

摘　要： 20世纪60年代初，陈守实最先在复旦大学开设“中国史学史”课程，这与他早期接受的学术训练、治学脉络的展开以及所处的时代环境有密切的关系。在教学中，陈守实以唯物史观为指导，从史论结合的角度对史学发展历程作批判性的叙述，注重揭示学术自身的内在矛盾及其产生的社会历史根源，同时强调对先前史学成果的批判性吸收，具有鲜明的理论思考与现实关怀色彩。陈守实的“中国史学史”教研实践内容丰富、体系完整，率先更新了以梁启超为代表的中国史学史研究的通行陈述体系，在新时期“中国史学史”教学与研究中具有承上启下的特殊地位，迄今仍具有重要意义。

关键词： 陈守实　中国史学史　教研实践　唯物史观

陈守实（1893～1974），江苏武进人，早年毕业于清华大学国学研究院，新中国成立后长期任教于复旦大学历史系，在明清史、土地关系史、农民战争史、中国史学史等领域取得了卓越成就，并在上海同辈历史学家中以对马克思主义理论有精深独到的研究而著称。但对于这样一位重要的史学家，学界迄今尚未对其进行系统的研究。鉴于此，本文拟以新中国成

* 本文系教育部人文社会科学重点研究基地重大项目“当代中国学术话语体系的建构与文化建设”（18JJDZONGHE001）阶段性成果。

立初期陈守实讲授的“中国史学史”课堂笔记为中心，综合这一时期散见于期刊的文章及其弟子的口述资料、档案进行钩沉，对其“中国史学史”教研实践的背景缘由、基本内容和特色进行探讨，丰富学界对20世纪五六十年代“中国史学史”学科发展的认识。

一 陈守实讲授“中国史学史”的背景缘由

20世纪60年代初，陈守实最先在复旦大学开设“中国史学史”一课，其中既有当时学界“史学史热”和复旦大学学科建设等外在因素的影响，也有他自身学术脉络发展的内在因素推动。陈守实幼时熟读四书五经，接受了良好的儒家教育。之后跟随屠寄专研历史，将重点放在史料与史书的搜考辨伪上，曾写就数万字的《三国六朝史部著录考略》。[①] 1925年，凭借跟随屠寄学习积累的论文与札记，陈守实考入清华大学国学研究院，师从梁启超。当时清华大学国学研究院是北方学术研究的重镇，会集了梁启超、王国维、陈寅恪等史学大家，陈守实正是在这样的环境中接受了严格的现代史学规训。

在陈守实学术成长的关键期，对其影响最大的当数梁启超先生。1921年，梁启超受邀在南开大学讲授中国文化史，随后将讲稿《中国历史研究法》交由商务印书馆出版，次年在南京讲授“研究文化史的几个重要问题”，对已出版的《中国历史研究法》修补订正。1926年10月，梁启超在清华大学国学研究院重新讲授文化史，指出“中国史学史，最简单也要有一二十万字才能说明个大概，所以很可以独立著作了”。[②] 随后详细阐述了“中国史学史”研究的“四要素”——史官、史家、史学的成立及发展、最近史学的趋势。[③] 此后，“中国史学史”作为一门专门学科成为独立的研究对象。梁启超在1921~1927年这几年的时间中以其特有的天赋和智慧为“中国史学史”的早期发展做出了巨大贡献，由其设计的史学史研究框架因表现出兼收并蓄、融会贯通的色彩，在当时被奉为不刊之论。20世纪三四十年代，金毓黻、魏应麒、姚名达、陆懋德、王玉璋、方壮猷等学者相继以之为纲目进行阐释，他们写作“中国史学史”的基本内容、评价尺度

① 陈叔方、王春瑜：《现代史学家陈守实》，中国人民政治协商会议江苏省武进县委员会文史资料研究委员会编《武进文史资料》第10辑，1988，第26页。

② 梁启超：《中国历史研究法　中国历史研究法补编》，中华书局，2015，第396页。

③ 梁启超：《中国历史研究法　中国历史研究法补编》，第399页。

虽有差异，但总体架构与研究方法均未超出梁氏所想。

在清华大学国学研究院 1926 年学员研究课题统计中，陈守实是唯一一位“专修科”为“史学研究法”，“研究专题”为《明史稿考证》的学生。[①] 他在这一时期的写作风格明显受“梁启超式”史学史做法的影响，1927 年发表的《明史稿考证》一文是陈守实的成名作，文章在广泛考证清初人文集册的基础上证明了《明史稿》真实作者应为万斯同，指出了王鸿绪的剽窃之罪。他高度赞扬万斯同以“抱遗山之志”历经十二年终成《史稿》，王鸿绪随意“删抹”、“改窜”抄袭《史稿》，“实为败德之尤”。[②] 文章还非常重视对相关史料的考释与辑录，学术价值颇大，陈守实的清华同窗刘节、方壮猷对此也有颇高的评价。前者认为“王稿历来考校者颇有其人”，陈守实的《明史稿考证》一文“足备参考”。[③] 后者指出“自魏源撰明史稿书后二首，力主王鸿绪史稿出于万斯同之说，后此学者零星举发者颇多”，“陈守实君首撰明史稿考证”，“万斯同纂修明史之功乃益彰”。[④] 1928 年发表的《明史抉微》一文不仅总结了《明史》在纂修过程中出现的诸多错误，还探讨了《明史》的改造与补辑等问题。文章指出了清修《明史》的五大缺点：一是“清帝之禁拑太甚，致事多曲讳”；二是“因学派门户之偏见，颠倒失实”；三是“搜访之漏略”；四是“明清关系多失真相”；五是“弘光迄永历之终，史实多缺”。[⑤] 随后，又提出了改造《明史》的方案，拟借明末戴子高的《续明史》、钱映江的《南明史》对《明史》进行补辑，但“补辑之难，均略计之，有数端焉”，史料缺失、清廷钳制等都是改造和“补辑”难以开展的原因。虽“改造”效果不佳，但陈守实在民国时期对《明史》改造的引导之功不可忽视。[⑥] 此外，他还陆续发表了一些史料考订与史书辨伪的文章，如《明清之际史料》《清初奴患：明清之际史料之二》《蒙古斡哥歹汗南征时之完颜绰华善》《金史忠义传完

① 《研究院纪事》，《国学论丛》1927 年第 1 卷第 1 期。

② 陈守实：《明史稿考证》，《国学论丛》1927 年第 1 卷第 1 期。

③ 刘节：《中国史学史稿》，中州书画社，1982，第 315 页。

④ 方壮猷：《中国史学概要》，武汉大学出版社，2011，第 95 页。

⑤ 陈守实：《明史抉微》，《国学论丛》1928 年第 1 卷第 4 期。

⑥ 秦艳君：《民国学人改造〈明史〉的研究趋向及其动因》，《宁夏大学学报》（人文社会科学版）2021 年第 6 期。

颜彝战迹及年月考：蒙古史料研究之一》等。[①] 不仅如此，陈守实还在20世纪三四十年代相继开设了“史学概论”“经学史”“学术文选”“历史研究法”“学术思想史”“学术论文选”“史论研究”“历史哲学”等课程，[②] 这些课程虽未直接以“史学史”命名，但均是以之为中心展开的。可见，新中国成立之前，陈守实就已在中国史学史领域耕耘许久，他虽未编写过具体教材，但发表了多篇具有史学史性质的文章，开设了相关课程，积累了深厚的学术基础。

新中国成立后，陈守实在复旦大学讲授“中国史学史”一课，不仅是其学术脉络长期发展的结果，还深受时代环境与学术语境的影响。当时，马克思主义一跃成为学界主流，史学工作者纷纷学习马列主义理论并将之应用于历史研究。凭借长期对理论的关注，陈守实也迅速投身到以唯物史观为指导的治史实践中，他在这一时期的“中国史学史”教学一方面与复旦大学历史系学科建设相配合，另一方面与当时学界的“史学史热”相呼应。20世纪50年代，陈守实制订了以“中国农民运动史”为中心的教学计划，偏于“土地制度、租税制度、中国经济史”的研究，开设了“中国土地制度史”“中国古代土地关系史”等课程，其中并没有“中国史学史”的教学计划。[③] 20世纪60年代初，复旦大学逐渐恢复了正常的教学和生活秩序。[④] 当时历史系教务主要由系主任谭其骧主持，但他因编撰《中国历史地图集》工程浩大无暇兼顾，改由副系主任胡绳武代行其职。为了拓展学生的视野，胡绳武非常注意教学与科研的全面建设，力图使每位教师都能展其所长，在胡先生的再三敦请下，陈守实才肯在原定教学计划外增设“中国史学史”一课。[⑤] 同一时期，早年留美并长期从事世界中古史研究的耿淡如先生也转入“西方史学史”的教学工作。[⑥] 由于当时两位先生岁数偏长且已不再“参政”，恪守教授本职，他们的中外史学史教学对复旦大学历史系“学术薪传的实际贡献”颇大，培养了多位学术传人，使

---

① 陈守实：《明清之际史料》（《国学月报》1927年第2卷第3期）；《清初奴患：明清之际史料之二》（《史学与地学》1928年第4期）；《蒙古斡哥歹汗南征时之完颜绰华善》（《勷勤大学季刊》1935年第1卷第1期）；《金史忠义传完颜彝战迹及年月考：蒙古史料研究之一》（《新中华》1946年第4卷第10期）。

② 《陈守实档案》，复旦大学档案馆藏，档号：1964-XZ12-17。

③ 《陈守实档案》，复旦大学档案馆藏，档号：1964-XZ12-17。

④ 复旦大学校志编写组：《复旦大学志》第2卷，复旦大学出版社，1995，第35页。

⑤ 朱维铮：《史学史三题》，《朱维铮史学史论集》，复旦大学出版社，2015，第3页。

⑥ 张广智：《春意遍于华林——1961年“史学史热”追忆》，《历史评论》2021年第3期。

后辈在此基础上得以“跟着讲”。[①]

此外，20世纪60年代初教育部召开文科教材会议，决定把“中国史学史”列入必须编写的教材，“这是史学史工作上的一件大事”。[②] 以教育部编写文科教材为契机，北京、广州、上海等地先后召开座谈会，就如何突破“梁启超式”史学史做法进行讨论。“经过这一时期有关史学史研究对象、任务等理论的深入讨论，研究风格也随之转换，特别是大大强化了对历代史学思想，包括史家政治思想、学术思想和历史哲学的研究，由此形成了以史学思想、史料学和编纂学为基本内容，而以前者为核心的研究范式”，对指导新中国成立初期“中国史学史”的学科建设有重要意义。[③] 在这期间，陈守实积极参加了由上海史学会举办的讨论会，围绕“史学史与历史编纂学的关系、史学史本身的发展规律，如何处理史学家和史学流派观、学术、政治三者的关系，及对史学遗产如何批判继承”等展开讨论，这些问题在很大程度上超越了20世纪上半叶“中国史学史”的研究范围。[④] 不仅如此，陈守实还与吴泽、谭其骧、蔡尚思等人在会上讨论了“中国近代史学史”的研究对象、任务与编写原则，并做了相关的学术报告。[⑤]

20世纪60年代初，随着学界“史学史热”的出现与复旦大学历史系学科建设的进一步完善，陈守实最先在复旦大学开设“中国史学史”课程，虽只主讲两届却新意迭出，在新时期“中国史学史”的教学与研究中具有承上启下的特殊地位。

二 陈守实“中国史学史”教学的基本内容

《中国史学史》（讲义）是1961年陈守实在复旦大学讲授“中国史学史”的课程讲义，由学生姜义华随堂记录。同一时期，他还发表了《关于王船山史论的现实性问题——几个论点的分析》《读蔡著〈王荆公年谱考略〉——略谈历史人物历史事件的评价问题》等文章，对中国史学史进行了

---

① 1963年之后，由朱维铮和黄世晔两位先生依据陈守实拟定的教学大纲接着讲。

② 白寿彝：《史学史工作四十年——在史学史座谈会上的讲话》，《中国史学史论集》，中华书局，1999，第340页。

③ 胡逢祥：《关于改进中国史学史研究范式之我见》，《史学月刊》2012年第8期。

④ 姜义华主编《史魂：上海十大史学家》，上海辞书出版社，2002，第430页。

⑤ 姜义华主编《史魂：上海十大史学家》，第434页。

贯通研究，内容完备、自成体系。具体而言，主要从以下五个方面展开。

第一，注意总结中国史学发展的整体规律与各阶段特点。陈守实的“中国史学史”教学大致以朝代为线索，从历史学的产生一直讲到鸦片战争，包括对各种史著、史书编纂形式、历史观点的分析，体现了他一直强调的“通识”观念。除了重视中国史学发展的整体规律，陈守实还对每一阶段的重点进行了提纲挈领式的概括，如在讲授唐代史学时，他在第一节就总结了“唐初综合史著及其得失”：一是史家将过去史著对历史的看法集中在儒家学说之下，对史著的整理逐渐系统化；二是史书记录范围进一步扩大，边疆地区及外族记载多见；三是佛经翻译数量空前增多，史书中出现了许多宗教史内容。[①] 宋代史学授课的第一节是“概述：宋代史学的总特点”，元明史学的第一节也是“概述：史家、史学思想的变换”，这些章节、题目的设置足可见他对不同阶段史学发展整体特点的重视。如其所言，史学史研究不仅包含史书与史家，更重要的是要抓住历史学的本质，“将史学发展作为一个体系，把人、著作插入”，讲人和著作等主章节不宜太多。[②] 与“梁启超式”史学史做法相比，陈守实逐渐从“目录解题式”的篇章介绍过渡到以总结某一时期史学整体特点为重点，对中国史学发展历程进行宏观的把握与规律性总结。

第二，在体例安排与章节设置上灵活处理。陈守实的“中国史学史”教学大致以朝代为线索，但在讲课中有意避开了时间限制，根据实际需要灵活排布。如讲授宋代史学时在分析了我国第一部编年体通史《资治通鉴》的成书过程与编纂方法后，紧接着讨论了“通鉴”体在南宋、元、明、清等朝的情况，陈守实认为南宋李焘的“《续资治通鉴长编》对宋代史料做了一个总结”，发展到朱熹的《资治通鉴纲目》“则很讲究正统与褒贬”，清代毕沅编修的《续资治通鉴》“成就则不及《资治通鉴》”。[③] 为了加深学生的认识，他还非常注意对同类史著的比较，如将马端临的《文献通考》与杜佑的《通典》对比讲解，并就两书中关于“兵”的部分举例，“《通考》中‘兵考’囊括了历代兵制及各家议论，内容广且深；《通

---

① 陈守实讲，姜义华记录《中国史学史》（讲义）“第四章唐代史学的变化”，“第1节概说：唐初综合史著及其得失”，1961年。

② 宫陈：《20世纪60年代初上海史学界关于史学史的讨论档案选辑》，《历史教学问题》2022年第2期。

③ 陈守实讲，姜义华记录《中国史学史》（讲义）“第五章宋代史学的进展”，“第2节司马光《资治通鉴》和李焘《续资治通鉴长编》”，1961年。

典》中的‘兵典’仅谈论了兵法，内容较为单薄”，《通考》的价值远超《通典》。[①] 这种以类相从、灵活编排的授课方法，既有利于按照编纂体裁集中讲解某类史书、探究其递嬗演变的规律，还能使学生尽可能地对同类著作有整体上的认知，最大限度地把握中国史学的发展面貌。

第三，关注史学映现的社会背景与时代思潮。陈守实认为冯友兰的《中国哲学史》“只做了一半”，作者仅从哲学部分论述，没有涉及哲学的根基，也不了解哲学赖以存在的基础。“中国史学史”也面临同样的问题，“过去的史学史乱抄一顿，目录开阔不少，但不能解决问题”，若想对史学发展做出贴近历史真相的解释，必须探究这些问题产生的社会历史根源。[②] 陈守实在教学中尤其注意总结影响史学发展的客观条件，如他看到宋代因“历史事实的不同，经济政治的软弱，外族的压力”刺激了史家搜集编撰历史的兴趣，使史书数量迅速增加。[③] 元代史书写作范围明显扩大，其中不少篇幅是关于欧洲、印度、阿拉伯等国风俗物种的记载，这是由于元代疆域“以中国为据点，扩张到整个亚洲及东欧、部分非洲”，国土面积的扩大使史书内容也变得丰富多彩。[④] 反观清代史学，明末农民起义持续高涨破坏社会生产力，导致清前期史书中“历史创作部分不多，远不及宋”，但清代史学最大特点在于提倡经世致用、切合实际的学问，史家不再沉迷古代，而是将目光转向解决当下的现实问题。[⑤] 在教学中，陈守实非常重视客观环境的变化对史学发展的影响，突破了之前史学史写作重史部目录、史籍提要的藩篱，扩大了史学史研究的范围。

第四，“经义即理论”，重视对中国古代史学理论的探索。陈守实认为“封建统治基础的结晶为儒家思想体系，凝结为儒家经典，指导中国式的封建统治主进行统治”，直到鸦片战争前儒家权威地位尚未动摇。[⑥] 不过作

---

① 陈守实讲，姜义华记录《中国史学史》（讲义）“第六章元明的史学”，“第 3 节马端临的《文献通考》”，1961 年。

② 陈守实讲，姜义华记录《中国史学史》（讲义）“结束语”，1961 年。

③ 陈守实讲，姜义华记录《中国史学史》（讲义）“第五章宋代史学的进展”，“第 1 节概述”，1961 年。

④ 陈守实讲，姜义华记录《中国史学史》（讲义）“第六章元明的史学”，“第 1 节概述”，1961 年。

⑤ 陈守实讲，姜义华记录《中国史学史》（讲义）“第七章清代史学”，“第 1 节概说”，1961 年。

⑥ 陈守实讲，姜义华记录《中国史学史》（讲义）“第四章唐代史学的变化”，“第 1 节概说”，1961 年。

为理论指导的“儒家经典”在不同时期经常以不同形式表现出来，陈守实在教学中非常重视将这些散见于历代史书中的“理论”统合起来，如其看到“狭义的儒家道德伦理观念”在宋代史书中反映特别突出，巨大的边疆压力使史家对现实政治失望，纷纷选择“回头看”，对“古代社会进行理想化塑造”，突出“上元最理想”。[①] 此外，他还对“正统观”在史书中的变化做了梳理，司马光尊曹魏为正统，《资治通鉴》中只有“魏纪”而无其他；朱熹则修订了司马光的正统观，不承认王莽政权反尊蜀汉为正统；元代史家的正统之争更加明显，但多数学者以宋为尊。故而陈守实总结道，“正统论”在“北宋发议论，南宋严格化，元明时期走向严峻”，但其本质是儒家思想与封建王朝相结合的产物，是理学、心学在史学上的反映。[②] “理论研究，在目前的中国史学史论著中，显得最薄弱。”[③] 但陈守实这时对中国古代史学理论的讲解不仅内容丰富而且能抓住核心，彰显出深厚的史学素养与问题意识，这在新中国成立初期的“中国史学史”教学中是非常可贵的。

第五，一分为二、辩证地评价历史人物。阶级斗争理论是马克思主义的重要历史理论，阶级分析是史学研究的重要工具。在 1958 年的“史学革命”中，“阶级”观念被空前强调，一些“最新的马克思主义者”将其作为评判历史人物的主要依据。陈守实对这种风气十分警惕，他认为“学术史研究不能唯成分论”，评价历史人物应避免以家庭成分或阶级阵营进行简单划分，要以唯物史观为指导对当时的历史场景进行全面考察与具体分析，充分考虑各种因素对史家思想形成的影响。他进一步解释道，活跃在历史上的“人”是复杂多面的，他们或许在某一方面有“逆潮流的想法”，但也可能在“某一方面有所先见，在某部作品中透出一丝曙光”，学术史研究尤其要“注意后人比前人在哪些地方有了发展”。[④] 如唐代史书多“以儒家学说为标准讲褒贬”，但刘知幾的《疑古》《惑经》却对《尚书》《春秋》等经典大胆挑战、充满了批判精神，这种对“圣人君子”的怀疑

---

① 陈守实讲，姜义华记录《中国史学史》（讲义）“第五章宋代史学的进展”，“第 1 节概述”，1961 年。

② 陈守实讲，姜义华记录《中国史学史》（讲义）“第六章元明的史学”，“第 1 节概述”，1961 年。

③ 朱维铮著，廖梅、姜鹏整理《中国史学史讲义稿》，复旦大学出版社，2015，第 9 页。

④ 陈守实讲，姜义华记录《中国史学史》（讲义）“结束语”，1961 年。

与不信任在当时是“非常突出的”。[①] 又如李贽“尽管读的仍是儒家经典，但比理学家文明”，他在激烈的社会矛盾中以“孔孟传统儒学的异端”自居，具有浓厚的“革命气息”。[②] 在历史长河中，史家经常会出现思想与史观暂时分离或矛盾的地方，他们虽在短时间内无法超越儒家思想体系，但能提出许多进步观点，这是非常值得注意的。在评论历史人物时，陈守实能够“按照历史发展的不同程序，在给予各个时期史家、史学思想以批判性叙述的同时，予以各时期史家思想及其处理历史方式的新东西予以肯定”，具有启发意义。[③]

综上可见，陈守实在教学中坚持以唯物史观为指导对中国史学发展历程进行阐释，打破了传统史学史研究以史家、史书为中心的叙述体系，为向具有“问题意识”的史学史研究过渡做出了贡献。

三　陈守实“中国史学史”教研实践的特色及启示

从《中国史学史》（讲义）的内容来看，口语痕迹较明显，但优点是由学生当堂记录，保留了陈守实原生态的思想和认知，其中更有不少内容是对“中国史学史”问题的经典论述，对总结其史学史研究的特点与方法是非常有价值的。

（一）坚持以唯物史观为指导

新中国成立后马克思主义成为学界主流，在此背景下，陈守实结合自身实际将马克思主义与历史问题相结合，开创了“中国史学史”研究的新境界。他指出史学史研究应分两步：首先学习经典著作、探索先行理论，然后再从过去史家的作品中加以叙述和分析，用马列主义理论武器进行全面的批判性总结。[④] 马克思早在《政治经济学批判》中就对“资本、地主、土地所有关系与雇佣劳动”等因素进行了详细分析，受此启发，陈守实认为“进步学家、史家在讲政治经济学时皆以纯经济的分析开始”，所以在

① 陈守实讲，姜义华记录《中国史学史》（讲义）“第四章唐代史学的变化”，“第1节概说”，1961年。

② 陈守实讲，姜义华记录《中国史学史》（讲义）“第六章元明的史学”，“第4节李贽的《史论》”，1961年。

③ 陈守实讲，姜义华记录《中国史学史》（讲义）“结束语”，1961年。

④ 陈守实讲，姜义华记录《中国史学史》（讲义）“结束语”，1961年。

教学中尤为重视“经济因素”的表达。如其指出《通典》首篇“食货”不仅有对中国古代“田制”的纯经济分析，还将“水利、赋税、人口”等由国家派生的相关项目也归并于其中，杜佑如此重视中国古代社会发展的经济结构，可称为有识之见。[①] 又如《文献通考》作为一部“非常有创建性的著作”，其创新之处在于马端临对中国古代土地关系，尤其是对屯田、均田、府兵制的独到见解。[②] 需要指出的是，陈守实虽强调理论指导在研究中的重要作用，但从未忽视史料考证的意义。在他看来，“若孤立讲求理论则易流于空泛”，所以还需对史料进行考订辨伪，使之与理论结合。如其认为年谱是评价历史人物最好的资料，史学工作者在掌握马克思主义理论的基础上还需对年谱等具体史料进行考察，只有两者结合才能对历史事件、历史人物在历史进程中的“价格变动”得出一些比较可靠的结论。[③] 可见，陈守实在教研实践中既坚持以唯物史观为指导，同时又能够对庞杂的史料钩沉抉微，表现出理论指导与史料考证的高度统一。

（二）学术与时代互动的贯通视野

“中国史学史”研究的任务是“对史学发展历程作批判性的叙述、对先前史学成果作批判性的吸收”。[④] 陈守实从这两个方面对中国历史学自产生到清代的发展进行了贯通研究，因课时限制，他在讲课中未能开设“中国近代史学史”专题，但并非没有关注。1962 年 3 月 15 日，陈守实与谭其骧、蔡尚思等学者一同出席了上海史学会召开的座谈会，就吴泽拟定的《中国近代史学史》教学大纲和编写体例进行讨论。陈守实认为《中国近代史学史》存在以下几个问题：“魏源部分多了一些；历史地理作为史学史的子目，如单独排章节不合适，篇幅可缩小一些。”“梁启超的属性定型化很难，只要他在历史方面可取的突出的先加以肯定而不先把他归类型。”[⑤] 从参加上海史学会的讨论中观察，陈守实对中国近代史学史诸问题

---

① 陈守实讲，姜义华记录《中国史学史》（讲义）“第四章唐代史学的变化”，“第 4 节杜佑和《通典》”，1961 年。

② 陈守实讲，姜义华记录《中国史学史》（讲义）“第六章元明的史学”，“第 3 节马端临的《文献通考》”，1961 年。

③ 陈守实：《读蔡著〈王荆公年谱考略〉——略谈历史人物历史事件的评价问题》，《文汇报》1962 年 4 月 12~13 日。

④ 陈守实讲，姜义华记录《中国史学史》（讲义）“结语”，1961 年。

⑤ 宫陈：《20 世纪 60 年代初上海史学界关于史学史的讨论档案选辑》，《历史教学问题》2022 年第 2 期。

不乏思考，体现出广阔的视野。此外，陈守实在教学中还非常重视学术与时代的互动关系，“史论即政论”是他史学史研究的一大特色。“一个史论撰者对于历史的态度，取决于他对现实的态度；对于现实的认识与理解，又取决于他的社会地位、阶级立场和他的世界观”。[①] 朝代鼎革之际，史家撰著虽以过去的历史为书写对象，但真实目的在于以古鉴今，寻找“解决现实问题的依据及参考”。[②] 如其注意到司马光《资治通鉴》的“史论”部分谈历史大势的内容较少，叙述国家兴衰、政治成败的“政论”内容则相当多；[③] 与司马光同一时期的王安石对理财问题的看法不仅是新经义理论中的亮点，也是对现实问题认识最正确的部分；[④] 生活在明清易代之际的王夫之，其“史论”中最具特色的三点既是对“政治倾向的全面表达”，又和“现实的动态息息相关”。[⑤] 显然，陈守实非常注意分析“史论与政论”“学术与时代”的关系，如其所言，“史论”与一般“政论”的表达方式虽不同，但二者具有相同的内涵，隐藏在历史外衣下的“史论”本质是通过批判历史反省当下、表达史家的现实愿望与政治诉求。

（三）以研促教、教研相长的教学方法

教学以研究为基础，研究为教学服务。陈守实不仅将教学作为重要任务，而且在备课中做了大量的史料搜集与整理工作，积累了深厚的史学知识。1962 年发表的《读蔡著〈王荆公年谱考略〉——略谈历史人物历史事件的评价问题》一文谈到，《王荆公年谱考略》对王安石的生平事迹及其在历史进程中“价格高低”的曲折变化做了全面的澄清工作，从黄庭坚高度赞扬王安石为“贤辅圣能”到周德恭诽谤王安石为“古今第一小人”，蔡著“在历史评价正反面的波动中，做出史料上的别择辩正，确是论定历史遗产及其代表人物的独特范例”。在此基础上，陈守实做了进一步的分

① 陈守实：《关于王船山史论的现实性问题——几个论点的分析》，《文汇报》1962 年 11 月 27 日。

② 陈守实讲，姜义华记录《中国史学史》（讲义）“第七章清代史学”，“第 2 节顾炎武、黄宗羲、王夫之与清初史学”，1961 年。

③ 陈守实讲，姜义华记录《中国史学史》（讲义）“第五章宋代史学的进展”，“第 2 节司马光《资治通鉴》和李焘《续资治通鉴长编》”，1961 年。

④ 陈守实：《读蔡著〈王荆公年谱考略〉——略谈历史人物历史事件的评价问题》，《文汇报》1962 年 4 月 12~13 日。

⑤ 陈守实：《关于王船山史论的现实性问题——几个论点的分析》，《文汇报》1962 年 11 月 27 日。

析，王安石是“代表时代变革的历史人物”，他的“历史价格”会“随着社会矛盾的各种不同程度，各种政治构成、阶级结构，亦即随着各种复杂的社会关系的变动而变动”，雍、乾年间因中央高度集权，王安石的历史价值处于下沉期，嘉、道时期由于社会矛盾激化、统治疲弱，他的历史价值回升。不仅如此，陈守实还以此规律对作为历史人物的“王昭君”、作为历史事件的“和亲政策”、作为历史时期的“万历四十年”在不同阶段的“价格变动”进行了详细阐释，进而总结出后人对过去事件的肯定评价或否定评价是一事物之正反面，学者和时代的需求在其中起着重要作用。[①]此文的写作思路与陈守实在讲课中形成的对历史人物评价的思考一脉相承，他将在教学中形成的思考归纳整合系统成文，又以研究不断反哺升华教学，彼此融会贯通相互促进。除此之外，陈守实还经常在教学中向学生展示自己的最新研究成果，并鼓励学生将其提出的观点进一步阐发写作成文，据学生姜义华回忆：“在课堂上先生常常说：‘这一点，从来没有人说过，你们可以拿去写文章’。”[②] 朱永嘉也多次谈到他文章中有许多观点直接源于陈守实先生。

四　结语

新中国成立初期，社会与学术文化尚处于转型期。20 世纪 50 年代是中国史学史研究的沉寂期，以 1961 年教育部召开文科教材会议为契机，史学史学科建设迅速开展起来。[③] 白寿彝、杨翼骧、吴泽、耿淡如等学术名家纷纷在这一时期进行史学史研究。白寿彝不仅在北京师范大学成立了“中国史学史”编写组，编辑出版《中国史学史参考资料》，还发表了《谈史学遗产》《关于中国史学史的讨论》《中国史学史研究任务的商榷》等具有重要意义的文章。[④] 南开大学的杨翼骧早年毕业于西南联合大学，曾跟随姚从吾学习中国史学史，其间他以史学史资料编年为基础进行研

① 陈守实：《读蔡著〈王荆公年谱考略〉——略谈历史人物历史事件的评价问题》，《文汇报》1962 年 4 月 12～13 日。

② 姜义华：《求真守实、抉奥探幽的史学大家——陈守实先生学术述略》，陈守实著，姜义华编《中国古代土地关系史稿中国土地制度史》，复旦大学出版社，2015，第 488 页。

③ 周文玖：《从梁启超到白寿彝——中国史学史学科发展的学术系谱》，《回族研究》2005 年第 2 期。

④ 任虎：《继往开来：白寿彝中国史学史研究的唯物史观转向》，《史学史研究》2020 年第 3 期。

究，著有《我国的史学的起源与奴隶社会的史学》《裴松之与〈三国志注〉》《刘知幾与〈史通〉》等阐释古代史家与史书的重要文章。[①] 华东师范大学的吴泽负责编写《中国近代史学史》教材，招收了多位史学史专业的研究生。[②] 复旦大学的耿淡如是西方史学史研究的奠基者，他在《什么是史学史?》中提出要“建设一个新的史学史体系”，并精心编著了《西方史学史文献摘编》这部从古希腊到20世纪的西方史学史长编。[③] 仔细考察可以发现，这些学者的史学史研究都是以唯物史观为指导，在马克思主义史学的大框架下展开的，他们丰富了传统史学史研究的对象与任务，扩大了研究的范围和视野，凸显了用马克思主义解释中国史学发展的特点与规律，是将马克思主义与史学史研究结合起来的早期实践。

对于“中国史学史”学科建设而言，20世纪五六十年代尚处于新旧范式转换的关键期。陈守实的“中国史学史”教研实践就是处于这样一个继往开来、除旧布新的位置，他坚持以唯物史观为指导考察中国历史学的发展与演变，由于时代的限制其史学史研究仍有局限和不足之处，但瑕不掩瑜，他不仅率先突破了以梁启超为代表的史学史研究的通行陈述体系，也为朱维铮等后学继续探索中国史学史研究的新范式奠定了坚实的基础，对当下中国史学史研究的创新、中国史学史自主知识体系的构建具有重要意义。

---

① 张越：《杨翼骧先生的中国史学史研究述论》，《史学月刊》2014年第8期。

② 王东：《吴泽先生与中国史学史研究》，《历史教学问题》2013年第6期。

③ 张广智：《春意遍于华林——1961年“史学史热”追忆》，《历史评论》2021年第3期。

白寿彝研究

白寿彝先生的孔孟哲学管窥*

黄　卉

（北京师范大学哲学学院，北京　100875）

摘　要： 白寿彝先生不仅是著名的历史学家，他在哲学方面也颇有造诣。《孔子哲学》《孟子哲学》两篇佚文是白先生早年哲学思想的集中表达，他在文章中提出了很多洞见，对我们今天的儒家思想研究具有重要的参考价值。白先生否定了孔曾思孟的学脉传承系统，认为孟子直接孔子。他认为孔、孟的大贡献在于，孔子发明了"一以贯之"的哲学方法，使中国有了真正的哲学；孟子提出了性善论，实现了对孔子人性论的超越。白先生还从思想核心、政治论、教育论三个方面分析了孔、孟哲学的异同。孔子哲学的中心点是"仁"，孟子以"仁义"为思想核心。孔子将"正名"主义应用于政治，主张实行德政；孟子基于以人民为中心的政治观，倡导实行仁义的王政，以养与教为王政的两大端。孔、孟的教育方法都注重引起学者的自得。探索白先生早期的哲学思想，可以帮助我们全面了解他的学术历程，丰富当前白寿彝思想研究的面向。

关键词： 白寿彝　孔孟哲学　一以贯之　性善论

一　前言

白寿彝先生出生于一个中产阶级家庭，家境殷实。由于父母非常重视

*　本文系国家社科基金项目"朱子学综合研究"（22VRC173）阶段性成果。

中国传统文化教育，家中聘请了当地有名的私塾先生，讲授四书五经，所以白先生小小年纪就可以熟练背诵《四书》，只不过还不能理解词句的含义。随着对文义的理解加深，白先生对古文的兴趣也日益增长，阅读了更多的古文经典，也更加重视文本的义理分析，在这个过程中，他阅读了很多四书类研究著作。例如，白先生在他所著的《中国史学史》（第一册）的“师友之益”篇中写道：“在读《论语》的时候，读了朱熹的《集注》后，就又读何晏的《集解》、皇侃的《义疏》、刘宝楠的《正义》，又游览了毛奇龄的《四书改错》。”[①] 可见白先生读书是很有钻研精神的，不局限于经典原文本身，注重了解各家的不同解读，在此基础上逐步形成自己的看法。得益于幼年时期所受的传统文化教育，白先生在中国古代传统文史素养方面打下了坚实的基础。1920 年，白先生考入上海文治大学，不久转学到中州大学文科二年级读书。在中州大学学习期间，白先生曾亲受著名哲学家冯友兰的教诲。冯友兰先生在中州大学开设了多门哲学课程，白先生被其深厚的学识和自然的讲课风格所吸引，决定在专修国文系之外，再以哲学系为辅系学习。1929 年，白先生考入燕京大学国学研究所，学习中国哲学史。燕京大学在当时是一个大师云集的地方，陈垣、张星烺、冯友兰、许地山、顾颉刚、黄子通等老一辈学者都集中于此。白先生受到了黄、冯、许、顾等先生的直接教导，据其自述，黄先生讲西方哲学史、亚里士多德、康德和认识论等课程；冯先生讲中国哲学史；许先生讲佛教文学和梵文。黄子通先生是白先生的导师，在其初入学时就指导其读了康德的《纯粹理性批判》和程颐的《识仁篇》。这几位先生对白先生的教导主要是在哲学方面而不是关于史学史的，“但他们的教导，对我后来研究史学史，是起了打基础的作用的。没有他们的教导，我是不是会作学术工作，就很难说，恐怕更说不上研究史学史了”。[②] 可见，在燕京大学求学期间，白先生受到了良好的哲学熏陶，这对他以后从事学术研究产生了重要影响。

初入学术研究之门的白先生，不仅对中国哲学有浓厚兴趣，还展现出非凡的学术抱负，“他计划用两三年工夫写一本《中国哲学史》。虽然这个计划看起来不切实际，但其研究学术的勇猛精进之气魄着实可嘉”。[③] 正是

---

① 白寿彝：《中国史学史》（第一册），《白寿彝文集》，河南大学出版社，2008，第 358 页。

② 白寿彝：《中国史学史》（第一册），《白寿彝文集》，河南大学出版社，2008，第 359 页。

③ 周文玖：《白寿彝：史学史研究战线上的一面旗帜》，《中国社会科学报》2022 年第 4 期。

怀着这样强烈的学术热情，白先生写下了关于孔孟哲学研究的两篇文章《孔子哲学》《孟子哲学》。这两篇文章于 1930 年分别发表于《村治月刊》第 2 卷的第 1 期和第 2 期。虽然这时候的白先生年仅 21 岁，但是他已经具备了扎实的哲学理论功底，对于很多哲学命题都有自己的思考和见解，《孔子哲学》《孟子哲学》两篇文章可以看作他哲学思想的集中表达。可惜的是，白先生这两篇关于哲学研究牛刀小试的文章并没有收入《白寿彝文集》中，因此以往学界有关白先生思想研究的成果虽有很多，但对这两篇文章却少有提及。诚然，白寿彝先生作为我国著名的历史学家，他的史学思想广受关注，在其长达七十一年的学术生命中，大部分时间都贡献给了史学史研究工作，而研究哲学的时间是非常短暂的。或许是因为白先生在史学领域取得的成就太过耀眼，以至于人们鲜少注意到他在哲学方面也颇有造诣。他早期关于孔孟哲学的论述，深刻把握了儒家哲学的思想内涵，对于一些哲学问题的探究也是很有洞见的。早年学习、研究哲学的经历让白先生受到了良好的哲学思维训练，使他具有了开阔的学术视野，这对他后来从事史学研究是大有裨益的。白先生说："对于历史文献学的专业工作者来说，考订文献可以说就是他们的本职工作。但思想活跃一些、视野开阔一些、联系的方面多一些，对一个文献工作者来说，可能是有更多好处的。"① 白先生做学问并不局限在某一个学科门类中，而是以广阔的学术史视野和开放包容的学术心态来进行学术研究，注重各学科知识的融会贯通。他的史学研究具有鲜明的特色，主要表现为重视历史理论的学习和运用。他还在晚年提出"广文献学"的概念，主张建构历史文献学的学科框架。白先生一生在历史文学论、历史教育论、民俗学等诸多领域辛勤耕耘，并取得了令人瞩目的学术成就，而这一切，与他早年用心研究哲学的经历不无关系。

我们探索白先生早期的哲学思想，对于全面了解他的学术历程和思想构建是很有意义的。本文拟就《孔子哲学》《孟子哲学》两篇文章来梳理白先生关于孔孟哲学思想的研究。

二　论孔、孟的学脉传承

白寿彝先生指出，儒家哲学在中国哲学史上具有重要地位，从先秦时

① 白寿彝：《关于历史文献学问题答客问》，《文献》1982 年第 4 期。

与道墨三分中国，到汉武帝时期儒家取得政治上的超然地位，儒家哲学与中国社会的政治制度、教育文化等多方面产生了千丝万缕的联系，至近代，虽在西学的冲击下遭受挫折，但学者对于儒家思想的传承仍未断绝。可以说，从先秦一直到近代，儒家精神始终是中国哲学的底色。因此，要探明中国哲学的真相，必然要从了解儒家哲学开始。白先生认为，研究儒家哲学有三种方法。第一是纵的研究，研究儒家哲学演进的情形及其与时代背景的关系。第二是横的研究，以儒家所探讨的问题为主，看看历代儒者是如何解答这些问题的。第三是比较的研究，研究儒家哲学和别派哲学的异同及其价值之高下。这三种研究方法虽然侧重点不同，但都有一个共同的特性，就是必须以哲学家的个别研究为基础。而要进行哲学家的个别研究，毫无疑问应从孔、孟二圣开始。

儒家向来推重尧舜文武周公等古圣人，常将他们置于孔子之前，白先生认为这种推重主要是因为孔子称道他们。所谓古圣先贤的事迹并不明晰，他们也没有思想传世。事实上，孔子才是儒家的开创者，他提出的“仁”“忠恕”“克己复礼”“正名”“一以贯之”等主张对儒家哲学乃至整个中国思想史的发展都产生了深远影响。因此，儒家思想溯其源流，须自孔子始。孟子是继孔子之后，儒家另一代表人物。孔门虽有弟子三千，贤者七十二，但是这些弟子的影响力主要体现在教育和政治上，并没有人能真正传承孔子的哲学思想。孔子逝后一百多年，孟子出现，他接续了孔子之学，并将其发扬光大。在孔、孟的道脉传承上，白先生也是很有新见的，他说：“朱熹以大学为曾子作。果尔，则大学于孟子前之儒家哲学史上，当占一地位。但朱说并无根据，只凭想象立论。如孟子所说‘天下之本在国，国之本在家，家之本在身’，较大学所说八条目，颇为简单，只应孟子在前，大学在后。中庸一书，称‘载华狱而不重’，也是西汉人底口气。”① 这段话主要表达了两个意思：第一，否定朱熹以《大学》为曾子所作的观点，认为《孟子》先于《大学》而存在；第二，《中庸》一书非子思所作，应为西汉时的作品。白先生的提法等于否定了孔曾思孟的学脉传承系统，以孟子直接孔子。

《大学》《中庸》成书问题一直是学术界聚讼不已的公案，争议的焦点主要落在二书的作者和成书年代上。朱熹将《大学》分经、传，认为经为孔子之言，而曾子述之，传为曾子之意，而门人记之。朱熹的观点也有很

① 白寿彝：《孟子哲学》，《村治月刊》1930年第2卷第2期。

多人质疑，如南宋杨简认为，《大学》非孔门之遗书。王柏、刘宗周、郭沂则认为《大学》的作者是子思。冯友兰先生提出，《礼记·学记》袭自《荀子》，而《大学》又与《学记》的关系极为密切，据此，他将《大学》与《荀子》的《不苟》《非相》《解蔽》等相关篇章比较，认为《大学》出于荀子后学。[①] 白先生根据孟子“天下之本在国，国之本在家，家之本在身”这一说法相较《大学》的八条目颇为简单，推断出应是《孟子》在前，《大学》在后，批评朱说缺乏事实根据。传统观点认为，《中庸》为孔子之孙子思所作，成书约在战国初期。司马迁、郑玄、孔颖达、二程、朱熹都持此观点。也有人提出质疑，认为《中庸》晚出，且并非子思所作，例如欧阳修、叶适、王柏、崔述等。冯友兰先生晚年也认为《中庸》非子思所作，他的理由是：“《中庸》所反映的社会情况，有些明显地是秦朝统一以后的景象。《中庸》所论命、性、诚、明诸点，也都比孟轲所讲的更为详细，似乎是孟轲思想的发挥。”[②] 白先生主要依据《中庸》中“载华狱而不重”一句更像是西汉人的口吻，推断《中庸》成书于西汉。在《大学》《中庸》的成书问题上，虽然白先生并没有作详细的分析，论证也比较简单，但是对于初入哲学门、年仅21岁的他来说，能够勇于挑战传统观点、阐发新见，是难能可贵的。

三　论孔、孟的大贡献：“一以贯之”与性善论

（一）孔子“一以贯之”的哲学方法

孔子哲学以仁为中心，他的仁的哲学对中国哲学的发展产生了深远的影响，所以学界讨论孔子的学术贡献更多地集中于他的仁学思想。相比以往的研究，白先生尤其重视孔子的哲学方法。他认为，孔子的哲学之所以能成为一有组织的哲学系统，根本在于其“一以贯之”的哲学方法。在《孔子哲学》这篇文章的论述中，白先生也是以孔子的哲学方法为线索贯穿全文的。“一以贯之”的哲学方法使孔子哲学成为一有系统的组成，这一哲学方法的具体实现有赖于“正名”，正名主义的两大应用是仁和德政：一为人生论，一为政治论。孔子的教育论是与其人生论、政治论相互贯通的。全文的脉络和结构是非常明晰的。

---

① 冯友兰：《中国哲学史》，中华书局，1961，第437页。

② 冯友兰：《中国哲学史新编》第三册，人民出版社，1989，第113~114页。

“孔子哲学底组成，是由于他的‘一以贯之’的方法，这一点，胡适之作《中国哲学史大纲》卷上第四篇的时候，已经提出过这个意思。”[①] 但在对“一以贯之”的解释上，白、胡二人分歧颇大。白先生以孔子在《论语·卫灵公》中关于“一以贯之”的讨论为依据：

> 子曰：“赐也，女以予为多学而识之者与？”
> 对曰：“然，非与？”
> 曰：“非也，予一以贯之。”[②]

白先生认为，基于对孔子所“非”内容的不同理解，“一以贯之”存在两种可能性解释。第一，孔子所“非”的是“多学而识之”的全部，那么“一以贯之”的意思就是注重推论，即要求“以一知万”，“以一持万”。第二，孔子所“非”的仅仅是“识之”，并不反对“多学”，那么“一以贯之”或可以理解为“多学而一以贯之”。这样就与“推论”意思相反，接近于“归纳”的含义。胡适所代表的是第一种理解，他更注重“一以贯之”作为“推论”的含义，[③] 白先生则认为应取第二种解释。他列举了很多《论语》中的话，“君子博学于文”，[④]“多识于鸟兽草木之名”。[⑤] 这些都说明孔子将“多学”看作君子之一端，不仅自己“多学”，还教导弟子要“多学”。孔子所非的，只是“识”其“多学”者。《论语·述而》中：“多学而识之，知之次也。”[⑥] 也可见孔子对于“多识”的观点。“多学而一以贯之”，就是多而约。从许多繁杂的事物中约成一个有条有理的系统。“诗三百，一言以蔽之，曰：思无邪。”[⑦] 三百是多，“一言

① 白寿彝：《孔子哲学》，《村治月刊》1930年第2卷第1期。胡适认为，“‘一以贯之’四个字，当以何晏所说为是。孔子认定宇宙间天地万物，虽然头绪纷繁，却有系统条理可寻……所以孔门论知识，不要人多学而识之。孔子明说：‘多闻，择其善者而从之，多见而识之。’不过是‘知之次也’。可见真知识，在于能寻出事物的条理系统，即在于能‘一以贯之’。贯字本义为穿，为通，为统。‘一以贯之’即后来荀子所说的‘以一知万’‘以一持万’。这是孔子的哲学方法。一切‘知几’说，‘正名’主义，都是这个道理”。见胡适《中国哲学史大纲》（卷上），商务印书馆，1935，第106~107页。

② 朱熹：《四书章句集注》，中华书局，2011，第151页。

③ 详见胡适《中国哲学史大纲》（卷上），第109~110页。

④ 朱熹：《四书章句集注》，第88页。

⑤ 朱熹：《四书章句集注》，第166页。

⑥ 朱熹：《四书章句集注》，第96页。

⑦ 朱熹：《四书章句集注》，第55页。

以蔽之”就是约的意思，这是“一以贯之”的一个实例。白先生认为，在孔子之前，人们有哲学性的追求，但没有组织思想材料的哲学方法，所以不能称为真正的哲学，到孔子发明“一以贯之”，由多而约，使碎片化的思想材料组织起来，才成就了一个具体的哲学系统，自此，中国才算有了真正的哲学。白先生高度评价了孔子发明“一以贯之”的重大意义，认为这是孔子成为儒家哲学史上乃至中国哲学史上的开山鼻祖的根本原因。

孔子的哲学方法可以用“一以贯之”来概括，那么如何真正做到一以贯之呢？白先生认为，孔子提出的所谓“正名”就是“一以贯之”的一个具体展开。孔子认为人们思想的没有系统是由名的淆乱造成的，所以要通过“正名”来让事物名实相符。孔子对“觚”之“不觚”的叹息，正可见其欲以“正名”达到“一以贯之”的目的。需要注意的是，孔子的“正名”不是从知识论层面来讲的，他并不是注重知识的本身，而是以现实的政治与人生为指向，注重解决社会问题。这与“一以贯之”的关涉范围是一致的。这里也体现了中国哲学与希腊哲学在起源上的不同，前者为用求知，后者为知求知。中国哲学重实践，希腊哲学重知解。《论语》中有很多谈论正名与政治的关系的内容，白先生在文中列举了很多。正名主义应用于社会的纲常伦理关系中，就是要求君、臣、父、子都能尽自己的道，不做逾越自己名分范围的事。

孔子讲“正名”，经常会提到礼。例如，“君子博学于文，约之以礼，亦可以弗畔矣”。[①] “夫子循循然善诱人，博我以文，约我以礼，欲罢不能。”[②] 白先生指出，由“博”而“约”，便是“一以贯之”。礼是约的工具，用礼来正名分，也就是“正名”的具体实施。可见，孔子的哲学方法具有很强的现实指向性，是为他的政治理念服务的，用白先生的话说：“孔子的哲学方法，就是在趋向于一种关于人事的哲学系统之组成。”[③] 正因为孔子多用“正名”的方法，所以后人称他的哲学为“名教”。

（二）孟子的性善论

孟子哲学虽承继孔子而来，以仁为中心主张，在修养、政治、教育等方面的论述也与孔子观点类似，但不同于孔子“罕言性”，孟子以性善论

① 朱熹：《四书章句集注》，第88页。
② 朱熹：《四书章句集注》，第106页。
③ 白寿彝：《孔子哲学》，《村治月刊》1930年第2卷第1期。

为其哲学的基本思想，他的一切哲学主张都是以性善论为理论基础的。白先生认为，性善论是孟子的一大贡献，性善论的提出，奠定了孟子在儒学史上的重要地位。白先生在《孟子哲学》一文中也强调了性善论之于孟子哲学的重要性，并以此为线索贯通其人生论、政治论和教育论。在人生论上，由于人性中自有善端，故可自然推出扩充善端达至仁义的结论。孟子将性善论应用于政治，提出以民为贵，主张王政。孟子的教育论与其政治上教民的目标一致，也以仁义为依归。

白先生指出，孟子道性善：所谓善只是善端，并非善之本身。一切的善都只是这善端的发展。这个善端是人人自然而有的，不需要通过后天的学习来得到。从孩童自幼即知爱亲敬长，到成人见“孺子入井”的善念萌动，都说明善端是人性中自有的。孟子把善端分为四种：“恻隐之心，仁之端也；羞恶之心，义之端也；辞让之心，礼之端也；是非之心，智之端也。”[①] 白先生言其采取了冯友兰先生的说法，认为“这四端是人之所以为人者”。[②] 圣人和普通人都天然地具有四端之心，区别在于圣人充分地扩展其四端，普通人则不能做到这一点。不善的人并不是他的人性中包含不善的分子，而是因为他不能扩充四端。这样一来，在孟子那里，圣凡之别最根本的一点在于能否扩充四端。

白先生还详细分析了人不能扩充四端的原因，他归纳为“养其小体以害大体”。小体是感官，大体是心。“耳目之官，不思，而蔽于物。物交物，则引之而已矣。心之官则思。思则得之，不思则不得也，此天之所与我者。”[③] 他对这一处的解释是，当感官与外物相遇时，如果心不能自主，就会为外物所蒙蔽，人性中的善端被压抑住，困于自私的囚笼中，自然就无法扩充了。“富岁子弟多赖，凶岁子弟多暴”，所谓“赖”“暴”都只是陷溺其心所导致的本性不明罢了，他们在刚开始是可以改过自新的，但他们选择了放任，天长日久，便养成了一种自暴自弃的习惯，致使与本性完全隔绝。白先生还对胡适的三原因说进行了批驳。胡适将人“不能尽其才”的原因归为三种：一为外力影响，二为自暴自弃，三为以小害大，以贵害贱。[④] 白先生认为，所谓外力影响，实际上就是以小害大，以贵害贱；

① 朱熹：《四书章句集注》，第 221 页。

② 白寿彝：《孟子哲学》，《村治月刊》1930 年第 2 卷第 2 期。

③ 白寿彝：《孟子哲学》，《村治月刊》1930 年第 2 卷第 2 期。此处白先生的句读略不同，故引其原文。

④ 胡适：《中国哲学史大纲》（卷上），商务印书馆，1935，第 393~395 页。

而自暴自弃也是长期以小害大，以贵害贱所形成的习惯。因此，白先生不承认这是三种原因，认为这三种原因从根本上可以归为一种，即“养其小体以害大体”。

四 论孔、孟的思想核心：仁与仁义

（一）孔子的仁

白先生指出，孔子的哲学中心点是仁，本质上是仁的哲学，他的人生论、教育论和政治论都是以仁为中心展开的。“仁”是孔子思想的核心。白先生认为，孔子将“仁”看作人之所以为“人”的意义所在，这一规定也是“正名”主义的第一大应用。仁既是人的本质规定，也是孔子的人生态度，他主张“依于仁”，“杀身以成仁”。究竟什么是“仁”？孔子多次提到仁，从不同角度对仁的内涵进行了解释。白先生对《论语》中有关仁的论述进行了归纳总结，认为对“仁”最简单明白的解读是“爱人”，他还从“仁”的字形结构方面说明“仁”本身就包含了人与人相处之意，孔子将其解释为“爱人”是对“仁”字的理论化。

白先生认为孔子的“仁”包含三个要点。第一，仁是真情的。“巧言令色”者，虚伪的成分多，所以是“鲜矣仁”。“刚毅木讷”者，本性诚实，所以是“近仁”。从孔子对这两类人的评价可见，仁者是“能好人，能恶人”的真性情的人。微子负“去祖国”之罪，箕子辱身为奴，比干强谏而死，这三人行为各异，但均为真情流露，孔子称他们为“殷有三仁”。管仲不死公子纠之难，世人对其褒贬不一，孔子则许之以“仁”。孔子论管仲之“仁”这一事件，在思想史上引起了很多学者的讨论，他们争议的焦点主要有两个：首先，孔子是否赞成管仲为“仁”；其次，孔子称道管仲之“仁”的理由是什么。历代学者认为孔子是赞许管仲的居多，这些学者分歧也主要集中在孔子赞许管仲的原因上。有的学者从“仁”的客观效果着眼，认为孔子称道管仲之仁是因为管仲“泽被天下”的政治成就。例如，顾炎武从历史文化存在的“大义”角度重新解读孔子对管仲的评价，认为孔子是感念管仲维护华夏文化之功，所以才许管仲为“仁”。钱穆先生也持此观点。康有为认为，管仲辅佐齐桓公“九合诸侯，不以兵车”，止兵就是最大的博爱。有的学者则认为孔子肯定的是管仲具有“仁”的动机。程颐、朱熹都是从内在动机的角度来为管仲辩护的，他们认为管仲

“不死公子纠”是为维护嫡长大义而舍个人小信，因而是情有可原的，孔子正是基于此才称其为“仁”。不过以长幼之义来解释未免有牵强之嫌。王夫之则从国家民族大义的角度，认为管仲不死是因为胸怀“一匡天下”的抱负，他的选择体现了广大无私的仁道，所以无须受小信小谅的束缚。白先生的观点是比较类似于王夫之的。首先，白先生认为孔子是肯定管仲为“仁”的，其次，他认为孔子许管仲以“仁”是因为肯定管仲的一片济世之心。他分析道：“管仲不以个人底进退小节，空掷其贡献天下的机会；不为个人作忠仆，而造福当时及其后世。他救天下的一片婆心是不可抹杀的。所以，虽其人说人不仁，孔子仍许他是仁的。”白先生认为管仲符合孔子关于“仁”的标准之一，即“仁是真情的”，所以肯定他取大义、舍小信的价值选择。第二，仁是“取譬”的。譬是比喻，“取譬”是拿自己比喻别人的。“取譬”的行为，便是推己及人。这种行为的前提是：孔子认为人有共同的心理，所以能够从自己的心理去设想别人的心理。仁者显然是具有很强的同理心的。所谓“能近取譬”者，是从身边最近的人起，而把同理心即爱由近及远地推行开去，就是仁的扩充过程。若是连自己最亲近的人都不能爱之，那么更不可能爱别人了。因此在孔子那里，孝总是和仁联系在一起，孝可以看作仁的一个检验标准了。不孝者必不能仁，能孝亲、友于兄弟者，才可以为政。第三，仁是自然的。仁已经与君子融为一体，成为一种生活习惯，日用常行间、仓卒困苦中都不违背仁，也离不开仁。所谓“仁者安仁”，践行仁是自然而然的事，不需要刻意去做。

分析了仁的内涵，白先生接着归纳了孔子的为仁之方。孔子关于为仁方法的论述有很多。他认为，“颜渊问仁”这节的表达是最完全的：“克己复礼为仁。”[①] 在“克己”与“复礼”的关系上，白先生的观点也是很有特色的。他认为，“克己”“复礼”都是为仁，只是侧重点不同，前者是在内的为仁，后者是在外的为仁，二者是内外关系，即“为仁”过程的两个方面，所以是不能分开的。刘宗周也以“克己”“复礼”为同一过程，但是对“克己复礼为仁”一句的解释是，让自己时刻涵养，使本心保持“敬”的状态，便是仁。“克己”是指不起见，于心“未发”之时下功夫。心上没有任何私意邪念，时刻处于“敬”的状态，就是“复礼”。所以他认为“克己”“复礼”都是指本心的涵养而言，所以都是内在功夫。朱熹则将“克己复礼”分为两段功夫，他认为克己为初步功夫，复礼为精细功

---

① 朱熹：《四书章句集注》，第125页。

夫，二者是由易到难、由粗入精的递进关系。冯友兰先生在晚年出版的《中国哲学史新编》（修订本）中说："'复礼'必须'克己'。'克'就是战胜的意思。'克己'就是要用'礼'战胜自己的欲求，能'克己'自然就'复礼'了。"[①] 显然在冯先生那里，"克己""复礼"也是一种递进关系。

白先生认为，克己是克制自己，就是要消去个人的私心，而扩张对人的同情。这里白先生将"克"解释为"克制"，是有别于宋儒的。克制带有强制之意，宋儒多用"克治"，强调"省察克治"，侧重自修之意。白先生还将"克己"和"忠恕"联系在一起，他认为，"忠恕就是克己底最好的注脚，就是为仁的好方法"。[②] 过去对忠恕的解释是"尽己之谓忠，推己之谓恕"。[③] 白先生根据曾子"为人谋而不忠乎"、孔子"与人忠"这两处，提出"忠"也是推己及人的意思，认为若以"尽己"释"忠"，显然缩小了其内涵范围，而以"推己"释"恕"也过于宽泛。所以在"忠恕"的解释上，白先生在文中直言其依从冯友兰先生之意，认为"忠"是推己所欲以及人之欲，"恕"是推己所不欲以及人之所不欲。"出门如见大宾，使民如承大祭"是推己所欲以及人之欲的忠，"己所不欲，勿施于人"是推己所不欲以及人之所不欲的恕。忠恕和克己都是为仁的方法，所以克己即忠恕，忠恕即克己。白先生将克己等同于忠恕的另一个理由是："曾子解释'一以贯之'不用仁字，而说忠恕，也可见忠恕有代表仁的资格。"[④] 白先生"克己即忠恕"的提法是很有新意的，因为传统观点认为克己的层次要高于忠恕。比较有代表性的是朱熹的观点，他认为，克己复礼是乾道，主敬行恕是坤道，二者有高下深浅的差别。

复礼，是要在行为上有所规范。孔子说："立于礼。"礼的存在，为人们的行动设定了准则，所以说立。如果没有礼，则"无以立"，没有行动准则来约束人的行为，便会有动辄得咎的风险。在孔子那里，礼并不是一成不变的，而是因人、因事而不同的。事君有事君的礼，使臣又有使臣的礼。同是对父母的礼，而生、葬、祭三事各不相同。孔子讲复礼，他要求人在视听言动各个方面都以礼为规范，即做到"非礼勿视，非礼勿听，非

---

① 冯友兰：《中国哲学史新编》（修订本），《三松堂全集》第 8 卷，河南人民出版社，2000，第 135 页。

② 白寿彝：《孔子哲学》，《村治月刊》1930 年第 2 卷第 1 期。

③ 朱熹：《四书章句集注》，第 71 页。

④ 白寿彝：《孔子哲学》，《村治月刊》1930 年第 2 卷第 1 期。

礼勿言，非礼勿动”。[①] 时刻以礼为行为准则，一方面可避免自己萌生私欲，另一方面可使人际交往处在一个恰当的分际上。在克己复礼之外，孔子还注重乐，并注重选择环境。乐有移人情性的力量，可使人由勉强的地步，而达到自然境界，所以乐对仁具有辅助作用。孔子还强调要选择仁的环境，一为择居，一为择友。有了仁的环境，才更有利于实践仁。

（二）孟子的仁义

孟子哲学在大体上是承继孔子哲学的，但在核心主张上，二者有所区别。孔子哲学的中心主张是仁；孟子哲学的中心主张是仁义。孟子的仁义观是他的性善论的必然结论。在性善论基础上，孟子的人生主张是要人扩充仁义礼智的四端，形成仁义礼智的德行。白先生认为，仁义礼智，归结起来实际只是仁义。智不过是仁义的前驱，礼不过是仁的辅助，真正的主干是仁义。所以，孟子仁义礼智的主张也只是仁义的主张而已。白先生此言并不是无的放矢，他有文献依据：在孟子七篇里，我们所能找出的，以仁义并论的话，要比以仁义礼智并论的话多得多。

在仁的解释上，白先生认为，孟子的意思与孔子完全一致，都将仁解释为爱人，认为仁包含真情、自然、取譬三要点。孟子所列举的伯夷、伊尹、柳下惠，三人的行为不同，但都是真情流露，因此都可以说是仁。这正如孔子以微子、箕子、比干为仁，是一样的意思。孟子讲“仁者以其所爱及其所不爱”,[②] 仁者的仁爱之心先由所爱者起，逐渐推及所不爱者，这就是孔子所说的“由近取譬”。最近的是自己的身体，其次是父母，仁是由近及远的，不存在由远及近。所以孟子又说“亲亲而仁民，仁民而爱物”,[③] 仁的对象不断扩充，自亲而疏，由人及物，最后天地万物都包含在内，就达到了仁的最高境界。其实关于“由近取譬”这点，不仅《论语》《孟子》中有讲到，《大学》的“絜矩之道”，《中庸》的“成己成物”所表达的也是相同意思。白先生在研究孔、孟哲学时，很注意挖掘它们之间的共通之处。他还提到，“仁也者，人也”。[④] “形色，天性也；惟圣人，然

① 朱熹：《四书章句集注》，第 125 页。
② 朱熹：《四书章句集注》，第 341 页。
③ 朱熹：《四书章句集注》，第 340 页。
④ 朱熹：《四书章句集注》，第 344 页。

后可以践形。”[①] 这两节也与孔子所说“志士仁人无求生以害仁，有杀身以成仁”[②] 同义，都是将仁看作人之所以为人的特点。由这些例子可见，孟子论仁，与孔子完全相同。

白先生注意到，在孟子那里，仁义常并列出现，而孔子则很少谈到义，尤其没有与仁并提。白先生指出，孟子以“仁”为“人心”、“义”为“人路”的说法，很明显是把仁看作义的本体，义是仁的表现。白先生还发现，《孟子》七篇里常有“义”“礼”互用的现象，有时在表达同一件事的时候，上文用“礼”，下文用“义”，但两处表达的其实是一个意思，所以孟子有时以仁礼并说，可以看作仁义并说。孟子以仁义为人生的最高标准，他认为仁义的境界是人人可以达到的，原因有二。其一，仁义是根于人性的，只要肯发展本性，就可以实现仁义。其二，仁义既为人所共有，则可以通过“我之仁义”去引起他人对于仁义的共鸣和追求。达到仁义的方法，孟子认为是“不要凿”，而要顺其自然，也就是要从人的本性上求，也就是孟子所常说的“反身而诚”。本性自足，只需反身而诚，就能达到仁义的境界。白先生认为，可以从消极的、积极的两个方面来理解“反身而诚”。消极的方面是寡欲，私欲寡，就不易受外界干扰，受外物蒙蔽的机会就少了，内心处于清爽状态，自然不会存有反仁义的用心了。寡欲是一种排除对仁义的干扰。积极的方面是养气，浩然之气在孟子哲学中具有独特意味，养成了浩大之气，则物我之间不会杂有私意，心与天地一样也为至大至刚，这就达到了仁义的极致了。白先生还把孔孟的仁义之方联系起来，认为孟子的寡欲近于孔子的恕，养气则类似于孔子的忠，而寡欲与养气之心理学上的意味却都比忠恕更为浓厚。这种提法也是比较新奇的。

五　论孔、孟的政治论：德政与王政

（一）孔子的德政

“正名”主义的第二大应用，是规定了政治的意义。孔子对季康子说：“政者正也”，这是以“政治”为“正人”之意。“正人先正己，执政者须

① 朱熹：《四书章句集注》，第 338 页。

② 朱熹：《四书章句集注》，第 153 页。

自己先有德方可使人听从。"[①] 白先生列举了孔子有关德政的表达，说明孔子强调统治者个人的德性对于治理国家的重要性。如果统治者个人没有德行，那么制定再多的政策、法令，都是没有用的。"不能正其身，如正人何?"[②] 孔子的这一反问充分说明了他对修德的重视。白先生认为，孔子的这种德政主义和仁的主义都是趋重情感的，德政主义也可说是仁的主义在政治方面的一种实现。因为注重德政之故，孔子主张举贤才。只有选贤举能，才能使人民归顺。孔子承认满足人民物质生活的合理性，但是物质上的满足并非政治的终极目的，民富只是政治的低层次目标，在"富矣"以后，还要"教之"，以德化民才是政治的终极意义。

（二）孟子的王政

在政治论上，孟子提出了民贵君轻的思想，主张实行王政。孟子的政治思想仍然是以其性善论为理论基础的。在他看来，既然人性中都有善端，那么每个人的人格都处在同一个水平线上，也就不存在天生的统治者和被统治者了。原始的君王都是人民所推举出来的，代人民来管理国家公共事务，君是为民而立的，因此受到人民的拥戴。孟子理想的古圣王都是受人民爱戴而即帝位的。治国理政除了需要圣王，还需要能臣，而臣的选择也要以人民的意愿为依归。民与君臣的区别主要在于分工，因为分工的不同，君、臣、民有分别的职务，因为有"大人之事、小人之事"，所以才有"劳心者、劳力者"和"治人者、治于人者"的区分。执政的君臣获得报酬的前提是他们真正为人民做事，如若不然，就失去了为君为臣的要素，君的位置会为有德者所取而代之，臣也会被君惩罚。由此可见，孟子的政治论是以人民为中心的。基于这种政治观，所有的政策措施都应以人民的意志为旨归，所以孟子主张实行仁义的王政。

如何行王政？白先生认为"不外乎善推所为，与民同乐"，[③] 也就是要"推己之所欲以及民之所欲"。白先生认为孟子的王政之大端有二：一为养，二为教。"不违农时，谷不可胜食也；数罟不入洿池，鱼鳖不可胜食也；斧斤以时入山林，材木不可胜用也。谷与鱼鳖不可胜食，材木不可胜用，是使民养生丧死无憾也。养生丧死无憾，王道之始也。"[④] "不违农时"

---

① 白寿彝：《孔子哲学》，《村治月刊》1930 年第 2 卷第 1 期。

② 朱熹：《四书章句集注》，第 136 页。

③ 白寿彝：《孟子哲学》，《村治月刊》1930 年第 2 卷第 2 期。

④ 朱熹：《四书章句集注》，第 189 页。

的目的是“制民之产”，使民“养生丧死无憾”，这是王道之始。“省刑罚，薄税敛，深耕易耨”是关于养民的三事，前二事是消极的，后一事是积极的。关于“深耕易耨”，孟子特意设计了一种井田制。“方里而井，井九百亩，其中为公田。八家皆私百亩，同养公田，公事毕然后敢治私事。”[①] 根据这段话，白先生绘制出了孟子所勾画的井田制的格局图。孟子对于井田制说得太简单，只是粗具大纲，并没有给出详细的方案设计，所以孟子关于井田规划的真意如何，学界颇有争论。在王政的两大端——养与教中，孟子更重视教。在教民方面，孟子主张设立专门的教育机关，进行孝悌忠信等人伦方面的教育。“无恒产而有恒心者，惟士为能。若民，则无恒产，因无恒心。苟无恒心，放僻邪侈，无不为已。……是故明君制民之产，必使仰足以事父母，俯足以蓄妻子，乐岁终身饱，凶年免于死亡，然后驱而之善，故民之从之也轻。”[②] 无恒产者，无暇治礼仪，而有恒产者才易于从善，所以孟子强调“制民之产”也是从教化人民的角度考虑。在王政之两端的关系上，白先生认为，养不过是教的手段，王政的最终目的是“教民同归于仁义”。[③] 而孟子对孝悌忠信的强调，只是因为这些品德就体现在日用常行中，对普通民众来说比较容易践行，“仁义”才是孟子教民之旨归。白先生高度肯定了孟子王政思想的合理性和可行性，认为“这种王政，效力弘大，‘治天下可运之掌上’”，真正实行起来并不难，“只是如‘为长者折枝’那样地轻而易举”。[④]

六　论孔、孟的教育论：启发式与引起自得

（一）孔子的教育法：启发式

孔子的教育论，和他的人生论、政治论是相互贯通的，也可以说，他的教育论是为其政治论服务的，教育的目的就在于养成完好的人格、培养为政的能力，而完好的人格也是为政所必需的。从《论语》的记载可见，孔子与弟子的问答基本是围绕德性修养和从政能力这两方面展开的。

---

① 朱熹：《四书章句集注》，第 239 页。

② 朱熹：《四书章句集注》，第 196～197 页。这里句读也略有不同，仍从白先生《孟子哲学》原文。

③ 白寿彝：《孟子哲学》，《村治月刊》1930 年第 2 卷第 2 期。

④ 白寿彝：《孟子哲学》，《村治月刊》1930 年第 2 卷第 2 期。

孔子的教育方法是启发式的，注重引导学生进行自主学习和独立思考，而不是将知识灌输给学生，用白先生的话说就是“旨在引起学者之自动”。[①] 所谓“自动”，就要让学生自己去领悟道理。如果不能引起“学者之自动”，孔子是不会勉强灌输知识的。所以他说：“不愤不启，不悱不发，举一隅不以三隅反，则不复也。”[②] 因为要引起“学者之自动”，所以要根据学生的资质和个性特点来施加不同的教育，也就是要因材施教。正是基于这种施教理念，在《论语》里，对于同一问题，因发问者不同、时间和情境不同，常有不同的答案。白先生举了《论语》中三个典型例子，问孝、问政、问仁。这种因人而异，因时、因地而变的教育方法，不仅能够让学生更容易理解和践行孔子所传授的道理，也可以增加学习的趣味性。

（二）孟子的教育法：引起自得

孟子本身也是一个教育家，他以“得天下英才而教育之”为人生三大乐事之一。他教育的目标和他政治上教民的目标一样，都是以仁义为依归。孟子的教育法，和孔子的启发法一样，是要注重学生的自得。关于孟子引起学生自得的方法，白先生通过观察孟子的言行，将其归纳为两种。

第一种是以连续的诘问使学生发现自己的谬误，例如，陈相与孟子对许行亲自耕作的讨论、彭更与孟子有关“士无事而食”的争论，在这两个例子中，孟子都没有直接驳斥对方的观点，而是通过连续的诘问来令对方发现自己话语中的漏洞。这种方法要比迎头痛驳好得多。迎头痛驳，虽然直陈明辨是非曲直，但一方面容易引起反感，另一方面即使不引起反感，对方也未必能觉悟自己的不对。用这种连续的诘问法，虽然刚开始时不直接指出对方的不对，却会让对方自然而然地意识到自己的错误。去掉了错误观念，正确的观念自然很快就会被接受了。

第二种引起自得的方法，是鼓励学者发掘自己内心的善念，使其“善的潜在性得以现势化”。[③] 在与齐宣王关于如何保民的问答中，孟子循循善诱，令潜藏在齐宣王心中的对于民众的同情不断凸显出来，激励他继续发展已有的善。

① 白寿彝：《孟子哲学》，《村治月刊》1930年第2卷第2期。

② 朱熹：《四书章句集注》，第92页。

③ 白寿彝：《孟子哲学》，《村治月刊》1930年第2卷第2期。

除了这两种方法外，孟子还善用具体的例子来说明抽象的理论。说话时，实际上已经在无形中对对方施加教育了。

七 余论

《孔子哲学》《孟子哲学》两篇文章既有哲学的思辨又有史学的考证，从中我们可以看到白寿彝先生的学术研究具有以下特点。

第一，重文献分析，不凭空立论。他回归经典文本本身，注重从原文中寻找立论依据。例如，他在判断《孟子》《大学》出现的先后时，将《孟子》“天下之本在国，国之本在家，家之本在身”这一说法与《大学》的八条目进行了对比，因前者表述更为简单，推断应是《孟子》在前，《大学》在后，否定了朱熹以《大学》为曾子所作的观点，也否定了孔曾思孟的学脉传承系统。从前文的分析可以发现，白先生有很多观点是与以朱熹为代表的儒家学者相悖的，他还在文章中直接批评朱说。这说明白先生对整个孔、孟哲学的研究历史都有比较深入的了解。这主要得益于他早年的学习经历。白先生早年不仅熟读《四书》原文，还阅读了包括《四书章句集注》《论语集解》《四书改错》等在内的四书类研究著作，所以他在了解各家不同说法的基础上常有自己的思考。进入燕京大学国学研究所后，又在导师黄子通先生的指导下研究朱熹哲学。后来白先生陆续有很多关于朱熹的研究成果问世。

第二，不惧权威，批判地吸收学界研究成果。对于孔孟哲学中的很多问题，胡适、冯友兰等人都有相关论述，甚至是成熟的观点。相对于当时的白先生来说，胡、冯二先生已是声名显赫的学界权威，但他并不迷信权威，而是以理论分析为基础，批判地吸收他们的观点。或许是因为白先生亲炙于冯先生，受其思想影响颇深，他有很多观点直接采用了冯先生的看法，他在专论孔孟哲学的两篇文章中都有言明。当然他与冯先生后来的观点也有很多不一样的地方，只不过这时候冯先生的《中国哲学史》还未问世，再加上当时冯先生的思想也未必成熟，所以很难将两人的思想进行同期比较。例如，前文中提到的，冯先生以《大学》为荀子后学所作的观点见于1931年才完成的《中国哲学史》上册，《中庸》非子思所作的看法以及关于“克己复礼”的论述皆引自他在晚年写作的《中国哲学史新编》。所以除了白先生本人在文章中的引用外，本文所提到的冯先生的观点仅为列举不同看法，不能说明两人当时存在观点差异。而对于胡适，白先生批驳更多一些。他对胡适的很多观点进行了详细的辨析和论证，因此他对胡适的批驳也是很有力度的。

这两篇文章虽然是白寿彝先生早年的作品，却是他哲学思想的集中表达，他提出的很多洞见，对我们今天的儒家哲学研究具有重要的参考价值。通过探索白先生早期的哲学思想，我们不仅能学习他严谨踏实的学术态度和独立自主的学术精神，还能全面了解他的学术历程，丰富当前白寿彝思想研究的面向。

白寿彝的《大学》诠释*

江佳凤
（北京师范大学哲学学院，北京　100875）

摘　要：《读书录：大学研究》是白寿彝公开发表的第一篇学术论文，集中反映了他对《大学》的理解。白寿彝尊崇《大学》古本，提出了对峙朱王的立场以及“就《大学》说《大学》，以《大学》证《大学》”的解经原则。在此方法论自觉下，白寿彝着力展现了古本《大学》之清晰结构：致知与明德，一知一行，作为《大学》的两个要义，层级分明地统摄了其他节目，并最终归于“止于至善”之目的。白寿彝《大学》诠释既立足文本，又不乏创见，既体现了融旧于新的诠释特点，又具有鲜明的时代特征，为我们今天思考如何推动中华优秀传统文化现代转型提供了借鉴意义。

关键词：白寿彝　《大学》　《大学》古本

白寿彝先生是我国史学研究之巨擘，在民族史、通史、史学史领域都具有极高的学术水平。相较于浩瀚的史学成果研究，白寿彝的哲学研究成果犹如沧海遗珠，暂未得到足够重视与发掘。造成这一现象的客观原因之一在于：现今对白寿彝著作的整理有固有之因袭。白寿彝曾将自己的论文与部分著作合编为《困学存稿》，但并未发表。后民族宗教方面的文章以《白寿彝民族宗教论集》单行出版，剩下的文章即以《白寿彝史学论集》出版。现今的《白寿彝文集》主要在《白寿彝民族宗教论集》和《白寿彝史学论集》的基础上进行了内容增补和文章位置调整，换言之，现今关于白寿

* 本文系国家社科基金项目“朱子学综合研究”（22VRC173）阶段性成果。

彝的整体著作整理，主要因袭了他对自己史学研究成果的总结框架，这一框架本身是聚焦于史学的，并未给哲学研究留有余地。

然而，白寿彝敏锐的哲学思维不仅体现在其史学史与史学理论研究中，更体现为一种直接的哲学表达和经典解释旨趣。刘雪英是跟从白寿彝多年的学生与学术助手，她在 1989 年发表的《白寿彝先生撰述目录》[①]中，将白寿彝于 1928 年发表在上海《民国日报》副刊的《“整理国故”“介绍欧化”的必要和应取的方向》（简称《整理国故》）列为“论文”分类下第一篇。此后学界一般沿用此说，以《整理国故》一文为白寿彝第一篇公开发表的论文，然这恐怕是因当时民国报刊还未被大量整理，无法查证而导致的误认。现得益于民国报刊的大量数据化，我们发现，白寿彝在报刊上公开发表的第一篇文章，应是 1926 年在《学生杂志》上发表的《读书录：大学研究》，当时他年仅 17 岁。

白寿彝早期对哲学的兴趣是有迹可循的，据刘雪英《白寿彝先生学谱（简编）》，[②] 1925 年，白寿彝求学于上海文治大学，常与同窗讨论庄子。1929 年，白寿彝写成《先秦思想界三大师》，论述孔、老、墨的哲学思想和政治思想，并将部分篇章在其主编的《晨星》杂志上发表。1929 年 9 月，白寿彝考入燕京大学国学所，在黄子通先生的指导下开始研究两宋哲学。据周文玖《白寿彝：史学史研究战线上的一面旗帜》，白寿彝在燕京大学期间，曾亲炙于著名哲学家冯友兰先生，并“计划用两三年工夫写一本《中国哲学史》”，体现了“勇猛精进之气魄”。[③] 1930 年，白寿彝又在《村治月刊》接连发表了《孟子哲学》与《孔子哲学》两篇文章。[④]

可见，白寿彝十分早慧，他在少年时期的哲学史研究意愿是十分强烈的，这是其个人兴趣与良师教导的双重结果。白寿彝早期的哲学史研究不仅是其初窥学术门径之起点，亦是其整体思想的重要组成部分。但是，此后白寿彝的研究兴趣逐渐转向了史学研究，其学术造诣最终成为我国史学研究领域一座难以企及的高峰。然哲学史作为哲学与史学的交叉学科，其本身即兼具了史学重于“客观再现”哲学重于“逻辑分析”的特点。白寿彝从哲学史研究走向史学研究，其早期的哲学研究所培养的分析能力与批

---

① 刘雪英：《白寿彝先生撰述目录》，《史学史研究》1989 年第 1 期。

② 刘雪英：《白寿彝先生学谱（简编）》，《回族研究》1996 年第 3 期。

③ 刘雪英：《白寿彝先生学谱（简编）》，《回族研究》1996 年第 3 期。

④ 《白寿彝先生撰述目录》将这两篇文章系于 1929 年，详见刘雪英《白寿彝先生撰述目录》，《史学史研究》1989 年第 1 期。

判意识对其后来的史学研究来说无疑是一种有效的思想操练，对其史学分析大有裨益。在这一意义上，深入挖掘白寿彝哲学史研究成果无疑对把握其思想全貌具有重要意义。而《读书录：大学研究》作为白寿彝公开发表的第一篇论文，无疑具有标志性、代表性意义。此前，乐爱国曾在《中国社会科学报》刊登短文，以两千余字，言简意赅地介绍了白寿彝的《大学》思想。[①] 本文则从诠释方法、义理分析等方面系统地梳理《读书录：大学研究》一文，试图揭示白寿彝对《大学》的创造性诠释。

一　《大学》之诠释方法

中国的经典诠释传统始终具有一种“回归”的倾向，新思想的阐发往往通过对旧经典的新诠释来实现。《大学》无疑是我国经学传统中最为重要也最为复杂的经典之一，不仅承载着历代诠释者的思想精华，也暗含着不同思想之间的冲突与交锋。在此意义上，我们只有回到《大学》诠释史的比照中，才能真正发掘与理解白寿彝《大学》诠释的意义与新见。

首先，在释名上，白寿彝将《大学》解释为“大的学问”。《大学》何以得名？古今学者给出过诸多解释。最著名的莫过于朱子《大学章句序》之题解，他认为“大学”与“小学”相对，是古来已有之区别：“人生八岁，则自王公以下，至于庶人之子弟，皆入小学，而教之以洒扫、应对、进退之节，礼乐、射御、书数之文；及其十有五年，则自天子之元子、众子，以至公、卿、大夫、元士之适子，与凡民之俊秀，皆入大学，而教之以穷理、正心、修己、治人之道。此又学校之教、大小之节所以分也。”[②] 即大学与小学本身是三代存在的一种学制，二者区别首先体现在受教者的年龄差异，进而体现在教授科目之不同。至周衰，孔子取先王之法，以明大学之道，而曾子述之，以成《大学》一文。是以，朱子在《大学章句》中将大学解释为“大人之学也”。[③] 其弟子陈淳，在《大学发题》中更进一步将大学与小学之区分，总结为“大人之学”与“小子之学”。[④] 阳明亦承接“大人之学”的说法，不过他对“大人”的理解不着眼于学者之年龄与所受之学的内容，而在于学为大人之效验，即“大人者，以天地

① 乐爱国：《白寿彝〈大学〉研究》，《中国社会科学报》第 557 期。

② 朱熹：《四书章句集注》，中华书局，1983，第 1 页。

③ 朱熹：《四书章句集注》，第 3 页。

④ 陈淳：《北溪大全集》卷十五，清文渊阁四库全书本，第 1 页。

万物为一体者也，其视天下犹一家，中国犹一人焉”。[①] 由此可见，“大人之学”的说法实则包容了年龄、科目与效验之别，层层推进。然而白寿彝并不满意此说，他认为大学并非“大人之学”，而是“大的学问”。[②] 所谓“学”，指《大学》所讲明德、亲民是一种学问；所谓“大”，指这种学问的功效之大，可修身齐家治国平天下。又，大学最初就是高等学府之名，即“大的学校”，其与小学之区别，应如《礼记·保传》所说，在于“艺”与“节”有大小之别，即有学科大小之别。相较之下，“大人之学”与“小子之学”之说，在字面上着眼于年龄之分，在意思上也是从年龄之分出发而引申至学科、效验之别，似有模糊重点之嫌。再者，无论是作为高等学府的“学校”意义的“大学”，还是作为学问修养的凝结成“书”的《大学》，最终都可容纳于“大的学问”这一概念中。是以，白寿彝认为，“大的学问”应是“大学”二字的真正含义。

其次，在版本选取上，白寿彝尊崇《大学》古本。《大学》原本是小戴《礼记》的第四十二篇。因汉郑玄为《礼记》作注，唐代孔颖达注疏，故有注疏本《大学》。尽管如此，纵观中国思想史早期，特别是在“五经格局”下，《大学》这篇短文并未受到特别的重视。直至唐末韩愈引此篇以言说道统，《大学》逐渐开启了“升格”之路。及宋，二程在着力表彰《大学》之余怀疑此书有“错简”，开启了修改《大学》之先河。朱子承接二程，将此书定性为“初学入德之门”，[③] 并将《大学》与《中庸》从《礼记》中抽离，与《论语》《孟子》并举，创造了我国经学史上的“四书格局”，而《大学》也一跃成为四书之首。在《大学》的改动上，朱子比二程更为大胆，他认为《大学》不仅有“错简”，还有“阙文”，因此他在综合二程之意的基础上调整了《大学》的文本顺序，并作《格物致知补传》。此后，朱子《大学章句》本大行于世，在元代甚至成为科举考试之权威，这使得注疏本《大学》几乎湮没无闻。至明，阳明主张恢复郑玄所注之《大学》，为区别于朱子修改之《大学》，阳明将注疏本《大学》称作“古本”。此后，古本《大学》再次进入学者视野并产生了广泛的影响。在《大学》的这两种流传最广的版本中，白寿彝贬抑《大学章句》本，而尊崇古本，他认为程朱的颠倒文序与增删文本都“一无所据”[④]，且

① 王守仁：《王阳明全集》，上海古籍出版社，2011，第968页。

② 白寿彝：《读书录：大学研究》，《学生杂志》1926年第13卷第10期。

③ 朱熹：《四书章句集注》，第3页。

④ 白寿彝：《读书录：大学研究》，《学生杂志》1926年第13卷第10期。

使《大学》原有的统系与精华完全丧失，这一态度也体现了白寿彝尊重经典原貌、实事求是的史学精神。

再次，在诠释立场上，白寿彝有对峙朱王之意。在《大学》诠释史中，章句本与古本所代表的不仅是文本差异，更是哲学立场差异。朱子与阳明在事实上将个人的哲学见解熔铸在了对《大学》的诠释中，《大学》一方面构成了他们哲学理论的基础，另一方面也成为他们哲学表达的一种“经典形态”。朱王分别作为章句本与古本最具代表性的诠释，对后来的《大学》解读产生了不可磨灭的影响，这种影响又在他们各自的学脉传承中被强化，致使后世学者解读《大学》时往往难逃朱王之藩篱。白寿彝对此现象有着清醒的认识，对朱王之《大学》诠释均采取一种客观的“对峙”态度。白寿彝对《大学章句》改易文本的否定，实际上就是对以朱子为代表的理学诠释的“釜底抽薪”式的批评。而对于与朱子立场相对的阳明，白寿彝也不盲从。他清醒地认识到阳明以良知解释致知，以“正”训“格”，都不见得高明，绝非《大学》本意。在此意义上，朱子与阳明俨然是白寿彝诠释《大学》的“隐形对话者”，白寿彝试图在继承与超越《大学》诠释史上最具代表性的两种诠释体系的基础上开出自己的新解。此亦可见其重视思辨、强调批判的哲学精神。

最后，在解经原则上，白寿彝坚持“就《大学》说《大学》，以《大学》证《大学》”。[①] 上文已述，白寿彝显然对《大学》诠释史有相当的把握，但他对两大诠释体系的梳理，并不是要“顺流而下”，沿着“理学话语”或“心学话语”继续深入这一话题，而是要循此“逆流而上”，试图寻求《大学》的原初意义，即所谓“赤裸裸的真相”。[②] 在白寿彝看来，《大学》不同于其他古书的“凌乱错杂”，是一篇“有统系的著述”。[③] 正因《大学》文本逻辑的完满性和自洽性、思想表达的系统性和一贯性，白寿彝认为解读《大学》文本的最好参照即《大学》文本本身。所谓“就《大学》说《大学》”，就是要聚焦于《大学》文本本身，尊重《大学》原有的思想表达，而非掺杂过多前见、进行“六经注我”式的解释。而所谓“以《大学》证《大学》”，就是循着《大学》本身的逻辑性，依靠部分与整体的理解之间的“诠释学循环”相互证明，以揭示出文本的真实

---

① 白寿彝：《读书录：大学研究》，《学生杂志》1926年第13卷第10期。

② 白寿彝：《读书录：大学研究》，《学生杂志》1926年第13卷第10期。

③ 白寿彝：《读书录：大学研究》，《学生杂志》1926年第13卷第10期。

的、原初的思想内容。因此，“就《大学》说《大学》，以《大学》证《大学》”,[①] 一方面暗含了对理学式与心学式诠释的批评，另一方面树立起白寿彝自己的、更为尊重原典的解经原则。

在《读书录：大学研究》的小引与释名部分，白寿彝旗帜鲜明地将《大学》理解为“大的学问”，提出了尊崇古本的选取、对峙朱王的立场，以及“就《大学》说《大学》，以《大学》证《大学》”的解经原则。此部分内容由他对《大学》诠释史回顾而带出，更是一种直截了当的回应，为其《大学》新诠释奠定了方法论的基础，也为我们理解其《大学》义理分析指明了路径。

二　《大学》之义理分析

白寿彝认为《大学》是一部“有统系”的著作，这一观点并不是他的私见，而是古今学者的共识。然而，对于《大学》“统系”即其诠释结构的分疏与理解，则呈现百家争鸣之态。结构梳理最为清楚精详的，莫过于《大学章句》，朱子以“明德、新民、止于至善”为《大学》之“三纲领”，以“格物、致知、诚意、正心、修身、齐家、治国、平天下”为《大学》之“八条目”。朱子认为《大学》有一经十传，传是对经的解释，他以此为据而移文补传，最终使《大学章句》之文本呈现出“三纲、八目、释三纲、释八目”的清晰结构。在诠释中，八条目之始的格物致知最受朱子重视，并构成了朱子哲学的功夫论起点,[②] 也成就了朱子独特的哲学风格。正因如此，后之学者往往将朱子之学总结为“格物致知之学”。阳明则推崇《大学》古本，认为《大学》一篇完备，无经传之分，也无须调整文本顺序，因此阳明在《大学古本傍释》与《大学问》中都未能展现如《大学章句》一般的结构性。尽管在亲民等问题上与朱子持不同看法，阳明的诠释总体而言仍以三纲八目为统系。而在八条目由何入手处，阳明与朱子给出了不同答案。在《大学》古本中，关于诚意的论述列居八条目的论述之首，这就为阳明摆脱朱子“格物致知”之学，转以诚意统摄八条目提供了有利的经典依据。而后，在《大学古本》改序中，阳明又转以致知即“致良知”为《大学》之本。

---

① 白寿彝：《读书录：大学研究》，《学生杂志》1926 年第 13 卷第 10 期。

② 功夫论，宋明理学家作“工夫论”，本文从白寿彝先生，统一用“功夫论”。

不同于朱子的“格物致知”说和阳明的“诚意”说或“致良知”说，白寿彝认为《大学》以明德与致知为要义。这一讲法看似在整个《大学》诠释史中有些“另类”，实则与白寿彝对《大学》的文本结构的解读有着重要关系。白寿彝认为《大学》的头两段“大学之道：在明明德；在亲民，在止于至善。知止而后有定；定而后能静；静而后能安；安而后能虑；虑而后能得”[①]是《大学》全文之纲领。前句所言“明德、亲民、止于至善”即朱子所谓“三纲领”，白寿彝认为三者之间有地位、作用与关系不同：“亲民是明德的扩大，至善是明德的目的。”[②]因此明德可以统括亲民，而后又回归“至善”这一目的。后句所言“定、静、安、虑、得”，罕有学者以之为纲领，如朱子只将五者作为“止于至善”的“效验次第”。[③]白寿彝则对五者进行了详细的解释：“虑”是思虑，即八条目之致知。“定”“静”“安”都是“虑”的张本，“得”是“虑”的效果，所以后句可以“虑”即致知来统括。且白寿彝认为明德属行，致知属知，一知一行共同构成了《大学》的两个要义。当然，白寿彝也特别强调将《大学》文本统合于致知与明德主要是为了叙述便利。正如“古之欲明明德于天下者”必须先“治国、齐家、修身、正心、诚意”一直推演至致知，二者实则“本体是合一的，是贯通的，却是不可分的，也不能分的”。[④]提出并澄清两个要义的关系后，白寿彝依照“知在行前”之理解，对致知、明德与作为目的之“至善”分别进行了更详细的义理解析。

（一）致知

“致知”就是“求知识”的意思。白寿彝认为“八条目”无论是正叙还是倒叙，所言的致知与知至意思别无二致。“致”是及物动词，“至”是非及物动词，致知就是“使知至”，二者都是“求智”。“致知在格物”则表明致知的具体方法是格物。关于格物之意义，白寿彝同郑玄，释“格”为“来”。关于“物”，白寿彝则认为要“活看”，即不能将“物”仅理解为“物体”，而应理解为一切“事物”。格物即“我们所不晓得的事理，

---

① 白寿彝：《读书录：大学研究》，《学生杂志》1926 年第 13 卷第 10 期。《读书录：大学研究》中涉及的《大学》文本与现今通行的点校本略有差异。为了更好地展现白寿彝先生对《大学》的诠释，凡有文字句读差异，皆引《读书录：大学研究》而不引通行点校本。

② 白寿彝：《读书录：大学研究》，《学生杂志》1926 年第 13 卷第 10 期。

③ 黎靖德：《朱子语类》，第 280 页。

④ 白寿彝：《读书录：大学研究》，《学生杂志》1926 年第 13 卷第 10 期。

用功夫去，把它们晓得了，就是来，就是格，——就是格物了。”[1] 白寿彝对格物的解释显然与阳明的“正心”说大相径庭，而与朱子之“穷理”几近，二者都强调通过对外在一切事物的考究来把握事物之理。然而白寿彝之解释仍与朱子有很大的不同。一则，在“格物”功夫的指向上有不同。朱子与白寿彝都将“物”理解为“一切事物”，那么“理”自然也包括了指称自然规律之“物理”与指称道德原则之“伦理”。朱子承接二程，强调格物之旨在于“明善”，[2] 强调对道德准则的领会。而白寿彝则将格物致知定性为“求智”，偏重对客观事物本质规律的把握。二则，二者在文本解释上有差异。在《大学》文本中，有“所谓诚其意者”“所谓修身在正其心者”等明显针对八条目的解释，唯独没有“所谓致知在格物者”。朱子作《格物致知补传》以完备《大学》的经传格局，为后人所訾议。在推崇章句本和古本的阵营中，都有学者对朱子补传的做法提出反对意见，并试图从《大学》文本中找到对格物致知传的解释。最受学者重视的，是关于“此谓知本”的两段文本。

一是“知止而后有定，定而后能静，静而后能安，安而后能虑，虑而后能得。物有本末，事有终始。知所先后，则近道矣。此谓知本，此谓知之至也”。此段是章句本之经文。

二是“子曰：‘听讼，吾犹人也。必也使无讼乎！’无情者不得尽其辞，大畏民志。此谓知本”。此段为章句本之“本末传”，正是对上一段经文的解释。

依照《两宋以来大学改本之研究》，学者或将文本一“退经补传”而作为格物致知传之内容，如林之奇、吴澄、王巽卿等；或以文本二而为格物致知传之内容，如程颢、黄葵峰、李锡书等；或二句兼采，如董槐、车若水、王柏、宋濂、郑济、王祎、蔡清等；或与其他文本杂糅，如刘绩之、邱嘉穗、范尔梅。[3] 白寿彝尊崇古本，循着“退经补传”之学术传统，也试图从《大学》文本中“找出”格物传。不过，白寿彝并不如吴澄、王巽卿等人将文本一视作对格物的解释，也不似林之奇舍去中间一句。[4] 白

① 白寿彝：《读书录：大学研究》，《学生杂志》1926 年第 13 卷第 10 期。

② 程颢、程颐：《程氏遗书》卷第十五，朱杰人、严佐之、刘永翔主编《朱子全书》外编，华东师范大学出版社，2010，第 184 页。

③ 见李纪祥《两宋以来大学改本之研究》，台湾学生书局，1988，第 85~121 页。

④ 林之奇只以“知止而后有定，定而后能静，静而后能安，安而后能虑，虑而后能得。此谓知本，此谓知之至也”为格物传，舍去了“物有本末，事有终始。知所先后，则近道矣”。

寿彝之“退经补传”，是将“知止而后有定，定而后能静，静而后能安，安而后能虑，虑而后能得”作为明德的解释。后半句“物有本末，事有终始。知所先后，则近道矣。此谓知本，此谓知之至也”作为格物致知的解释。这是他依循学术传统又不同于众人的创见。如此一来，白寿彝拈出的致知与明德两个要义自然而然地统合在了此句中，古本《大学》也保持了自身的完满性无须补传。朱王认为“本末先后”是就“三纲领”而发，白寿彝则认为“本末先后”是就格物之“物”即一切事物而发。“本末先后”作为对事物特征的判断，是认识一切事物的关键。《大学》这一“大的学问”中亦有“本末先后”，如“物格而后知至”“外本内末，争民施夺”等。白寿彝认为只有对事事物物有充分的研究，知其根本的办法，先后的步骤，才可称为格物。以“致知—格物—本末终始”层层递进，格物致知功夫即有了切实的对象与方法。

（二）明德

明德有狭义与广义之分，狭义的明德与亲民并举，广义的明德与致知共为《大学》之要义，在内容上则涵盖了狭义的明德和亲民。之所以有此广义之说，在于白寿彝认为“亲民是明明德的扩大”。[①] 白寿彝以“古之欲明明德于天下者”为此说之确证，他认为“天下”之中有万民，“古之欲明明德于天下者”就是要将个人的明德之功推至天下，这便是亲民了。厘清明德与亲民之关系后，白寿彝对二者进行了更详细的分析。

1. 狭义之明德

“明明德”即“明其光明之德”。“光明之德”是指人生来具有光明之德，现实人性之种种不善是由遮蔽造成的，这是儒学性善论之基本预设。“明其光明之德”就是要将这种被遮蔽的德性重新焕发出来，使其复“明”。而白寿彝认为“明明德”的具体做法，除了预先的致知功夫以外，还有“诚意、正心、修身”三个节目。其中，诚意为根本，正心、修身次之。

“诚意”是“使自己的意念真实无妄”，[②] 即“如恶恶臭，如好好色”一般自然无伪。白寿彝认为诚意的具体方法是慎独。关于诚意章中慎独的理解，旧说多以“慎”为“慎重”，以“独”为“小人闲居为不善”之“闲居”。与“慎独”相对的实则是小人见君子后“掩其不善，而著其善”

① 白寿彝：《读书录：大学研究》，《学生杂志》1926 年第 13 卷第 10 期。

② 白寿彝：《读书录：大学研究》，《学生杂志》1926 年第 13 卷第 10 期。

的行为，即因有人监督、害怕承担道德压力而伪装出“善”的行为。故郑玄解释为“慎其闲居之所为”，[①] 孔颖达解释为“故君子之人恒慎其独居”，[②] 朱子以“独”为“人所不知而己所独知之地也”。[③] 在这一理解下，“独”是一种缺失“道德监督”的具体情景。至明，渐有学者对“独居”这一理解提出异议。如王栋认为“独即意之别名，慎即诚之用力者耳”，[④] 刘宗周发明“独体”，亦表达过“独即意也”[⑤] 之意。白寿彝以“慎重动机”[⑥] 来解释“慎独”，是将“独”理解为无法被监督的人心中的“动机”。在此点上，他的理解近于明儒的“意”。白寿彝敏锐地认识到“独”指的并不是四下无人之“场景”，而是缺失“道德监督”的“内心状态”。这一精神性、内在性的分析实可见其对儒学道德哲学的准确把握。白寿彝不仅在道德评价上体现了唯“动机”的倾向，他甚至认为道德行为之“结果”也由“动机”来决定：“动机是行为的原始，原始善，结果一定善，原始恶，结果一定也恶。”[⑦] 因此，只有下“慎独”功夫，审慎地在一念之发的“动机”处恪守道德准则，方能将人天生而有之善根真实无妄地显现出来。

“正心”是“使心平正”，[⑧] 没有成见。白寿彝于此从程朱之说，以“身”作“心”，将“身有所忿懥、恐惧、好乐、忧患”理解为“心有所忿懥、恐惧、好乐、忧患”。此四者是人人都有的，白寿彝认为如果人“因物之可忿恐好恶而忿恐好恶”，[⑨] 则心仍是正的。使心不正的关键在于“有所”，盖“有所”则心为被动，受四者所主。

“修身”是“使身正直”。白寿彝训“修”为“直”，是对“偏”而发。《大学》解“身不修不可以齐其家”云：“人之其所亲爱而辟焉，之其所贱恶而辟焉，之其所畏敬而辟焉，之其所哀矜而辟焉，之其所敖惰而辟焉。”[⑩] 修身即使身正直，不因所亲爱、贱恶、畏敬、哀矜、敖惰而有所偏颇。

---

① 阮元校刻《十三经注疏·礼记正义》卷第五十二，中华书局，2009，第 3527 页。

② 阮元校刻《十三经注疏·礼记正义》卷第五十二，第 3528 页。

③ 朱熹：《四书章句集注》，第 18 页。

④ 黄宗羲：《明儒学案》卷三十二，中华书局，2008，第 734 页。

⑤ 刘宗周：《刘宗周全集》，浙江古籍出版社，2012，第 1 版，第 337 页。

⑥ 白寿彝：《读书录：大学研究》，《学生杂志》1926 年第 13 卷第 10 期。

⑦ 阮元校刻《十三经注疏·礼记正义》卷第五十二，第 3527 页。

⑧ 阮元校刻《十三经注疏·礼记正义》卷第五十二，第 3527 页。

⑨ 阮元校刻《十三经注疏·礼记正义》卷第五十二，第 3527 页。

⑩ 朱熹：《四书章句集注》，第 8 页。

达到意诚、心正、身修，便达到了“狭义之明德”，即“自己的明德便明了”。[1] 如上文所述，三者之中，诚意为本。诚意是正心与修身的出发点，三者的功夫是一贯的。白寿彝认为修身的“不可辟”功夫是“正心”的“不可有所”功夫的“空间扩大”，[2] 而正心的“不可有所”功夫又是诚意的“慎独”功夫的“深一步意思”。[3] 由此，由诚意到正心再到修身，不仅体现了《大学》境界之渐次，亦体现了一贯的诚意功夫之深化。因此白寿彝认为“明明德的根本功夫在诚意”，[4] 诚意即为“明明德”之“要诀”。

2. 亲民

白寿彝在《读书录：大学研究》中反复提及“亲民是明明德的扩大”，[5] 此处的“明明德”指的是狭义的明德，即明个人之明德。而亲民就是要将“个人”之明德推扩至天下，至万民。同理，亲民的节目亦是明德节目之“扩大”。[6] 白寿彝以八条目之诚意、正心、修身为狭义明德之节目，又进一步以八条目中的齐家、治国、平天下为亲民之节目。白寿彝认为齐家的“齐”，治国的“治”，平天下的“平”都为“和平安静”[7] 之义，但具体之功夫仍有差别。

“齐家”的方法是“叫主持家政者不可有所偏溺”，即“好而知其恶，恶而知其美者”。白寿彝认为齐家顺承修身而来，其功夫是叫人没有偏辟。修身又顺承正心而来，其功夫是“不可有所”恶。正心又顺承诚意而来。是以齐家由修身推扩出来，又与诚意同义。

“治国也是齐家之扩大”。[8]《大学》云：“孝者，所以事君也；弟者，所以事长也；慈者，所以使众也”[9]，在家“孝”自然能在国“事君”，在家“弟”自然能在国“事长”，在家“慈”自然能在国“使众”，在家与在国之德实则一也。

“平天下也是治国之扩大”。[10] 平天下的手段就是“絜矩”，即推己及

---

① 白寿彝：《读书录：大学研究》，《学生杂志》1926年第13卷第10期。
② 白寿彝：《读书录：大学研究》，《学生杂志》1926年第13卷第10期。
③ 白寿彝：《读书录：大学研究》，《学生杂志》1926年第13卷第10期。
④ 白寿彝：《读书录：大学研究》，《学生杂志》1926年第13卷第10期。
⑤ 白寿彝：《读书录：大学研究》，《学生杂志》1926年第13卷第10期。
⑥ 白寿彝：《读书录：大学研究》，《学生杂志》1926年第13卷第10期。
⑦ 白寿彝：《读书录：大学研究》，《学生杂志》1926年第13卷第10期。
⑧ 白寿彝：《读书录：大学研究》，《学生杂志》1926年第13卷第10期。
⑨ 朱熹：《四书章句集注》，第9页。
⑩ 白寿彝：《读书录：大学研究》，《学生杂志》1926年第13卷第10期。

人。《大学》云："所恶于上，毋以使下"，[①] 即己所不欲勿施于人。又云："上老老而民兴孝，上长长而民兴弟，上恤孤而民不悖"，[②] 即上行而下效。此二种情形，白寿彝总结为"公好恶"，即上位者以民之好恶为好恶，同样，民众也会学习上位者之做法。

依白寿彝，亲民之三条目为明德之"扩大"，其为明德所无的，即絜矩。齐家、治国、平天下本身也是从絜矩出发的。

总而言之，广义之明德统括了狭义之明德和亲民。狭义之明德，白寿彝又以"明明德"指称，涵摄了"诚意、正心、修身"三个条目，以"慎独"功夫为本。亲民涵摄了"齐家、治国、平天下"三个条目，以"絜矩"功夫为本。是以白寿彝总结道："明明德的精神就是慎独；亲民的精神就是絜矩。"[③] 白寿彝将两种功夫统合到了"好恶"上，以"慎独"之内容为"慎好恶"，[④] 以"絜矩"之内容为"公好恶"。[⑤] 此处的"好恶"并不是指代无关道德的个人偏好，其指代的正是关乎道德的喜欢与厌恶，即表达了一种道德判断。"慎好恶"之字面意思是：对个人心中之好恶保持一种谨慎态度，"谨慎"态度的必要性就在于人们对于好恶有道德期许，即好恶应当有一道德标准。"公好恶"的字面意思是：个人之好恶是公的而非私的，即个人心中之好恶与百姓之好恶是一致的。白寿彝认为，"絜矩虽为亲民中之特有，也是从明明德的慎独中推出来的"，[⑥] 即"慎好恶"可以从"公好恶"中推出来，实则说的是个人之"好恶"必须成为可普遍的、"公"的，这一"好恶"才是道德的，才是想要通过"慎"来达到的。在这一意义上，白寿彝以"好恶"将慎独与絜矩联结起来，不仅在义理结构上为"亲民是明明德的扩大"[⑦] 作再次证明，也扩充和丰富了两个概念的意涵，有类似"普遍法则"的意味。

最后白寿彝为广义之明德做一总结："明明德为亲民之本，亲民为明明德之充：明明德以慎独立基，亲民以絜矩达用。"[⑧]

---

① 朱熹：《四书章句集注》，第10页。
② 朱熹：《四书章句集注》，第10页。
③ 白寿彝：《读书录：大学研究》，《学生杂志》1926年第13卷第10期。
④ 白寿彝：《读书录：大学研究》，《学生杂志》1926年第13卷第10期。
⑤ 白寿彝：《读书录：大学研究》，《学生杂志》1926年第13卷第10期。
⑥ 白寿彝：《读书录：大学研究》，《学生杂志》1926年第13卷第10期。
⑦ 白寿彝：《读书录：大学研究》，《学生杂志》1926年第13卷第10期。
⑧ 白寿彝：《读书录：大学研究》，《学生杂志》1926年第13卷第10期。

（三）至善

关于“至善”，朱子以之为“事理当然之极”，[①] 阳明之解类似，只不过他认为“至善”不待于事事物物上外求，而在于“心之本体”。[②] 要之，二人都以“至”为“极点”，而白寿彝则认为至善的“极点”并不是固定的，如走出甲地仍有乙地，走出乙地仍有别处，极点的至善是不能执着的。因此白寿彝认为“至善”之“极点”只是一个暂时的目标，而非一个终结之处，“至善就是不住的努力，不住的向上，不住的求进步”。[③] 白寿彝又以“汤之盘铭曰：‘苟日新，日日新，又日新。’《康诰》曰：‘作新民。’《诗》曰：‘周虽旧邦，其命维新。’”三句为解释“至善”之语。朱子以此三句为亲民当作“新民”的确证，而白寿彝则以此来证明“至善”没有一个终极的“极点”，而应当日新而又新、新新不已。是故“止于至善”，就是让人持续不断地追求善。

最后，白寿彝为《大学》之诠释列一简表[④]以呈现其义理关联：大学，即“大的学问”，下摄“知”与“行”，“知”即致知，“行”即广义之明德，二者为《大学》之要义。致知之方法为格物，在表中与致知同级。“行”或广义之明德下摄狭义之明德与亲民。狭义之明德又包含“诚意、正心、修身”三个节目，“亲民是明德的扩大”，包含“齐家、治国、平天下”三节目。以上八个节目统归于“止至善”，即“不住的努力，不住的向上，不住的求进步”。

三　结语

白寿彝的《大学》诠释不仅有明确的方法论自觉，其义理分析更体现了“融旧于新”的诠释特点。

一方面，白寿彝对经典文本的原貌展现了绝对的尊重，体现了实事求是的史家风范。尽管程朱一脉以“错简”“阙文”为由，试图使《大学》文本改易合理化，白寿彝仍严厉地指出这种做法事实上是“一无所据”的，转而毅然选取了内在逻辑稍显混乱的古本。在诠释中，白寿彝对朱子与阳明不乏

① 朱熹：《四书章句集注》，第 3 页。

② 王守仁：《王阳明全集》，第 1193 页。

③ 白寿彝：《读书录：大学研究》，《学生杂志》1926 年第 13 卷第 10 期。

④ 白寿彝：《读书录：大学研究》，《学生杂志》1926 年第 13 卷第 10 期。

批评，而这种批评往往集中于种种脱离文本及字义的解释上。如他不采用朱子以“作新民”而改亲民为“新民”的做法，又认为阳明以“良知”说“致知”，以“正”训“格”的做法绝非正解。此外，程朱一脉视儒家经典特别是四书为一系统，他们对《大学》之诠释与对其他经典的诠释是一体关联的。程朱从对儒家经典的整体理解出发解释《大学》，并在代代诠释中形成了“理学话语”。阳明虽在思想主张上与程朱分庭抗礼，但实则继承并接受了这一套话语。白寿彝“就《大学》说《大学》，以《大学》证《大学》”的诠释原则实则欲跳出“理学话语”与“心学话语”，将《大学》之诠释拉回并限制在《大学》文本本身。在这一理解下，古本《大学》被视为内在逻辑自洽的整体，并依据对部分与整体的理解之间的“诠释学循环”，以解读文本的义理表达和结构论证。其诠释风格不是以义理为主导的“六经注我”，而是以文本字义为主导的“我注六经”，颇有汉学之遗风。

另一方面，白寿彝的《大学》诠释虽然建立在对文本的绝对尊重上，但其义理分析却具有创造性。首先，白寿彝的诠释使古本《大学》呈现极强的逻辑性与结构性。如上文所述，古本《大学》的文本逻辑性是不那么令人满意的，程朱为了更强的逻辑性而改易文本，阳明之诠释则未能呈现如程朱一般的文本逻辑。白寿彝坚信古本《大学》本身具有“统系”，且力图展现古本《大学》也同样具有清晰的义理结构。在其诠释下，《大学》以致知、明德为要义，并以此来统摄其他节目，层次分明，枝叶相对，既有文本支撑，亦体现了清晰的结构性。其次，在具体概念的分析上，白寿彝亦有创见。在“就《大学》说《大学》，以《大学》证《大学》”的诠释原则下，白寿彝通过《大学》文本的自证，提出了许多具有启发性意义的诠释。如，他以“本末先后”解释格物，使得格物之说有了切实的功夫。再如，他以“汤之盘铭曰：‘苟日新，日日新，又日新。’《康诰》曰：‘作新民。’《诗》曰：‘周虽旧邦，其命维新。’”三句作为“止于至善”之解释，这一诠释很好地解决了拒斥朱子“新民”说后，此三句当作何解的问题。同时也开出了白寿彝以“新新不已”来理解“止于至善”的独特解释。

事实上，白寿彝在《大学》诠释中所展现的“融旧于新”的诠释特点，既是其个人风格，亦有鲜明的时代烙印。少年白寿彝所处的时代正逢我国新民主主义革命肇始，新文化运动高举民主与科学大旗，在社会上掀起了一股生机勃勃的思想解放潮流。此时，新旧文化在社会思想领域相互激荡，如何对待新旧文化成为知识分子积极思索的时代命题。在这一时代背景下，白寿彝的家庭对传统文化与现代科学都给予了极大的重视。在家中为他聘请的三位私塾先生中，第一位晚清秀才邓先生注重背诵，他的高水平严要求使白寿彝大吃苦头，但也为他在中国传统文史素养方面打下了坚实的基础；第二位晚清拔贡吕先生，崇尚新学，讲求理解，鼓励学生“开笔”作短文来理解经典；第三位凌素莹先生是圣安德烈学校的语文老师，喜谈科学知识。在他的经典讲解中，白寿彝逐渐对经典之版本选取、汉宋之学派分别等问题有了认识。[①] 可以说，白寿彝早年的学习经历对其治学风格与学术取向产生了重要影响。在治学风格上，白寿彝具有坚实的经典诠释基础，兼有开放的眼光与先进的思想。在其《大学》诠释中，白寿彝一方面对《大学》诠释史有了充分的了解，在概念的诠释上与古人颇有遥契。另一方面，白寿彝又为这些古老概念的思想内核注入了鲜明的时代风格。如以“求智”来理解格物，无疑与当时重知识、讲科学的社会呼声是相应的。在学术取向上，白寿彝区别于同时代的许多激进派与守旧派知识分子，对传统经学与民主科学都怀着一种平实的融汇兼采的态度。可以说，“融旧于新”不仅是他的一种诠释风格，亦表达了他对新旧文化的一种态度。在这一意义上，白寿彝的《读书录：大学研究》亦可视作新旧文化交替时期，我国知识分子重新审视、整理传统文化资源的一个代表。其“融旧于新”的特点对我们今天思考如何推动中华优秀传统文化现代转型不为无益。

总之，在《读书录：大学研究》中，年仅 17 岁的白寿彝以直接朴素的语言，言简意赅地阐述了自己对《大学》这一儒家经典的总体理解。在文中，白寿彝以极强的方法论自觉，着力展现了古本《大学》之清晰结构。受限于四千余字的篇幅，文中尚有精彩之处未能深入一二，实为读者之遗憾。然通过此篇初窥学术门径之作，我们诚可见白寿彝尊重文本字义的史家风范，亦可见其善推理、重思辨的哲学思维。白寿彝的《大学》新诠，兼采汉宋，融旧于新，具有鲜明的时代特点。它既是理解白寿彝思想不可或缺的重要思想资源，也为推动中华优秀传统文化创造性转化、创新性发展提供了借鉴意义。

附：

《读书录》大学研究

（一）小引

《大学》本来不过是《小戴礼记》中的一篇。到了宋朝程氏弟兄手里，

① 白至德：《白寿彝的少年时代》，《回族文学》2007 年第 4 期。

却以为她是“初学入德之门”的一部书，特别提出来单行，又和《中庸》、《论语》、《孟子》合在一起，称为《四书》，于是《大学》便一跃而为治学要籍，为学者所尊崇了。二程犹以如此为未足，又把她前后的次序重新整理一遍。后来朱熹又拿程氏所编次的，再编次一遍，成功一部《大学章句》。他们这种窜改古籍，自谓是能使“古者大学教人之法，圣经贤传之指，粲然复明于世”的。当时不赞成程、朱这种窜改功作的，也未尝没有人；久而久之，却因《大学章句》被定为官书，朱熹的改本便风靡一世了。一直到了明朝，王守仁，以为朱熹改的不对，便又提倡仍用古本，遥遥的和朱熹相对敌。于是说《大学》的，便大分为朱、王二派。

今日看来，《大学》在古书中，确算一篇有统系的著述了，——比《论语》的凌乱错杂，实在好得多多。近人说《大学》作者是儒家的修正派，不为无见。但《大学》有统系，固然有统系，到了程、朱手里却糟了。他们一无所据的，随随便便的把原文颠倒删削，至使原文的精华，完全丧失。我们对于他们“圣经贤传……”等等的话头，实在不能不认他们在吹牛。所以程、朱——尤其是朱熹的话，我们绝对不能拿来去说《大学》。至于王守仁呢，他主张恢复古本，是他的卓见；但他说“致知”却拿“良知”来说；说“格物”以“格”解作“正”：都不见得高明，抑且不免有错误的地方。（怎样错误，看本篇下文自知，为省篇幅及避生枝节起见，此处恕不多说。）所以守仁说《大学》的话，我们也应当审查，而不可盲从的。朱、王既然都不十分对，那到底应当怎样去研究《大学》呢？我看，还是就《大学》说《大学》，以《大学》证《大学》，为能露出《大学》赤裸裸的真相。朋友们，这大约不致于再有大的谬点了罢？现在就本这种方法做去！

（二）释名

大学：这两个字，到底是甚么意思呢？我可以很直捷的回答说：就是大的学问。何以见得呢？明德，亲民，都是有一种学问功夫在内的，所以称学。她们的效果确实能使身修家齐国治天下平：这是“大”。《大学》这篇东西，都是说的这种大的学问，而不是说学问的大，所以叫做大学，而不叫做“学大”。简明的就大学二字的含义说，只是现在话：“大的学问”，四字。又：《释文》说：“大：古音泰。”泰就是“大的”的意思。

又：《大学》最初是高等学府的名称。大，也音泰，泰学就是“大的学校”的意思。“大的学校”和当时“小学”的分别，也只是就所讲学科之大小说。《保傅》上说：

> 古者年八岁而出就外舍，学小艺焉，履小节焉。束发而就大学，学大艺焉，履大节焉。

可见大学小学是从“艺”“节”的大小上分，立脚点并不在学生的年龄上。后人拿“大人之学”“小子之学”来说，却是错了。现在我所要讲的《大学》虽是一种著述，但她所谓的“大”，仍是在“学”上立脚，和原来学校中的“大学”是一样的意思，并没有变更，——除了有“学校”和“书”的分别以外。

（三）要义

《大学》到底含有甚么意义呢？依我看，只有两个互相关照而不可暂离的要义：

（A）致知；

（B）明德。

我们把《大学》劈头两段看看便可晓得这两种意义的重要：

> 大学之道：在明明德，在亲民，在止于至善。
>
> 知止而后有定；定而后能静；静而后能安；安而后能虑；虑而后能得。

亲民是明德的扩大，至善是明德的目的，所以“在明明德，在亲民，在止于至善”三句话，可以用明德两字包住。“虑”是思虑，便是“致知”。上文的“定”“静”“安”都是“虑”——致知的张本，“得”是虑的效果，所以第二段也可以用一个“虑”字——致知的意思来包括住。这两段是《大学》全书的纲领，既可用“明德”“致知”来包括住，所以全书的要义，也不过这两项。

明德是关于“行”的；致知是关于“知”的。知每每是在行前的，所以说“虑而后能得”。以下两节就先后的把她们说一说。——不过还有一点要注意：致知和明德分开来说，不过为叙述便利；她们的本体是合一的，是贯通的，却是不可分的，也不能分的，这是要特别注意的地方，试看“古之欲明明德于天下……”一节，就可了然了。

（四）致知

致知就是求知识的意思。“致”和“至”的意思是一样的；所不同的只是“及物动词”与“不及物动词”之分。按着字解“致知”，就是“使知至”之义；再显明一点说，就是“求智”。

怎样致知呢？在《大学》上说：

> 致知在格物。

致知的方法就是格物。格者，郑玄说：“来也。”我们所不晓得的事理，用功夫去，把它们晓得了，就是来，就是格，——就是格物了。物字要活看，看得太死，就有不可通的地方。

格物又怎么的格法呢？关于这一层，颇有不同的说法；但我敢干脆的答这个问题说：“格物的方法就是格物之本末先后。”这句话似乎有点武断，但我们要打开《大学》来看：

> 物有本末，事有终始，知所先后，则近道矣。古之欲明明德于天下者，先治其国……
>
> 物格而后知至……
>
> …………
>
> 外本内末，争民施夺。

本末先后实在是一切事物的关键，只要把这个问题解决了，一切都可以很顺手，很有秩序，很有条贯的办去。不晓得本末先后，一着手，便已错了，又焉望成功呢？再则：知本末先后，看来容易，实在却难。要是对于某种事物没有充分的研究，说能知其本末先后，谁能信呢？世间一切破坏及建设所以难举行难成功，也只是因为对于他所想破坏或建设的，没有充分的研究，而不知根本办法，最先的步骤之原故。《大学》的格物，在本末先后上着眼，正是卓识！“知其本，而万事理”，知本末先后，如何可以轻视！

（五）明德

我所说的明德，是包明德亲民说的。我前文已经说过：“亲民是明德的扩大”；所以在广义的明德两字中，可包狭义的明德和亲民的意义。但怎样可以说亲民是明德的扩大呢？试看“古之欲明明德于天下者”一句，既云明明德，又说“于天下”：“天下”二字当然有民的存在，而明明德于天下，就是推己明明德之功于天下，而亲民了。——这便是“亲民是明明德的扩大”的一个老大证见！我的话总算不妄说了。

既晓得了明德和亲民相互间的意义，可进而追求其真谛了：

明明德是“明其光明之德”的意思。“光明之德”是儒家性善的说法。“明其光明之德”是把被障蔽了的光明之德，恢复了原来的“光”的状态；把未障蔽的光明之德，使她更明。明明德的手段，除了预先有致知的功夫外，更有诚意、正心、修身三节目。在她的原文上说：

> 欲修其身者，先正其心；欲正其心者，先诚其意；……
> 意诚而后心正；心正而后身修；……

准此，则是明明德的根本功夫在诚意，正心修身次之。现在先后分别来说。

诚意就是使自己的意念真实无妄，所谓“如恶恶臭，如好好色”，也无非是真实无妄的意思。诚意的方法是慎独。慎独就是慎重动机。动机是行为的原始，原始善、结果一定善，原始恶，结果一定也恶。所以一念之发，就不使她稍有虚伪；如像“十目所视，十手所指”，笃实恳挚的下慎独的功夫：夫然后，则意诚矣！

正心是使心平正，心要有成见，就不正了。所以说：

> 身有所忿懥，则不得其正；有所恐惧，则不得其正；有所好乐，则不得其正；有所恐惧（忧患）则不得其正。

真正能正心的人，他的忿恐好恶，是因物之可忿恐好恶而忿恐好恶，并不是“有所”。一有“有所”的意思，就糟了：心便会不正的。

修身是使身正直的意思：修者，直也。唯其宜正直也，故不可有所偏辟；偏辟斯身不修矣！

意诚心正身修，自己的明德便明了。而明明德三节目中的修身正心却是从诚意出发。正心的“不可有所”是诚意中的慎独深一步的意思；修身中的“不可辟”则是“不可有所”空间的扩大。所以我上文说：“明明德的根本功夫在诚意”。我们于此可以知道明明德的要诀。

亲民也分三个节目：齐家、治国、平天下。案亲民既是明明德的扩大，所以她的节目，也只是明明德节目的扩大。亦分别述之：

齐家的“齐”，和“治国”的“治”，平天下的“平”都是和平安静的意思，所用之处不同，其词亦便不同了。齐家的方法，只是叫主持家政者不可有所偏溺。所以说：

好而知其恶，恶而知其美者，天下鲜矣！人莫知其子之恶，莫知其苗之硕。

案：此亦不过修身之扩而及于家者；亦与诚意之“不可有所”同义。治国也是齐家之扩大，所以说：

孝者，所以事君也；弟者，所以事长也；慈者，所以使众也。

平天下也是治国之扩大，所以说：

上老老而民兴孝，上长长而民兴弟，上恤孤而民不悖。

治国平天下的手段是絜矩。絜矩就是公好恶。试看“所恶于上，毋以使下……”一段，便可晓得。

亲民的三节目已如上述，我觉得她为明明德所无的，就是絜矩。而亲民的全部，也只是从絜矩上出发。

总括明明德和亲民：明明德的精神就是慎独；亲民的精神是絜矩。慎独是慎好恶，絜矩是公好恶：所以絜矩虽为亲民中之特有，也是从明明德的慎独中推出来的。“亲民是明明德的扩大”于此益信。

更括上文，作一简单的结论：

明明德为亲民之本，亲民为明明德之充：明明德以慎独立基，亲民以絜矩达用。

（六）至善

止至善是甚么意思？在字面上的解释，已竟很明白，用不着我来饶舌。但在真正的含义呢？我仍可以拿我直爽的性格，马上回答说：“至善就是不住的努力，不住的向上，不住的求进步。”原来“至”本是“极点”的意思；但所谓极点是不是固定的？——而且是善的极点？——比方说甲地是极点的善，但从甲地更进，我们能说没有善吗？那末，此所谓善并不是“极”点了。又比如说：从甲地更进的乙地是极点了，但我们能不能说：善即止于此了？如果不能，那末，此仍不是极点了。所以极点的善，是不能执着的；而“至善”云者，无非定一个目标，使之不住的努力，往善上走；并没有特指一个地方，说“此处是至善了！除此之外，更没有比这更善的境界！”

我们再打开《大学》来看：

> 汤之盘铭曰："苟日新，日日新，又日新。"

我们看这一段，更足助我们明白至善的意义，只是新新不已，继续不断的努力。不是说过去已竟新，就算了了；不是说现在新，将来不必新；也不是说只要将来新，现在不要新。它之所谓新，是无一息停滞的，所以既曰"日新"，又曰"日日新"，更续一语曰，"又日新"，至善之所谓"至"，可概见矣！又如曰：

> 作新民。

民已竟新了，却又鼓之舞之，使之作，使他们更新。如曰：

> 周虽旧邦，其命维新，

周虽说是立国年远，却仍旧继续不断的，能维持她的"新"，斯周之所以邵美也！总之，大学所谓至善，便是叫人"无所不用其极。"我们只要不住的努力，不住的向上，不住的求进步——这便是大学中所昭示的至善了。

（七）尾声

以上，《大学》中所说的紧要处，大概都具了，现在再列一个简表：

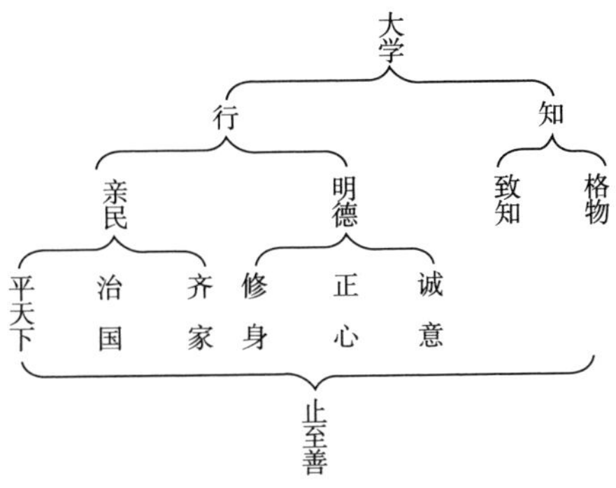

十五，六，四，晚九时写完于上海文治大学。

史学史文献整理及研究

朱希祖《旅行长安日记》*

朱乐川整理校注
（南京师范大学国际文化教育学院，江苏南京　210097）

摘　要： 2021年，西泠秋拍出现朱希祖《旅行长安日记》稿本一册，此日记只在《海盐朱逖先先生著述总目》中有注录，但我们从未看到原文，就更不知原件面貌如何了。本次我们对朱希祖《旅行长安日记》进行了全面的整理，这也是该日记首次以全貌出现在公众视野中。朱希祖本次旅行长安的起讫时间为1923年6月18日至8月16日，内容为朱希祖及北京大学其他专家学者，应陕西督军刘镇华之邀赴关中讲学的经过；而朱希祖与北大傅铜先生除讲学外，还有参与恢复西北大学的任务，所以日记中有制订《西北大学章程》、考察校址、开会讨论等记录；另外，该日记对豫西及关中百姓的生活、旅馆的环境、文人的交游、匪患的猖獗及成因、陕西历任督军的交斗等都有较为翔实的记录。

关键词： 朱希祖　《旅行长安日记》　整理校注

整理说明

先曾祖父朱希祖先生（1879—1944），是我国著名历史学家。他早年留学日本早稻田大学研习史学，并师从章太炎先生。归国后在杭州、嘉兴等地任教。1913年入北京大学为教授，1919年任北大史学系主任，直至1931年；这期间，还在清华大学、辅仁大学、北京师范大

* 本文系国家社会科学基金项目“朱希祖与民国学术研究”（17BZS027）阶段性成果。

学、女子师范大学等校兼教授之职。1932 年之后，先后任广州中山大学文史研究所所长、南京中央大学史学系主任。1940 年国民政府成立国史馆筹备委员会，先生任总干事；同年被简任为考试院考选委员。

朱希祖先生一生与学术相终始，参与了 20 世纪前半叶中国学界许多重大学术运动，故其日记具有极丰富的史料价值。可惜，先生的日记散失不少，1932 年之前在北京时期的日记，就几乎散失殆尽。2012 年，中华书局出版的由我父亲和我整理的《朱希祖日记》，其主要内容只有留学日本期间的部分和 1932 年之后的全部，再加上北京时期的零星两段内容。

2021 年，西泠秋拍有先曾祖父朱希祖先生《旅行长安日记》稿本一册，此日记我们只是在《海盐朱逖先先生著述总目》中见过标题，未见过原文，遑论原件，因此也不曾收录在《朱希祖日记》中，这次是朱希祖《旅行长安日记》第一次出现在公众视野中。通过西泠公司，我们与嘉兴藏家苏先生取得联系，苏先生赠送我们一套图版，并欣然支持我们整理出版。在此特向西泠公司、嘉兴苏先生表示最诚挚的感谢。嘉惠学林，功莫大焉！

该日记，起讫时间为 1923 年 6 月 18 日至 8 月 16 日，内容为作者与北京大学傅铜、徐炳昶、王星拱、吴法鼎、陈大齐等人，应陕西督军刘镇华之邀赴关中讲学的经过；而朱希祖与傅铜二位先生，除讲学外，还有参与恢复西北大学的任务，所以日记中有制订《西北大学章程》、考察校址、开会讨论等记录。第二年（1924）西北大学恢复，傅铜出任该校校长。

该日记记录了作者赴陕讲学过程中的见闻。作者是位历史学家，他对豫西及关中的民生和政局的记录，如当时豫西百姓的生活、旅馆的环境、匪患的猖獗及成因、陕西历任督军的交斗（如阎相文之死因）等，自有其深刻之处。又因为作者是学者，此行的任务就是讲学，此行的接触对象，也主要是学界中人；又因为作者是新文化运动中较重要的新派学者，所以在他的笔下，对陕西的学术环境、学界中人自有立场，如对朱佛光、张鹏一、毛昌杰等新派学者，对关洛学社中各位理学名家，其评价自有不同和分寸。

此日记记在一本“算学练习簿”上，正文 42 页，附录账单 5 页，毛笔书写（账单部分有 12 行为铅笔书写）。该练习簿上还有其他笔记，内容与“改造社会”有关，但不知何人所记。因为是稿本，所以文中有作者自己所做的添加、删除、移位等文字和符号，也有个别明显笔误。本次整理，除改正个别明显笔误以外，其余一无更改，对难以辨识之字，用“□”表示，另外，对日记中几位学界、政界的重要人物做了注解。

我深知才疏学浅，所作整理定有舛误，切希指正。

整理者 2022 年夏于南京

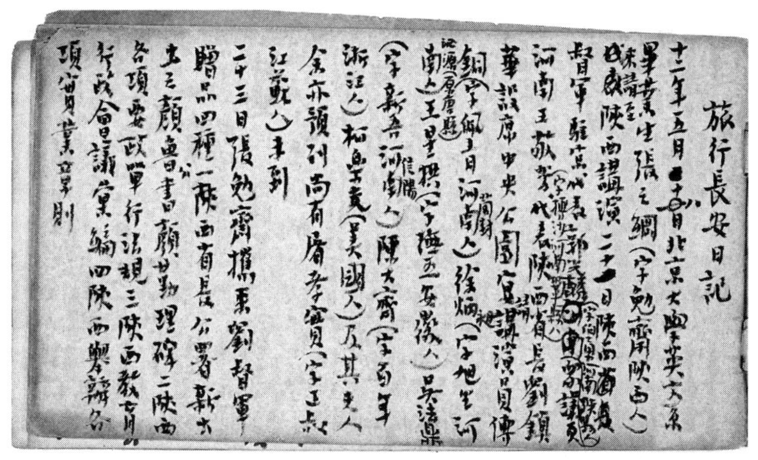
旅行長安日記

十二年五月[①]十八日

北京大学英文系毕业生张之纲[②]（字勉斋，陕西人）来请至陕西讲演。

二十一日

陕西督军驻京代表郭光麟（字伯勇，河南陕县人）、众议员河南王敬芳[③]（字抟沙，河南巩县人）代表陕西省长刘镇华设席中央公园，宴请讲

① 整理者注：朱希祖原作“五月”，当为“六月”，此为笔误，今改。

② 张之纲（1895—1936），陕西韩城人。北京大学英文系毕业。1923 年，陕西督军刘镇华拟重建西北大学，邀北京学界人士赴西安讲学，张之纲负责联络工作。1924 年，傅铜出任西北大学校长，张任交际员。后张去省立一中任教，并与人创办敬业中学，任教务长，1926 年与人创办韩城中学，任校长。1927 年创办崇德女子小学校。1936 年春逝世。

③ 王敬芳（1876—1933），字抟沙，河南巩县人。中国教育家、实业家，清光绪壬寅科举人。1904 年留学日本，1907 年与秋瑾、姚宏业、于右任等在上海筹办中国公学，开创中国民间自办新学之先河。1913 年被选为国会众议院议员，1917 年与胡石青创办《新中州报》，1919 年又任中国公学校长。1922 年任中州大学（河南大学前身）董事，同年任陕西宣抚使。

演员傅铜[①]（字佩青，河南兰封人）、徐炳昶[②]（字旭生，河南泌源，原唐县人）、王星拱[③]（字抚五，安徽人）、吴法鼎[④]（字新吾，河南信阳人）、陈大齐[⑤]（字百年，浙江人）、柯乐克（美国人）及其夫人，余亦预列。

---

① 傅铜（1888—1970），字佩青，河南省兰封（现兰考）县人。中国著名的哲学家、教育家。1905年官费赴日本留学，先后毕业于东京巢鸭宏文学院、东京帝国大学哲学伦理学系。1913年转赴英国，先后入牛津大学、伯明翰大学学习，并成为罗素的弟子，1917年获哲学硕士学位。回国后，任教于北京大学。1924年出任国立西北大学校长。1926年任国立北京女子师范大学教授、教务长。1929年任北京大学、北京师范大学教授。1932年任北京大学女子文理学院教授，同年任安徽大学校长，1933年任河南大学教授、文学院院长。1934年再任安徽大学校长。1940—1948年任北京中国大学教授、研究院副院长及华北文法学院哲学系主任。1952年任中国科学院哲学研究所特约研究员。1961年被国务院聘为中央文史馆员。1970年逝世。

② 徐炳昶（1886—1976），字旭生，河南唐河人。1906年，赴北京入译学馆学法文，1913年春，赴法国留学，入巴黎大学研习哲学。1919年夏回国，在开封第一师范学校及河南留学欧美预备学校任教。1921年起，先后任北京大学哲学教授、教务长、哲学系主任，西北科学考察团中方团长。1929年，任北平大学第二师范学院院长，北京大学哲学系教授兼研究所国学门导师。1931年，任北平师范大学校长，次年辞职，任北平研究院史学研究会研究员。1933年，赴西安，与当地文化人士合组陕西考古会，此后数年，一直在陕西从事考古发掘工作。1937年，任北平史学研究所所长。新中国成立后，任中国科学院考古所研究员，在史前研究方面做出重大贡献，代表作有《中国古史的传说时代》等。1964年12月，当选为第三届全国人大代表。

③ 王星拱（1888—1949），字抚五，安徽怀宁人，我国著名教育家、化学家。1902年考入安徽高等学堂肄业，1908年赴英国伦敦理工大学研习化学。1910年加入中国同盟会欧洲支部，在欧洲时，与石瑛、丁绪贤等人发起成立“中国科学社”。1916年获硕士学位回国，任北京大学化学系教授。1923年，参加“科学与玄学”论战，倡“科学万能”说，颇具影响。后任中央大学化学系教授兼教务长。1928年任安徽大学校长，同年6月，与王世杰、李四光等一起负责筹建武汉大学，年底到武大就职，历任化学教授、系主任、院长、副校长。1933年5月任校长。1945年6月，任中山大学校长，1948年2月，辞职。1949年10月在上海逝世。

④ 吴法鼎（1883—1924），字新吾，河南信阳人。1903年考入北京译学馆，学习经济和法文。1911年赴法国留学，初学法律，后改学油画，巴黎高等美术学校本科毕业。1919年夏归国，在上海参加艺术活动，同年冬任北京大学画法研究会西画导师。1920年任北京艺术专门学校教授兼教务长。1922年10月与上海刘海粟等在上海举行“洋画作品联展”，甚有影响。1923年因北京艺专发生风潮而辞职，任上海美专教授兼教务长。1924年2月2日，在开往北京的火车上因脑溢血去世。

⑤ 陈大齐（1886—1983），字百年，浙江海盐人，中国现代心理学家及中国现代心理学的先驱。1901年入浙江求是大学堂学习。1903年留学日本，入仙台第二高等学校，后入日本东京帝国大学文科哲学门，专攻心理学，获文学学士学位。1912年回国，任浙江高等学校校长兼浙江私立法政专门学校教授。1913年春任北京法政专门学校预科教授。1914年起任北京大学心理学教授。1921年秋，赴德国柏林大学研究西方哲学，次年冬回北大，任哲学系主任。1927年任北大教务长。1928年任国民政府考试院秘书长。1929年任北大代理校长。1930年12月回任考试院秘书长，后任考试院考选委员会委员长。1949年去台后，先后任政治大学校长，1983年逝世。

尚有屠孝实（字正叔，江苏人）未到。

二十三日

张勉斋携来刘督军赠品四种：一，陕西省长公署新出土之颜鲁公书《颜勤礼碑》；二，陕西各项要政单行法规；三，陕西教育行政会议汇编；四，陕西举办各项实业章则。

二十五日

十时，偕陈、吴、徐、王、柯诸□及张勉斋乘京汉汽车起程。过长辛店、琉璃河诸传为直皖、直奉战争战场之一部。段、张皆思以武力统一，而吴继之不变，其主旨以暴易暴，无怪人詈之以私斗也。下午二时过保定。时黎元洪新为曹锟逼走，曹锟驻保定；冯玉祥为陆军检阅使驻北京，迫黎走；王承斌为直隶省长驻天津，劫黎之总统印。黎本傀儡，均受小人播弄，其人格亦无足取，故国人不为之惜，惟劫夺相寻，置总统如弈棋，弃置随意。徐世昌、黎元洪皆为非法总统，皆非法迫走，曹欲继之，亦恐一蟹不如一蟹耳。夜五时抵郑州。

二十六日

六时，至郑州城外旅馆沐浴，早餐尝黄河鲤。傅佩青之兄铭（字仲新，河南省议员）及其友牛葆忻（字武卿，河南沘源人，寄居郑州）、陈树棠（字芾村，河南开封人）皆来会。牛君言民国元、二年时，偶在郑州车传购地二十余亩，计每亩价银二十余元，今已涨至每亩银二千数百元。察郑州为陇海、京汉二铁路中心交互点，将来工商业必非常发达，今陇海西路仅通车至观音堂，将来至兰州或延长至新疆时，则西北物产必以此为委输地，则地价必再加增无疑矣。九时，乘陇海铁路车西行，陈芾村君偕行至陕西。过荥阳、汜水、虎牢、成皋诸名地。十二时过洛阳，下午五时抵观音堂。自荥阳以西皆为黄土层，陂陀起伏，自成陵谷，北邙山蜿蜒于洛北，亦一邱陇耳，洛涧亦不过一衣带水，山不高峻，水不深广，徒以地属中枢，故周、汉、魏、晋、后魏都此，后人凭吊，留连不已。高坟岧峣，似皆为骨董商贾发掘，年来后魏碑志出土甚多，中外人士不惜巨金购买，盖有以奖励之也。惜不为学术的发掘，致古物古器半不知其出土所在，骨董商所深喜考古学家所深恶也。洛阳以西至渑池等处，方有石层山谷。河南西部诸山，其民尚有穴居者，自荥阳以西触目皆是。闻河南友人言，穴中冬暖夏凉，以故贫民固爱居，即富者亦每构一二处以为别庄，非全属野蛮未进化之故。此次康有为赴洛阳，深讶居民未脱穴居陋习，以为失望，亦未尝深察云。案：某友之言固亦有理，然居民因陋就简，恃天然而不恃人力，则亦为进化之一阻力矣。六时，住观音堂大旅馆，屋宇浅隘，秽气薰人。对宇有大金台，亦一旅馆。吾国好大之心、作伪之习到处流露，试一旅行各地，则各处有大学校，有大旅馆，蒙马以虎皮，以迎合人心理，不务其实而务其名，此亦吾国之最大缺点也。

二十七日

仍住观音堂大旅馆，因同行人多，驴车等不能备齐，故不能成行。傍晚，陕西督军署一等副官驻观音堂办事马思骏（字金台）设席饯行。陈君芾村言观音堂以北抵黄河南岸，其间有一大区，俨成一国，外人所不能入，因一入其内，无处购买食物，故几断绝交通。中有土豪张姓者，俨然为此区之皇帝，人皆服从其号令。区内穷苦之人，若至无以为生时，则求张姓接济，张则作一信，令其持至富人家借粮若干，言若不借给，则日后彼穷苦之人来强劫时不能保护；苟肯借给，则将来遇有劫盗，彼可赔偿，故富者愿为之供资粮，而贫者亦愿为之出死力。贫者不以此正道而行有为盗贼者，则张姓处之以死刑，其法即嘱境内之人将此盗贼捕得，用麻布袋盛缚掷于黄河。其地富于煤矿，用土法采之，极易得。富者役使贫人开采，其分配法：资本家得其半，劳力者得其半。现在此地煤价铜元六枚可购一筐。有人愿包办此区煤矿者，张姓允之，惟须每筐纳铜元二枚以供彼地公用，则值三税一也。案：河南为中国腹地而有此化外之区，然其土豪颇能保境安民，调剂贫富，富者不罹盗贼之厄，贫者亦免冻馁之忧，资本家对于劳动者分配亦颇平均，亦且自由，吾国政府对此有愧多矣。

二十八日

午前五时早餐，六时半起程。马副官派护兵十名送至潼关，因此间多盗也。同行者别有学生五人，共雇驴车七乘，每车两驴；驾窝子四驾，其制如小船形，当船腹处，以绳相络，便装行李，以被褥覆其上，即可坐卧。前后各驾一驴，如北京之驴轿，然惟易轿为窝子耳。此种交通器具实最简陋，左右用两木如轿杠，上覆芦席如小船，而前无遮蔽风雨日光之具，盖不须木匠，土人皆能为之。宜其设备不完，坐卧处全藉行李亦不能平，颠簸之时肠胃为之震荡，然较之驴车稍胜一筹，而尚能保存不废者，因可免撞头耳。八时顷抵硖石，据护兵述土人言，前两小时，此处行人被盗劫失去货物及银弊[1]约共银八百元云。硖石为崤陵北路，崎岖险阻，最为难行，忽在山巅，

① 整理者注：“弊”，当为“幣”（币）之误。

忽在谷底，岭腰岩腹，曲折环绕。山无树石，偶有榆柳桑槐，绝无松柏。土质细而黏，硖石以东色红，其西稍黑。到处两崖壁立，其直如削，中成一衖，车行其间，往往不能方轨；或一面壁削，上有穴居，远望如城郭。十二时抵张茅镇，住客店，食午饭。其店污秽更不如观音堂。午后四时半抵磁钟镇，此处离陕州三十里，以多盗，即住宿，是日行六十五里。此镇客店污秽如张茅镇，惟房屋稍高，而饮食则更不及前，索大小米亦不可得矣。此日天气甚热，而夜则有雨，甚寒，同行者有罹疾矣。

二十九日

雨，午刻才行，途中细雨凉风，身坐驾窝子中，前无遮蔽，寒苦殊甚，衣被半为水湿。四时抵陕州城外，涧水如带，石卵累累，绵延二三里，山腹水涯，弥望皆是，大者如砥，小者如拳，而无甚小者，五彩斑驳，深可玩赏，有纯色者，有青色而红花斑者，有绿色而白花斑者，有赭色而绿花斑者。其纯色者，如猪肝，如白石，如水晶，经雨之后，采色更觉鲜明，惜不能拾取数十种，为之以色以斑分类，而著为一谱也。五时半抵桥头沟，其客店即清慈禧太后及德宗于庚子蒙尘时所驻行馆，土墙板门，形制甚陋，然廊庑照墙亦粗备云。

三十日

雨霁。因傅佩青病，八时半起程。二时抵灵宝县午餐。四时半起程，五时抵函谷关，九时抵达紫营住宿。

七月一日

上午五时起程，八时过阌乡县，十二时抵槃豆镇午餐。二时起程，七时抵潼关，住潼关高等小学校。潼关县知事张钟鼎（字灵涵，长安人）来会。

二日

上午游潼关城，自北门上城头，至西门下，至潼关县署答拜张知事。午刻，镇嵩军第一师师长憨玉琨请食午餐，至其署。二时乘汽车起程，行二百四十里抵临潼县，住骊山下华清宫故址，今名环园，俗名宫园。浴于华清池，名莲花汤。临潼县知事周仲甫来会，赠县志。

三日

上午六时浴于杨妃池。八时偕王抚五、徐旭生、张勉斋及陕西督军署招待员张秉洁（字莲波，四川名山人）上骊山。登西绣岭第三峰，有老君殿，其像为玉石所雕琢，外涂以泥，以避多欲者之目。殿西山坡有隋炀帝石马槽。又上第二峰，有老姆庙。又上第一峰，为周幽王举烽火处，俗名杨广插旗处，此为骊山最高峰，自山麓至此，土人云八里。二时回环园午餐，小憩。五时偕王、徐二君至临潼县署答拜周知事，至劝学所观魏造像三大石，至高等小学校观魏元苌《温泉颂》，皆周知事引导，并聆其论陕西军队现状及财政情形甚详。周为湖北应城人。七时半回园，浴于太子汤。

四日

上午八时偕同人及周知事谒始皇陵，离临潼城约八里。陵大三顷，高如小山，陵之四周为陵户开垦为田，垦出陵中旧砖瓦，整者已多出售，残破者堆于陵隅，余检其残瓦当二片，有花纹。十一时乘马回临潼，拟游东绣岭石瓮寺，观烽火台故址。已入其山麓，尚离五里，因日方中，热甚，未携热水壶，余人皆先归，惟王、徐、张三君与余尚鼓勇拟上。渴甚，购乡人沙果叶汤解渴，饮之甚甘。十二时回园午餐。三时乘汽车起程，四时半过灞桥，望汉文帝霸陵，又过浐桥，入东郭门，陕西教育厅长景志傅①（字岩徵，富平人）等来迎，入八仙庵观唐代黄杨二株。旋入长乐门，住西北城第一中学校。长安县知事王文同（字书樵，河南武陟人），政务厅长郭涵（字芳五，河南孟津人）等设宴，于校内晚餐。

五日

八时，陕西督军兼省长刘镇华（字雪亚，河南巩人）来会。刘君旧为保定师范学校肄业，后在北京法政学校毕业。民国初元，组织镇嵩军起家，人颇好士，陕西知名之士皆网罗于两署。时请同人拟定讲题，先登报端。余即拟五题：一、文学之势力，二、新史学之趋向，三、考古学与史学之关系，四、法家之历史观念与统一事业，五、司马迁之史学。午后一时，偕王、陈、徐、张及旧徒北京高等师范学校国文部毕业生米登岳（字峻生，蒲城人，现为陕西省视学员），游城南慈恩寺大雁塔（慈恩寺为唐玄奘译经之处）、荐福寺小雁塔（荐福寺为隋炀帝潜邸），望曲江乐游原诸古迹。回城过鼓楼，观“声闻于天”四大字，俗传武则天书。据景岩徵言，此四字乃左宗棠之书办所书，左初以为不佳，自书易之，乃书数十次，皆不及，始大服，仍用之，终身与共事，亦一趣史云云。五时赴刘督军宴，至省长公署，陕西省重要军政长官及士绅皆陪席，七时回。

---

① 景志傅（1885—1961），字岩徵，陕西富平人，1905 年留学日本，1908 年加入同盟会，1911 年回国。民国后，曾任中华民国临时参议院议员、《民主报》编辑、陕西督军公署秘书、陕西省教育厅厅长、陕西省榆林道尹、国民革命军第九军秘书长、富平县参议长。新中国成立后，任西北行政委员会文教委员、陕西省人民政府文教厅长、陕西省教育厅长，1958 年当选为陕西省副省长。1961 年 11 月逝世。

六日

上午雨。实业厅长刘宝濂[①]（字楚材，洋人[②]）、教育会会长刘星涵[③]（字养伯，岐山人）来会。午后雨歇。偕王、徐、米三君至南院门旧书铺购地方志及旧书，各书铺皆无善本书，甚失望。四时回。景教育厅长率教育界数十人公宴于校，以表欢迎。陕西宿学之士如张鹏一[④]（字扶万，富平人，著有《汉律考》）、毛昌杰[⑤]（字俊臣，长安人，原籍江苏江都，□于经学）等，与谈甚欢。晚七时，张丙昌（字午中，鹏一子，省长署科长）来谈，言省城内人口约二十万，回教人占其四万，回人在城内分七寺十三坊，倡乱以后不许在城外居住，不准买田地，只治工商业，省城以外，回人当时杀戮甚多，余皆逃入甘肃新疆云。惟问之他人，则云省外尚有回民，尚待调查。张又云陕省自古以来碑甚多，其石皆出于富平，甚坚致，外省刻碑亦至其地采买，故产石之山以铲入十余里，殆已经过数千年

① 刘宝濂（1885—1966），字楚材，陕西洋县人。12岁到上海读书，后考入南洋公学。毕业后，先后在陕西师范学堂、西安府中学堂任教，加入同盟会。辛亥革命爆发，他参与西安起义，组织学生300余人，助革命军进攻满城，占守西仓，接济军粮。1912年，奉陕西军政府派遣赴美留学，入匹兹堡大学（一说为康奈尔大学）矿业系。1917年回国，先后任陕西省实业厅工矿科科长、华县知事、陕西省实业厅厅长。1929年，任国民政府兵工署兵工研究委员会专门委员，后调任军政部华阴兵工厂厂长、兵工署训练处处长。1938年，任兵工署西北办事处处长。1941年7月至1947年7月任陕西省政府委员。1949年去台，1966年8月逝世。

② 整理者注："洋人"，朱希祖作此，实即"洋县人"，本月二十三日日记作"洋县人"。

③ 刘星涵（1889—1930），字养伯，陕西岐山人。1909年入上海中国公学，随于右任秘密从事反清工作。辛亥后，被选为陕西临时参议会议员。袁世凯称帝，刘倡言反对。1916年，在西安创办民立中学，自任校长，兼省教育会会长。1926年，任陕西教育厅总务科科长。1930年，被构陷遇害。

④ 张鹏一（1867—1943），字扶万，祖籍山西曲沃，生于陕西富平，遂以富平为籍。1892年，考入泾阳味经书院肄业，师从刘古愚。1897年中举，次年赴京会试，入康有为门下。"百日维新"失败后，他主要从事古代经典及史籍文献的考据研究，著有《唐代日本人来往长安考》《太史公年谱》《汉律考》《刘古愚年谱》等数十部著作。他一生先后任过山西省长治县知事、北京中国银行秘书长、陕西考古会（由国立北平研究院与陕西省政府合组）委员长、西北史地学会理事长、碑林保管委员会主任、陕西省临时参议会参议员等职。1943年10月逝世于富平。

⑤ 毛昌杰（1865—1932），字俊臣，西安人，祖籍江苏江都，因祖上来陕任职而定居西安。1891年中举，曾在湖北任知县。辞官后，回西安，潜心学问，并在凤翔凤起书院、三原宏道书院、泾阳味经书院、西安关中书院等处讲学，弟子中最著名者为于右任、胡景翼。毛为中国近代著名学者，以经学辞章著称，长于文物鉴定，有"长安金石考据学之父"之称，曾任陕西图书馆馆长、碑林博物馆馆长。他还与人创办了陕西最早的刊物《广通报》。1932年逝世。

之采取云。

七日

上午微雨。七时半讲演《文学之势力》，听者二百余人，女士数人，绅耆老宿如张鹏一等亦来听讲，此甚可钦佩，九时讲毕。午后大雨，偃卧休息。夜与同人谈老子哲学，甚快。有人送讲演笔录来，乃与余意多有不合者，乃为之重作，成半篇。

八日

上午晴。偕王、陈、徐、吴、米游碑林，观唐石经及景教碑，及颜、柳、欧阳、徐浩所书碑。族祖朵山公[①]所书《程子四箴》并楹联、乡先辈吾德涵[②]所书《心经》皆刻石于碑林。周览既毕，乃至碑帖肆订购碑数十种。又谒孔庙，见壁上所悬七十二贤像，系杭州学宫所刻；其外又悬历代帝王像二种，一为有正书局影印藏于紫光阁者，一为袁克文（未知是否）影印为唐阎立本所画藏于清宫者，此次清宫失火，已焚去矣，归京时拟速购影印阎所画者。午刻回寓。下午续作《文学之势力》讲演稿，客来时作辍。夜，景岩徵来谈，言《王圣教序》翻刻者七十余种，惟碑林为真，余碑皆然，惟经时既久，字稍漫漶，而翻刻者反有丰神，染旧出外，各省人士不知者，反以为宋元旧拓云。

九日

晴。上午《文学之势力》讲稿成。午后休息，写日记。傍晚，刘督军邀至督军署夜宴。闻此署为新署，冯玉祥督陕始迁入，在明为秦王府，在清为满营。光复之际，陕军因满人凭城固守，乃攻破之，杀戮满人甚众，生者皆逃亡满城外。旗人房屋拆毁殆尽，旗人稍有流落在此无力逃出省外者，则经营小商贩而已。满城为旧王城，砖甚坚固厚大，城内清代已无房屋，仅为满军驻防操演之场。冯为督军，乃拆王城砖营造督军署，形制质朴虽其特色，然毁古迹以便己，亦一罪也。登城四望，百里内外，尽皆入目：南望终南，夕阳反照，烟霭苍翠；东顾骊山，西眷渭水，诚胜瞩也。夜宴后，赴易俗社观戏剧，演《双锦衣》全本，为陕人自编改良剧本，布景颇多，然不脱传奇主义，离现代新戏剧程度尚远。

---

① 朵山公，即朱昌颐（1787—1855），字吉求，号正甫，又号朵山，浙江海盐人，道光丙戌一甲一名进士，状元，授职翰林院修撰，历官吏科给事中。著有《鹤天鲸海焚余稿》。朱希祖为朱昌颐族曾孙。

② 吾德涵，原名吾德宁，号笏山，又号芝石，浙江海盐人，嘉庆六年举人，二十二年进士，书法精妙，一时碑版皆出其手。

十日

上午，客来谈天。午后，偕米登岳君至旧书坊购陕西地方志数十种。傍晚，赴张叔冶家晚餐。（叔冶，名镕，河南人，其长兄名钫，字伯英，民国初元曾为陕西副都督，镇守潼关）

十一日

上午，百年先回京。十一时，景教育厅长偕同人游清真寺，一为唐中宗时创建，一为唐天宝时创建，三时回。预备讲演稿。

十二日

上午，讲《新史学之趋向》，购地方志三四十种。午刻，政务厅长郭芳五请宴。午后，至旧督军署，前督军阎相文即自杀于此。傍晚，易俗社主人请观新剧。

十三日

上午，至督署讲《法家之历史观念与统一事业》，在署午饭。下午，至督署城门洞（今改为窑，可以避暑）观李宜之①（三原人）所绘《陕西开渠计划图》。李为水利局长，其所计划分为二步：第一步，规复郑白及元明旧渠道，可以灌田一万余顷；第二步，新辟一水道，可以灌田五万余顷，详所著《引泾论》。前者预算银百万元，后者六万元，诚能实行，陕西农业不下江南矣。四时回寓，预备《司马迁之史学》讲稿。

十四日

上午，讲《司马迁之史学》半篇。午后，至清真寺，约拓回教各寺碑。

十五日

上午，续讲《司马迁之史学》完。十时，至教育厅并至教育会，因该会会员开欢迎会，乃为之演说社会教育，以调查陕省歌谣及流行小说戏剧以为改良地步，且评论易俗社戏剧之缺点，以期改良。下午二时，乘汽车至马嵬坡，过未央宫故址、丰水、渭水，咸阳、兴平二城。坡在马嵬驿前，其上有唐杨贵妃墓。赋诗二章，其一云："凄凄马嵬驿，当年驻六军。千古空留恨，将军杀美人。"其二云："一曲淋铃枉断肠，河山无恙美人亡。景阳宫井多情甚，南内空教哭上皇。"同行者有王、徐、吴三君，及

---

① 李宜之（1882—1938），名协，字宜之，后改名仪祉，陕西蒲城人。我国著名水利学家和教育家，也是我国现代水利建设的先驱。他留学德国，遍访欧洲诸国河流闸堰堤防，归国后参与创办我国第一所水利工程高等学府——南京河海工程专门学校，为国家培养了一大批水利人才。他曾任陕西省水利局局长兼渭北水利局总工程师、黄河水利委员会委员长兼总工程师，在陕西水利建设及黄河治理上，功绩卓著。

咸阳王磐城（北京高等师范毕业生）。王抚五亦赋诗四章，夜回兴平县署驻宿，县知事赠碑帖数种。

十六日

雨。由兴平起程至汉武帝茂陵，十时，雨初止。至陵上，西有李夫人墓，东有卫青、霍去病墓。霍墓象祈[①]连山，上有奇石，墓前有石马一，甚古，或像天马云。十二时，午餐于墓南张姓家，乃回咸阳。过汉哀帝义陵、平帝康陵，以日暮未上陵。七时，抵县城，住县议会。知事白建勋来会并设宴。

十七日

五时起食。乘车拟至醴泉九峻山谒唐太宗昭陵。出咸阳城，浓云四布，似欲下雨，乃改至毕原（在咸阳城北十余里）谒周文王、武王、成王、康王陵及周公、鲁公、太公墓。又谒汉昭帝平陵、元帝渭陵、成帝延陵，二时回咸阳。白知事赠碑二种。三时渡渭水，其地俗称咸阳古渡。六时回长安。

十八日

上午，至督军署讲演《前识论》，督署参谋长范滋泽（字润芳，江苏江宁人）代表督军来陪。下午四时，张霁若、孙剑泉二君请至图书馆夜宴。午刻，文献征集处请宴。张鹏一（字扶万，富平人，著有《汉律考》《河套志》等书）赠书数种。

十九日

上午，至督署讲演《老庄哲学中之认识论》。下午，至南院门购地方志。傍晚，督军及政界重要人物请宴于图书馆并摄影。

二十日

上午，王、徐、柯三君先回京，十时出发。商务印书馆经理庄澄东（字小瀛，浙江镇海人）来会。下午，整理书籍。灯下写日记。

二十一日

雨。上午，与傅佩青谈天。下午，景志伊[②]（字莘农，富平人，教育厅长景志傅之兄，现省参议会秘书长、省长公署科长，预科《陕西通志》）

---

① 整理者注："祈"，当为"祁"之误。

② 景志伊（1884—1964）字莘农，号柏叶庵，陕西富平人。早年，先后就学于三原宏道书院、京师大学堂、京师法政学堂、北京协和医学堂，精通医术，曾在北京行医，且对经、史、子、集有一定造诣。后矢志中医事业，在西安中医界享有"活字典""景百科""景万有"之称。新中国成立后，景被聘为西安市卫生局顾问，历任陕西省文史研究馆馆长、市中医院院长、省中医院研究所副所长等职，曾任中医师公会理事长、中华医学会西安分会副会长。1964年逝世。

赠自画山水一轴，并题二绝云：“高论人才出钓屠，不缘升降后来无。入关百一诗酬罢，新见多能秀水朱。”“右丞题后诗难道，太乙峰回色自苍。为写一泓秋意思，垞南垞北读书堂。”跋云：“太乙汤峪旁景正如此，癸亥夏中欣接逖先先生，相见恨晚，辄赋奉赠。”夜，景岩徵厅长来谈天。

二十二日

上午雨。作七绝二首。下午晴。至南院门树信堂购地志八种，并至商务印书馆答拜庄君。又托第一中学校庶务科寄书六十包至家，代百年寄书十二包。得家信，知百年母夫人逝世。傍晚，偕傅佩青至法政学校（旧为关中书院，基址甚大，其后院今为教育厅）及第三中学校（校地约一顷余，甚广大，旧为贡院东部），为选择西北大学校舍也。夜，续作七绝二首，并为四首，以酬景莘农。其一云：“多能自愧朱鸿博，高论自惭许子将。为慕关中饶古迹，天教邂逅入咸阳。”其二云：“三秦分割自成区，都尉何人为策图。眼底英才起耕筑，休将空过绕朝庐。”其三云：“迢迢泾渭自分流，鉴水知心迥不侔。我欲濯缨君莫笑，君须揽辔我何求。”其四云：“秦中山色最依依，却恨函关锁翠微。多谢辋川诗画笔，为我写取载将归。”

二十三日

晨，张扶万来，赠汉瓦一。偕傅佩青至职业学校（校长张思忠，字荩丞，兴平人，家住茂陵霍去病墓东，前日饭于其家）及城外西南隅甲种农业学校（凤翔第二中学校因避匪暂附于其内），并至实业厅（厅长刘宝濂，字楚材，洋县人）。下午，写诗四首，送至景莘农家。傍晚，刘督军请至易俗社观剧。至夜半二时始回。

二十四日

上午七时起，饭后阅《王莽传》一卷，午后又阅半卷。古董商携秦汉瓦当并古镜一，上镌“长宜高官，位至三公”八篆文。购瓦当七块。傍晚至景莘农家，不遇。又至张扶万家谈天一小时；观秦砖一，长约今尺一尺二三寸，阔五六寸，厚三四寸，砖上有小方印篆文二，出秦始皇陵；并承赠秦砖拓片二，“加[①]气始降”瓦当拓片一。是日，段绍岩赠隋仁寿元年岐山凤泉寺舍利塔铭拓片一。

二十五日

六时起程赴三原县讲演，傅佩青、张勉斋、蔡疆丞、王霆宣同行。出

---

① 整理者注：朱希祖原文作“加”，“加”即“嘉”字。

长安北门三十余里渡渭，谒汉景帝阳陵。其东又有一陵，相去里许，以时促未能走谒。又三十里许渡泾，泾水南[1]为泾阳，地有泾阳塔，高十三层，可以登临远眺。又二十余里至三原，已七时矣。入城至渭北中学，校长郝梦九（北京大学数学系毕业）引导至北城工业学校住焉。此校旧为宏道书院，基址甚大，为明代王氏所创云。

二十六日

上午，工业学校校长范克立（字卓甫，三原人）、师范学校校长张用章、公立中学校长韦焕章（字文宣）、驻三原陕西陆军第一师步兵第二旅长田玉洁（字润初，富平人）来会，午刻，设宴款待。下午，田旅长派人引至清麓山正谊书院，并晤张衡山及其弟子三十余人。（此书院为现今陕西讲理学之处）又至半耕园（俗名唐园，旧属刘氏，今为九县公园。盖此九县以三原为中心，东至高陵、富平及临潼、渭南之渭北[2]，北至同官、耀，西至泾阳、醴泉，皆为胡景翼势力范围，今归田氏节制，俨同独立，县知事皆为其所派，钱粮皆为所收取）、补园，均在东里堡城外。六时，设宴于唐园。七时，反三原。

二十七日

上午，三原学界及田旅长开欢迎会于南城师范学校，莅场演说。午刻，田旅长设宴于司令部款待。下午，游三原东关吴园。

二十八日

上午，至师范学校讲演《前识论》。与张勉斋至城隍庙旧书坊。午后与人谈天，阅《王莽传》一卷。

二十九日

上午，演讲《中国人种略说》，至旧书坊购书七种。午后与人谈天，阅《王莽传》第二卷。

三十日

上午，讲演《文学之势力》。三原学者朱佛光[3]先生来会，先生年已七

---

① 整理者注："泾水南"恐为朱希祖笔误，或为"泾水北"。

② 整理者注："渭南之渭北"实难解，朱希祖原文如此。

③ 朱佛光（1853—1924），名先照，字漱芳，晚年改字佛光，陕西三原人，我国近代著名学者，辛亥革命在陕西的积极推动者。1893年中举。甲午后，外患日深，遂究心于经世之学。与孙芷源发起励学斋，广泛购买科学书籍，增订各种报刊，引导有志之士，陕西辛亥重要人物，受其陶冶者众。同盟会成立，则劝学子加盟，以回应于西北，由此推进西北革命思潮。辛亥后，陕西都督府成立，被聘为顾问，但仍以教授自给。其讲解经史疑义，科学新知，革命原理，议论风发，与长安毛昌杰结为昆弟，关内称"朱毛二经师"。1924年逝世。

十一，而讲学以新为法，且谓现在讲学，当以欧战以后为标准，其弟子有井勿幕、于右任，而先生以为已旧云。下午，阅《王莽传》第三卷。

三十一日

上午，讲《新史学之趋向》。午后与人谈天，阅《汉书·元后传》。傍晚，散步北城西部，过李卫公故宅，及三原故家旧宅，如王、贺等家。其门上及墙上皆悬匾额，书其官衔及略历，可以见古代阀阅之式云。

八月一日

上午，讲《法家之历史观念与统一事业》。午后，至渭北中学参观，并与吴庸（字伯坚，三原劝学所长。其人曾在上海中国公学肄业，后从军于山东。坚苦耐劳，夏衣布袍，不苦溽暑，冬衣夹袍，不苦严寒，饮食动作，皆以克苦为的。谓人之卫生，皆从消极着想，无有从事积极方面锻炼身体以任艰巨者云）辩论“前识”，纵论《易经》。吴颇深染“前识之学”不能自拔，因规劝其以科学方法研究精神科学。四时，三原学界请讲音韵学，为之讲[①]小时，听者颇踊跃。[②]

二日

上午讲《中小学国文教授方法》，讲毕，全体摄影。午刻田旅长设宴饯行，同座者有许、李、牛、二张五理学家。十时回城北工校，河南孟津许鼎臣[③]（字石蘅，治理学，陕督请其讲《大学演义》[④]，尚留辫发）、巩县李惟人（字允升，曾官蓝田知事，不坐轿，其坚苦颇胜吴庸）、蓝田牛梦周[⑤]、

---

① 整理者注：“讲”字下似缺一字。

② 整理者注：朱希祖在这天日记结尾处有段小字，云：“自‘午后’至此，改在八月二日。”

③ 许鼎臣（1871—1933），字石衡，号禹涔，河南孟津人，清末民初河南著名理学家。少贫，得当地贡生杨伯峰资助入塾求学，后入开封明道书院，后又入洛阳尊经书院，1897年中举。辛亥后，绝意仕进，以设馆授徒为生，先后在临汝杨氏家塾及孟津龙嘴山馆教书二十余年，陶铸弟子众多。民国初年豫西匪患纵横，1921年，土匪将许鼎臣绑架至龙门山，因无钱赎人，许鼎臣在山洞中被关押了27天，最后因陕西督军刘镇华仰慕许氏，亲自过问并出赎金数千元，将许氏赎出，1923年又邀至陕西讲学。许在陕西讲学期间，与关中理学名家牛梦周等，成立关洛学社。1933年许在洛阳创办河洛国学专修馆，同年七月逝世。有《龙嘴山馆文集》《中州学系史》等著述传世。

④ 整理者注：“《大学演义》”，恐为“《大学衍义》”。《大学衍义》，南宋理学家真德秀所作。

⑤ 牛梦周（1867—1937），名兆濂，字梦周，号蓝川，陕西蓝田人。清末民初关中理学家名家、“关学”重要人物之一。其幼年过目成诵，21岁中举，26岁拜三原著名理学大师贺瑞麟为师。曾讲学于蓝田芸阁书院、三原清麓书院。辛亥革命后以遗民自居，后积极倡导抗日。1937年7月卢沟桥事变爆发不久病逝。有《吕氏遗书辑略》《芸阁礼记传》《近思录类编》等著述传世，又曾主纂《续修蓝田县志》。

兴平张晓山[①]、张衡山（三人皆关中理学名家，牛在蓝田讲学，其服制道冠释袍儒带；二张在青麓讲学，衣通俗衣而冠儒冠，上有八卦，亦类道家。三人皆束发）亦来校。下午，召集三原学界来听五先生讲演，其所讲类多理学常谈。牛先生赞美唐虞三代，谓西洋学术以新为善，吾国唐虞三代，其美无以复加，故以古为善，颇招学界之反对，谓阻碍新机，行动怪诞，为学校之污点云。夜，三原学界中有来责问是否北京学界特来此提倡理学，果尔则甚为遗憾。余答以非我之意，且亦不赞成此举；成此举者乃傅君之意，且督军征此五人，将设关洛学社，以联络感情耳，此乃政治作用，与学术无关。

三日

上午五时自三原起程回长安，取道高陵，四十里至高陵县城，二十里至渭桥，渡渭水，向西涉灞水，六时半至长安。夜浴身早寝。

四日

天热甚，上午至督军署城门窑避暑，四时回第一中学。

五日

天仍热极。佩青接家信，谓北京热甚，恐路上中热病，故暂缓行期。午刻，至张伯英家窑避暑。四时，商务印书馆经理庄君请至曲江春宴会，六时回校。

六日

天仍热。第一中学太闷，迁居旧督军署，在钟楼北，前清为巡抚衙门，有《巡抚陕西都察院题名记》碑，中载毕沅江苏镇洋人，庚辰状元，乾隆三十八年十一月二十六日到任，乾隆四十四年十二月二十八日刘秉恬接任，乾隆四十五年十一月二十一日毕沅重莅任，五十年二月十一日调任河南巡抚，综计毕为陕西巡抚前后十一年，其幕宾如孙星衍、洪亮吉、邓石如等皆住抚院。正堂东旧有终南仙馆，饶松竹水石之胜，其东有楼三盈，即邓石如所居，写字三年未尝下楼，后终南仙馆改为四来堂（“四来堂”有二说，一云陈宏谋四来此为巡抚所筑；一云英和之母少时从父、嫁时从舅、壮时从夫、老时从子，为巡抚四来此处，故自题其额为“四来堂”云）。清德宗西奔以此为行宫，皇太后居正寝，德宗即住四来堂。民

① 张晓山（1851—1931），名元际，字晓山，号仁斋，陕西兴平人，清末民初关中理学家名家、“关学”重要人物之一。有《孔子辑要》《四尝录》《易以反身录》《道统百篇》《关学续编》等著述传世。

国初建，张凤翙为都督，其后陆建章、陈树藩、阎相文皆以此为督署。阎被刺后冯玉祥为督军，乃迁督署于满城（即明代秦藩宫城，故称王城），乃毁旧督署房屋甚多，今者败瓦颓垣，荒凉满目，惟最后正寝门户尚全，余即居其中。民国以来，督军皆以此为寝室，阎即自杀于此。前面二堂、大堂，门窗已不全，而梁栋伟大。张扶万谓清初满人入陕，即拆秦王府建此署，故其木材皆明代遗物。冯玉祥武夫，不知历史，毁灭古迹，甚属可恨。正寝东数十步有台，台上有楼二层，高几与钟楼齐，此为陈树藩所筑囚胡景翼处，盖胡于此曾拘留一年有半云。

七日

上午，至通志局参观陕西全省各县志，尚缺十余县不全，《盩厔志》仅有抄，《同官志》一为二册、一为六册，《甘泉志》仅一册抄本。并晤局长宋伯鲁（字芝田，醴泉人，年七十一）及纂修景志伊、周庸（字石笙，泾阳人）、郭毓璋（字蕴生，华县人）、萧之葆（字筱梅，栒邑人）、吴廷锡（字敬之，江宁人，廷燮之兄）、张鹏一等，尚有段维（字刚伯，岐山人）未见。又至陕西赈务处晤其处长刘晖（字春木，年七十一，善山水，为北派后起之劲，又善书）。至陕西印花税处晤其处长王普涵，至陕西图书馆晤其馆长高培支，回署已三时。傍晚，至督军署晤刘督军，新从终南山回，谈彼处风景，并拟筹办国立西北大学电报，电甘肃、新疆及教育部。

八日

上午写日记。下午，刘督军之三弟茂松（字秀岩，司令部参谋）、五弟茂恩（字书霖，机关枪营长）、七弟茂修（字竹庭，尚在入学，同住旧督署）来会，尚有二弟镇乾（字建宇）、四弟镇海（字泽普，骑卫营营长）、六弟茂宣（赴德留学）未见。弟兄七人一母所生，其太夫人尚健在，吴新吾兄为之画像云。夜与张云（字润苍，河南人，督署西席）谈天，并授其音韵之乐。

九日

偕吴新吾、张莘南谒汉宣帝杜陵，离长安二十五里。涉浐水，上高原，谒汉薄太后陵，去杜陵约二十里。其东北约三里许有大陵，至其陵上，无碑可考，疑为汉窦太后陵。其西约三四里又有大陵，过其北约里许，因时晚不及上谒，此陵在薄陵北约五六里，按之古籍，谓薄太后陵在汉文帝陵南十里（汉里约今六七里），则此陵殆为文帝霸陵欤？约离长安三十里。仍涉浐水入长乐门归署。长乐门外五里有韩信冢，甚大，在高原上。七时抵署。

十日

本拟至终南山，天雨未果。上午，与佩青商拟《西北大学章程》。午后，刘督来邀谈天。夜，至东门陈宅看戏，中有《大学衍义》一剧，刺陕西理学先生，颇佳。

十一日

上午，偕傅君访蔡疆丞、王霆宣及教育厅长景志傅。午刻，张云、张莘南、金□□[①]请宴于本署，因皆同住故也。午刻稍睡。三时至实业厅观房屋，拟作西北大学校舍。晤其厅长刘宝濂，引观署舍、农事试验场及女子□边蚕桑学校，地址甚大。夜，刘督来谈天，并约定行期。又与傅拟《西北大学章程》。

十二日

上午，偕傅至实业厅西，观旧面粉公司。洋楼三座，亦系厅之官产，拟拨为西北大学图书馆之用。午刻，蔡疆丞、王廷宣[②]请宴于义聚楼，此为陕西革[③]起义会议之处故名。座有景教育厅长，深信鬼神怪诞之学，谈狐仙及扶乩等事，津津有味，一若目睹鬼神者，可以代表陕西学风，盖陕西人喜空谈心性，故佛教、外道、道教及山东江神童之学，陕西人皆深信不疑。下午，客来谈天。旧北大学生张云鹤（字腾霄，束鹿人，陕省署科员）来送食物五瓶。五时，刘督军邀集参谋长范、政务厅长郭、教育厅长景、实业厅长刘及陕西高等审判厅长贾晋（字菩生，四川人）来署设宴饯行，夜而散。与傅拟《西北大学章程》，完成。

十三日

上午，至商务印书馆购《四部丛刊》一部、《学津讨源》一部、《学海类编》一部，共洋七百三十三元，捐于陕西图书馆。又捐易俗社新旧戏剧参考书，洋一百元。余与王抚五、陈百年、徐旭生、吴新吾五人，以督军所赠川资有余款，故捐此。且因陕西图书馆书籍太少，易俗社无新旧戏剧参考书，故特捐此，以为之倡。十一时，至督署开西北大学筹备会议，陕西学界、政界人物咸会。余说明《西北大学章程》宗旨，议决付印再修改。其章程采北京大学、杭州大学之所长而去其所短，故人多赞成。散会

① 整理者注：原文此处空两字。

② 整理者注："王廷宣"，即上文所记之"王霆宣"。

③ 整理者注："革"下当脱一"命"字。

后即在督署午餐。下午，至商务印书馆，庄君谈陕西军队派钱事甚悉，敛怨于民，其在此乎！又谈阎相文督军之死，确为饮鸦片自杀，其原因为陕西财政拮据，当时实无现款，而冯玉祥逼饷甚急，汹汹压迫，实为其逼死。案此论甚是，黎总统亦为冯玉祥逼饷而走，其明证也。五时，景教育厅长请宴，至其家。夜，政界、学界中人来话别者甚多。收拾行李，十二时而睡。

十四日

七时，督军及政界、学界来送行，派副官马祥骥（字志昂，河南偃师人）带护兵一人护送，同行者吴新吾及李协（字宜之，水利局长）。七时半，乘汽车起程。出西长安乐门[①]，过灞桥，九时抵临潼。至温泉宫暂停，浴于温泉，十时行。午刻抵渭南午餐。下午四时半抵潼关，驻镇嵩军第一师司令部。夜，东风甚大，继又大雨，枕上伏思，恐明日不能行矣。

十五日

天晴。由潼关乘船。由黄河至陕州，司令部派护兵十人护送。八时开船，适遇西风，风水均顺，故行甚速。十时半过阌乡县城，一时过函谷关、临宝县城，四时抵陕州，住南门外耀武旅馆。傍晚独行至南门外水涧中，拾五色石子数十枚，拟以种水仙花时，置在花盆内玩赏。夜餐后，李宜之谈其当时被虏于土匪情形甚悉。

十六日

因无车不能起程。八时，豫西镇守使丁香玲（字芳亭，安徽宿县人，吴佩孚之高等顾问）来会。十时，至陕州城内镇守使署答拜。丁君年五十九，为豫西剿匪总司令。自述去年至南山剿匪，得大病，几死，四阅月乃愈。盖南山一带，地不宜田，十年九旱，又无水可灌溉，运输更不便利，其地饥民食树皮泥土为生，故聚为土匪，常万余人。尔时在豫西一带，劫人千余为票以待赎。剿匪军将至，则散为民，去则聚为寇。丁进剿时，运输不便，粮食亦断，军中无可采办，则亦食树皮泥土为生，于是大病。由是言之，豫西土匪之多，皆迫于生计。陕西人言豫西土匪，自清初至今，未尝断绝，小则劫物劫人，大则聚千万人与官军抗。官斯之者，不为根本之计以兴农业，专为治标之策以剿土匪，无怪愈剿愈多也。自观音堂以西，至潼关三百里间，土山皆童，田野亦无树木，荒旱之时，树皮草根，具无所得。张茅、硖石一带土匪尤多，俗语云："张茅土人不耕田，待着

① 整理者注：朱希祖原文如此，恐为"出西安长乐门"。

客人吃半年。”根性既成，牢不可破，然行旅之人为之裹足，行则须兵保护，豫陕二省往来孔道，而二省人民不为之筹画，偷安徼幸，足以见其无识矣！

附：旅陕费用

收家中洋一百二十六元

付汇款洋五元
付陕教育图书社（书十七种、地图一种）洋廿五元六毛
付崇记书局（地志四十六种）洋四十一元七毛
付瀛记书局（地志廿四种）洋二十七元三角
付又五种洋四元一角
付崇记书局（地志七种）洋十元
付树德堂（《苏州府志》）洋六元
付景莘农送画敬使洋一元
付小六骏洋三元
付瀛记（地志四种、《诗韵》一部）洋三元
付树信堂（地志八种、金石一种）洋十七元
付汉瓦五块洋四元
付又二块洋一元
付三原买书七种洋十元
付三原买古器三件洋一元
付新都平远《上海志》洋三元
付三原送书一箱酒力洋一元
付碑帖洋廿九元
付伊汤安《嘉兴府志》洋六元
付《陆宣公集》《南□文集》洋五元
付《宜川》《续武功县志》洋二元
付《四川通志》洋十四元
付碑帖找洋十三元
付四川府县志三种六元
付《山阴会稽县志》洋四十元
付寄书七十三包邮费洋十四元六角

付零用二元八角

一中存款

一、存百年洋六百五十元　　一、支洋廿五元六角

二、存自己洋二百元　　二、支洋廿七元三角四分

三、存自己洋六十五元　　三、支洋五十元

四、存王、徐洋三百元　　四、支洋五十元

五、支洋五十元

付商务洋七百三十三元

付易俗社洋一百元

付商务汇京洋九百元

吴新吾借洋七元又三元又五元又三十元又一百元又十元

张扶万鹏一（西仓内五十二号富平张寓）

代百年付款

小六骏洋三元

借去洋五元

邮二元八角

代王抚五邮费三元

买皮箱洋十二元

赏督使洋五十元

买锁绳及夹板洋三元

买毡毾各二件洋五元

寄书籍碑帖五十四包洋十一元（吴八包、王十五包、陈二包）

赏所差十六元　自加一元

赏潼关护兵十名洋二十元

赏马副官护兵洋十元

赏观音堂护兵洋二元

观音至郑二等票十一元

买郑至京二等票洋四十元二角

余洋二元四角

铜面盆三只洋六元四角
寄《唐石经》邮费洋二元
卧车茶资洋一元
北京人力车洋六角

（共十元）

朱希祖等北大教授1923年到武汉讲学时间辨正[*]

周文玖

（北京师范大学历史学院，北京　100875）

摘　要： 关于朱希祖等北大教授1923年到武汉讲学的时间，朱偰《先君逖先先生年谱》定为11月。这个记述导致学者对朱希祖生平的错误书写。本文根据当时《江声日报》的报道，武昌高等师范学校文史地学会创办的《文史地杂志》登载的演讲记录稿，以及《李大钊史事综录》、《孙中山史事编年》、李大钊的年谱等，断定讲学时间是1923年2月初。并通过《武汉大学校史新编（1893-2013）》对李大钊演讲"进步的历史观"的征引，认为此次李大钊的讲演内容，没有被收集李大钊著述最全的《李大钊全集》（5卷，中国李大钊研究会编注，人民出版社，2006）所收录。

关键词： 朱希祖　李大钊　武汉　讲学时间

1923年，朱希祖与北京大学教授数人到武汉讲学。关于讲学的时间，朱希祖长子朱偰作的《先君逖先先生年谱》（收入《朱希祖先生文集》时改为《朱逖先先生年谱》）定在该年的十一月。他在1923年条写道："十一月，应武昌高等师范之请，与北京大学教授多人，南下讲学，适京汉铁路工人罢工，乃绕道上海，代表北京大学各教授谒国父中山先生，于是北方文化界与国民党之合作，遂益行密切。"① 朱希祖的女婿、香港大学历史

* 本文系国家社会科学基金项目"朱希祖与民国学术研究"（17BZS027）阶段性成果。

① 朱偰：《朱逖先先生年谱》，载《朱希祖先生文集》第6册，台湾九思出版有限公司，1979，第597~598页；亦见《文史大家朱希祖》，学林出版社，2002，第157页。

学教授罗香林在《朱希祖先生小传》的第一部分“行谊”承袭了朱偰的说法。[①] 朱氏后人朱元曙、朱乐川合著的《朱希祖先生年谱长编》（简称《长编》），对这个说法有所怀疑，[②] 但没有更改，依然把朱偰《先君逖先先生年谱》的说法照录下来，并增加了《北京大学日刊》1923 年 4 月 18 日刊载的《文牍科十二年四月九日收发文件事由单》，内有“收到文件共四件……武昌高等师范学校请代为延聘朱逖先、李革痴来校讲演两个月函”等语，似乎想为此说法提供一个证据，并引录了朱希祖 1932 年 10 月 9 日的日记：“偕大儿乘车出朝阳门（今改名中山门），谒孙中山先生墓。余初见中山先生在日本，时光绪三十一年，初次演说三民主义，听者甚众。第二次见中山先生在上海，时民国十二年，余偕李守常大钊先生入谒，握手略谈北方事。今瞻仰雕刻遗像及巍峨坟墓，不胜凄感。”[③] 朱希祖写这则日记的背景是 1932 年 10 月，他自北平赴广州中山大学任教，时其长子朱偰毕业于德国柏林大学获得博士学位，被南京中央大学聘为经济系教授，父子同行。朱希祖在南京停留 4 日（10 月 7 日、8 日、9 日、10 日），其间拜访故旧，参观名胜。

笔者认为，朱希祖等人 1923 年到武汉讲学，不应是在 11 月，而是在 2 月初。

朱偰的《先君逖先先生年谱》（简称《年谱》）据其后人朱乐川说，作于 1944 年，大概是在朱希祖去世后不久。从年谱内容看，主要的依据是朱希祖日记及朱偰本人的日记。因为许多年份的事项都是具体到日，没有日记作依据是不可想象的。因此，这个年谱的准确性和可信度是很高的，以致笔者虽对朱偰《年谱》中的武汉讲学时间产生了怀疑，但很长时间亦没有深究。客观地说，即使《年谱》准确性很高，也未必没有错误。

讲学时间引起笔者怀疑的是朱偰说当时正值京汉铁路工人罢工——“适京汉铁路工人罢工”。众所周知，京汉铁路工人罢工发生在 1923 年 2 月。

《朱希祖日记》现已出版。朱希祖写日记始自 1905 年到日本留学时，

---

① 见罗香林《朱希祖先生小传》，载《朱希祖先生文集》第 1 册，第 3 页。

② 笔者曾就此疑点请教朱元曙先生。元曙先生说，作《长编》时在这个地方犹豫过，但又觉得父亲写《年谱》时可能有依据，于是在没有找到更有力否定材料的情况下，还是采纳了父亲的说法。

③ 朱元曙、朱乐川《朱希祖先生年谱长编》，中华书局，2013，第 190 页。该条日记见《朱希祖日记》上册，中华书局，2012，第 150 页。但《朱希祖日记》把“第二次见中山先生在上海”的时间写作“时民国十年”，盖在“十”后漏“二”字。因《朱希祖日记》《朱希祖先生年谱长编》均为朱元曙整理，而且《长编》出版在后，故此处从《朱希祖先生年谱长编》。

但现存的日记有不少年份是缺失的，朱希祖到武汉讲学时期的日记就没有留存下来。不知是朱希祖这段时间没有日记，还是有日记但后来遗失了。朱偰《先君逖先先生年谱》1923年条很简略，没有出现具体到日的记述。也就是说，朱偰在作《年谱》时，很可能没有看到朱氏该年的日记。因此，对朱偰《年谱》记述的1923年11月朱希祖等北大教授去武汉讲学的怀疑，无法从现存的《朱希祖日记》中获得肯定或否定之证据。

然而朱希祖等北大教授到武汉讲学之事，武汉当地报纸《江声日报》作了报道。

1923年2月3日的《江声日报》有"讲演日程·寒假讲演会最近规定"，其曰："寒期演讲会，兹又规定2月1日午后一时半至二时半，由王抚五先生在中华大学讲演环境改造之理论（第一讲）；午后三时至五时，由张仲琳先生在中华大学讲演英法最近中、小学校之管理及教授方法；午后七时至八时，由王抚五先生在中华大学讲演环境改造之理论（第二讲）；2月2日午前十时至十一时，由王抚五先生在高师讲演环境改造之理论（第三讲）；午前十一时至十二时，由李守常先生在高师讲演进步的历史观（第一讲）；午后一时至二时半，由朱希祖先生在中华大学讲演文学上之中国人种观察（第一讲）；午后三时至五时，由麦克乐先生在中华大学讲演体育（第一讲）；2月3日午前十时至十一时，由李守常先生在高师讲演进步的历史观（第二讲）；午后一时至二时半，由朱希祖先生在中华大学讲演中国文学之进化（第二讲）；午后三时至五时。由麦克乐先生在中华大学讲演体育（第二讲）；2月4日午前十时至十一时，由李守常先生在高等师范讲演进步的历史观（第三讲）；午后一时至三时，由麦克乐先生在高师讲演体育（第三讲）；午后四时至五时半，由朱希祖先生在高师讲演中国文学之进化（第三讲）。"[①] 这个报道提到的几个人，李守常即李大

① 见《江声日刊》421号，1923年2月3日，转引自《李大钊史事综录》，北京大学出版社，1989，第273页。按：《江声日刊》是《江声日报》的副刊，笔者在数据库中未找到《江声日报》，国家图书馆、武汉图书馆及湖北省图书馆都查不到，无奈在此只能转引。朱希祖、李大钊等人的讲演活动应是私立中华大学（现华中师范大学前身）、国立武昌高等师范学校（现武汉大学前身）合作安排的。他们各自在两校演讲的内容基本相同，很可能带有连续性，即一个题目用二次或三次讲完，如李大钊的"进步的历史观"可能是分三次讲完，朱希祖的"中国文学之进化"分两次讲完。朱希祖于2月2日"在中华大学讲演文学上之中国人种观察"，应是"文字学上之中国人种观察"，因为朱希祖有文章《文字学上之中国人种观察》，发表于《北京大学社会科学季刊》第1卷第2号（1923年），文末署"十二年一月十五日作于北京"。

钊，王抚五即王星拱，朱逖先即朱希祖，他们三人均为北京大学教授。麦克乐（C. H. McCloy，1886–1959）是美国人，来中国从事体育教育。张仲琳（1886–1962）曾留学英国八年，时任武昌高等师范学校教授。可见，朱希祖这次参加的武汉讲学，成员中有李大钊。这与朱希祖 1932 年 10 月 9 日日记的回录相吻合。从这个报道可知，2 月 1 日没有安排朱希祖、李大钊演讲，而安排了王星拱；朱希祖在上引日记中也没有提到王星拱，很可能他们二人与王星拱不是同路去的。

从记忆规律来说，在追忆过往的事情时，对事情发生的具体时间如日期容易出现误差，但事情发生的地点、人物、情形出现误差的概率较低。朱希祖说在上海与李大钊一起见孙中山，这个事情所涉及的人物（朱、李、孙）、地点（上海）不会有误。查《孙中山史事编年》，[①] 孙中山 1923 年 1 月、2 月寓居上海，而 1923 年 10 月、11 月，则一直在广东，所以《朱希祖日记》所说的在上海拜谒孙中山应是在 1 月底或 2 月初，不可能是在 11 月。上引朱希祖日记也没有说去武汉讲学之事，但他和李大钊等人在武汉讲学的新闻报道，是证明他们都参加了武汉的寒假讲演会活动的有力资料。两人一起到上海，显然是为了去武汉讲学。

对于这次讲学的安排，杨树升、张燕、韩一德、夏自正、黎典编《李大钊年谱（1889–1927）》中 1923 年 1 月末条，引录了李大钊给周作人的一封信："起明吾兄，昨接胡小石先生由武高来函云寒假时当地教职员会拟组织一学术讲演会，嘱转请吾兄及爱罗先珂先生联袂一行，一切旅费均由该会供给，弟亦拟前往一游。务希俯允，并转约爱罗先珂先生，如何盼覆。弟李大钊。"[②] 当时胡小石在武昌高等师范学校国文系任教，这封信说明，这次邀请北京大学教授到武汉讲学，胡小石是联络人，并通过李大钊邀请周作人，以及俄国世界语盲人学者爱罗先珂一同前往。但不知何故，周作人和爱罗先珂没有成行。

据上引《江声日报》报道，李大钊在中华大学和武昌高师作了 3 次演讲，题目均是"进步的历史观"。大概这三次不是独立的，而是具有连续性。《武汉大学校史新编（1893–2013）》对李大钊的演讲作了征引。从征引的文字看，这次演讲的内容没有被中国李大钊研究会编注的《李大钊全

---

① 参见桑兵主编《孙中山史事编年》第 9 卷，中华书局，2017。《孙中山史事编年》记事非常详细，但在 1923 年 1 月底 2 月初却没有记述孙中山与朱希祖、李大钊会见之事。

② 杨树升、张燕、韩一德、夏自正、黎典编《李大钊年谱（1889–1927）》，河北人民出版社，1981，第 162 页。

集》（简称《全集》）所收。而《全集》是到目前为止最全的李大钊著作集。由于该演讲内容鲜见于报纸和杂志，[①] 这里作一转录，对李大钊著述的辑佚不无裨益。李大钊在演讲开头即说："宇宙的运命，人间的历史，都可以看作无始无终的大实在的瀑流，不断的奔驰，不断的流转，过去的一往不返，未来的万劫不已。"[②] "社会进化，是循环的，历史的演进，常是一盛一衰，一治一乱，一起一落。人若生当衰落时代，每易回思过去的昌明。其实人类历史演进，一盛之后有一衰，一衰之后尚可复盛，一起之后有一落，一落之后尚可复起。而且一盛一衰，一起一落之中，已经含着进步，如螺旋式的循环。""如现在中国国势糟到此等地步，我们须要改造，不要学张勋因怀古而复辟，要拿新的来改造。他们是想过去的，我们只是想将来的。历史是人创造的，古时是古人创造的，今世是今人创造的。古时的艺术，固不为坏，但是我们也可以创造我们的艺术。……古人有古人的艺术，我们有我们的艺术，要知道历史是循环不断的，我们承古人的生活，而我们的子孙，再接续我们的生活。我们要利用现在的生活而加创造，使后世子孙得有黄金时代，这是我们的责任。""历史的道路，不全是坦平的，有时走到艰难险阻的境界，这是全靠雄健的精神才能冲过去的。""中华民族现在所逢的史路，是一段崎岖险阻的道路。在这一段道路上，实在亦有一种奇绝壮绝的景致，使我们经过此段道路的人，感得一种壮美的趣味。但这种壮美的趣味，是非有雄健的精神的，不能够感觉到的。……目前的艰难境界，哪能阻抑我们民族生命的前进。我们应该拿出雄健的精神，高唱着进行的曲调，在这悲壮歌声中，走过这崎岖险阻的道路。"[③]

除了参加在中华大学、武昌高师的演讲，李大钊还应湖北女权运动同盟会的邀请，发表题为"现在世界四种妇女运动之潮流及性质并中国妇女运动进行之方法"的演说。演说介绍了当代世界的四种妇女运动，即一，

① 从读秀搜索可知：当时，湖北省教育厅编了《湖北寒假讲演会讲演集》，1923 年出版，内收杜里舒《达尔文学说之批评》，麦柯尔《现代中国教育上的科学的研究》，朱希祖《中国文艺的进化》《文字学上之中国人种观察》，周鲠生《国际政治》《公民学之教材》，王雪艇《联邦制之真义与各种联邦制之根本差别》，李大钊《进步的历史观》，石蘅青《冶金与工业制关系》，丁美玉《妇女问题》等 19 篇。然而笔者在国家图书馆、湖北省图书馆、武汉大学图书馆，均未找到该书纸质版和电子版。

② 这几句话也见于李大钊《古与今》（《社会科学季刊》第 1 卷第 2 号，1923 年 2 月），中国李大钊研究会编注《李大钊全集》第 4 卷，人民出版社，2006，第 257 页。

③ 转引自《武汉大学校史新编（1893-2013）》，武汉大学出版社，2013，第 43~44 页。

宗教的；二，母权的；三，女权的；四，无产阶级的妇女运动的性质和情况，指出我国女权运动的目标是要实现妇女在宪法上之选举权与被选举权，废除民法上之亲权、财产权之不平等规定，争取女子有同受教育的机会和职业平等权利等，坚决禁止买卖妇女，禁止纳妾，为此妇女必须结成坚固的团体，联合一致，在打倒军阀、争取民权的运动中，实现妇女的解放。[①] 其间，他还会见了罢工的领导人陈潭秋、施洋等。一年以后，李大钊回忆道："去年'二七'前几天，兄弟适因演讲事情到汉口，亲看同志为集会结社自由做很大的运动，又见如狼似虎的军人残杀工人，及在船上又知道流血的事情，今天回想起来实在难过。"[②] 又说："有一位林祥谦同志，当时被军阀拿去，迫他开工，但他不肯，说'非有工会命令，头可断而车不可开'，军阀遂将他的头砍下。又有一位施洋律师，他为保障工人的正当利益，也被军阀杀了。施洋同志的死，在我尤为伤心，当我在汉口时曾见他一次，这一次会面是第一次见面，也是最后一次见面。"[③]

《江声日报》报道的朱希祖的三次演讲，讲了两个题目，一是"文学上之中国人种观察"（1 次），二是"中国文学之进化"（2 次）。前者朱希祖有同名文章发表，后者则未见同名文章发表，在朱氏后人编制的朱氏著述目录中也未见到，可能是朱希祖综合《中国古代文学史》《中国文学史要略》中的史实而重点阐发文学进化之观点。[④] 除了这三次演讲，朱希祖还在武昌高等师范学校文史地学会演讲了"新史学与旧史学不同之要点"。他说："近数十年来，西洋史学，日益发达；其趋势和旧时史学比较起来，不同之要点有六"：一是旧史学多半偏于政治方面，新史学多半注重社会全部；二是旧史学大概是主张循环说的，新史学大概是主张进化说的，旧史学家所谓黄金时代，是纯粹偏重过去、专事模仿的，新史学家所谓黄金

① 明丙：《李大钊君讲演女权运动》，见《江声日刊》1923 年 2 月 5 日。按：中国李大钊研究会编注《李大钊全集》收的是明丙对演讲的报道，题目拟为《在湖北女权运动同盟会上的演讲》，题目下写的时间是 1923 年 2 月 4 日，报道开头说："昨天（星期六）下午七时至九时，特请李大钊先生在寒期演讲会演讲现在世界四种妇女运动之潮流及性质，并中国妇女运动进行之方法。"2 月 4 日是星期日，不是星期六。括号内注"星期六"恐误。文末标注文献来源："《江声日刊》2 月 5、6 日"。

② 李大钊：《在广州追悼列宁并纪念"二七"大会上的演讲》，中国李大钊研究会编注《李大钊全集》第 4 卷，第 393 页。

③ 李大钊：《在广州追悼列宁并纪念"二七"大会上的演讲》，中国李大钊研究会编注《李大钊全集》第 4 卷，第 394 页。

④ 从读秀搜索中获知的《湖北寒假讲演会讲演集》，内收有朱希祖《中国文艺的进化》，"文艺"恐是"文学"之误。

时代，是注重创造、希望未来的；三是旧史学的眼光往往局于有史时代及有史时代中的一时代，新史学的眼光是向有史以前的时代去推求，而步步向下代研究的；四是旧史学的眼光往往局于一部，新史学的眼光则扩充范围及于全部；五是旧史学家往往只管胪列事实，新史学家注重在事实之中求出因果关系，阐明其真相；六是旧史学家往往偏于一种目的，不能完尽天职，新史学家是居于科学的地位，不偏不倚，以求阐明大律的。[①] 朱希祖的这次演讲，由学生记录下来，刊登在《文史地杂志》第1卷第1期上，文末附“编者志”：“朱先生是北大教授，现为本会特别名誉会员，这篇稿子，是一九二三年二月在本会讲演的，由秦英豪、赵锡朋、姜方才三君笔记。”在《文史地杂志》第1卷第1期的最后几页，刊登文史地学会名单，内有：“本会名誉指导员：朱逖先先生　李守常先生。”而“本会指导员”则有胡小石先生等十九人。会员包括国文史地部三年级学生26人，国文史地部二年级学生31人，国文系二年级12人，历史社会学系二年级10人。也就是说，武昌高师的“文史地学会”包括国文、历史学、地理学、社会学等不同专业的学生。朱希祖的讲演内容涵盖文字学、文学、历史学，照顾到学会的不同专业，他运用进化观念论述中国文学的发展，主张扬弃旧史学，发展新史学。朱希祖、李大钊被聘为“名誉指导员”，反映了武昌高等师范学校对他们的热烈欢迎，并期望他们给予经常的指导。

朱希祖、李大钊等北京大学教授于1923年2月初到武汉讲学已有充分的材料证明。那么朱希祖、李大钊是否在这年的11月又去了武汉做演讲呢？查阅李大钊的各种年谱，可以断定，李大钊没有去。至于武昌高等师范学校1923年4月邀请朱希祖、李泰棻到该校讲学指导，是否成行，目前没有找到资料证实。但朱偰《先君逖先先生年谱》说到的这次讲学，出现了铁路工人罢工、绕道上海、在上海会见了孙中山等要素；而朱希祖1932年10月9日的日记又提到了李大钊，这样就可以得出结论：朱希祖、李大钊等北大教授到武汉讲学的时间是在1923年2月初，不是1923年11月。

---

① 见朱希祖先生讲演《新史学与旧史学不同之要点》，《文史地杂志》第1卷第1期，1923年，第233~235页。按：《文史地杂志》第1卷第1期出版于1923年10月1日。1923年9月，国立武昌高等师范学校改名为国立武昌师范大学，故该杂志封面署“国立武昌师范大学文史地学会发行”。

外国史学研究

伏尔泰人文主义思想的研究与反思*

——以欧美学界为中心

黄冬敏

（湖南师范大学历史文化学院，湖南长沙　410081）

摘　要：伏尔泰是18世纪法国启蒙运动的领袖，其人文主义思想是西方人文传统的重要组成部分，他的作品不断被整理和研究。凯尔版、博肖版和莫兰版的全集及贝斯特曼版的书信集奠定了其人文主义思想的研究基础。早期研究者们的经典著作和观点成为研究伏尔泰思想的理论基石。欧美学界对伏尔泰的研究主要集中于其政治思想和宗教思想。学者们关注的是启蒙思想家群体，对伏尔泰人文主义思想尚缺乏系统的论述。借鉴西方相关的理论可以深入理解伏尔泰的人文主义思想，法语专业人才的培养和跨学科理论的运用有助于开拓新的研究视角。

关键词：伏尔泰　人文主义思想　数字人文　接受史

伏尔泰是18世纪法国启蒙运动的领袖，其人文主义思想是西方人文传统的重要组成部分，因此对伏尔泰思想的研究是中西方史学界一个长盛不衰的课题。国内外学界对伏尔泰的思想进行了较为广泛和深入的研究，取得了可喜的成就。

*　本文是湖南省教育厅科学研究项目“伏尔泰人文主义思想研究的兴起与趋向”（21C0016）的阶段性成果；本文受到中国国家留学基金资助（2019）。

一 伏尔泰全集的编辑与人文主义思想的早期研究

作为欧洲文学共和国的无冕之王，伏尔泰的作品在他在世时就开始被收集，但是这些作品缺乏系统的整理和分类，“许多文本还未发表，或仅以匿名和化名的形式发表”。[①] 1777 年 10 月 4 日，书商潘库克在德克鲁瓦的陪同下来到费尔内，开启了伏尔泰全集的出版计划，剧作家博马舍、孔多塞侯爵、伏尔泰的秘书郎尚、瓦涅尔、传记作家杜韦内等人参与了出版工作，甚至公众也参与其中。“1780 年 7 月 7 日，博马舍在伦敦出版的法语报纸《欧洲信使》（Courier de l'Europe）上发表了一篇文章，发起了集体呼吁”，[②] 即向公众搜集伏尔泰未出版的作品。这部全集于 1784~1789 年在凯尔出版，共 70 卷。19 世纪初，布乔革新了编辑方法，新的全集于 1828~1834 年在巴黎出版，共 70 卷。[③] 1877~1885 年莫兰整理的全集也在巴黎出版，共 52 卷，[④] 这也是较为通用的版本。伏尔泰的书信集由贝斯特曼编辑，他将其称为巨大的工程：“两万封信件，数百个附录，数万条注释，107 卷。”[⑤] 第一版书信集于 1953~1965 年在日内瓦出版，后来又进行了修订，于 1968~1977 年出版。这些著作的编辑成为研究伏尔泰人文主义思想的基础。

伏尔泰的作品还得到了一些研究机构的持续整理和出版，如瑞士的伏尔泰研究所与博物馆（Institut et Musée Voltaire）。[⑥] 1753 年，伏尔泰离开普鲁士王宫，重返自由，于 1755~1760 年居住于日内瓦乡下的一栋别墅，

---

① Linda Gil, “Condorcet éditeur de Voltaire dans la révolution: le volume 70 des œuvres complètes de Voltaire, Kehl 1789”, *Revue d'Histoire littéraire de la France*, 116e Année, No. 2, 2016, p. 315.

② Linda Gil, “Condorcet éditeur de Voltaire dans la révolution: le volume 70 des œuvres complètes de Voltaire, Kehl 1789”, p. 322.

③ Nicolas Morel, “《N'est-ce pas la plus étonnante?》Beuchot, Cayrol et la Correspondance de Voltaire”, *Revue Voltaire*, No. 16, 2016, p. 272.

④ Christophe Paillard, “La Correspondance de Voltaire et l'édition de ses Œuvres. Problème de méthodologie éditoriale”, *Revue d'Histoire littéraire de la France*, 112e Année, No. 4, 2012, p. 860.

⑤ https://www.voltaire.ox.ac.uk/wp-content/uploads/2021/02/Besterman-memoir_Tristram_Besterman.pdf. p. 14. [2022-7-28]

⑥ http://institutions.ville-geneve.ch/fr/bge/connaitre-la-bibliotheque/sites/musee-voltaire/presentation. [2022-08-07]

伏尔泰称其为欢乐园（Les Délices）。伏尔泰在此沉淀半生的思考，创作了诗歌《叹里斯本灾难》、哲理小说《老实人》等作品，出版了完整版的《风俗论》，并与卢梭通信，接见达朗贝尔等人。1954 年日内瓦市政府在此基础上正式成立伏尔泰博物馆，主理人是西奥多·贝斯特曼（Theodore Besterman）。他编辑了伏尔泰的书信集，并在晚年去到牛津大学，开创了伏尔泰基金会。20 世纪 70 年代，伏尔泰博物馆成为日内瓦图书馆的一部分，收藏有珍贵手稿、书信，并开发了在线资源，供研究者使用。

牛津大学的伏尔泰基金会是欧洲重要的伏尔泰研究中心，[①] 由西奥多·贝斯特曼创立于 20 世纪 70 年代。它是“伏尔泰与十八世纪研究”（Studies on Voltaire and the Eighteenth Century，即 SVEC，现为牛津大学启蒙运动研究中心）的秘书处，负责人现为 Nicholas Cronk 教授。[②] 它主要出版关于伏尔泰的完整版和校勘版的全集以及重要的法国思想家的著作，也定期出版学者的系列研究，1955 年以来，已经出版了学者著作 500 余部，涵盖 18 世纪和启蒙时代。伏尔泰的哲理诗歌、小说、历史著作等都得到系统的研究。伏尔泰的全集编辑工作 2022 年已经完成，共 205 卷。[③]

Electronic Enlightenment（EE，电子启蒙数据库），[④] 是牛津大学博德利图书馆的一个研究项目，一个庞大的收集信件和文件的电子资源库，时间涵盖 17~20 世纪。该库提供了 8000 多名通信者的信件及未发表的文件，使学者能够通过信件传递的信息探索通信者的人际关系网络。EE 提供了伏尔泰的 16000 余封信，每封信都有非常详细的注释，如通信人、信件的不同版本、通信双方的年龄、文本注释、编辑注释等，极大地方便了学者们对伏尔泰的人际交往的研究。

伏尔泰图书馆（La Bibliothèque de Voltaire）属于俄罗斯国家图书馆，[⑤] 伏尔泰逝世后，叶卡捷琳娜二世买下了他在费尔内的藏书，共约 7000 卷，包括手稿、注释、阅读笔记和各类藏书，图书馆对参观者和研究人员开放。

---

① http：//www. voltaire. ox. ac. uk/［2022-07-28］

② 克朗克教授曾组织编写《剑桥伏尔泰指南》，参见 Haydn Mason，“The Cambridge Companion to Voltaire - Edited by Nicholas Cronk”，*Journal for Eighteenth - Century Studies*，Vol. 34，Iss. 3，2011，pp. 422-424。

③ https：//www. voltaire. ox. ac. uk/oeuvres-completes-de-voltaire/［2022-07-28］

④ http：//www. e-enlightenment. com［2022-08-07］

⑤ https：//nlr. ru/voltaire［2022-08-07］

法语语言文学研究中心（Le Cellf）[①] 是索邦大学和法国国家科学研究中心的联合研究单位，由三个研究团队组成，即16世纪文学研究小组、17~18世纪文学研究小组、19~21世纪文学研究小组。其中，17~18世纪文学研究小组成立于1967年，成立之初就与牛津大学的伏尔泰基金会合作，参与对伏尔泰完整著作的编辑和出版。早期重要的组织者是索邦大学的勒内·波莫（René Pomeau）教授，组织集体编写了《伏尔泰在他的时代》，[②] 成为权威的伏尔泰传记之一。该中心有专职的研究人员和在读博士，设有学习日、研讨会、访谈、讲座，以多种形式为学者们的交流提供便利。

The ARTFL Project（The American and French Research on the Treasury of the French Language，美国和法国法语语料库研究项目），[③] 成立于1982年，是芝加哥大学和法国国家科学研究中心（CNRS）的合作项目，包括法语研究的多种数据库，可以链接到法语词典、法语语言和文学的各种资源，支持文本检索，有专门的伏尔泰作品查阅数据库，即Tout Voltaire，囊括了伏尔泰的除信件以外的所有作品。

Eighteenth Century Journals（十八世纪期刊在线），[④] 提供1685~1835年出版的期刊和报纸。资料来自伯明翰中央图书馆、剑桥大学图书馆和牛津大学的博德利图书馆等8个图书馆。内容分5个板块，不仅呈现了18世纪的印刷出版文化，还提供了有关政治、文学、艺术和社会等方面的珍贵资料。

Eighteenth Century Collections Online（ECCO，十八世纪作品在线），[⑤] 可以查询到伏尔泰大部分的作品，包括不同版本，并可与同时代作者的作品进行对比分析，有利于分析伏尔泰思想的受众和接受程度。

这些研究机构和数据库为研究伏尔泰的人文主义思想提供了有力的支撑，早期的研究者则从多方面开启了对伏尔泰人文主义思想的探究。

勒内·波莫的《伏尔泰的宗教》[⑥] 着重从伏尔泰的人生经历分析伏尔泰思想的发展和转变是随生活的变动和对社会的观察而来的自然的变化，

---

① https://cellf.cnrs.fr［2022-08-07］

② René Pomeau（ed.），*Voltaire en son temps*，Oxford：Voltaire Foundation，1995.

③ https://artfl-project.uchicago.edu［2022-8-10］

④ https://www.18thcjournals.amdigital.co.uk［2022-8-10］

⑤ https://www.gale.com/intl/primary-sources/eighteenth-century-collections-online［2022-8-13］

⑥ René Pomeau，*La Religion de Voltaire*，Paris：Librairie Nizet，1956.

并不是成体系的完整的宗教思想，其宗教思想来源于现实的社会情境。

斯蒂芬·G. 塔伦泰尔精心摘选了伏尔泰的信件，在每封信的前面，作者都简单介绍了信件的背景和通信人的身份，目的是通过信件认识真实的伏尔泰。信件按年代排序，从懵懂的爱恋到与君王的交恶，从卢梭到杜尔哥，从中可以感受到伏尔泰的心路历程，“就书信本身的形式而言，它就是一种极好的自传”。[①]

1958 年，布罗米费特的《伏尔泰：历史学家》[②] 一书出版，成为研究伏尔泰史学的经典之作。作者研究了伏尔泰的社会史、普遍史、历史哲学和历史方法，认为伏尔泰以一种启蒙的视角将历史作为整体进行解释。伏尔泰的一些著作，如《查理十二传》，本质上属于人文主义传统，从个人生活而非社会中获得道德构建。此外，道德反应在伏尔泰的叙述中发挥着重要作用，是其著作的一个特点。布罗米费特认为伏尔泰的“哲学的”历史不仅仅是自由的或反教权的宣传，而且是一种理解和解释人类社会与风俗的尝试，这种尝试以启蒙运动关于人和宇宙本质的信仰为根据。

彼得·盖伊从思想史的角度研究了启蒙时代哲人的思想。他的著作《人性的聚会：法国启蒙运动文集》[③] 力图从历史语境中理解启蒙运动的多样性和统一性。盖伊探讨了伏尔泰的英国之行和英国思想对伏尔泰的影响。游学是一段阅读、观察和深思的愉快时光，伏尔泰在《哲学辞典》和《哲学通信》中都极力推崇英国。自然神论是伏尔泰倡导的积极宗教的基石。盖伊还对比了其他哲人，如卢梭、孔蒂拉克、达朗贝尔等，认为没有一个单一的启蒙运动的样式，所有哲人都有自己的类型，他们组成一个纷争的大家庭，但无论其关注点有什么差异，他们都与启蒙运动紧密相连。

在《伏尔泰的政治观：现实主义诗人》[④] 中，盖伊认为伏尔泰的政治观点既有敏锐的现实性，也有相对的灵活性。他赞同法国的专制、俄国的君主制，也称赞英国的议会制、日内瓦的民主制。伏尔泰是一个坚定的相对主义者，伏尔泰赞颂开明君主制，但在法国的政治斗争中，他站在法王

---

① 斯蒂芬·G. 塔伦泰尔编译《书信中的伏尔泰》，沈占春译，吉林出版集团，2017，序言第 10 页。

② J. H. Brumfitt, *Voltaire Historian*, London: Oxford University Press, 1958.

③ Peter Gay, *The Party of Humanity: Essays in the French Enlightenment*, New York: W. W. Norton &Company, 1971.

④ Peter Gay, *Voltaire's Politics: The Poet as Realist*, Princeton: Princeton University Press, 1959.

一边，他采取这种立场不是基于抽象的原则，而是由于法国严峻的现实。他的政治观点显现出完整的一致性：法律的原则、演讲的自由和一种宽容的宗教政策。这显示出伏尔泰既是文学家，又是政治家，更是人文主义者。

中国学界对伏尔泰的研究也取得了许多成果，得益于前辈学者如何炳松、耿淡如、吴于廑、何兆武、李凤鸣、李长林、赖元晋、陈启能、张广智等在对西方名著和西方史学理论译介中的介绍与研究。法国史研究专家如张芝联、沈炼之、王养冲、戚佑烈等在法国史的具体研究方面也推动了中国学界研究领域的发展。

二　伏尔泰人文主义思想的研究视域

前辈学者们的经典著作和观点成为研究伏尔泰人文主义思想的理论基石，在此基础上，近二十年来，伏尔泰的人文主义思想得到进一步的研究。

欧美学界对伏尔泰的研究主要集中于伏尔泰的政治思想和宗教思想，近年来的研究有圣埃蒂安大学的让-玛丽·鲁林的《从伏尔泰到夏多布里昂的史诗：诗歌、历史与政治》，[①] 里昂大学的米尔缇·梅里卡姆-布尔代的《伏尔泰与历史书写：一项政治评论》，[②] 约翰斯·霍普金斯大学的约翰·马歇尔的《伏尔泰，神父的谋略与欺诈：基督教、犹太教与伊斯兰教》，[③] 波兹南密茨凯维奇大学的兹比格涅夫·德罗兹多维奇的《伏尔泰的激进主义》，[④] 惠特曼学院的约翰·R. 艾弗森的《伏尔泰、宽容、冷漠和言论自由的限度》，[⑤] 巴黎索邦大学的西尔万·梅南特的《伏尔泰与寓言》，[⑥] 等等。

---

① Jean-Marie Roulin, *L'Épopée de Voltaire à Chateaubriand: poésie, histoire et politique*, Oxford: Voltaire Foundation, 2005.

② Myrtille Méricam-Bourdet, *Voltaire et l'écriture de l'histoire: un enjeu politique*, Oxford: Voltaire Foundation, 2012.

③ John Marshall, "Voltaire, Priestcraft and Imposture: Christianity, Judaism, and Islam", *Intellectual History Review*, Vol. 28, No. 1, 2018, pp. 167-184.

④ Zbigniew Drozdowicz, "Voltaire's Radicalism", *Diametros*, Vol. 40, 2014, pp. 5-21.

⑤ John R. Iverson, "Voltaire, Tolerance, Indifférence, and the Limits of Free Speech", *Studies in Eighteenth Century Culture*, Vol. 47, 2018, pp. 261-264.

⑥ Sylvain Menant, "Voltaire et L'allégorie", *Revue d'Histoire littéraire de la France*, 112e Année, No. 2, 2012, pp. 345-353.

有别于上述传统的政治思想、宗教思想的研究，一些学者另辟蹊径，对伏尔泰的人文主义思想进行了详细的比较研究，其中有代表性的成果如下。

伦敦大学的罗宾·豪威尔斯将伏尔泰的《老实人》和卢梭的《新爱洛伊丝》进行了对比。两书中的男主人公都是由于受到女主人公父亲的反对而离开家乡，豪威尔斯将其比作“逐出伊甸园”。[①] 之后，豪威尔斯对两个男主人公的旅行进行了对比分析。伏尔泰长于反讽，而卢梭着意于道德说教。豪威尔斯分析了伏尔泰和卢梭的写作意图，即对欧洲殖民统治的批判，但两位作者也时常表现出矛盾之处。卢梭试图谴责文明，抨击殖民者的贪婪，“然而他肯定英国人，也赞赏荷兰人在非洲海角的辛劳”。[②] 豪威尔斯认为旅行并不只是讲述主角的异域历险，更是思考人类现实。跨越大西洋，所行所见就是一幅欧洲图鉴：一方面是旧的欧洲，另一方面是“纯洁自然”的新世界。两个男主人公最终都进入了乌托邦，即好社会。豪威尔斯认为伏尔泰和卢梭的个性特点使得他们笔下的乌托邦呈现差异。伏尔泰的黄金国聚焦于城市和高度启蒙的文明。伏尔泰创造了一个不同于老实人所在世界的完美世界；卢梭笔下的克拉伦是一个勤劳而保守的乡村，它的核心是家庭。

赫尔辛基大学的阿里·希尔沃宁也比较了伏尔泰和卢梭的思想。以《老实人》中的花园为讨论视角，对比分析了二者的花园寓意。希尔沃宁认为卢梭分享了伏尔泰的三重失望，即宗教、形而上学的乐观主义、政治的失望。但是卢梭不接受伏尔泰耕种私人花园的诉求，而是以主权平等、社会契约为社会构建规范性原则。伏尔泰的花园并不完美，不是让人们进行形而上学和神学的思辨、苦行僧式的顺从、赎罪或者遁入尘世的天堂。伏尔泰的花园有三方面的含义。其一，伏尔泰自身的需求，伏尔泰定居费尔内后，积极促使该镇成为当地家庭手工业中心。其二，为不公正的迫害发声，“花园挑战各种误判的宽容空间”。[③] 其三，花园不是逃避世界的地方，而是分享世界的地方。

布里斯托大学的海登·马松研究了伏尔泰对莎士比亚的评论，认为将伏尔泰的观点与时代背景及十八世纪法国戏剧的演化结合起来，有助于理解伏尔泰对莎士比亚长达半个世纪的批评。与拜伦、托尔斯泰、萧伯纳等

---

① Robin Howells, “Candide and La Nouvelle Héloïse”, *Journal for Eighteenth-Century Studies*, Vol. 29, No. 1, 2008, p. 37.

② Robin Howells, “Candide and La Nouvelle Héloïse”, p. 39.

③ Ari Hirvonen, “Voltaire's Garden”, *Pólemos*, Vol. 8, No. 2, 2014, pp. 223-234.

人的抨击相比，伏尔泰对莎士比亚的批评相对温和，并且更为关键。[①]

马松以伏尔泰致法兰西学院的一封信为研究出发点，从三个方面详细探讨了伏尔泰的写信缘由。其一，英国的新霸权引起伏尔泰的警觉。18 世纪，莎士比亚逐渐成为英国文坛的荣耀，是英国文化优越于法国的代表，“伏尔泰也将莎士比亚视作爱国主义的象征，他的剧本也逐渐与七年战争中英国的胜利关联起来”。[②] 其二，莎士比亚剧作的法文译本的出版。1776 年，皮埃尔·勒图尔诺出版了莎士比亚剧作的译本，激起了伏尔泰的愤怒。前言中马蒙泰尔的评论，没有提及伏尔泰，却处处显示他的在场，马松认为这毫无疑问是对伏尔泰的蓄意羞辱。其三，莎士比亚的法文译本题献给法王路易十六的信也是症结之一，暗示着路易十六可能早就看过该译本并同意它的出版。法国王室和名流的踊跃订阅也令伏尔泰尴尬，“这不啻是对伏尔泰十五年前为反对莎士比亚而写的《向欧洲各国人民号召》的讽刺”。[③]

马松不仅阐释了伏尔泰写信的缘由，即捍卫法国价值，而且反映出 18 世纪法国哲人思想的传播情况及哲人的社会地位。

凯伦·奥布瑞恩在《启蒙的叙事：从伏尔泰到吉本的世界史》一书中，[④] 认为伏尔泰史学主旨以进化和个体的存在为中心，伏尔泰是第一个在欧洲崛起时对启蒙做了清晰详细的叙述的历史学家。伏尔泰还借用了古典主义理论中包裹着道德和美学要求的“逼真”概念进行创作。奥布瑞恩认为伏尔泰后期的经历，如充当巴黎和柏林之间的外交斡旋者以及定居费尔内重拾尊严等一系列事件，使伏尔泰的思想发生了极大的改变，他的关注点从文化转向伦理和形而上学的问题，从早期的世界主义，转向了人道主义。

都柏林圣三一学院的西奥弗拉·皮尔斯对伏尔泰的史学思想进行了整体的研究。[⑤] 作者从叙事、故事和真相三个视角探究伏尔泰如何看待历史

---

① Haydn Mason, “Voltaire versus Shakespeare: the Lettre à L'Académie Française (1776)”, *Journal for Eighteenth-Century Studies*, Vol. 18, Iss. 2, 1995, p. 173.

② Haydn Mason, “Voltaire versus Shakespeare: the Lettre à L'Académie Française (1776)”, p. 174.

③ Haydn Mason, “Voltaire versus Shakespeare: the Lettre à L'Académie Française (1776)”, p. 176.

④ Karen O'brien, *Narratives of Enlightenment: Cosmopolitan History from Voltaire to Gibbon*, Cambridge: Cambridge University Press, 1997.（凯伦·奥布莱恩曾为牛津大学人文学院负责人，伏尔泰基金会理事成员，现为杜伦大学校长）

⑤ Síofra Pierse, *Voltaire Historiographer: Narrative Paradigms*, Oxford: Voltaire Foundation, 2008.

和史学，在理想和现实之间进行剖析，希望以一种连贯的方式来解读伏尔泰的历史著作。伏尔泰认为传统的战争史没有提供有益的阅读，因而拒斥以国王和战争为中心的历史书写。他倡导书写人类史，即人类的精神、风俗和进步的历史。理想的历史书写根植于古典传统，既有趣又富含教育意义。

国内学界对伏尔泰的思想研究也取得了可喜的成果。商务印书馆自20世纪80年代以来陆续出版了伏尔泰的主要著作，为研究伏尔泰思想提供了重要的支撑。学者们在此基础上对伏尔泰思想进行了多方面的研究。如贵州大学的林芊全面研究了伏尔泰的史学思想，力求建立一个较为完备的伏尔泰史学思想体系；[①] 沈阳师范大学的李福岩认为伏尔泰积极传播英国的政治制度与政治哲学，目的在于反对法国封建专制；[②] 首都师范大学的陈晓华分析了伏尔泰对中国文化的解读；[③] 中国国家博物馆的林硕探讨了伏尔泰对明清时期中国文化误读的三种类型；[④] 上海财经大学的朱培源比较了伏尔泰与黑格尔的亚洲观，[⑤] 认为二者书写的主要目的在于以东方为借鉴对象，达到启迪西方的目的；湖南师范大学的黄冬敏认为伏尔泰的新古典主义的美学倾向使他笔下的人物具有崇高的特征；[⑥] 四川大学的石芳，认为戴梅里属于开明官僚，对哲人的才智持有敬意。[⑦]

三　对伏尔泰人文主义思想研究的反思

学者的研究虽然取得令人鼓舞的成果，但是涉及伏尔泰人文主义思想的具体成果较少，还存在一定的不足，具体表现如下。

首先，学者们的论题相对集中于对启蒙运动进行整体研究，侧重启蒙方案、法律思想、社会制度等方面的宏观整体的研究。学界对伏尔泰人文主义思想的相关阐释散见在对启蒙时代社会理想的综括性质的论述中，学者们关注的是启蒙思想家群体，对伏尔泰人文主义思想有所涉及，但是不具体，尚缺乏系统的论述。

---

① 林芊：《历史理性与理性史学——伏尔泰史学思想研究》，贵州人民出版社，2005。

② 李福岩：《伏尔泰对英国政治哲学的传播》，《中国石油大学学报》（社会科学版）2011年第4期。

③ 陈晓华：《中西互动视角下伏尔泰对中国文化的解读》，《史学理论研究》2012年第4期。

④ 林硕：《伏尔泰对明清时期中国文化的误读》，《法国研究》2013年第1期。

⑤ 朱培源：《伏尔泰与黑格尔的亚洲观比较》，《科学・经济・社会》2014年第3期。

⑥ 黄冬敏：《伏尔泰理性主义史学新解》，《史学史研究》2015年第4期。

⑦ 石芳：《警察日志中的伏尔泰与启蒙运动》，《世界历史》2017年第5期。

其次，关于伏尔泰人文主义思想的观点散见于文学、历史、哲学、政治等专业领域。相关学科合作研究的较少，跨领域、多学科的研究还没有大幅展开。学界多侧重对伏尔泰的某一类型的著作进行阐释，笔者认为，对伏尔泰人文主义思想的研究还可以拓展研究视阈，将伏尔泰的其他作品，如历史著作、诗歌、戏剧、哲理小说等，纳入其整体人文主义思想研究中。

最后，缺乏法语专业人才。由于缺乏法语专业人才，不能深入阅读原始文献，当然更谈不上对伏尔泰的思想进行整体的研究。笔者在对英美学者进行梳理的过程中，发现与伏尔泰研究有关联的国外学者多集中于近代语言文化研究所及其分支法语系。国内学者除了自身的研究外，还要参与国际学术交流。系统培养历史学的法语专业人才应纳入整体学科的建设中。

在伏尔泰人文主义思想的研究上还可以借鉴国外学界相关论题的研究视角。笔者发现国外学者的研究视野很开阔，有的研究切入点非常独特，例如，托马斯·M. 普瑞马克对伏尔泰的研究，他是多伦多大学乌克兰研究会主席，他在《伏尔泰笔下的马泽帕与18世纪早期的乌克兰》中，[①] 讨论了伏尔泰的写作风格、对口述史料的运用及历史方法，对比《查理十二传》和《彼得大帝在位时期的俄罗斯帝国史》，分析了伏尔泰对马泽帕[②]描述转变的原因，指出“人们对伏尔泰和他阐释的18世纪早期乌克兰（包括盖特曼马泽帕）的态度，随时空的政治条件而变化”。[③]

爱丁堡大学的凯瑟琳·斯瓦布里克借用弗洛伊德的理论，从心理分析角度研究卢梭和伏尔泰；[④] 此外，还有皮卡第-儒勒·凡尔纳大学（亚眠大学）的马克·埃尔桑（Marc Hersant）的《伏尔泰的牢骚：伏尔泰书简与社会文化》，通过分析伏尔泰的信件文本，揭示出伏尔泰的身体和心理状态，通过伏尔泰式的抱怨，“一种无尽的痛苦的低语”，[⑤] 表达对人类命运的思考。

① Thomas M. Prymak, “Voltaire on Mazepa and Early Eighteenth-Century Ukraine”, *Canadian Journal of History*, Vol. 47, Iss. 2, 2012, pp. 259-283.

② 伊万·马泽帕（Mazepa, 1639-1709），出身于乌克兰哥萨克贵族家庭，与彼得一世交好，后决裂。他在1687年被选为盖特曼（hetman，哥萨克指挥官，有时译作领导人、统领）。参见保罗·库比塞克《乌克兰史》，颜震译，中国大百科全书出版社2009，第41、52页。

③ Thomas M. Prymak, “Voltaire on Mazepa and Early Eighteenth-Century Ukraine”, p. 281.

④ Katharine Swarbrick, “Voltaire, Rousseau and the Uses of Frivolity”, Nicholas Cronk ed., *Voltaire and the 1760s*, Oxford: Voltaire Foundation, 2008.

⑤ Marc. Hersant, “Le sens de la plainte: Voltaire épistolier et la culture de la sociabilité”, *Esprit Createur*, Vol. 57, Iss. 2, 2017, p. 132.

积极学习国外学界著名的思想理论，尝试将其应用于自身的研究中，也有助于拓宽研究思路。笔者在梳理欧美学者研究兴趣的时候，发现有很多学者以自然地理为研究视角，论题涉及政治学、环境人文主义、移民史等方面。如谢菲尔德大学的戴维·麦克朗在《十八世纪欧洲的火山：环境人文学》中，分析了自然环境对人类社会的影响；[①] 爱丁堡大学地理科学学院的查尔斯·W. J. 威瑟斯（Charles W. J. Withers）在《启蒙运动地理学》《苏格兰文化宗教的变化》等文章中，探讨了地理在近代世界中的作用，罗伯特·J. 梅休（Robert J. Mayhew）所采用的历史语境主义地理学编史方法，源自以昆廷·斯金纳为代表的剑桥学派政治思想家的理论。[②]

笔者从中获得了启发。例如，在18世纪，法国社会的各阶层，如军人、文人团体、宫廷政客等存在一定的地域流动，那我们是否可以借鉴西方的相关理论，如思想史、地理学、心理学等理论，来研究18世纪法国的社会流动，将伏尔泰置于广阔的时代背景中，深入理解其人文主义思想的生成、传播和影响。

圣安德鲁斯大学理查德·沃特莫尔教授执掌圣安德鲁斯大学思想研究所和法国历史文化研究中心。他在《什么是思想史》[③] 中，对思想史进行了批判性的研究，思考政治、经济、宗教、科学与它们的历史起源，思想和社会的双向影响。沃特莫尔详细介绍了思想史的发展历程，尤其集中讨论了政治思想史的变化。约翰·波考克（John Pocock）与昆廷·斯金纳都在其讨论之列，作者探讨了思想史研究的可能性与多元性。2009年，复旦大学思想史研究中心就出版了《思想史研究》第一辑，介绍了思想史研究的两个派别，但就18世纪西方史学研究而言，这些理论至今没有被有效借鉴和运用，缺乏具体的方法和理论指导。

还可以从接受史的层面看伏尔泰人文主义思想的实践与传播。彼得·伯克在《文化杂交》中对接受史进行了一些介绍，[④] 借鉴人类学家的术语"文化移译"，他强调对接受者的身份、背景，对文化的译介的语境、环境的考量。

例如，可以研究伏尔泰的社交圈。伏尔泰的社交圈是18世纪哲人圈的

---

① David McCallam, *Volcanoes in Eighteenth-Century Europe: An Essay in Environmental Humanities*, Liverpool: Liverpool University Press, 2019.

② 孙俊：《语境主义地理学编史方法》，《中国历史地理论丛》2014年第1期。

③ Richard Whatmore, *What is Intellectual History*? Cambridge: Polity Press, 2015.

④ 彼得·伯克：《文化杂交》，杨元、蔡玉辉译，译林出版社，2016。

缩影，反映了伏尔泰与当时哲人观念的碰撞。随着社会议题的辩论，思想得以流传，研究时人对伏尔泰的评论，如报纸、书籍、书信、会谈等，可以揭示时人对伏尔泰思想的接受，有助于将对伏尔泰人文主义思想的理解从文人圈拓展到真实的社会。

总体而言，在伏尔泰人文主义思想的研究中，理论与方法的译介与实践是分离的，二者是相对孤立的，在操作层面上尚缺乏经验积累。伏尔泰的历史写作生涯长达61年，他的代表作都经历了漫长的修改，他的思想是不断变化的，不能一概而论。因而对于伏尔泰人文主义思想的研究还有广阔的学术探讨空间。数字化人文科学的合作与发展、法语专业人才的培养、跨学科理论的运用有助于开拓新的研究视角。

保守主义的精神与实践*

——冷战史后修正主义研究取径分析

丁何昕子

（首都师范大学历史学院，北京 100089）

摘　要：20世纪80年代，冷战史研究中的后修正主义逐渐成为该领域最具影响力的学术流派。虽然主流学界通常认为后修正主义史学是对此前传统派与修正主义的综合，但本文认为这种综合大多体现在具体观点而非研究方法上。实际上，通过对后修正主义研究取径的分析，便能发现它在研究方法、研究视角与价值取向上均与传统派趋同，而将二者联系起来的关键因素，是保守主义的精神与实践。

关键词：后修正主义　保守主义　美国外交史

20世纪70年代，随着美国官方档案解密，在冷战缓和的时代背景中，冷战史研究中的后修正主义（postrevisionism/post-revisionism）逐步发展壮大，并于20世纪80年代成为冷战史研究中的主流。① 后修正主义者通常

---

* 本文系首都师范大学历史学院研究生科研立项“传统的继承者：后修正主义与20世纪70—80年代的冷战史研究”（2022LS11）阶段性成果。

① 后修正主义在20世纪70年代时尚未获得明确的学术身份。随着越来越多调和性叙述的出现，学术界需要对这种新的史学风格予以概括。持批评立场的学者通常称之为新正统派（neoorthodoxy），认为这种叙事是老调重弹。而在更多场合里，这股新的学术潮流被称为折中主义（eclecticism），直到20世纪80年代，“后修正主义”一词才逐渐成为学术惯例。参见 Warren F. Kimball, “The Cold War Warmed Over”, *The American Historical Review*, Vol. 79, No. 4, 1974, pp. 1119 - 1136; Smauel Walker, “Historian and Cold War Origins: The New Consensus”, in Gerald K. Hanies, Samuel Walker eds., *American Foreign Relations: A Historiographical Review*, Westport: Greenwood Press, 1981, pp. 207-236。

认为，他们的研究综合了传统派（traditional）与修正主义（revisionism）的观点、方法，代表了一种正在形成的新型学术共识。[①] 但仍有众多史学家对此表示怀疑，劳埃德·C. 加德纳（Lloyd C. Gardner）认为后修正主义不过是对正统派观点的重申；布鲁斯·卡明斯（Bruce Cumings）指出后修正主义的研究不过是正统派立场加档案材料；弗兰克·宁科维奇（Frank Ninkovich）也认为“后修正主义的综合从来没有实现过”。[②] 不过，这些讨论大多围绕着具体历史问题展开，强调后修正主义与传统派观点的一致性。本文意图跳出无穷无尽的观点争论，从研究取径出发，观察两个流派历史学家分析模式、研究视角之间的关联，并指出二者在实质上都是保守主义的精神与实践。[③]

---

① 这三个流派更常见的称呼是传统派、修正派、后修正派。可是，除了修正主义中的“威斯康辛学派”之外，三者都不属于严格意义上的学派，更类似于默认状态下的史学惯例。因此，本文以流派来定义上述分类，并采用修正主义与后修正主义来指代对应分类的史学家。传统派又称正统派（orthodoxy），于 20 世纪 40~50 年代引领学术潮流。它们通常倾向于苏联威胁是冷战爆发的主要原因，苏联在东欧的扩张和斯大林的意识形态使得战后国际局势不可调和，认为美国无意发动冷战，而是在保卫自身的国家安全。修正主义者将美国外交传统中的扩张主义与资本主义制度、反对革命的意识形态综合为一个整体进行考察，认为防止经济停滞和衰退是美国一系列外交扩张行为的根本原因，参见 Jerald A. Combs, *American Diplomatic History: Two Centuries of Changing Interpretations*, Berkeley: University of California Press, 1983, pp. 220 - 234; Arthur Schlesinger Jr., “Origins of the Cold War”, *Foreign Affairs*, Vol. 46, No. 1, 1967, pp. 22-52; William Appleman Williams, *The Tragedy of American Diplomacy*, Cleveland: The World Publishing Company, 1959; Gabriel Kolko, Joyce Kolko, *The Limits of Power: The World and United States Foreign Policy*, 1945-1954, New York: Harper & Row, 1972。关于后修正主义的自我定位，参见 John Lewis Gaddis, “The Emerging Post - Revisionist Synthesis on the Origins of the Cold War”, *Diplomatic History*, Vol. 7, 1983, pp. 171-190; Samuel Walker, “The Origins of the Cold War: Reviving and Revising an Old Debate”, *The Public Historian*, Vol. 8, No. 4, 1986, pp. 81-86。

② Lloyd C. Gardner, Lawrence S. Kaplan, Warren F. Kimball, Bruce R. Kuniholm, “Responses to John Lewis Gaddis, ‘The Emerging Post-Revisionist Synthesis on the Origins of the Cold War’”, *Diplomatic History*, Vol. 7, 1983, pp. 191 - 204; Barton J. Bernstein, “Cold War Orthodoxy Restated”, *Reviews in American History*, Vol. 1, No. 4, 1973, pp. 453-462; Bruce Cumings, “‘Revising Postrevisionism,’ or, the Poverty of Theory in Diplomatic History”, *Diplomatic History*, Vol. 17, Issue 4, 1993, pp. 539-570; Odd Arne Westad, “Introduction: Reviewing the Cold War”, in Odd Arne Westad ed., *Reviewing the Cold War: Approaches, Interpretations, Theory*, London: Frank Cass, 2000, p. 4; 弗兰克·宁科维奇：《范式失落：文化转向和美国外交的全球化》，牛可译，《冷战国际史研究》2006 年第 1 期，第 123 页。

③ 本文在此处使用了取径一词，对应的英文为 approach。但文安里、宁科维奇等人常用范式（paradigm）一词，指代一套体系化的逻辑、视角与研究方法。关于范式的讨论，参见托马斯·库恩《科学革命的结构》，金吾伦、胡新和译，北京大学出版社，2003。

一 “威胁—反应”论：后修正主义对传统派分析模式的延续

冷战史研究早期从属于美国外交史领域，美国外交史研究又存在两个传统思想流派——保守主义与激进主义。20 世纪 70 年代之前，这两种主义在冷战史研究中的表现分别是传统派与修正主义。① 后修正主义学者登上学术史的舞台后，便试图对两种思想流派进行综合，但最终，他们还是承袭、发展了保守主义的研究路径。本文对保守主义采用了塞缪尔·亨廷顿的情境式定义（situational definition），指出保守主义“产生于一种特殊的但经常重复出现的历史情形，在这种情形中存在着一个针对既定制度的重大挑战，既定制度的支持者采用保守主义的意识形态来进行防卫……在这个意义上，只有出现一种对于美国既定制度的根本挑战，且这种挑战迫使其捍卫者们清晰地表达保守主义的价值时，保守主义在今天的美国才是可能的”。② 根据保守主义的情境式定义，对于后修正主义与传统派史学研究关联性的考察便可集中于两个具体要素：第一个要素是这两个流派如何理解既定秩序面临的重大挑战；第二个要素是保守主义意图捍卫的现有秩序究竟是什么。

在第一个要素上，保守主义者认为既定秩序的挑战来自外部，而他们自身则处于防御的位置，其目的在于捍卫传统的生活方式免遭新秩序的冲击。冷战史研究中的保守主义史学家无一例外延续了这一思维模式，并重新明确了挑战者的身份与挑战的性质。率先使用这种论述模型的是传统

---

① Charles E. Neu, “The Changing Interpretive Structure of American Foreign Policy” in John Braeman, Robert H. Bremner and David Brody eds., *Twentieth - Century American Foreign Policy*, Ohio: Ohio State University Press, 1971, pp. 1 - 57; Reba N. Soffer, *History, Historians, and Conservatism in Britain and America: The Great War to Thatcher and Regan*, Oxford: Oxford University Press, 2009, pp. 223~239; 弗兰克·宁科维奇：《范式失落：文化转向和美国外交的全球化》，第 118~123 页。

② Samuel Huntington, “Conservatism as an Ideology”, *American Political Science Review*, Vol. 51, No. 2, 1957, pp. 454-473. 该文中译见塞缪尔·亨廷顿《作为一种意识形态的保守主义》，王敏译，《政治思想史》2010 年第 1 期，第 155~178 页。亨廷顿并非唯一使用该理论对保守主义进行解释的学者，另参 Authur M. Schlesinger, Jr., “The New Conservatism in American: A Liberal Comment”, *Confluence*, Vol. 2, 1953, pp. 61-71。

派，虽然传统派内部意见从未统一，[①] 但无论持哪种立场倾向，他们的研究取径都强调美国外交政策是对国际环境的回应，并认为国际环境而非美国自身的诉求才是外交行为的逻辑起点。在冷战爆发原因等系列问题上，传统派学者通常认为美国遏制战略的出台是针对苏联威胁的回应，遏制是一种防御行为。为此，他们的美国外交史叙事构建于“威胁—反应”模式的基础之上。[②]

在小阿瑟·施莱辛格看来，决策总是要依据国际形势的变化而同步更新，正如美国的外交政策会因 1941 年希特勒进攻苏联而调整；同样，面对 1947 年苏联退出马歇尔计划的谈判，美国也要重新制定外交政策。顺应这种思路，施莱辛格认为冷战是自由世界面对共产主义侵略勇敢而至关重要的回应。[③] 乔治·F. 凯南外交战略的核心解释模式与之类似，但他重点强调地缘政治与美国国家安全之间的关联。凯南认为欧洲的和平对于美国安全至关重要，因此，美国外交中最要紧的事情是防止支配欧洲的地区霸权的出现，这种考虑是美国参与二战，以及战后遏制苏联的根本原因。[④]

不过，无论是施莱辛格论述中的“国际形势”，还是凯南所强调的“地缘政治”，都是事实性的描述，并不具备针对性。苏联力量增强的确会引发上述局势的改变，但变化并不会自动等于苏联威胁。因此，在冷战共识的语境中，即使保守主义者相信苏联的“极权主义”将威胁到美国社会的“美德”和信念，他们也仍然需要解释，苏联为何会从战时盟友转变为战后的敌人。[⑤] 凯南的解释模式，是呈现一个意识形态上狂热、偏执且富有进攻性的苏联：它“不安全感太强烈了。他们特有的极度狂热性，未因任何盎格鲁-撒克逊的妥协传统而改变，这种狂热性太过激烈，满含妒忌，

① 乔治·F. 凯南（George F. Kennan）和汉斯·摩根索（Hans Morgenthau）等现实主义者通常强调国家力量的有限性，小阿瑟·施莱辛格（Arthur Schlesinger Jr.）、赫伯特·菲斯（Herbert Feis）与布拉福德·珀金斯（Bradford Perkins）等人则偏向理想主义，认为美国外交行为中的道德因素合理且正确。这些分类还可以继续细分为国家主义学派、宫廷史学家、现实主义学派，关于这三种分类的简要介绍，参见曲升《美国外交史学转型研究（1970—2018）》，人民出版社，2019，第 27~37 页。

② 这一概念借鉴了费正清的“冲击—反应”论，同样也参考该论点在学术史中遭到的批判。

③ Arthur Schlesinger Jr.，“Origins of the Cold War”，pp. 23，25-26.

④ George F. Kennan，“America and the Russia Future”，*Foreign Affairs*，Vol. 29，No. 3，1951，pp. 351-370.

⑤ 20 世纪 30 年代，传统生活方式受到的挑战来自带有“国家主义”色彩的“新政”，直到冷战共识形成之后，挑战者才明确转变为苏联极权主义，参见戴维·法伯《美国保守主义：政治进程而非固有观念》，焦娇译，《美国研究》2016 年第 5 期，第 113、116 页。

使其不可能设想任何长久的分权”。[①]

更为完整的论述来自赫伯特·菲斯的《从信任到恐惧：冷战的开始，1945—1950》，从这部作品的标题便可看出他描绘的是战后合作希望逐步破灭、大同盟瓦解直至德国分裂的历史进程。菲斯的论述始于美国走出孤立主义、拥抱国际主义的外交转向。他重点刻画了在1945年的波茨坦会议上，罗斯福“有取有予”外交原则遭到重大挫折。在菲斯的论述中，苏联拒绝配合国际合作以及解决围绕德国问题的巨大纠纷，导致大同盟出现了难以弥合的裂痕。美国对之采取逐渐强硬的外交政策，到1947年，杜鲁门主义的出台不仅是对希腊、土耳其危机的直接回应，而且表现了抵御共产主义的决心。紧接着，杜鲁门主义的基础政策方针迅速从欧洲、近东扩展至全球。[②]

在20世纪70年代，后修正主义史学家延续了传统派的分析方法。后修正主义的代表人物约翰·刘易斯·加迪斯不仅在论证结构上与传统派保持了高度一致，而且在具体论证中反复引用凯南与菲斯的观点。在加迪斯看来，美国的国家安全观念与国家安全战略皆由国际环境塑造。加迪斯首先明确了美国对于威胁的评估标准，然后描绘了美国为维系战后合作进行的努力，随即分析苏联表现出的不配合以及在东欧的单边主义行动，最后导致合作的破裂、遏制战略的诞生。

公布的档案表明加迪斯并不像凯南一样，通过意识形态特征将苏联定义为敌人。相反，他延展了菲斯的论证结构，重新在地缘政治的框架下论述苏联威胁形成的原因。在他看来，美国的确脆弱且易受攻击，但产生威胁的前提是亚欧大陆力量的平衡遭到破坏。虽然唯一有能力（及潜在能力）破坏平衡的国家是苏联，但这并不代表苏联就自动成了敌人，相反，合作虽然困难，却未尝不是保障安全的有效途径。[③] 可是，在战争的最后几个月里，苏联在东欧一系列的单边主义行动开始展现出令人不安的迹象。这些迹象不止出现在罗马尼亚、保加利亚和匈牙利等战时与苏联敌对

① 乔治·F. 凯南：《美国大外交》，雷建锋译，社会科学文献出版社，2013，第154页。

② Herbert Feis, *From Trust to Terror: the Onset of the Cold War*, 1945 - 1950, New York: W. W. Norton & Company, 1970, pp. 3, 53-57, 187-190.

③ John Lewis Gaddis, *The United States and the Origins of the Cold War*, 1941-1947, New York, Columbia University Press, 2000, pp. 22, 36-41, 72-87；约翰·加迪斯：《遏制战略：战后美国国家安全政策评析》，时殷弘译，商务印书馆，2019，第9~15页；约翰·刘易斯·加迪斯：《长和平：冷战史考察》，潘亚玲译，上海人民出版社，2011，第30页。

的国家，还发生在波兰。加迪斯反复强调在东欧和波兰问题上，苏联对雅尔塔协定的违背。委婉一些说，苏联的行为说明他们对雅尔塔协定中民主的理解与西方观察家之间存在巨大差异。露骨一点的说法，便是苏联意图在东欧制造势力范围。美国的政治与抗议举措并未对规范苏联行为产生什么实质影响。而当苏联未能履约，于期限内从伊朗撤写时，妥协的空间便不复存在了。①

这一分析模式同样运用在加迪斯分析美国国家安全战略变化的另一经典理论——从有限遏制到全面遏制的转向之中。加迪斯认同凯南的理论，以及凯南在冷战早期决策中的影响力，这种双重认同使得加迪斯相信，在朝鲜战争之前、在凯南仍为决策圈核心人物之时，美国的战后目标表现出战略目标的有限性与手段多样化的状态。保持均势是美国战略的核心，遏制的战略目标是为了恢复均势。② 从执行的过程来看，均势似乎并不仅仅是一种构想，起初也能实现良好运转。在欧洲，马歇尔计划用经济手段和盟国的力量，避免了与苏联产生直接的对抗，同时强化了西方同盟间的关系。在亚洲，环形战略里的有限遏制因素与要点防御仍然发挥着主导作用，这使得战略的设计始终遵从重点排序原则，将西太平洋地区进攻力量的中心置于日本冲绳。③

既然美国的战略目标是有限的，问题就再一次回到对于外部环境的回应之中。加迪斯认为朝鲜战争的爆发、世界环境的改变使全面遏制的战略方针重新得到重视，因为原先美国所惧怕的那种代理人战争模式在当时看来成为可能。④ 这也导致，那份曾经被束之高阁的国家安全委员会第 68 号（NSC68）文件重新提上讨论日程。随即，美国外交战略便开启了从凯南的有限遏制到保罗·尼采（Paul Nitze）提倡的全面遏制的转向。

这种分析模式并不独属于加迪斯，更广泛存在于后修正主义史学家的研究之中。布鲁斯·卡尼霍姆（Bruce Kuniholm）在写作《冷战在近东的起源》时沿用了一致的分析模式。卡尼霍姆的优点在于他在研究中尽可能

---

① John Lewis Gaddis, *The United States and the Origins of the Cold War, 1941-1947*, pp. 136, 151-171, 201-203；约翰·刘易斯·加迪斯：《遏制战略：战后美国国家安全政策评析》，第 23 页；约翰·刘易斯·加迪斯：《长和平：冷战史考察》，第 32 页。关于雅尔塔的整体谈判进程，参见沙希利·浦洛基《雅尔塔：改变世界格局的八天》，林添贵译，中信出版集团，2018。

② 约翰·刘易斯·加迪斯：《遏制战略：战后美国国家安全政策评析》，第 32~45 页。

③ 约翰·刘易斯·加迪斯：《长和平：冷战史考察》，第 72~81、94~95 页。

④ 约翰·刘易斯·加迪斯：《遏制战略：战后美国国家安全政策评析》，第 100 页。

挖掘了希腊、伊朗、土耳其等国家的自主性。但卡尼霍姆认为冷战起源中的三次重大危机——希腊、伊朗、土耳其危机首先都是苏联威胁的产物，苏联对于近东资源、领土的诉求与斯大林的“机会主义”是危机爆发的重要原因。莫斯科的持续威胁、担心出现一个斯拉夫化的巴尔干地区是美国行为的基础。不同于认定苏联为“入侵”（invasion），卡尼霍姆将美国参与近东事务定义为卷入（involvement），这一概念也同样延续了传统派的“威胁—反应”模式。而卡尼霍姆对三次危机的描述则是这一分析模式在近东地区的复制，遏制战略成功使苏联从伊朗撤军、放弃对土耳其的领土诉求，并接替英国力量维持了希腊政府的稳定。①

1984 年美国历史评论论坛会上，关于冷战起源的学术争论再次反映了后修正主义的这一学术特征。面对梅尔文·P. 莱弗勒提出的战后美国外交目标、国家安全观念扩张的解释模式，卡尼霍姆再次就外部威胁还是内部扩张才是美国外交决策的根本动力这一问题予以回应。他与加迪斯回击莱弗勒，认为他看不到美国在战后实行的一系列裁军、复员与战略收缩行动，一致认为苏联的扩张主义、机会主义行动让美国感到自身的安全受到切实威胁，外部威胁才是冷战起源的原因。②

或许，在一系列后修正主义史学家中，盖尔·伦斯塔德（Geir Lundestad）是个例外。相较于单方面关心美国的意图与行为，伦斯塔德更关注欧洲本土的独立性力量。同时，他并不强调美国外交中的防御性特征，而是看到了战后美国战略目标全球扩张的实际状态。但不可否认的是，伦斯塔德同样认为，苏联扩张产生的威胁，是欧洲国家邀请美国力量进驻欧洲的重要原因。如果一定要在帝国的框架之下对美国和苏联进行区分，伦斯塔德认为美国是“被邀请的帝国”（empire by invitation），而苏联则是武力帝国（empire by force）。③

---

① Bruce Robellet Kuniholm, *The Origins of the Cold War in the Near East: Great Power Conflict and Diplomacy in Iran, Turkey, and Greece*, Princeton: Princeton University Press, 1980, pp. 359-409.

② Melvyn P. Leffler, “［The American Conception of National Security and Beginnings of the Cold War, 1945-48］: Reply”, *The American Historical Review*, Vol. 89, No. 2, 1984, pp. 391-400.

③ Geir Lundestad, “Empire by Invitation? The United States and Western Europe, 1945-1952”, *Journal of Peace Research*, Vol. 23, No. 3, 1986, pp. 263 - 277, 更完整的论述见 Geir Lundestad, *The United States and Western Europe Since* 1945, Oxford: Oxford University Press, 2005。

总而言之，虽然后修正主义认为自己实现了对以往两个冷战史流派的调和，但它的分析模式与传统派在研究取径上几乎完全一致。两个流派都以国际事件或者国际环境为背景，分析美国对该事件的讨论与最终做出的决策。正是由于分析结构内部缺乏自我制约因素，后修正主义与传统派之间的差异并不如想象中那般泾渭分明。

二　国家安全与国家利益的趋同：后修正主义对传统派价值取向的继承与发展

保守主义的情境式定义还包含第二个要素：保守主义捍卫的现有秩序究竟是什么？现有秩序是一个相对宽泛的词汇，对它的界定，随着研究领域的变化，也会有所不同。在冷战时期的美国外交史研究中，对现有秩序的捍卫通常借由美国外交的目标与意图来呈现，并集中反映在美国的国家安全观（national security）与国家利益观（national interest）之中。因此，通过观察史学家对这两个概念的解释与重构，不仅能够发现史学家研究方法上的偏好，还能看到史学家自身的价值取向。

国家安全包含的内容相对明确，通常与外交和防务相关，其目标在于为国家生存、发展提供和平的环境。不过，国家利益的内涵却超出了单纯的安全范畴，涉及国家实力、经济发展、传统价值观念与普通人生活方式等方方面面。而从不同的视角界定国家利益的边界，也成为不同研究流派相互区别的标志之一。[①] 在传统派与后修正主义的论述中，国家利益基本等同于国家权力（power），这也导致它集中讨论政治、军事与外交之间的关联，是一个与国际政治密切联系的概念。为此，国家安全与国家利益具有一定程度的趋同，二者的指涉范围多有重叠，也多有替换。与此同时，保守主义的精神也使得两个流派都认为，增进国家安全能够拓展国家的权力。这也导致无论是传统派，还是后修正主义者，他们在观察美国外交扩张性的同时，也在尝试赋予这种扩张以道德含义。

在传统派占主导地位的时期，外交史家对国家安全观较少有系统性

① 在进步主义、后修正主义的分析结构中，国家利益的指涉范围较为宏观，通常强调资本主义经济制度、繁荣、增长、社会结构与国家力量的关系。在约瑟夫·奈（Joseph Nye）提出“软实力”概念时，国家利益的语境还包含了文化与权力之间的关系。为此，虽然史学家都会使用国家利益这个词，但他们指代的并非同一对象。本文详细讨论的，仅仅是传统派与后修正主义史家对国家安全观与国家利益观的解读。

讨论，同时，因为冷战共识的时代背景，相关论述通常带有较为浓厚的意识形态色彩。不过，传统派通常认为，战后美国的国家安全观包含两个基础论点：民主国家天然热爱和平；美国的国家安全有赖于世界局势的和平。“民主国家天然热爱和平”的假设，来源于保守主义对美国建国以来传统外交实践的理解。他们通常将美国的外交实践置于美欧关系的背景之中，强调美国在处理国际问题时的道德与法律传统，例如处理边界争端的方式，中立法案以及通过国际仲裁处理冲突的外交风格。[①]汉斯·摩根索也指出，美国的外交有两大特征，它一方面区别于传统欧洲的强权政治及其产生的纠纷；另一方面体现在美国在美洲大陆的扩张进程中，这种扩张“创造了地球上最自由、最富有的国家，而没有伴随对其他国家的征服”。[②]

“美国的国家安全有赖于世界局势的和平”，这一观念产生相对较晚，大约在 20 世纪 30 年代才逐渐成为史学界的共识。在此之前，相对优越的地理位置与欧洲国家权力制衡的政治环境，使得美国的国家安全在地理与国际格局上具有天然优势。可是，第二次世界大战重塑了这一观念，以往持孤立主义立场的保守主义史学家，在此期间逐渐转向国际主义的阵营。[③]这一转变不仅影响传统派史学家对美国卷入第二次世界大战责任与义务的理解，也影响战后他们看待苏联的方式，苏联被描绘为一个具有帝制传统的独裁国家，而二战的经历又让他们相信，任何独裁政府都蕴含着对外侵略的风险。[④] 由于将美国本身看作民主国家的典范，而将苏联视为独裁国家，美国的国家安全观念成为民主与独裁的对抗。因此，在这种分析模式中，传统派将美国的国家安全观念高度道德化，因而很少关注国家安全的内涵究竟是什么，这一分析工作基本由后修正主义史学家完成。

---

① Charles E. Neu, “The Changing Interpretive Structure of American Foreign Policy”, pp. 2–4.

② Hans Morgenthau, “The Mainsprings of American Foreign Policy: The National Interest vs. Moral Abstractions”, *The American Political Science Review*, Vol. 44, No. 4, 1950, p. 836. 因为崇尚现实主义外交与国家权力至上原则，凯南和摩根索通常都被认为是现实主义史学家的代表。不过，他们对美国外交中的道德与法治主义传统的批评，主要是因为他们认为这些传统将妨碍美国战略的灵活性，减少可供使用的手段并增加美国的负担。当道德并不妨碍外交战略设计时，二人也同样信奉并赞扬美国的传统价值观念。

③ Ernest R. May, “Emergence to World Power”, in John Higham ed., *The Reconstruction of American History*, London: Hutchinson University Press, 1962, pp. 180–196.

④ George F. Kennan, “America and the Russia Future”, pp. 351–370.

在《破碎的和平》中，后修正主义史学家耶尔金对国家安全观念的道德目标与现实政治目标进行了融合，重点讨论了冷战与美国国家安全国家（national security state）建立的关联。耶尔金首先对国家安全的范围进行了界定，该词在诞生之初便包含了军事色彩。时任海军部长的詹姆斯·福莱斯特（James Forrestal）希望通过“国家安全”来代替以往的“防务”（defense）观念，以此强调国家安全不仅是防务部门要考虑的问题，还是集军事、外交与国内生产于一体的综合战略安排。[①] 简而言之，国家安全关系到外交与防务，它涉及的根本问题是国际政治。

耶尔金随后指出，国家安全观念并非一成不变的概念，它会依据威胁目标的变化而发生变化。他认为，正如“法国在两次世界大战之前的焦虑都集中在德国，国家安全的原则只有在针对另一个国家时才会有意义、有实质内容，并且有重点”。两次世界大战之间，美国国家安全的威胁来自法西斯国家，二战结束之后，这一威胁便转移至苏联。[②] 在耶尔金看来，美国决策者的确夸大了苏联的潜在威胁。但这同样源于美国传统国家安全观中，将民主国家与独裁国家对立起来的道德思考方式。他们认为 1931 年发生在东北亚的一系列事件和 1936 年的莱茵兰危机，是独裁、扩张主义和极权国家动态的一部分。同样，这也是为何波兰的事态发展、苏联在东欧的行为，都被认为对美国构成了直接威胁。[③]

与耶尔金类似，加迪斯也同样认为外在环境的变化是改变美国国家安全观念的重要原因，珍珠港事件与第二次世界大战的经历让美国人深刻地认识到，一个自给自足、遥远且不受攻击的美国已经成为过去。20 世纪三四十年代开始流行的地缘政治理论强调世界力量的稳定取决于欧亚边缘地带不受欧亚心脏地带的统治。谁拥有了欧亚大陆的边缘地带，谁就拥有了加强心脏地带能力的可能性，也拥有了破坏或者重塑地缘均势的可能性。两相结合，美国安全形势中最重要的事实，便成为避免欧洲和亚洲的边缘

① Daniel H. Yergin, *Shattered Peace: The Origins of the Cold War and the National Security State*, Boston: Houghton Mifflin Company, 1977, pp. 193-194.

② Daniel H. Yergin, *Shattered Peace: The Origins of the Cold War and the National Security State*, pp. 85, 196-198.

③ Daniel H. Yergin, *Shattered Peace: The Origins of the Cold War and the National Security State*, pp. 199-200.

地带落入敌人的手中。[①]

在逐步确定苏联为敌人的过程中，“里加原则”（Riga axioms）逐渐成为美国国家安全观念的内核。该原则围绕苏联的外交目标与苏联的挑战而展开，它也让美国政府相信苏联的军事威胁近在眼前。里加原则进一步将美国外交中的理想主义与现实主义调和起来，使得美国的外交目标开始既追求道德上的正义又追求外交中的实际利益。在道德上，战争的经验教训强化了美国决策团体对美国纯洁性的信念，他们坚信自身是对抗独裁统治的民主国家。在现实政治中，它产生了一种广泛的国家安全概念，假定诸多的地缘政治、军事和经济因素相互关联，致使半个地球之外的事态发展都被视为会对美国的核心利益产生直接而自动的影响。[②]

另一个有待讨论的问题，是史学家的国家利益观。在这个问题上，传统派的理解在内部存在分化。一部分传统派史学家倾向于强调国家利益与国家权力的关系，另一部分则强调国家利益的道德性。摩根索属于前者，他认为美国的国家利益是为了保证美国在西半球的优势力量，并保证欧洲与亚洲的权力均势。[③] 摩根索认为国家利益是一个政治概念，关系到国家之间力量的对比，是现实政治的代名词，而道德立场只会严重制约美国外交行为的灵活性。为此，虽然使用了利益一词，但他想表达的实际含义是，国家的利益等同于国家权力，力量而非道义才是国家利益的核心。

更多的传统派史学家强调国家利益的道德性，他们受到政治家话语影响更多，也更偏重以“道德”与“法律”的视角来看待自身行为，认为美国的国家利益在于尽可能广泛地接受某些道德和法律原则作为国际行为的

① 约翰·刘易斯·加迪斯：《长和平：冷战史考察》，第 22~24 页。值得注意的是，这份文件虽常见于冷战史家的文本之中，但存在两个不同的版本，第一个版本即本文使用的版本“避免欧洲和亚洲的边缘地带落入敌人的手中”，它表现的状态是有敌意的欧亚大陆才是危险的，更常见于防御性的描述中。另外一个版本是，“避免欧洲和亚洲的边缘地带落入任何一个大国或大国联盟手中”，这种表述反映出中立的欧亚大陆可能同样是危险的，因为有潜在的敌对可能性，它暗示美国的战略含有扩张的倾向，关于这种表述可参考梅尔文·P. 莱弗勒《权力优势：国家安全、杜鲁门政府与冷战》，孙建中译，商务印书馆，2019，第 23 页。

② Daniel H. Yergin, *Shattered Peace: The Origins of the Cold War and the National Security State*, pp. 8, 11-13, 161-162.

③ Hans Morgenthau, *In Defense of the National Interest*, New York: Alfred A. Knopf Inc., 1951, pp. 5-6.

指导。[①] 布拉福德·珀金斯指出："全体美国人都要求并期待美国的领土扩张和商业扩张，都想置身于欧洲政治之外，都信仰他们自己所界定的共和制度，都认为美国是照亮世界的'自由灯塔'。"[②] 凯南也认为，在国际问题上，美国政府的根本利益在于"在尽可能有利的条件下，在最低限度的对外干涉下，对他国造成最小的不便与挑衅的情况下，继续美国的清教徒使命（Pilgrim Progress），建立一个更美好的美国"。[③] 凯南还指出："美苏关系从本质上讲是对作为世界民族之一的美国总体价值的考验。为了避免毁灭，美国只需要达到其民族之最好传统，并证明其值得作为一个伟大的国家而存在。"[④]

可以看出，传统派史学家在国家利益的定义上存在分歧，这不仅使得国家利益包含的内容有所差异，还导致外交史的叙事往往需要在道德原则与现实利益中进行取舍。后修正主义者首先裁剪了国家利益的范围，继承了摩根索对国家利益的界定，进一步将国家权力与权力政治挂钩，而将经济利益（economic interest）从整体状态中的国家利益中分离出去。小威廉·斯坦纳特·希尔（William Steinert Hill, Jr.）指出经济利益通常代表企业家与利益集团的立场，他们在某些具体的问题上能与政府部门的特定群体达成一致，但他们也会为了自身的利益而拒绝与政府合作。[⑤] 加迪斯整合了希尔的观点，指出经济与政治是两个完全不同的领域，经济涉及贸易和投资，是"个人"的事情，政府只会提供信息和帮助，但如果认为政府应当告诉商人向哪里投资、与谁进行贸易，则会招致极度的反感。因此，加迪斯认为经济利益与政治利益之间存在巨大冲突，想要协调二者往往比政治家们所设想的要困难得多，经济利益也并非美国外交决策的动力源。[⑥]

在明确了国家利益的政治属性后，针对国家利益的扩张状态，后修正主义弥合了传统派的分歧，对国家利益的道德意义与权力需求进行了整

---

① Grayson L. Kir, "In Search of National Interest", *World Politics*, Vol. 5, No. 1, 1952, p. 113.

② 布拉福德·珀金斯：《剑桥美国对外关系史第一卷：共和制帝国的创建，1776—1865》，周桂银、杨光海译，新华出版社，2004，第239页。

③ George F. Kennan, "Lectures on Foreign Policy", *Illinois Law Review*, Vol. 45, 1951, p. 734.

④ 乔治·F. 凯南：《美国大外交》，第176页。

⑤ William Steinert Hill, Jr., *The Business Community and National Defense: Corporate Leaders and the Military 1934-1950*, Stanford University, Ph. D. Dissertation, 1980.

⑥ 约翰·刘易斯·加迪斯：《长和平：冷战史考察》，第10~12页；Bruce Kuniholm, *Origins of the Cold War in the Near East*, pp. 182-185。

合。这些整合中，最为完整的是加迪斯的《俄国、苏联和美国》一书。加迪斯明确指出，利益是国家在世界中用以维系自身权威（authority）的必要条件。随后，他便指出道德在外交中的作用——为进一步运用这种权威提供合理性证明。加迪斯用意识形态一词来指代道德，并强调道德与权力之间的互为关系：意识形态可以成为利益，利益也可以成为意识形态。[①]

加迪斯认为，外交政策的利益目标是在国家力量可触及之处，有把握改变其他国家行为的要求。而意识形态的目标则是“仅仅能用来谴责的”，比如他国的政治组织模式与原则。[②] 不过，既然两种目标可以相互转化，那国家利益便不是一个恒定的状态。什么是“可以改变的”，什么是“用来谴责的”会依据国家力量的变化而发生变化。故而，将意识形态的目标调和进国家利益之中，是保证外交现实主义的要素。在《俄国、苏联和美国》中，加迪斯详细论述了这种调和的过程：最早的调和是“天定命运”与“美国的西半球”理论，第二次调和是“门户开放”与对太平洋地区利益的要求，最为成功的调和是威尔逊主义。[③]

加迪斯从不单纯批判国家利益的扩充，而是质疑是否有足够的资源、能力来实现这些目标。如果手段不足，那利益就应当是有限的，意识形态发挥的作用也只能是谴责。如果“手段”与能力更充分，那像威尔逊一样去扩充国家利益也并无不可。为此，干预、干涉可以是合理甚至合法的，在现实主义的需求下总能师出有名。通过这种方式，扩张性的国家利益在国家权力的框架下得到了调和。扩张本身不再成为一种问题，而是国家追逐利益的合理状态。

至此，后修正主义继承并发展了传统派的核心观念，将国家利益观进行狭义化处理，使它成为一个主要与国际政治相关联的词语，也使得国家安全与国家利益更为紧密地联系在一起。通过国家安全与国家利益的趋同，后修正主义不仅突出了美国战略目标的防御特征，还弥合了传统派观念中道德与现实政治的分野，在证明美国外交政策具有双重目标的同时，赋予扩张性的国家安全观、国家利益观以道德合理性。

---

① John Lewis Gaddis, *Russia*, *the Soviet Union*, *and the United States*: *An Interpretive History*, Second Edition, New York: McGraw-Hill Publishing Company, 1990, pp. xv-xvi.

② John Lewis Gaddis, *Russia*, *the Soviet Union*, *and the United States*: *An Interpretive History*, p. 26.

③ John Lewis Gaddis, *Russia*, *the Soviet Union*, *and the United States*: *An Interpretive History*, pp. 9, 34-42, 72-86.

三 对后修正主义史学取径的反思

冷战史的主轴是美国与苏联之间的对抗，20世纪70年代之前，冷战史叙述的主线也成为传统派与修正派史学家叙事的对抗。耶尔金在《破碎的和平》序言中说道："有些人希望获得一个简单故事、一幕道德剧、一种得到认可的偏见、一个抗议当今政策的合理化解释……在这种情况下，'正统派'和'修正主义者'对冷战的持续书写，是对冷战本身的另一种延续。"① 作为抵抗学术政治化、极端化的实践，后修正主义者以温和叙事取代道德冲突的立场，用档案语言代替政治辞令的研究模式都为冷战史的发展做出了积极贡献。这也使得20世纪80年代后，越来越多的学者加入后修正主义的阵营中，后修正主义史学逐渐成为冷战史研究领域最具影响力的分支。

不过，过度强调其学术流派的"调和性"，反而掩盖了许多尚未解决的争议。首先，国家安全与国家利益的趋同，使得冷战史的研究长期以来既无法跳出美国外交史的框架，也难以跳出国际政治的思维。纵使从20世纪80年代开始，冷战史研究出现国际转向与文化转向，但研究仍然高度集中在外交政策层面，较少在研究方法、研究视角上做出大幅更新。②

其次，对保守主义价值取向的继承，使得后修正主义史学家虽然观察到国家利益的扩张，但仍未对国家利益的内涵进行严肃界定。相反，他们不仅认为国家利益扩展是一种天然状态，而且在将这一概念逐步与国家安全观趋同的进程中，赋予扩张以合理性。查尔斯·彼尔德（Charles Beard）曾批评道："在研究了成千上万个被称为'国家利益'的行为后，我忍不住得出这样的结论：这个概念不过是在外交事务领域，当政客和利益团体想要完成任何特定计划时所使用的说明公式。"③ 半个多世纪后，霍根在

① Daniel H. Yergin, *Shattered Peace: The Origins of the Cold War and the National Security State*, pp. 6-7.

② Michael H. Hunt, "Long Crisis in U. S. Diplomatic History: Coming to Closure", in Michael J. Hogan ed., *America in the World: The Historiography of American Foreign Relations since 1941*, Cambridge: Cambridge University Press, 1995, pp. 93-126.

③ Charles A. Beard, *The Open Door at Home: A Trial Philosophy of National Interest*, New York: Macmillan Company, 1934, pp. v-vi.

《铁十字：哈里·S. 杜鲁门与国家安全的起源，1945—1954》一书中重新呈现了国家安全与国家利益的政治修辞属性。在美国国家安全建设的进程中，持不同政见的利益团体在相互攻讦时都会将这两个概念作为护身符，表示自己的政策是在维护国家安全与国家利益，而对方则会将美国变成一个“堡垒国家”(garrison state)。[①]

不仅如此，如果国家利益的扩充是天然合理的，那如何看待苏联力量的扩充呢？为何美国力量的发展可以被定义为进攻性遏制，而苏联力量的增强则被视为威胁？莱弗勒指出，美国国家安全利益的范围被极大程度泛化了，这也使得后修正主义者并未区分实际环境中的威胁与感知到的威胁，他们精巧地玩弄了一个概念，将一系列的国际事件与他国的行为在概念上替换成了威胁，却没有详细审视这一转变发生的过程。[②] 麦考密克也指出：“外在环境对外交史学家而言，更经常作为一种辩论工具，而非需要严谨分析的主题。”[③]

最后，“威胁—反应”论的影响在于，它不仅预设了外在威胁的来源与对象，还隐含了对历史事件起止时间的重构。例如，保守主义的史学家通常认为马歇尔计划的起因在于恢复西欧经济与政治稳定，是杜鲁门主义在经济层面的体现，对马歇尔计划结果也同样围绕对西欧国家的作用展开分析。[④] 而柏林危机与德国的分裂通常被作为另一个问题单独进行解释，在这个叙述中，苏联对柏林的封锁，即使不是德国分裂的唯一原因，也终归体现了斯大林的战略误判。但后修正主义史学家并不会将马歇尔计划、西欧复兴、德国重建、柏林危机与德国分裂作为完整的历史进程进行论述，在对原因的判定、材料的取舍、视角的选择过程中，那些不符合“威

---

① Michael J. Hogan, *A Cross of Iron: Harry S. Truman and the Origins of the National Security State 1945-1954*, New York: Cambridge University Press, 2000.

② Melvyn P. Leffler, "The American Conception of National Security and Beginnings of the Cold War, 1945 - 48", *The American Historical Review*, Vol. 89, No. 2, 1984, pp. 348 - 349; Melvyn P. Leffer, "National Security", *The Journal of American History*, Vol. 77, No. 1, 1990, pp. 143-152.

③ Thomas J. McCormick, "Something Old, Something New: John Lewis Gaddis's 'New Conceptual Approaches'", *Diplomatic History*, Vol. 14, Issue 3, 1990, p. 429.

④ 即使是在2010年出版的《剑桥冷战史》中，德国的分裂与马歇尔计划也是两个独立讨论的主题，参见 Melvyn P. Leffler and Odd Arne Westad eds., *The Cambridge History of the Cold War, Volume I, Origins*, Cambridge: Cambridge University Press, 2010, pp. 133-174。

胁—反应”结构的材料已经被排除在叙事主线之外。①

最终，“威胁—反应”的叙事结构还是将话题引向了责任说。伦斯塔德在写作《美国、斯堪的纳维亚与冷战，1945—1949》时，指出了后修正主义的基本特征——很少聚焦冷战责任相关问题的讨论。② 可在实际情况中，冷战责任说并没有因为政治化的削弱而消除。相反，“威胁—反应”的结构已经为攻守双方安排好了顺序，虽然双方都具备扩张性，但苏联似乎总是攻击性更强的一方；虽然双方都有克制，但美国似乎总是更加热衷于追求和平。伦斯塔德以“被邀请的帝国”和“武力帝国”定义双方，似乎也再次印证了这一逻辑。③ 这也导致冷战责任说嵌套在保守主义的叙事逻辑中，以更隐蔽但影响更为深远的形式表现出来。

结　语

后修正主义是史学研究与时代环境共同孕育的产物。20 世纪 70 年代，档案开放与利用情况的增进、时代缓和的背景为后修正主义的诞生提供了外部条件。作为一种冷静调和的叙事模式，后修正主义也的确为冷战史学的发展注入了新的活力。虽然后修正主义给国际冷战史学界带来了巨大的影响，但它并不像主流学术界所强调的那般，实现了对传统派与修正主义的综合。相反，它基于保守主义的立场，继承并发展了保守派的研究取径。后修正主义在叙事中重构了一个进攻的苏联和防御性的美国，又在对国家利益狭义化的定义中，赋予国家安全与国家扩张道德合理性。而研究取径的趋同，也使得后修正主义的分析模式缺乏内在约束与自我平衡机制，难以突破民族主义与国家利益的框架。

---

① 梅尔文·P. 莱弗勒在《权力优势：国家安全、杜鲁门政府与冷战》中进行了相关尝试，在该书的第五章中，他将美国的进攻性遏制作为开头，将柏林危机作为章节的结尾，重构了这一阶段的历史事实，详见梅尔文·P. 莱弗勒《权力优势：国家安全、杜鲁门政府与冷战》，第 242～291 页。但也有历史学家指出莱弗勒同样存在前提预设，他的立场是倾向苏联的，也因此偏好将苏联置于防御的位置并强调美国的扩张性，详见 Lawrence S. Kaplan, “Review: Cold Warriors: Wise, Prudent, and Foolish”, *Reviews in American History*, Vol. 20, No. 3, 1992, pp. 414 - 415；更完整的批评见 Wilson D. Micamble, “Review: Was the United States Responsible for the Cold War?”, *The Review of Politics*, Vol. 55, No. 2, 1993, pp. 363-367。

② Geir Lundestad, *America, Scandinavia, and the Cold War 1945-1949*, pp. 8, 10.

③ Geir Lundestad, “Empire by Invitation? The United States and Western Europe, 1945-1952”, pp. 263-277.

论卡尔《历史是什么?》的史学思想*

秦　晓

（西北大学中国思想文化研究所，陕西西安　710127）

摘　要：卡尔在《历史是什么?》中集中讨论了历史理论的相关问题，卡尔把历史是什么的问题变成了历史事实由谁来构建的问题，将问题的焦点转向了历史学家以及历史学家选择的历史事实。卡尔反对19世纪的实证主义史学及史学的相对主义观点，凸显史学的客观性和历史学家主体性的重要作用。卡尔认为历史是历史学家与历史事实之间连续不断的、互为作用的过程，是现在与过去之间永无休止的“对话”。卡尔的史学思想对当今史学理论的发展具有重要的启示意义。

关键词：卡尔　《历史是什么?》　史学思想

卡尔（E. H. Carr，1892—1982），英国历史学家，其于1961年1~3月，在剑桥大学“特里威廉讲座”中作了一系列有关于历史观念和史学理论的报告，后结集为《历史是什么?》一书出版，该书对于人们理解历史有着重要的意义。全书分为六章：第一章历史学家和历史学家的事实；第二章社会与个人；第三章历史、科学与道德；第四章历史中的因果关系；第五章作为进步的历史；第六章扩展中的视野。本文首先分析《历史是什么?》这本书出现的历史背景，其次概述《历史是什么?》的主要内容和论题，最后对卡尔的历史观和史学思想予以诠释。通过对卡尔史学思想的反思，结合当下历史哲学的现状，阐述卡尔史学思想的当代意义和启示。

* 本文系西北大学2023年优秀博士学位论文培育项目（YB2023101）阶段性成果。

一 《历史是什么?》的成书背景

首先，需要结合卡尔生活的时代来考察《历史是什么?》一书形成的背景。卡尔作报告是在1961年，而卡尔生活的时代是一个剧变的时代。第一次世界大战和第二次世界大战的爆发改变了世界的格局以及西方19世纪以来的乐观主义观念，学术氛围转向悲观和相对主义，在史学理论方面也有重要的表现。只要阅读斯宾格勒的《西方的没落》，就可以感到扑面而来的悲观气息。西方世界处于百废待兴的历史时期，社会现实也深深影响了人们的思想，在哲学领域，存在主义大行其道，在历史哲学方面，新黑格尔主义历史哲学家的观念也开始流行。在西方思想界笼罩着浓密的"阴云"之时，卡尔以批判者的姿态出现，以期通过乐观积极的态度改变历史哲学研究的现状，这不能不说是卡尔受到时代的刺激进而想对此状况做出改变。①

其次，必须"知人论世"，了解卡尔的人生经历，会更有利于了解其史学思想。第一次世界大战之前，卡尔在剑桥大学研究古典学，毕业即进入英国外交部，在此期间，撰写了大量关于俄国史的著作。1936年，卡尔从外交部辞职，获得阿伯里斯特威斯大学教职，成为国际关系学教授。1941年，卡尔成为《泰晤士报》的编辑，撰写了许多社论文章。1955年，卡尔获得剑桥三一学院高级研究席位，直至去世。可以看出，卡尔有很长的撰写社论等报纸文章的经历，这样的经历无疑对其史学思想的形成有很大影响。正是由于大量关注现实的写作，卡尔在思考历史时才能密切联系现实和当下，具有把握时代脉搏的能力，从而试图通过对历史的深入思考来沟通古今，探寻人类历史的发展前景和未来。也正是在这样的生活经历中，卡尔借助对现实的反思衡量历史哲学在时代发展中存在的问题，并想要通过自己的理解和沉思对史学理论的基本问题予以解答。

最后，卡尔的史学思想有明确的针对性，是对当时社会中盛行的史学思潮的反思。卡尔主要批判的是以兰克为代表的实证主义（客观主义）历史观和以克罗齐、柯林伍德为代表的新黑格尔主义历史观。于沛说：

---

① 当然，现当代的历史学家对卡尔也有批评，例如英国历史学家基思·詹金斯站在后现代史学的角度对卡尔提出了尖锐的批评。参见〔英〕基思·詹金斯《论"历史是什么?"——从卡尔和艾尔顿到罗蒂和怀特》，江政宽译，商务印书馆，2007。

“（他）正是通过对19世纪以兰克为代表的经验主义历史观和20世纪以克罗齐、柯林伍德为代表的新黑格尔主义历史观的批判来阐述自己的观点的。他一方面强调历史事实离不开历史学家的解释，历史事实不可能完全是客观；另一方面他又反对在否定‘崇拜事实’时，否定历史所固有的客观性。”① 这段话很好地概括了卡尔史学思想所针对和批判的对象以及所坚守的“客观性”目标。总之，卡尔对史学理论的关注和思考，脱离不了时代和社会的直接影响，对于《历史是什么?》成书背景的简要论述能够使我们对卡尔史学思想的形成有更加清晰的认识。在了解《历史是什么?》的成书背景后，本文将进一步探究该书的主要内容和论题。

二　《历史是什么?》总论

卡尔的《历史是什么?》有着比较清晰的结构，第一章为全书的总论，因此需要重点进行分析。《历史是什么?》第一章“历史学家和历史学家的事实”，主要讨论的是“历史是什么”这一问题。在对比了19世纪90年代和20世纪50年代《剑桥近代史》第一、二版的两个具体段落后，卡尔说道：“当我们尝试回答‘历史是什么’这类问题的时候，我们的答案在有意无意之间就反映了我们自己在时代中所处的位置，也形成了更广阔问题的一部分答案，即我们以什么样的观点来看待我们生活其中的社会。”② 很明显，卡尔认为要回答“历史是什么”这一问题必须结合所处的时代和社会来进行分析。这样就把这一问题放到了大的时代背景中去考察，而不是局限于文献字句的考订。随后，卡尔回顾了19世纪以兰克为代表的实证主义史学，实证主义史学要求史学如同科学实证一样，并指出历史就是事实，历史学家将历史事实如实地反映出来就足够了。但是卡尔对这一问题有着深邃的思考，他说道：“并不是所有关于过去的事实都是历史事实，或者过去事实也并没有全部被历史学家当作历史事实来处理。”③ 他认为并不是所有过去的事实都是历史事实。

卡尔随即提出一个问题：什么是历史事实？在这里，他以黑斯廷斯战役为例，说明历史学家记录精确是历史学的“必要条件”而不是“本质功

① 于沛：《爱德华·卡尔历史思想述论》，《史学理论研究》1994年第3期，第83页。

② 〔英〕卡尔：《历史是什么?》，陈恒译，商务印书馆，2007，第89页。

③ 〔英〕卡尔：《历史是什么?》，第91页。

能”。卡尔将历史材料和历史本身区分开来，对历史有着二重性的思考，卡尔认为“构建这些基本事实不是依据这些事实本身的任何特性，而是依据历史学家‘先验的’（a priori）决定”。[①] 由此，卡尔把“历史是什么”这一问题转向了历史学家本身对历史的构建。他认为“只有当历史学家要事实说话的时候，事实才会说话：由哪些事实说话、按照什么秩序说话或者在什么样的背景下说话，这一切都是由历史学家决定的”。[②] 因此，卡尔把“历史是什么”的问题变成了“历史事实由谁来构建”的问题，将问题的焦点转向了历史学家以及历史学家选择的历史事实。如此一来，历史中解释的因素就“渗入历史的每一个事实之中”[③] 了。那么，历史学家和历史事实有怎样的关系呢？卡尔说：“在历史学家能够以任何方式使用它之前，则必须由历史学家来加工处理这些事实：假如我的这种说法正确的话，那么历史学家使用这些事实的过程就是一个不断加工利用的过程。”[④] 可以看出，卡尔的主要观点在于反对19世纪的实证主义史学，凸显历史学家主体的重要作用。

在《历史是什么?》第一章中，卡尔集中讨论了历史哲学的问题。从本质上来说，“历史是什么”这一问题应归属于历史哲学的范畴，所以卡尔着重讨论了自己对历史哲学的思考。卡尔引入了两位重要思想家——克罗齐和柯林伍德。对于克罗齐的思想，卡尔说道：“克罗齐宣称，一切历史都是‘当代史’，这意味着历史的本质在于以当下的眼光看待过去、根据当前的问题看待过去，历史学家的主要任务不在于记录，而在于评价。”[⑤] 对于柯林伍德，卡尔指出：“历史哲学所关注的既不是‘过去本身’，也不是‘历史学家对过去的思考这一本身’，而是‘这两者之间的相互关系’……‘一切历史是思想史’。”[⑥] 卡尔对柯林伍德的史学思想进行了评价，首先肯定了柯林伍德历史哲学的积极方面：第一，研究历史事实之前，必须先研究历史学家；第二，历史学家必须富于想象力、具备理解力，以了解研究人物的内心世界和思想状况；第三，我们只有以当下的眼光看待过去，才能理解过去。但是，卡尔也对柯林伍德的历史哲学提出了

---

① 〔英〕卡尔：《历史是什么?》，第92页。
② 〔英〕卡尔：《历史是什么?》，第93页。
③ 〔英〕卡尔：《历史是什么?》，第94页。
④ 〔英〕卡尔：《历史是什么?》，第99页。
⑤ 〔英〕卡尔：《历史是什么?》，第104~105页。
⑥ 〔英〕卡尔：《历史是什么?》，第105~106页。

批评，认为其“把历史当作人脑中编织出来的东西”，这样在理解历史的时候就会陷入怀疑主义和相对主义中。

如何解决柯林伍德历史哲学中存在的问题呢？卡尔说：“必须尽其所能地以各种手法把那些与他所研究的主题，与他所提出解释的全部已知事实或可知事实生动地描述出来。”[①] 卡尔认为历史学家和历史事实之间是“一种平等的、互动的关系”[②]，而历史学家是现在的一部分，历史事实属于过去，历史学家与历史事实“互为依存”。所以，历史学家与历史事实之间必然存在客观的联系，历史事实不可能全部来自历史学家头脑中的单纯想象。卡尔对“历史是什么”这一问题总结性的回答是：“历史是历史学家与历史事实之间连续不断的、互为作用的过程，就是现在与过去之间永无休止的对话。”[③] 这一观点是卡尔史学思想的核心表达，卡尔给出了他认为的“历史是什么”的答案。

三 《历史是什么?》分论

《历史是什么?》的六章内容是连贯的整体。在第一章中卡尔明确提出了自己的史学观点，由此本文将对其他五章内容予以分论，以便更为完整地了解卡尔的史学思想。《历史是什么?》第二章主要论述了个人与社会的关系。卡尔认为个人具有时代性[④]，“如果我们脱离社会来尝试运用抽象的个人概念，我们就不能真正地理解过去，也不能真正地理解现在”，[⑤] 历史事实是社会的事实，个人与社会融为一体，不可分割。因此，历史学家既然是时代的产物，历史学家的立场就“根植于一个社会与历史背景之中”。[⑥] 卡尔考察了社会和个人的关系后，论述说：“在研究历史学家之前，要研究历史学家的历史环境与社会环境。历史学家是个体，同时也是历史

① 〔英〕卡尔：《历史是什么?》，第 113 页。

② 〔英〕卡尔：《历史是什么?》，第 115 页。

③ 〔英〕卡尔：《历史是什么?》，第 115 页。

④ 朱维铮的一段话可与此观点互相发明：“历史学家的任务，是追寻消逝了的过去的实相，不幸他们都生活于现在，被迫目睹现状如何成为消逝了的过去。如果说，历史学家可以超脱现状，仿佛不食人间烟火，那当然是谬说。但因为历史学家生活于现状之中，就说他们不可能超越先入的主观成见，述史必然以今律古，又未免堕入辩护论的窠臼。”引自朱维铮《走出中世纪二集》，复旦大学出版社，2008，第 14 页。

⑤ 〔英〕卡尔：《历史是什么?》，第 122 页。

⑥ 〔英〕卡尔：《历史是什么?》，第 127~128 页。

的产物、社会的产物。"[①] 卡尔提醒人们注意研究历史的人需要从这一双重的视角去看待历史学家，历史学家不仅是个人，还受到整个历史和社会潜移默化的影响。在这一章中，卡尔谈到了对"伟人"的认识，认为伟人的出现也是社会现象，"既是历史进程的产物，也是历史进程的推动者"。[②] 最后，卡尔得出结论：历史学家与历史事实之间的相互作用是今日社会与昨日社会之间的对话。历史的功能在于"使人能够理解过去的社会，使人能够增加把握当今社会的力量"。[③]

第三章主要论述历史与科学和道德的关系。卡尔认为历史和科学的观念都在随着时代变化，而且历史研究和科学研究有着极大的相似性。卡尔说："历史学家研究过程中所使用假设的地位与科学家所使用假设的地位似乎极其相似。"[④] 历史和科学都是建立在假设之上，通过解释分析事实然后验证，卡尔认为历史和科学在研究问题所采取的方法上并没有本质的不同。卡尔就人们对历史和科学的几点偏见一一做了批驳，卡尔认为历史就是科学，历史包含于各学科之中。除此之外，卡尔论述了历史和道德的关系，认为历史学家应该对制度进行道德判断，不应该对个人进行道德判断。[⑤] 在这一章的最后，卡尔建议要提供历史的标准，要使历史更加科学，他说："历史远比古典学困难，也远比任何科学更加严肃。"[⑥] 此外，卡尔认为历史学家和自然科学家在寻求解释这一根本目的上，在提出问题和回答问题这一基本步骤上是"团结一致的"，[⑦] 可见卡尔对历史和科学的关系也有深入的思考，并且认为需要更加科学化的历史研究。

第四章主要论述历史中的因果关系。卡尔认为历史研究是一种因果关系的研究，特别突出了对原因的分析。卡尔认为历史学家在研究原因问题时通常的做法是在同一事情中找出几点原因，"把这些原因归类，并梳理为某种顺序，确定这些原因在这种顺序中的彼此关系"。[⑧] 历史学家必须认真分析历史的原因，弄清楚来龙去脉。卡尔对历史决定论和历史偶然性进行了批判，对于历史决定论，卡尔说："人类行为既是自由的，也是决定

---

① 〔英〕卡尔：《历史是什么?》，第 133 页。
② 〔英〕卡尔：《历史是什么?》，第 146 页。
③ 〔英〕卡尔：《历史是什么?》，第 146 页。
④ 〔英〕卡尔：《历史是什么?》，第 154 页。
⑤ 〔英〕卡尔：《历史是什么?》，第 171~179 页。
⑥ 〔英〕卡尔：《历史是什么?》，第 182 页。
⑦ 〔英〕卡尔：《历史是什么?》，第 183 页。
⑧ 〔英〕卡尔：《历史是什么?》，第 189 页。

的，这要看从什么样的角度考虑人类行为……当事件发生之前，历史学家并不能假定事件是必然的。”[①] 对于历史偶然性，卡尔指出：“当我们的因果关系在任何时候都易于被一些其他的因果关系，从我们的角度来看是一些毫无关联关系的打破和歪曲时，我们如何在历史之中找到连贯的因果关系，又如何在历史之中发现意义？”[②] 卡尔明确认为偶然的事情不能进入历史的合理解释之中，而历史学家的解释决定着对原因的选择和整理。因此，历史意义的标准是“历史学家能使这些因果关系适合其合理说明与解释模式的能力”。[③] 在对历史的因果关系进行反思后，卡尔阐述了一种历史的作用，他认为历史学家应该把过去的习惯和教训传递到未来，历史就是链接过去和未来的纽带，指导人们向何处去。这是历史的重要价值和意义。

第五章主要论述了历史的进步性。卡尔有着积极乐观的进步信仰，认为历史朝着光明的方向前进。卡尔区分了进步（Progress）和进化（Evolution），认为人们误解进步主要是因为，“把生物的遗传性（进化的源泉）与社会的获得性（历史进步的源泉）相混淆而造成的”，[④] 历史主要是通过获得性技巧的传授而进步的。卡尔也认为进步不是线性的，不是直线前进，而存在此消彼长的不连续性。卡尔说：“相信进步并不意味着相信任何自动的或不可避免的进程，而是相信人的潜力的进步发展。”[⑤] 历史的意义和客观性，“不依靠于也不能依靠于某些固定的、不可转移的当下存在的判断标准，只能依靠在将来积累的、随着历史前进而进化的那种标准。只有在过去与未来之间建立起一种持续不断地连贯时，历史才获得意义与客观性”。[⑥] 历史中的进步是通过事实与价值之间相互依赖、相互作用而获得的。所以，卡尔说：“历史，就其本质而言……是进步。”[⑦] 卡尔对社会和历史未来充满了信心，对消极悲观的历史思想进行了有效的反击。

第六章主要论述了历史视野的扩展。随着社会结构的变化和社会的发

---

① 〔英〕卡尔：《历史是什么?》，第 194～195 页。

② 〔英〕卡尔：《历史是什么?》，第 199 页。

③ 〔英〕卡尔：《历史是什么?》，第 205 页。

④ 〔英〕卡尔：《历史是什么?》，第 217 页。

⑤ 〔英〕卡尔：《历史是什么?》，第 223 页。

⑥ 〔英〕卡尔：《历史是什么?》，第 234 页。

⑦ 〔英〕卡尔：《历史是什么?》，第 236 页。

展，社会深度和地理范围都在变化，卡尔主要结合这两方面谈论历史在此过程中的作用。卡尔认为历史连接了过去、现在和未来，人类越来越学会运用自己的理性。理性拓展“意味着迄今为止那些处于历史之外的群体和阶级的历史、民族和大陆的历史在历史中出现了，”[①] 因而，历史应该包括“整个人类共同体的历史”，是一种“全球史”。人类的进步，应该“大胆地、毫不犹豫地不把自己局限在寻求渐进改良（一些事情是以这种方法做的），而以理性的名誉像目前行事的办法提出根本的挑战，对建立在行事办法基础上的公开的或隐蔽的假设提出挑战”。[②] 作为乐观主义者的卡尔认为人们要充分运用自己的理性，大步前进，要有勇气和决心，朝着光明的未来而奋斗。因为，世界是永恒运动和变化的，或者用卡尔自己的话来说，世界是进步的。

概言之，卡尔在《历史是什么?》的六章内容中明确而有步骤地探讨了自己的史学思想。卡尔在第一章中集中表达对历史的本质认识，认为历史就是过去与现在的“对话”，凸显历史学家和历史事实的互动关系。在后面的五章讨论了历史与社会、个人、科学、道德、因果关系、进步性以及人类未来的深入关联，表达了卡尔对历史的深入认识和反思。在卡尔的论述中洋溢着积极乐观的精神和自觉理性的意识，充分展现了一位历史学家对时代的反思和强烈的社会责任感。

四　《历史是什么?》史学思想的启示

上文主要概述和分析卡尔《历史是什么?》一书的成书背景和主要内容，本节主要探讨卡尔史学思想的启示，卡尔的史学思想对当今史学理论的发展具有重要的意义。纵观历史哲学的发展，20世纪初，西方历史哲学领域发生了从思辨的历史哲学到分析的历史哲学的转型。[③] 20世纪六七十年代后，“历史哲学领域内再次发生了重大的理论转型，此种叙事的转向……使得叙事主义的历史哲学浮出水面，取代分析的历史哲学而成为当

① 〔英〕卡尔:《历史是什么?》，第256页。

② 〔英〕卡尔:《历史是什么?》，第263页。

③ 按照沃尔什的概括，思辨的历史哲学指的是对客观历史过程的哲学反思，它要探询的是客观历史过程的目标、意义、规律、动力等问题。分析的历史哲学则是对历史学的学科性质，尤其是历史认识和历史解释的特征进行理论的分析和探讨。见〔英〕沃尔什《历史哲学导论》，何兆武、张文杰译，北京大学出版社，2008。

代历史哲学的主流”,[①] 美国历史哲学家海登·怀特是转变的关键人物。后现代主义历史哲学乘风而起，对历史的客观性和可靠性造成了巨大冲击。简单来说，后现代主义历史哲学不承认历史的客观性，把历史作为单纯的个人“叙事”和“文本”，从而落入了主观主义和相对主义的窠臼。在后现代主义历史哲学思潮的冲击和对比下，卡尔的史学思想闪烁着智慧的光芒。卡尔虽然高扬历史学家的主体性作用，承认历史学家在论述历史时的主要作用，却没有落入“相对主义”的窠臼，而是从另外一个侧面发扬了历史的科学、客观精神，保证了史学求真的根本主旨和追求。卡尔认为历史必然有其客观性和真实性的根基，这是历史学乃至史学理论发展的“基地”。具体来说，卡尔《历史是什么?》的史学思想有以下三点启示。

第一，历史是科学。今天可能没有人再像 19 世纪的伯里那样说：“历史学是一门科学，不多也不少。”但是，人们在分工日益多样化的时代却不能不思考历史的属性。科学并非简单的实验操作计算的分科之学，而是有着更为深刻的含义，客观性和真实性是科学追求的主要精神。现代科学的发展预示着人们对科学的认识在不断进步，用科学的视角来看待历史，意味着历史学必然有着较为坚固的客观性基础。历史是科学说明必须坚守历史的客观性和真实性，这是历史与小说等文学作品的主要区别之一。当然，需要注意的是，历史学是科学，但不是西方近代传统意义上的实验科学，而是建立在不断假设和求证之上的科学。历史学科有其自身规律可循，不是简单的事实的排列。历史学的科学性就在于历史学可以在相当大的程度上进行概括，而概括能够说明一般事物的特征，进而确保客观有效性。另外，历史学必须建立在历史事实之上，历史事实不是无限制的主观“编造”，而是既定发生过的事情。在这一系列事情中，历史学家选取历史事实，通过对来龙去脉的分析，了解事情的发生、发展和结果。在此基础上进行相对的概括，而这种概括就是科学的表现。卡尔说：“正是语言的用途迫使历史学家像科学家一样进行概括。”而历史学家的兴趣“是独特性中概括出来的一般性”。[②] 这与科学研究从假设研究实验论证出一般性，或者叫作规律，是不谋而合的。所以，历史是一门科学，有其客观性、真实性和一般性。

第二，历史是“对话”。卡尔对“历史是什么”的回答是：“历史是

---

① 彭刚：《叙事的转向——当代西方史学理论的考察》，北京大学出版社，2009，第 2 页。

② 〔英〕卡尔：《历史是什么?》，第 158 页。

历史学家与历史事实之间连续不断的、互为作用的过程，就是现在与过去之间永无休止的对话。”① 这种对话进一步可以理解为不同时代之间的交流和互动，可以让人们更好地认识清楚所处的时代，发挥历史的借鉴作用。正如卡尔所说：“历史双重的、相互的功能——提高我们根据现在理解过去的能力，也提高我们根据过去理解现在的能力。”② 这种注重历史镜鉴功能和古今会通作用的表述与中国史学思想的基本精神相一致，中国古代就有“以史为鉴，可以知兴替”的至理名言，与卡尔可谓“异代同音”。除此之外，“对话”还有更加深远的意义，那就是为人类的未来指明方向。正如卡尔所言，历史“对话”沟通了过去与未来，历史的作用是巨大的，历史延续性的目的之一就在于生活在现代的人们和过去人们思想经验之间的沟通和交流，为人类的未来之“道”提供思想“资源”。在这种历史哲学的视野和关怀中，人类作为族群得以长久延续和发展。卡尔重视历史的“对话”功能，无论是个人还是社会、国家等，均须在与历史经验的“对话”中不断学习和反思，在批判的理解中获得经验和借鉴，将过去之“事”、之“理”转化为现实实践中的思想“宝库”，从而减少人类因盲目无知和自高自大而做出的错误“选择”。

第三，历史的进步性。卡尔的笔触中洋溢着乐观主义的因子，“他对人类社会进步所持的乐观主义信念和历史不断进步的观点”，③ 这已不仅是学理上的论证，更是一种对人类未来乐观积极的精神态度，这种信念是人类延续发展的重要精神支柱。纵观历史的发展，从远古时期到现当代，在历史的二律背反中人类一代代积累走到现在。文明和文化的积淀使得人类可以伫立于浩瀚而广阔的宇宙，可以说，人类因历史而伟大，历史的进步性就体现在人类文明史的发展进程中。从石器时代到信息时代的转变和发展，是任何人都无法否认的历史事实，尽管这个过程充满了动荡和挑战，交织着善与恶的斗争。卡尔的进步史观，“对于人类世界所有正在追寻人类自身的人们来说，无疑都具有激发他们内心深处那股奋发向上、踌躇满志和积极进取的精神动力作用”。④ 对于人类未来的发展前景进行展望，充满乐观进取的精神，保持人自我精神的积极和自信，是卡尔史学思想所彰显的强大精神力量。深言之，对历史持乐观的态度实则是对人自身理性的

① 〔英〕卡尔：《历史是什么?》，第 115 页。

② 〔英〕卡尔：《历史是什么?》，第 207 页。

③ 张广智主编《西方史学通史》第六卷，复旦大学出版社，2011，第 65 页。

④ 于沛主编《20 世纪西方史学》，武汉大学出版社，2009，第 152 页。

信任，作为理性主体，人需要对自己的行为负责，对人类发展前景的预期就体现在对历史过往的反思和借鉴中。毕竟，改变历史的不可能是其他存在者，而只能是自己对自己负责的人类。

总而言之，卡尔《历史是什么?》是一本内涵丰富且颇具特色的史学理论作品，对于“历史是什么”有着深刻、独到的回答。我们可以不同意他的观点和论述，却不能忽视其对历史所做的颇具价值的分析及带来的启示。诚如卡尔所言，历史是过去、现在和未来之间永恒的持续不断的“对话”。在“对话”中，历史变得鲜活和丰富起来，也只有在不断地“对话”中，人类思考和运用理性，才能鉴往知来，共同呼吁和守护更加和平而美好的未来。

当代史学评论及学术会议综述

探索中留下的印迹　贯通下结出的硕果

杨共乐

（北京师范大学史学理论与史学史研究中心，北京　100875）

中国是世界上历史资源最为丰富的国家，也是世界上最具历史发展定力的国家。2019 年 1 月 3 日，习近平总书记在致中国社会科学院中国历史研究院成立的贺信中再次强调："历史研究是一切社会科学的基础。"总书记同时指出："长期以来，在党的领导下，我国史学界人才辈出、成果丰硕，为党和国家事业发展作出了积极贡献。"这是总书记对我国几代历史工作者工作的鼓励和肯定。

百余年来，尤其是新中国成立以来，我国的历史工作者在学科建设、人才培养、史学理论体系的创新、服务国家战略、服务社会、讲好中国故事等方面都付出了艰辛的劳动，取得了令世人瞩目的成就。其中"夏商周断代工程""中华文明探源工程"多项重大成果的发表，中华本二十四史的点校出版，白寿彝先生总主编的多卷本《中国通史》（12 卷 22 册，约 1200 万字）全部出版等都是我国史学界的大事。我国史学界在坚守和巩固国家的文化边界方面贡献卓著。

在长期的探索过程中，我国史学界逐渐在历史学的一些重大问题上取得实质性进展，形成了许多共识。举例而言：

首先，在文明起源问题上，提出进入文明社会标准：一是生产发展，人口增加，出现城市；二是社会分工，阶层分化，出现阶级；三是出现王权和国家，为世界文明起源研究作出了原创性贡献。明确了中华文明起源、形成和早期发展的过程，实证了我国百万年的人类史、一万年的文化史、五千多年的文明史。①

① 王巍：《更好认识源远流长博大精深的中华文明》，《红旗文摘》2020 年第 23 期，第 30~33 页。

其次，在对国家类型的定位上，证明了中国自古以来是多民族国家；秦汉以来，中国是不断发展的统一的多民族国家。新中国成立以后，中华人民共和国是全国各族人民共同缔造的统一的多民族国家。[①] 中国不是城邦国家，不是帝国国家，更不是政教合一的国家。

再次，在对中华民族的形成研究上，明确中华民族是中国历史上一次又一次民族融合的结果。民族融合不但是中国历史的主流，而且是中华民族形成和凝聚的根本。[②] 民族交融与政治统一格局的积极互动，是中华民族共同体发展中一个基本规律。[③] 多元一体的中华民族是客观的存在，而不是“想象”“虚构”的结果。

又次，在对中华文明的认识上，明晰中华文明是中华各民族共同创造的伟大文明，是各民族优秀文化的集大成，是各民族发展的优势和共同财富。与世界上其他古文明相比，中华文明是世界上唯一没有被打断或中断并延绵发展至今的文明。“今天生活在这片土地上的人就是那创造古老文明的先民之后裔。”[④] 等等。

上面所提到的是中国史学界所取得成就的一部分。这些成就都是在大历史观下探索的结果，非常值得珍惜和总结。若无贯通之功，就看不清事物的始终、源流，也无法定位事物的性质，从而很难做出正确的判断和决策。由此可见，“贯通之学”是历史工作者必须认真修炼的大功夫。

从现实情况看，现在国内外的历史研究单位或历史学系基本上都重视立足文献、立足史料来说明事实，这应该是非常重要的训练方法。但是历史学还有另外一种非常值得关注的方法，这就是以“时代”为依据来思考问题。无论是雅典的修昔底德，还是中国的司马迁都很好地使用了这种方法。“时代”本身就是学者研究的对象，同时它也是文献的另外一种表达形式，具有鲜活的史料价值。只是因为专业化史学引进学校以后，我们把以“时代”为依据的这种方法遗忘不用了。这显然是史学界的一大憾事。很长一段时间里，大家只局限于很小的领域里求取真相。殊不知一隅之真常常会受全局之真所限。

近年来，中国历史研究院遵照习近平总书记的指示精神，在“继承优良传统，整合中国历史、世界历史、考古等方面研究力量，着力提高研究

① 《中华人民共和国宪法》。

② 参见王延中《正确认识中华民族历史观》，《历史研究》2022 年第 3 期，第 31 页。

③ 参见瞿林东《正确认识中华民族的几个问题》，《中国民族报》2022 年 1 月 11 日。

④ 袁行霈等主编《中华文明史》第一卷，北京大学出版社，2006，第 4 页。

水平和创新能力，推动相关历史学科融合发展，总结历史经验，揭示历史规律，把握历史趋势，加快构建中国特色历史学学科体系、学术体系、话语体系”等方面下苦功，立足大历史观思考问题，取得了很好的效果。《十件文物里的中国故事》《世界简史》的编撰和出版就是落实习近平总书记指示精神的具体体现。其中《世界简史》更是用贯通的方法融中国史于世界史之中，是用大历史观来考察人类历史发展进程的重要成果。

《世界简史》由张顺洪、郭子林和甄小东三位学者撰写，由中国社会科学出版社2022年出版。简史虽短，但要写好并不容易。在我国出版的有关《世界简史》类型的作品中，翻译过来的较多。早期有威尔斯的《世界史纲》（1930），近期有《大英博物馆的世界简史》（2017）、《世界简史：从非洲到月球》（2018）、《历史：地图上的世界简史》（2020）等。我国学者也写过一些世界简史。早期出版的有何炳松的《世界简史》（1934）、中山大学历史系编的《世界简史》（1974）以及胡岗和唐泽映编的《世界简史》（1988）等；21世纪以后出版的有刘明翰和海恩忠主编的《世界史简编》（2005）、武寅主编的《简明世界历史读本》（2014）等。不过，进入新时代以后，由张顺洪、郭子林和甄小东三位学者撰写的《世界简史》，还属于第一部。它的意义非同寻常。

《世界简史》是在新的理论指导下产生的成果，是马克思主义中国化时代化最新成果指导下所取得的探索性成果。自党的十八大以来，习近平总书记提出了许多有关历史科学的重要论述，如历史是人类最好的老师、历史研究是一切社会科学的基础、正确的中华民族观、构建人类命运共同体等，发表了一系列历史与现实相联系、理论与实践相结合的重要文章。这些论述和文章都为我国的历史研究指明了新方向。从中国社会科学院院长高翔为这部书写的序言和这部书的内容中，我们都能发现，《世界简史》的作者是以习近平总书记的新思想为遵循来谋篇布局，展示世界历史的发展脉络，充分体现了作品的时代性特点。

《世界简史》立足文明的演进历程、立足中国学者的思考，打破西方中心主义的叙事模式，置中华文明于世界文明的发展进程中，充分阐述中华文明在推动世界文明发展中的作用。作者在承认世界历史发展的不平衡性的前提下，强调人类历史发展的阶段性特点和普遍趋势。《世界简史》不是历史事实的简单拼凑，而是带有作者明显的写作意图和通识，是一部以中国学者视角撰写的世界历史小通史。我国著名史学家梁启超说：“专门史多数成立，则普遍史较易致力，斯固然矣。虽然，普遍史并非由专门史从集而成。作普遍史者须别具一种通识，超出各专门事项之外，而贯穴乎其间。”[①] 范文澜先生也认为：“局部性的研究愈益深入，综合性的通史也就愈有完好的可能。”[②]《世界简史》的出版表明由扎实专门史研究基础的学者来撰写通史是可行的。

宋代大学者曾巩曾在《〈南齐书〉目录序》中写道：“盖史者，所以明夫治天下之道也。”梁启超也有言：“史学者，学问之最博大而最切要者，国民之明镜也，爱国心之源泉也。”[③] 历史学是为社会画像的学问，是为时代立传的学问，同时也是传递爱国心的学问。史学之重要不言自明。“故为之者，亦必天下之材”，必须具备良史的条件，即“其明必足以周万事之理，其道必足以适天下之用，其智必足以通难知之意，其文必足以发难显之情”。“道”在这里摆在核心的地位。大量的史学实践表明：要在“适天下之用”的“道”上有所突破，非有贯通之功不可。新时代的历史工作者任重道远。

① 梁启超：《中国历史研究法》，《饮冰室合集》第10册专集七三，第35页。

② 范文澜：《范文澜历史论文选选集》，中国社会科学出版社，1979，第77页。

③ 梁启超：《饮冰室合集》第1册文集九，第1、7页。

2022年史学理论与史学史学术研讨会述略

许洪冲　樊柏宏
（北京师范大学历史学院，北京　100875）

2022年12月17~18日，“2022年史学理论与史学史学术研讨会”在线上召开。本次会议由北京师范大学史学理论与史学史研究中心、北京师范大学铸牢中华民族共同体意识研究培育基地主办，计有六十余所高校、科研机构和学术杂志的120余位学者与会。刘家和、庞卓恒、瞿林东、胡逢祥、乔治忠诸位先生就中西文化思维差异、马克思主义历史发展规律学说、唯物史观于中国的意义等问题作大会主题演讲。大会宣读的论文涉及史学理论与史学史学科的多个方面，既有史学本身历史与理论的研究，也有史学所反映的时代特点、史学成果在社会上的影响以及史学与其他学科关系的研究。无论是关注的问题，还是提出问题的视角，都反映了当前史学理论与史学史学科的新成果。受《史学理论与史学史学刊》编辑部的委托，本文对与会学者的观点做出介绍，以为学界提供更加全面的会议信息。

一　关于唯物史观和“三大体系”建设的研究

构建中国特色历史学的学科体系、学术体系和话语体系，离不开对唯物史观全面深入的认识，离不开对中国史学遗产的继承发扬，离不开对外国史学的借鉴，也离不开创新这一学术发展的驱动力量。

天津师范大学庞卓恒先生分析了“百年未有之大变局”的现象和根本动因，提出马克思揭示的历史发展规律是“人类本性发展规律”的观点，认为习近平总书记主张和倡议的“坚守并弘扬全人类的共同价值”和“共建人类命运共同体”是马克思揭示的人类本性发展规律必然要求的最新表达，显示着21世纪世界历史走向。南开大学教授、廊坊师范学院特聘教授乔治忠先生梳理马克思、恩格斯对人类社会发展规律学说的探索历程，对五种基于“过渡性表述”理解的“误区”进行商榷，以论证“五种社会形态演进”的科学性。吴英（中国社科院历史理论研究所）通过梳理唯物史观对诸多重大历史和现实问题的科学解释，强调唯物史观是一种逻辑严密的理论体系，而且是具有深刻解释力的科学理论。孙立新、孙梦茵（山东大学）梳理马克思主义经典作家关于个人作用的论述，进一步探讨普通个人在历史上发挥作用的方式、历史人物与普通个人的区别以及两者之间的辩证统一关系。徐松岩（西南大学）对奴隶和奴隶制的概念、历史现象、理论、东西方差异等问题进行再思考，指出应首先在理论上拨乱反正，然后对典型的古代奴隶制国家展开比较研究，阐明古代奴隶制发展的统一性与多样性。

马克思主义传入中国以来，中国史学的面貌日新月异。中国马克思主义史学的发展具有开创性、民族性、广泛性的特点。北京师范大学瞿林东先生对之加以总结，并分析了运用唯物史观探索中国历史的重要成果，指出唯物史观给中国人以史学自信、历史自信，而由此产生的新认识、新理论则揭示了中华民族伟大复兴的光辉历史前途。李勇（淮北师范大学）认为近代学者对近代中国社会性质的论定之所以有多种观点，与共产国际、中共中央的主张多元密切相关，而“半殖民地半封建”说能够成为主流观点，与中国革命“反帝反封建”的任务相对应是根本原因。谢辉元（湘潭大学）探究马克思主义中国思想史研究以唯物主义与唯心主义斗争为主线的研究模式之历程，指出这种叙事模式是在各种哲学观点层层累积的情况下，经由不同的学者逐渐建构起来的。宋学勤（中国人民大学）认为，新中国历史叙事应秉持大历史观，以总结“中国经验”为目的，既要“学科融合”，又要有“国际视野”。左玉河（中国社科院历史理论研究所）梳理2012年以来十年间中国马克思主义史学理论研究在各方面的进展，指出坚持唯物史观指导地位重新成为共识，唯物史观基本原理与重要命题的研究、马克思主义中国历史理论研究、中国马克思主义史学发展史研究等方面的成绩也很突出。

马克思主义史学从中国诞生到发展为主流，产生了一大批史学名家和名著。郭沫若是中国马克思主义史学的代表性人物。庾向芳（上海对外经贸大学）、李孝迁（华东师范大学）从学术传播的视角，对郭沫若进行深入研究。前者指出《近世社会主义》之于郭沫若接受马克思主义与唯物史观、转变为马克思主义者的重要影响；后者则梳理了1950年前后《十批判书》的传播历程与唯物史观阵营内外史家对它的评论，剖析不同评论背后的学术与非学术因素，进而指出研究中国马克思主义史学需要警惕的若干认识偏差。周励恒、王学斌（中共中央党校）对吕振羽任职中央党校期间的教学和研究经历进行总结梳理，展现出吕振羽深厚的学术底蕴、对党的工作认真负责的态度与宽阔的学术胸襟，以及他对中央党校历史教研工作的贡献。郭蔚然（北京科技大学）从马克思主义史学家群体中发掘出叶蠖生，并总结了他自延安时期到20世纪80年代致力于马克思主义中国化的史学研究之历程。刘永祥、于欣怡（中国海洋大学）以新中国成立初期刘大年、卿汝楫的同名著作《美国侵华史》为例，揭示出它们旨在通过系统梳理美国侵华的历史事实，厘定“侵略—反侵略”的历史基调，重塑历史记忆。张越（北京师范大学）指出林甘泉阐发历史研究分事实判断、认识判断、价值判断“三个层次”的观点，是中国马克思主义史学在史学认识论方面做出系统阐述的重大进展。

近十年来，学科体系、学术体系和话语体系建设成为历史学界关注的重大问题。在总结与反思之中，学术创新的活力被大大激发。周文玖（北京师范大学）从学科构成、学科建设经验、学科建设问题、新时代学科建设举措等方面入手，探讨了中国史学科体系构建这一重大问题，并在擘画中国史学科本身的知识体系，解决课程设置、师资队伍、教材建设、教学方法与教学手段、行政机构设置等方面提出了自己的观点。杨巨平（南开大学）指出，对世界史的探索与研究是中外史学共有的优良传统，当下中国学人有必要立足本土展开世界史研究，协调好本土与世界二者的关系。吴晓群（复旦大学）认为全球文明史的书写要做到避免陷入形式主义的分析和假解释的死循环之中，处理好全球化与地方化、国际主义与民族主义之间的张力，需要找寻出一种更具包容性的共同历史叙事，重建人类共同的纽带。曹小文（首都师范大学）注意到目前全球史研究中概念模糊、过于注重解构、史料运用粗疏等问题及其对中国学界的影响，并初步指出了突破困境的方式。王海利（北京师范大学）认为，埃及学学科目前研究具有内涵不清、名不副实等问题，进行变革势在必行，国内学人应着力于构建中国气派的“大埃及学”，凸显中国视角。钱茂伟（宁波大学）认为“历史文本初生产与再生产”一对概念有利于理解历史记录与历史研究之分。他认为建设一个“历史记录”学科，能够丰富历史学活动的想象空间，实现当代历史学工作重点的转移。张绪强（西南大学）回顾了亚述学在中国的发展历程，指出林志纯对苏联史学进行了深刻反思，顺应改革开放后学术环境改善的趋势，对于中国亚述学的发展贡献颇丰。李玉君（辽宁师范大学）回顾了陈述的学术历程、治史特色，总结了他对于辽金史研究的卓越贡献。

史学史学科的发展史与路径开拓受到关注。王传（华东师范大学）梳理了中山大学史学系自 20 世纪 20 年代以来对“中国史学史”课程的建设，重点分析了朱谦之等人在人才培养和撰写史学史专著方面的成就。梁道远（宁夏大学）就“中东史学史”的分支构成问题展开分析，认为阿拉伯史学史、古代两河流域历史书写等分支可以构成“中东史学史”这一学科。

中国特色历史学话语体系建设，需要从底蕴深厚的中国传统史学中挖掘资源。靳宝（中国社科院历史理论研究所）围绕“夏鉴”意识的产生与发展历程，指出其在先秦时期已成为殷鉴观念组成部分，与殷鉴、周鉴相融合，共同形成了夏商周三代史鉴话语体系。廉敏（中国社科院历史理论研究所）结合自身治学体验，宏观地解析出中国古代史论的五大思想层次：天人论、古今论、治乱论、人物论、方法论，并对如何深入推进中国古代史论研究提出见解。刘开军（四川师范大学）着眼于《史通·探赜》，考察了“探赜”的含义演变历程，指出了《史通·探赜》篇的史学意义与理论光彩，并进一步说明“探赜”之于史学研究的必要性。

中国学者为自主的、具有民族特色的、创新性的话语体系而努力的同时，外国史学研究者也在挑战西方主流学界的话语权威。李友东（天津师范大学）认为西方学界完全忽视中国本土“中华民族”历史认同经验，强调从历史中国到现代中国的认同断裂以及“中华帝国”内部的族群对立性。而为解决欧美的现实问题，西方学界却大力提倡包容性的族群认同实践。这一现象既与特定国家的政治、社会现实需要有关，亦基于特定社会形态的意识形态和价值观。鲁大为（南通大学）对柯律格的中国美术史叙事话语进行研究，认为他用语境化的方式全景展示中国古代艺术创作的动机、边界与可能性，力图摆脱西方艺术话语和文本语境中对中国绘画的偏见和刻板理解。赵少峰（聊城大学）通过研究太平洋岛国历史的研究史，发现其历史多由西方学者所撰述，民族史学建构的缺失导致岛民在民族认同、国家认同上出现了困境，成为该地区政治动荡、分离主义倾向不断抬头的一个因素。

二　关于中国史学发展及其所反映的时代特点之研究

先秦形成的历史观念，对后世中国史学乃至整个中华文明形态都有深刻影响。邱锋（兰州大学）指出，西周以来的仪式性礼乐文化中，已展开了对早期历史记忆的构建活动。他从六代乐舞、乐官“讽诵诗，奠世系”、孟子“《诗》亡《春秋》作”说等方面入手展开论证乐官与历史记忆的关联。王振红（江苏师范大学）认为先秦神话传说初步奠定了先秦时空观念的人文发展路向，其最大特征在于统一的时间主轴与通变思维、差异互补的自然空间与大一统的人文空间相辅相成。陈金海（孔子研究院）比较了《春秋》三传与《竹书纪年》对齐灭纪事件的撰述，梳理了春秋三传相关内容的撰述特点及后儒的评价，透视了其中的思想文化意涵。

《春秋》与《左传》是中国史学中研究史最长的史书，研究主体跨越了古今中外。刘伟（曲阜师范大学）聚焦于“《春秋》学”，认为《史记》《汉书》中的公孙固即《吕氏春秋》中的公玉丹，对佚书《公孙固》及其与马王堆帛书《春秋事语》的关联进行了辨析，指出后者的形成与传播可视为战国秦汉时期《春秋》经传之学的组成部分。程源源（中国社科院历史理论研究所）从经史会通的视角考察了吕祖谦的《左传》研究，认为吕祖谦从经学、史学双重角度剖析了《左传》义理与史学思想，阐发了吕祖谦《左传》学的史学意义。唐明亮（南通大学）通过梳理晚清民国时期国际汉学界对《左传》的研究，指出他们能以多个新的视角审视中国传统文献，为中国《左传》学研究提供了补充。

毛瑞方（北京师范大学）融合政治史、思想史，探讨自先秦时期学术下移、六经产生到汉初尊经致用传统建立的曲折过程。章益国（上海财经大学）梳理了史学史上的“史汉较量”的历程，指出《史记》地位上升受史学史本身延长的影响，说明史汉比较之论实际上反映了人类共有的“双峰对峙，双水分流”的叙述模式。牛润珍（中国人民大学）从历时性角度梳理了唐代纪传体国史的十三次纂修情况，并对相关纂修问题进行辨析。时培磊（廊坊师范学院）从史官构成、史家地位与作用、修史过程中蒙汉史官的互动交流等角度入手，论述了元代官方史学注重蒙汉融合之特点。李德锋（内蒙古大学）注意到《蒙古秘史》在蒙古族史学史上承上启下的意义，认为此书在语言文字、记载史实、叙事手法和历史观方面深刻影响了蒙古族其后的史籍。周倩（扬州大学）追溯了清人以“随场去取”

改革科举制度偏重头场弊端的思想源头，分析了清人提出的各种“随场去取”方案，指出当时缺少与改革设想相配套的、合理有效的制度设计。

如何厘清秦汉以降政治文化影响下中国古代史学的发展脉络，理解断代史学史之风貌及其与时代的关系，是治史学史者面对的长久课题。胡祥琴（北方民族大学）认为，《三国志》及裴注的“汉魏故事”书写体现了曹魏禅汉的理论主张、政治意图，着力于突出曹氏承位合法性。戚裴诺（教育部高等学校社会科学发展研究中心）考察了汉唐史家对南方自然环境与社会环境的书写，指出不同文献叙述内容的差异反映了自然环境变迁、人们情感认知变化、王朝统治模式更迭、社会生活形态的转型。王志刚（北京师范大学）论述了北朝十六国史学在中华民族共同体历史叙事史上的若干特点，并对《魏书》的大一统历史叙事等进行详细阐释。马新月（北京师范大学）揭示了南北朝并立导致的唐代官方面临的正统叙述复杂难题，指出唐代重修《晋书》一事实际上反映了唐初统治者塑造正统来源，强化北朝正统观的政治意图，并考察了唐朝中后期正统观念的演变。杨永康（山西大学）以《攀龙台碑》碑文为中心，讨论唐代政治斗争与武士彟形象变迁之关系。他认为武则天在政治斗争中的成败，直接影响到武士彟政治地位的升降，进而影响到官方对武士彟形象的评价、塑造与书写。江湄（首都师范大学）回归历史语境，结合南宋“中国”认同观念的三个思想脉络即正统论、道统论与华夷之辨，指出南宋“中国”认同并非现代国族意识，而是对汉朝“大一统”之“中国”观的继承。侯德仁（苏州大学）考察了袁大化《新疆图志》系列序文，指出其反映了袁大化的坚持捍卫边疆主权的爱国主义思想、注重经济开发的重民思想、倡导团结一体的民族思想。以上这些研究，多有涉及统一多民族国家与历史文化认同，是当前“铸牢中华民族共同体意识”研究的思想资源。

此外，值得注意的是，有多篇论文集中于对清代中期史学史的研究。屈宁（山东大学）考察了章学诚与阮元之间的学术交集，比较了二者史学观念的契合之处，立足于阮元对《文史通义》接受却认知有限的事实，透视到乾嘉之际的学风问题。王记录（河南师范大学）认为，章学诚的“家学”概念是其史学思想的重要范畴，剖析了“家学”的思想内涵及其与“辨章学术，考镜源流”“别识心裁”等说的有机联系。崔岩（南开大学）采用政治史视角解析乾隆帝《全韵诗》的史学思想，从乾隆为多尔衮平反的文本出发，指出乾隆帝强调树立满洲主体意识的思想。许洪冲（北京师范大学）认为“续三通”门类划分、纪事规则各仍“三通”之旧，但对

“三通”体例有诸多修订之处。这些修订多依学术的见解，受政治影响较小。

家谱与方志，也是历史记录的重要载体。徐彬（安徽师范大学）从多个方面阐述利用徽州家谱进行徽学研究的意义，认为徽州家谱也在徽州社会变迁中担当起基层社会秩序重构的重任。周毅、许晓萱（安庆师范大学）借由安庆方志等地方性文献，勾勒出明清时代的安庆地区理学并非完全趋同理学整体发展的轨迹。

近现代中国史学的转型，涉及多个维度，也受多种背景因素的影响。胡逢祥（华东师范大学）以“跨学科研究与中国史学的现代转型”为题，梳理了跨学科研究理念在中国的产生与发展，结合具体学术案例剖析了社会史研究之于推动中国史学现代转型的重大意义。李政君（中国社科院历史理论研究所）辨析 20 世纪初“新史学”思潮中的史学社会科学化问题，认为“新史学”仍属于叙述的史学，而不是解释的史学，与真正意义上的史学社会科学化还有一定距离。尤学工（华中师范大学）从社会变迁的角度考察中国近现代史学思潮与学派的关系，认为史学思潮与学派是共生共存的关系，思潮为学派的形成创造学术生态和社会环境，学派则为思潮涨落提供内驱与推动。二者的消长共同受制于社会的变迁。关于晚清民国时期学人对传统史学的认知与建构，谢贵安（武汉大学）分析清前期史学在晚清民国的“被择受和被重构”的过程，认为我们所认知的清代史学“常识”，是近代史学转型中融合中西、整合古今的新知识体系建构的结果。上升到历史理论，具有公羊学背景的学者发挥较多，无论是作为被接受还是被批判的对象，他们都对近代史学产生了广泛的影响。张昭军（北京师范大学）将康有为的“新经学”看作一种从经学而不是经学史或历史学的立场应对大变局挑战的思想方式，细究其内涵，并在历史秩序重建的视角下阐释“新学伪经说”“孔子改制说”“大同三世说”的价值所在。

吕思勉对中国传统历史编纂学加以改造，并借鉴西方史学理念，撰写了多种通史、断代史、专史，在近现代史学史上留下浓墨重彩的一笔。贾鹏涛（延安大学）、徐国利（上海财经大学）、张耕华（华东师范大学）三位学者从不同的角度，讨论了吕思勉在史学札记、中国通史编纂、民生史观等方面的特点和成就。李长银（山东大学）将胡适的“东周以前存疑论”放在疑古思潮史脉络上进行考察，辨析了胡适此说的提出因由、渊源与学术意涵，梳理了此说的影响与意义。陈勇（上海师范大学）指出文化民族主义思想是钱穆史学思想的核心，论证了钱穆文化民族主义思想的形成、内容与价值。赵满海（曲阜师范大学）从古史问题解决方法之争、古史研究的文化人类学转向等角度，剖析了顾颉刚、李宗侗与民国以来的古史论争的关系。颜克成（云南民族大学）总结了抗战时期昆明《益世报》副刊《边疆》《史学》周刊所收论文的学术特色，剖析了其在学术史上的地位。

中国近现代史学史的一大特征在于中外史学的激烈交汇与碰撞。近现代史家如何通过翻译外来著作开拓世界视野，是需要关注的重点问题。邬国义（华东师范大学）介绍了《民约论》早期中译本合编与资料汇辑的有关情况，回顾《民约论》早期译本在中国的传播历程，指出对《民约论》译本展开文献整理工作的价值所在。相反地，外国人对中国文明、中国史学的体认也值得关注，且尚有较大的开拓空间。杨晴（河南科技大学）借助19世纪中期至20世纪中期域外文献，对其中所反映的外国人对中国文明的认知进行了阐述。中国史家在海外的学术活动，同样是一大学术空白。1982年芝加哥“辛亥革命与民国建立”讨论会，是改革开放之后海峡两岸史家首次接触和思想交锋，武晓兵（淮北师范大学）分析了会议得以召开的背景原因，并指出亲历者事后追述和新闻报道呈现出的各自立场性“我是他非”意识。

三　关于中外史学比较与外国史学的研究

中外历史与史学的比较研究，既是在世界史的宏观视野下研究中国史的需要，也反映了立足中国观察世界的学术背景。随着中国史和外国史各自领域的研究走向深入，比较的视角更有利于认识中国史和外国史各自历史、文化、思想的特质。北京师范大学刘家和先生在大会演讲中解释了东西文化思维差异的渊源，指出中国的二分法是阴中有阳，阳中有阴，生生不息，是历史理性的根据；而西方的二分法是排中律，是逻辑理性的根据；进而分析当今国际关系中存在的三种博弈类型，为中国互利共赢的正和博弈理念提供了历史文化依据。蒋重跃（北京师范大学）比较研究亚里士多德的ousia（本质）和韩非的“理”，发现两人在批判抽象的本原和本体概念、探寻经验世界中具体事物的本质的问题上有相似处。虽然二者用词各异，但寻求事物本质的具体化途径则相同。李红岩（中国社会科学杂志社）认为中外共有的“读书必先识字”治学理念蕴含着一个完整的古典知识体系，是一种特定的思想建构形式和完整的语义阐释规则。

“世界”或“天下”的范围，是古希腊、古罗马与中国古代史家共同关注的问题。李渊（北京师范大学）以中国人“天下”观反观古希腊人的“普世”观，认为古希腊人很早就展现出对人类世界的整体认知趋向，但古希腊人对世界的认识未能与政治有效结合。董立河（北京师范大学）结合罗马帝国扩张导致的世界视野扩展这一背景，解析了希腊化时期史学家狄奥多罗斯《史集》对普遍史学思想的体现，指出其学术史定位与价值所在。中西史学比较的重点领域，是古希腊、古罗马时期的史学与中国传统史学的比较。除了考察文明发生、发展及其特质，还关注到历史编纂学等具体领域。庞慧（陕西师范大学）揭示了中西史学传统对瘟疫纪事着眼点的不同：修昔底德注重瘟疫的症状，表现出神的报复的观念；而中国古代史书注重瘟疫的治疗，力图显示对过失的匡正。王成军（陕西师范大学）通过比较司马迁和普鲁塔克的传记史学，指出二者人文精神相同性，即展现人的精神特质，关注国家命运，重视传记对社会的作用；不同性在于司马迁人文精神多样性丰富，而普鲁塔克人文精神在社会生活和经济领域没有发挥重要作用。

基督教史学近年来受到越来越多的关注。刘林海（北京师范大学）认为《反异教徒七史》是首部自觉诠释基督教神意史观的罗马史，构建了切合基督教文明需求的历史和文明认知的新话语体系，深刻影响了西方中世纪的史学实践。李腾（上海师范大学）探究中世纪盛期历史书写的内在预设与演化逻辑，认为在古代晚期以帝国为中心的历史分期逐渐为神学化的“三位一体”模式所取代，对西欧的历史书写产生了深远影响。吕厚量（中国社会科学院大学）指出奥古斯丁-奥罗修斯基督教历史解释体系作为中世纪西欧世界历史观的思想基础，既建立在对古典时代拉丁文史料的重新解读与批判之上，同时又受到了帝国早期希腊化后的罗马史叙述传统的影响。李隆国（北京大学）关注中世纪欧洲史学名著《查理大帝传》之编纂及其背后的文化因素，并解释此书如何在传承中创新传记写作模式，总结出书中所体现的中古传记特色。

史学著作或史料所反映的社会发展面貌与趋势，是史学和历史研究共同关注的问题。倪滕达（北京师范大学）从古代罗马帝国元首塞维鲁发布的一项“敕答”出发，从法律和社会两个方面考察罗马女性的有限堕胎自由问题，认为父权制是此问题的根源。陆启宏（复旦大学）考察巫术观念如何在中世纪晚期形成，以及这种巫术观念在近代早期的流通和完善，指出近代早期西欧的巫术观念就是一种在特定历史语境中产生的宗教知识的一部分。李宁、崔婉婷（吕梁学院）通过研究兰克民族主义史学形成的时代背景和内涵，指出兰克民族主义史学在德意志统一过程中起着增进民族认同、坚定民族信念的作用。

西方史学的发展历程，伴随着激烈的思想交锋。尉佩云（山西大学）认为启蒙运动与民族国家的形成是现代史学起源的社会背景，也由此发展出普世主义和历史主义两个思想基础。这两种思想在认知、政治与道德之间的亲密与悖反关系，塑造了现代史学基本的思考范畴与学术形式。面对历史学究竟是“追求过去事实的科学”还是“面向现在与未来”的学问这一矛盾与冲突，岳秀坤（首都师范大学）以 19~20 世纪诸多史家与学派为例，考察这两种思想倾向背后的“预设”，认为历史学的发展要兼顾这两个方面。邓京力、佟文宇（首都师范大学）考察了西方史家自传的发展演变过程，认为它是一种历史书写的形式，在一定程度上得到当代西方史家越来越多的认同和实践。邓锐（陕西师范大学）认为“历史认识”的原初状态是内在状态，经过“叙述转向”而自然外化，实证科学则对其进行强制外化，使得“历史认识”以“历史事实”的身份出席历史学研究。这种阐释学意义上的改造导致了科学史学的科学性危机。王利红（北京联合大学）剖析维柯《新科学》存在论的内涵与价值，描绘出存在论从维柯到马克思、海德格尔的发展线索。张骏（四川大学）对康德的历史哲学进行了定位，分析了其二重性特色以及目的论的内容和影响。陈安民（西南大学）梳理了西方史家关于史料定义、性质、作用、搜集与分类、考证、解读与运用诸多方面不同观点，指出即使在后现代主义思潮的冲击下，“史料承载着历史真实”的基本信念仍没有根本动摇。

“叙事”是当下史学理论领域极为关注的问题。中外史学著作为这一讨论提供了丰富的案例。当理论研究到达一定程度时，中西理论在具体史书上的相互印证与比较，成为历史编纂学研究的一个新领域。苏萌（河南大学）描摹了西方历史叙事理论路径从再现主义到非再现主义的变化，认为前者是从叙事与过去的主客关系出发，为史学实践提供一种标准图式；后者则是从史学实践的既有现象出发，为史学实践提供一种现象说明。金嵌雯（北京师范大学）考察了西方叙事主义史学理论有关事件、编年和叙事间关系的观点是否适用于理解《史记》的问题。《史记》既有精彩的叙事又继承了编年史传统，以述为作，编排出五体这一特殊的“宏大叙事”，呈现出现实世界中的秩序体系。张作成（东北师范大学）以《美学原理》的作者克罗齐和译者朱光潜为中心，讨论他们关于历史叙事的美学观念，认为史学理论话语与史学阐释之间具有平衡关联。

关注当下，是中外历史理论的共同点。本次会议有多篇论文介绍西方史家注重现实的研究取向，可以给中国古代历史理论的研究提供参照。邹兆辰（首都师范大学）立足英国历史学家汤因比的史学思想，指出其对未来预见的价值，并认为注重历史、现实与未来的关系并关注整个人类的命运，是新时代中国史家的重要使命。徐善伟（上海师范大学）从多个角度剖析了美国著名历史学家卡尔·贝克尔的“人人都是他自己的历史学家”这一名言的内涵、价值与启示。王申蛟（华南师范大学）回顾美国著名冷战史学家约翰·加迪斯的遏制战略、冷战是稳定期等学术观点，分析了其大战略研究在史学思维方面的价值及其启示意义。李鹏超（山西大学）介绍了匈牙利学者佐尔坦·西蒙以“前所未有之变革时代”取代“当下主义”，特别是其历史理论观点“准实质的历史哲学”，指出人类社会新的未来方向。

如伊格尔斯等史学理论家所提倡的，史学史研究应当关注到非西方文明的史学活动。孙卫国（南开大学）总结了韩国近代独立运动的重要领导人朴殷植的民族主义史观，详细探讨了朴氏将檀君作为韩国民族始祖及其韩国史撰述着意于争取民族独立的思想意蕴。马和斌（西北民族大学）关注到阿曼苏丹国著名史家伊本·拜塔施，总结了他的学术历程及其名著《阿曼史学宝典》的学术价值。

受新冠疫情影响，本次会议全部采用线上研讨的形式。也正是因为脱离了硬件设施的限制，我们得以邀请较多的学者与会分享研究所得。会议进行的当天，有一些学者染疫，没有作发言。本文亦将他们的观点予以综述，希望对这一遗憾有所弥补。

正确的中华民族历史观是建设新时代中华民族共同体的基础

——“铸牢中华民族共同体意识”学术前沿会议综述

廖紫蕙

（北京师范大学历史学院，北京　100875）

2022年11月27日，由北京市历史学会举办的2022年学术研讨会在线上召开。北京师范大学资深教授瞿林东，历史学院教授、北京市历史学会会长杨共乐，中国人民大学历史学院教授、北京市历史学会副会长黄兴涛，中国人民大学历史学院院长、北京市历史学会常务理事朱浒，中央民族大学历史学院院长彭勇，以及来自北京市历史学会、北京师范大学历史学院、中央民族大学历史学院、《光明日报》、《中国社会科学报》等单位的多位专家学者出席会议。本次研讨会由北京市历史学会秘书长刘林海教授主持。瞿林东教授、黄兴涛教授和彭勇教授分别做了题为“略论中华民族形成和发展的历史”“加强清代以降中华民族共同体意识研究的三个问题”“天下晏安：明清民族事务处理与边疆管理的共同追求”的报告。李鸿宾教授、朱浒教授和张双智教授分别对上述三位学者的报告进行了点评。现将与会学者的主要观点总结如下：

一　中华民族共同体意识在中国历史进程中逐步深化与更新

中华民族共同体意识的内涵在中华民族形成与壮大的过程中不断深化。随着中国历史的发展进程，中华民族共同体意识逐渐从自在走向了自觉。瞿林东教授在报告中指出，从春秋战国到秦汉大一统国家建立这段时间，是中华民族共同体及其意识形成的时期。该时期的主要标志是华夏族的出现。同时华夏与夷狄的关系在新的历史条件下出现了交融的新形势。到了秦汉时期，儒家学说逐渐成为民族间文化认同的标志。人们对民族包容的认可和对民族文化差异的认识都达到了新的高度。白寿彝先生在《中国通史》导论卷中谈到民族问题时曾说："司马迁笔下写过各民族之间的关系。"司马迁在《史记》中写出了中华民族的全貌和中华民族的初祖"黄帝"。他的视野之广泛是春秋战国时期的人们所不能比拟的。这是一个极大的进步，可以将其作为中华民族共同体及其意识形成的重要标志之一。魏晋南北朝时期，"华夏"作为族称或地域代称的观念已经有了更准确的含义与广泛的使用。这时候关于"华夏"的陈说十分普遍，往往见于皇帝诏书、大臣奏议以及诗歌之中。这表明"华夏"已经具有高度代表性和作为正式称谓的作用。当时，人们既频繁陈说"华夏"，也时常陈说其他民族，反映出中华民族共同体意识正在发展。到了统一的隋唐时期，民族称谓从主要称"华夏"到主要称"中华"。同时，人们对于各民族的称谓也从"中华与夷狄"变为"华夷"。这表明了民族观念比起前朝有了进一步的发展。在国家层面，人们已经将中华与夷狄同等看待。并且，"天下一家"的思想在隋唐的史书中也有明显体现。从以上可见，这一时期，人们的民族观念在政治、文化和历史撰述等方面有了新的提升，使得"中华"比秦汉时期的"华夏"有了更丰富的内涵和更广泛的意义。从辽宋夏金到元明清时期，"天下一统、华夷一家"的观念已经深入人心。不仅统治阶级上层会使用这一用语，军营以及民间也能经常用到这类话语，这说明中华民族共同体及其意识的巩固与壮大。1840 年后，面对西方殖民者的入侵，中国人救亡图存的爱国意识以及民族自信将中华民族共同体推向了新高度。这一点在观念上也有明显反映。1917 年，李大钊在《新中华民族主义》中认为，那些蒙、藏、辽、满等民族都没有了原来的界限，已经成为新中华民族。这就说明中华民族经过历史的冶熔，已经成为统一民族。此时，中华民族共同体在观念上也从"自在"转变为"自觉"。

彭勇教授以明清时期的民族事务为切入点，分析了这一时期中华民族共同体观念的发展。他认为，明清两朝在建国之初都面临着重塑国家意识形态，完成新的儒家化治理体系的共同任务。明朝建立后，提出了"复汉唐衣冠"和"复中国之旧"。清朝建立后，我们可以用"清承明制"来概括清统治者在制度上的作为。并且，两个朝代有着共同的政治伦理和文化认同，即"大一统"观念，都秉承中国传统的"天下观""王朝观念""国家观念"，都自居为传统王朝国家的正统。以上共同之处都说明该时期的民族观念仍然传承了数千年中原王朝的“天下晏然”，或称“天下一家”的思想。同时，这一时期的历史背景也发生了显著变化。明清两代在王朝后期都面临着越来越强大的西方殖民者的威胁。明正德以后，葡萄牙、西班牙、荷兰和英国等殖民者相继来到东方。清朝后期，除了来自传统边疆民族地区的挑战外，更有来自西方的侵略势力。两股势力纠合在一起，于1840年向清朝统治者发起了挑战。虽然这些挑战对传统思想产生了明显冲击，但仍不足以动摇中国的传统秩序。明清时期就王朝总体的运行格局和体制而言，并无实质性的变化。两朝的边疆、民族观念与政策仍然徘徊在近代化社会的大门外。

黄兴涛教授将清代以降的中国认同作为研究重点，探讨了传统民族观念在新的时代背景下向现代中华民族共同体意识的转变。他在报告中表示，古代中国是中华民族自己的关系。到了近代，学者就需要思考国际互动这一新背景。在西方殖民者逐渐东来的国际背景下，近代意义的“中国热”、“华人”身份的形成与认同，无疑是现代中华民族共同体自觉和认同的直接的政治文化基础。清朝入关以后，特别是康雍乾时期，以大清皇帝为代表的清朝统治者在使用“大清”国号的同时，也乐于认同并使用“中国”为国名。到1909年，在清朝预备立宪时期通过的《大清国籍条例》中，“大清”全部被“中国”取代。随着国内近代新式法律的颁布和清末新政中其他一系列国家法令的颁布，以及国版教材中对“中国”国名正式而普遍的使用，再加上国际条约中的广泛使用和承认，已经基本奠定了“中国”作为现代国家名称的合法性，也奠定了包含汉、满、蒙、回、藏等各族人民在内的“中国人”作为现代国民身份认同的政治基础。这种意义上的“中国人”，实际上就为现代中华民族自觉观念的形成创造了直接的社会历史条件。甚至其本身就是中华民族共同体意识的有机组成部分。此外，清末以来，现代中华民族的概念与观念的出现、传播和认同，尤其是“中华民族”在少数民族文字中的流通传播，能反映少数民族对这一现代概念的使用和认同的历史。这是现代中华民族自觉史的核心内容，也能集中体现中华民族共同体意识的强度、深度和水准。

二　各民族间的交流、交往与交融是推动中华民族共同体意识发展的强大动力

与会学者们一致认为，民族间的交流、交往与交融是历史的发展趋

势，也推动了中华民族共同体及其意识的形成、发展与壮大。李鸿宾教授指出，中华民族共同体经历了历时性的发展。这种发展是递进式的。从中国历史的早期、中期到近现代，乃至当代来看，中华民族存在两大系统，一是主体民族，也称汉系族群；一是非主体民族，史称蛮夷戎狄。从华夏到近现代的中华民族，以及与之相对应的蛮夷到如今的少数民族都有各自发展演化的进程。同时，汉族与少数民族之间具有交流、交往和交融的关系。这两个系统是互动的，也是变迁的。以上就是中华民族共同体在历史上一步步发展演变的过程。

瞿林东教授认为，中国历史上的分裂割据与政治统一相互交替，而每一分裂时期的民族互动与大一统时期的民族政策都能促进中华民族和中华民族共同体意识的发展。春秋战国时期，民族间的交往与交融不断向前发展，为秦汉统一提供了民族方面的基础。秦汉时期的中华民族，在以华夏族为核心的交往、交流与交融的情况下，不管是交往的密切程度还是在活动地域方面，都比春秋战国时期有了新的提升与扩大。这为中华民族共同体形成创造了条件。魏晋南北朝时期，诸如匈奴、鲜卑、羯、氐、羌等北方民族纷纷南下建立诸多政权，史称十六国。他们在矛盾冲突中不断交流、交往与交融。其中，鲜卑族统一北方的做法为北方民族大融合做出重要贡献。以上历史背景都是中华民族共同体在隋唐时期进一步发展的政治前提和民族前提。随后，辽宋夏金时期长达三个世纪的大交往与大交流使中华民族的生存空间变大，也把中华民族从发展阶段推到壮大、巩固阶段。元朝正是这一交融过程的结果，也为中华民族逐步壮大提供了政治条件。从元代至清代间少数民族统治者修撰正史和制度史的做法可以看出，少数民族统治集团将中国古代文明发展贯通下来，与广大民众在民族交融方面有着广泛而深刻的发展。以上反映出中华民族共同体及其意识在民族的交流、交往与交融下从形成到巩固的过程。

彭勇教授在发言中指出，明清时期作为传统中国的最后五百年，在边疆事务上的做法是对于之前各朝代处理民族事务的观点的总结。明清两朝都采取了务实灵活的边疆民族管理政策，对中国历代治边策略既有沿袭，也多有创新，为国家的统一和稳定做出卓越贡献。此外，在各民族交流、交往与交融的大背景下，明清两朝的民族政策都有效促进了边疆地区大发展和中华民族大融合，创造了一批优秀的中华民族传统文化，使其成为中华各民族共同的精神财富，同时有利于中华民族共同体意识在各民族间传播与深化。张双智教授对明清两代的边疆政策进行了补充说明。他指出，从宏观上看，两代都对边疆地区实行了“因俗而治、恩威并用”的统治，促进了中华民族的统一和发展，也促进了各民族交融的历史。具体来看，明清两代的边疆策略也存在不同。明代在边疆设立了卫所制度、土司制度和藩属国相结合的管理制度，但没有设立一个中央级别的民族事务管理机构。这也反映出明代对西藏、蒙古没有强有力的直接管辖能力。清代在蒙古地区设立了盟旗制度，在东北设立了将军制，在新疆设立了伊犁大臣，在西藏设立了驻藏大臣。这种军府制加强了中央对边疆的直接管理，使得清代中央对边疆的管理比明代更强也更深入，也表明各民族逐步被纳入中央的政治体制中。此外，从明清时期中央对民族杂居地区的管辖来看，杂居地区不断扩大，也就是说各民族的经济、血缘和文化都呈现出“你中有我，我中有你”的态势。

黄兴涛教授认为，清朝是中国历史上各主要民族大规模碰撞与空前融合的时期，是作为“自在”的中华民族的最后奠定期与作为“自觉”的中华民族的发生期，也是中国和当时主导“现代世界体系”的西方列强直接接触、冲突并深受其影响的时代。在这个中外互通互动的历史阶段，尤其是该阶段后期，“中国”这个具有现代意义的国家名称得以基本奠定，对我们这么一个文明古国在保持广土众民、中华民族多元一体格局和古老文化有效融合与传承的同时实现从传统到现代的转型具有不可估量的政治意义。该时期，清朝皇帝在蒙藏地区以“中国君主”的形象与身份，创造蒙语与藏语的“中国”一词，自觉地给蒙藏地区传导了一种“中国意识”。这种对“中国”国名的使用，与对中国古老文明，尤其是儒家政治文明的认同和改造相伴随，扩大了中国大一统的统治区域、文化涵化的力度和“中国人”所包含的族群范围。并且，清末新政时期，在清廷的主导下，同时在朝野人士以及满蒙汉等族趋新官员的推动下，作为族际共通语的“国语”运动已经发轫。流行的“国语”从指代满语逐渐变为指代汉语。传统国语的概念发生了现代意义上的转变。中华民族共通语的产生与发展是民族间交流、交往与交融的重要环节，对现代中华民族意识的萌生及相关建设具有重要历史意义。

三 正确的中华民族历史观是铸牢中华民族共同体意识的重要基础

与会学者们同时强调，学习中华民族历史、树立正确的中华民族历史观是铸牢中华民族共同体意识的基础，有助于我们提升民族认同与历史自信，也让我们能够更好地站在国际舞台上展现中国形象，进而推动中华民族的伟大复兴。朱浒教授认为，学者若想讲好中国故事，则必须要对中国形象有一个彻底的认知。在讲好中国故事的背后，我们需要把握中国历史和中国传统，要用一个正面的角度来看中华民族共同体意识的发展，而不是采取国外学者所说的“汉族入侵论”这类带有负面判断的说法。再者，现在那些关于边疆、民族、宗教等多方面问题，若不追溯至清朝，就理不清根源。如果学者能将这些问题从清代开始进行梳理，那么他们便可以对现在诸多问题有一个清晰的认识。这些都能反映正确的中华民族历史观和对中华民族共同体意识的研究具有重要的功能与使命。除了表达上述对中华民族共同体及其意识的重视，朱浒教授还具体讨论了历史学者进行此类研究的方法。首先，学者要采用多维度的研究视野来看中华民族共同体，不能用原来的“汉族中心论”来理解中华民族问题。从内部来看，除了满、蒙、回、藏等民族之外，还需关注苗族、彝族和朝鲜族等其他少数民族对于“中国”等概念的看法。从外部来看，学者既要研究从朝鲜、日本、越南等周边国家留下来的域外汉籍中“中华民族”等名称背后的内涵，也要重视 17、18 世纪以后从欧洲等地来到中国的人对中国形象的构建。其次，学者可以用概念史的方式来研究中华民族共同体意识，将历史研究与我们今天习以为常的名称背后所蕴含的历史进程联系起来，探究与中华民族共同体及其意识相关的社会动态。

反过来，中华民族共同体意识也可以帮助我们正确认识中华民族的历史。张双智教授指出，主流历史学界在中国通史中更多书写的是中原王朝的历史。但中国历史是由中华各民族共同创造的，是彼此之间交流、交往与交融形成的历史。可以说，华夷交相盛是中国历史发展的主线。我们现在研究中华民族史的一大内容是“华夷之辨”，另一重要内容就是统一与分裂的战争。若我们既要维护国家统一，又不能回避历史上棘手的分裂问题，就可以从“中华民族共同体意识”的角度来看华夷之辨与分裂。黄兴涛教授也在发言中指出了研究中华民族共同体及其意识的重要性。他表示，“铸牢中华民族共同体意识”是一个时代课题。对于研究者来说，努力揭示这一意识的由来、发展脉络和丰富的历史内涵是他们义不容辞的职责。

瞿林东教授指出，中华民族有其久远的渊源和辉煌壮阔的古代历史，有反抗外国殖民主义和帝国主义侵略的民族自觉的近代历史，还有当代自信自强、迈向伟大复兴的前景。正确认识中华民族形成与发展的历史是提高中华民族的民族自觉性和知识基础的历史情怀。同时，瞿林东教授呼吁，历史表明，处于不同时期的中华民族都承担着一定的历史使命。完成这些使命，历史才能发展，同时民族才能进步。为了实现这一伟大事业，中华民族要在中国共产党的领导下铸牢中华民族共同体意识，凝心聚力，团结奋斗，创造更美好的明天。

杨共乐教授在总结发言中强调，北京历史学会举办此次学术研讨会的目的分为两点。一是贯彻落实党的二十大精神。习近平总书记明确指出，中国共产党的中心任务一是全面建设社会主义现代化强国，一是全面推进中华民族的伟大复兴。与会教授们的报告紧紧围绕这两个主题展开。会议的第二个目的是深入探讨铸牢中华民族共同体意识和正确的中华民族历史观。这两方面同样在教授们的发言中有着明显体现。与会教授们的报告和点评给予了在场所有专家学者很大启发，也使得本次会议展现出新时代新史学的新风貌。

习近平总书记在中央民族工作会议上的讲话中提到："必须以铸牢中华民族共同体意识为新时代党的民族工作的主线。必须坚持正确的中华民族历史观，增强对中华民族的认同感和自豪感。"铸牢中华民族共同体意识与坚持正确的中华民族历史观相辅相成，都是民族团结之本，为促进中华民族的伟大复兴贡献重要力量。在本次会议中，与会学者普遍对中华民族共同体的发展历程、铸牢中华民族共同体意识以及坚持正确中华民族历史观的重要性进行了深入探讨，并对诸如近代少数民族的中国认同与中华民族通用语等历史学界尚未重视的研究领域提出了宝贵的建设性意见。

《史学理论与史学史学刊》稿约

《史学理论与史学史学刊》为教育部普通高等学校人文社会科学重点研究基地北京师范大学史学理论与史学史研究中心主办的研究论集，是国内外史学理论与史学史工作者发表研究成果的阵地，欢迎中外专家、学者惠赐稿件。

1. 本刊设有历史理论与史学理论、中国古代史学、中国近现代史学、外国史学、中外史学比较、史学批评、图书评论等栏目。

2. 来稿一般应在1.5万字以内，重大选题可适当放宽至2万字。稿件使用A4型纸张打印，并请将稿件的电子版通过电子邮件发给我们。限于经费原因，恕不退稿，作者如果在3个月内未接到刊用通知，可自行处理稿件。

3. 本刊实行匿名评审，请作者不要在来稿上署名，另纸附上作者姓名、性别、出生年月、职称、工作单位、通信地址、邮政编码、联系电话、电子信箱等相关信息。来稿避免使用有可能透露作者个人信息的表述，诸如参见拙文、拙作等。

4. 来稿应遵守学术规范，尊重前人研究成果。禁止剽窃、抄袭与一稿两投行为，凡发现有此类行为者，5年内不受理该作者的任何稿件。

5. 来稿请寄：北京市新街口外大街19号北京师范大学史学理论与史学史研究中心《史学理论与史学史学刊》编辑部。

邮编：100875

电子信箱：history1101@163.com

《史学理论与史学史学刊》编辑部

《史学理论与史学史学刊》匿名审稿实施办法

为保证本论集用稿的学术质量，进一步提高刊物的学术层次，给广大读者奉献高水平的研究成果，我们实行稿件匿名评审制度。具体实施办法如下。

1. 来稿请勿在稿件中出现署名和与作者有关的背景材料，作者简介请另附在一张纸上，内容包括姓名、性别、出生年月、工作单位、职称、通信地址、邮政编码、联系电话、电子信箱等。来稿避免使用有可能透露作者个人信息的表述，诸如参见拙文、拙作等。

2. 来稿请直接寄往或送达编辑部，勿寄个人或托人转交，以免造成延误。

3. 本编辑部收到稿件后，由编辑人员登记，然后将原稿匿名送交有关专家审阅，就稿件的写作质量和学术水平做出评定，提出初审意见。

4. 编委会根据专家初审意见，对来稿学术质量进行进一步讨论，就稿件是否具有新观点和学术价值诸问题形成一致意见。

5. 责任编辑根据上述意见初步提出是否采用的建议，初步决定采用的稿件送交主编，最后由主编终审，决定是否刊登。

《史学理论与史学史学刊》编辑部

图书在版编目(CIP)数据

史学理论与史学史学刊. 2023年. 上卷：总第28卷 / 杨共乐主编. --北京：社会科学文献出版社，2023.8
ISBN 978-7-5228-2148-1

Ⅰ. ①史… Ⅱ. ①杨… Ⅲ. ①史学理论-文集②史学史-文集 Ⅳ. ①K0-53

中国国家版本馆CIP数据核字(2023)第134213号

史学理论与史学史学刊　2023年上卷（总第28卷）

主　　编 / 杨共乐

出 版 人 / 冀祥德
责任编辑 / 罗卫平
责任印制 / 王京美

出　　版 / 社会科学文献出版社 · 人文分社（010）59367215
地址：北京市北三环中路甲29号院华龙大厦　邮编：100029
网址：www.ssap.com.cn
发　　行 / 社会科学文献出版社（010）59367028
印　　装 / 三河市东方印刷有限公司

规　　格 / 开　本：787mm×1092mm　1/16
印　张：22.5　字　数：380千字
版　　次 / 2023年8月第1版　2023年8月第1次印刷
书　　号 / ISBN 978-7-5228-2148-1
定　　价 / 128.00元

读者服务电话：4008918866